管理文库

U0891351

项目人力资源管理与激励

黄　桂　付春光　编著

中山大学出版社
·广州·

版权所有　翻印必究

图书在版编目（CIP）数据

项目人力资源管理与激励/黄桂，付春光编著．—广州：中山大学出版社，2012.12
（管理文库）
ISBN 978-7-306-04378-8

Ⅰ．①项…　Ⅱ．①黄…②付…　Ⅲ．①项目管理—人力资源管理　Ⅳ．①F224.5

中国版本图书馆 CIP 数据核字（2012）第 281397 号

出 版 人：祁　军
策划编辑：章　伟
责任编辑：章　伟
封面设计：曾　斌
责任校对：赵　婷
责任技编：何雅涛
出版发行：中山大学出版社
电　　话：编辑部 020-84111996，84113349，84111997，84110779
　　　　　发行部 020-84111998，84111981，84111160
地　　址：广州市新港西路 135 号
邮　　编：510275　　　　传　真：020-84036565
网　　址：http://www.zsup.com.cn　　E-mail:zdcbs@mail.sysu.edu.cn
印 刷 者：广州中大印刷有限公司
规　　格：787mm×960mm　1/16　22.25 印张　455 千字
版次印次：2012 年 12 月第 1 版　2012 年 12 月第 1 次印刷
印　　数：1～3000 册　　定　价：48.00 元

如发现本书因印装质量影响阅读，请与出版社发行部联系调换

序

时光如梭。

2006 年接到任务，为本院 MPM 的同学开设《项目激励与绩效管理》课程，当时并没有特别适合该课程的教材，于是就自己动手编写讲义。非常感谢 2004 级、2005 级、2006 级、2007 级、2008 级、2009 级、2010 级及 2011 级的同学们对完善讲义所给予的帮助与支持，不仅在管理实践方面为本书提供了鲜活的案例，而且很多同学自告奋勇地阅读了书稿，并提出了宝贵的建议。

屈指算来，这本书从写作到付梓已有 6 年，从很多意义上说，写作是集体劳动的结果。

我的专长在人力资源管理和管理学激励方面，付春光教授的专长则在经济学方面。希望我们的合作会较好地融合这两方面的管理激励思想。

感谢我的几个研究生为本书做出的贡献。关新华博士补充修改了第一章《项目人力资源配置》、第五章《了解项目组成员》及第六章《激励的艺术与实务》，谈梦洁同学补充修改了第二章《项目绩效管理》，陈静丽同学补充了第四章《经济学激励理论》。关新华博士多次阅读全书，提出很多颇有见地的修改意见与建议。谈梦洁、陈静丽及王潇莉也阅读了全书并提出一些修改意见。

企业界的一些学生也在百忙之中抽空阅读全书并提出很多宝贵的修改意见。他们是邵念荣研究员，申志明副总经理等等。

中山大学出版社章伟老师对本书付出了巨大努力和辛勤的劳动，在此一并致谢！

欢迎各位同仁及企业界的朋友们在使用过程中给予批评指正，沟通交流。

作者
2012 年初冬于康乐园

目　　录

导论　项目与项目激励

第一节　项　　目

一、项目与项目团队

（一）项目的定义和特征

项目一词最早于20世纪50年代在汉语中出现，是指在一定的约束条件下（主要是限定时间、限定资源），具有明确目标的一次性任务。美国项目管理协会（PMI）将项目定义为创造特定产品或服务的一项有时限的任务。其中，“时限”是指每一个项目都有明确的起点和终点；“特定”是指一个项目所形成的产品或服务在关键特性上不同于其他的产品和服务。[①] 我国学者戚安邦则认为，项目是一个组织为实现既定的目标，在一定的时间、人员和其他资源的约束条件下，所开展的一种有一定独特性的、一次性的工作。[②]

从上述定义可以看出，“项目（Project）”不同于一般组织的“运营（Operation）”活动。它是具有特定目标的临时性、一次性的活动；有明确的开始和结束日期，具有明显的生命周期；项目的构成人员来自不同专业、不同组织部门，随项目的开始而集合，随项目的结束而解散；每个项目都是独一无二的。项目的特征包括：

1. 临时性

和一般组织持续性的、某种程度上有重复性的运营活动不同，每个项目都有具体

---

① Project Management Institute Standard Committee. *A Guide to The Project Management Body of Knowledge*. PMI, 1996.

② 戚安邦：《项目管理学》，科学出版社2007年版，第2页。

的开始和结束时间。在项目目标已经实现，或者执行过程中已经确认事先设定的目标部分甚至全部都无法实现而应该放弃时，该项目就到达了它的终点。要注意的是，项目的临时性并不意味着持续时间短。许多项目长达几年、几十年。如北京奥组委成立于2001年12月13日，承担着北京奥运会和残奥会各项筹办任务的组织工作。其成立之初，设立了26个部门，2008年则增加到30多个部门，人数超过4000，其中3000余人为选调人员，1000余人为奥组委聘用人员。该委员会于2009年8月22日正式宣布解散，宣告了长达8年之久的项目的终结。

此外，从事项目和管理项目的集体（团队）也是临时的，成员来自不同地方、组织或部门，项目结束后人员就必须及时遣散。① 北京奥组委的解散便意味着3000余名选调人员要重回原来的工作岗位，而1000余名聘用人员则面临着再就业的难题。为解决这一问题，奥组委主动出面与中国石油化工集团公司、中国海洋石油总公司、国家电网公司以及国家电力发展股份有限公司等9家大型企业以及北京市国资委接触，签署了《赛后人员安置协议》。尽管如此，中石油提供的100多个工作岗位加上中海油的10多个工作岗位，与1000余人的目标相差甚远。2008年10月16日，北京劳动保障职业学院举办了一场特别的公务员选拔考试，为奥组委工作人员提供100个主任科员以下职务的公务员职位，但仍然只能解决小部分人员的就业问题。由此可见，项目的临时性决定了从事项目工作人员的临时性，把握项目的临时性特征对于做好项目管理十分重要。

2. 制约性

项目的制约性是指每个项目在一定程度上受客观条件的制约。这些制约涉及项目的各个方面，其中最主要的是资源的制约，包括人力资源、财力资源、物力资源、时间资源、技术资源以及信息资源等各方面。② 首先，与根据职能专业分割的传统组织不同，项目人力资源的制约一般要求多类专家联合工作。在组织中分属不同经理，在不同办公室工作的工程师、财务分析人员、市场营销专家以及质量控制专家，都要在一个项目经理的引导下一起工作以完成一个项目。③ 其次，任何一个项目都有预算限制及时间限制，而且一个项目的技术、信息、设备条件以及工艺水平等也都受到各种条件的制约。

制约性也是决定一个项目成败的关键特性之一。通常，如果一个项目在人力、物力、财力和时间等方面资源宽裕，制约小，那么其成功的可能性就会非常高；反之则非常低。

---

① 卢有杰：《现代项目管理学》，首都经济贸易大学出版社2007年版，第4页。

② 戚安邦：《项目管理学》，科学出版社2007年版，第3页。

③ （美）克利福德·格雷、埃里克·拉森：《项目管理教程》，黄涛、张会、徐涛、张扬译，人民邮电出版社2003年版，第5页。

3. 独特性

项目的独特性是指项目所生成的产品或服务具有一定的独特之处。独特性是项目与其他重复性的操作、运行工作的最大区别。每个项目必然包含一些以前没有做过的事情，常常没有可以完全照搬的先例，将来也不会再有完全相同的重复。即使有意模仿，或是涉及已有常规程序的基本问题，其中也会包含某种程度的定制，从而使项目独特化。① 例如，虽然城市中已经建造了成千上万座办公楼，但每一座都是唯一的——不同的拥有者、不同的设计、不同的地点以及不同的承包商等。项目的执行过程就如同走入一个未知世界，充满了风险及不确定性。② 此外，在竞争日益激烈的市场经济时代，项目创造的产品或提供的服务必须独特，才能取得优势，超越竞争对手。③

4. 其他特性

除了上述特性，项目还具有其他一些特性，包括：项目的创新性和风险性、项目过程的渐进性、项目成果的不可挽回性以及项目组织的临时性和开放性等。这些特性之间相互关联并相互影响。例如，项目的创新性和风险性并存，因为一个项目的独特之处就是需要进行不同程度的创新，而创新就包含着各种不确定性，从而造成项目风险。而创新性和风险性又是由于项目的独特性、制约性和临时性造成的。另外，项目组织的临时性和项目成果的不可挽回性也主要是由于项目的一次性造成的，因为一次性的项目活动结束以后，项目组织就要解散；而项目活动的一次性也决定了项目成果一旦形成，多数是无法改变的。④

（二）项目团队的特征和阶段

项目中的人员一般由不同领域、不同层次的员工组成，在需要协同工作的项目中，建立良好的项目团队对保证项目的成功至关重要。

1. 项目团队的定义

团队与普通工作群体不同，它是由为数不多的人根据功能性任务组成的工作单位，其主要特征是团队成员承诺共同的工作目标和方法，并互相承担责任。团队的出现，根本上是组织适应快速变化环境要求的结果。⑤

---

① （美）克利福德·格雷、埃里克·拉森：《项目管理教程》，黄涛、张会、徐涛、张扬译，人民邮电出版社2003年版，第5页。

② （英）Dennis Lock 主编：《项目管理》（第8版），李金海等译，南开大学出版社2005年版，第3—4页。

③ 卢有杰：《现代项目管理学》，首都经济贸易大学出版社2007年版，第6页。

④ 戚安邦：《项目管理学》，科学出版社2007年版，第3—4页。

⑤ Jon R. Katzenbach & Douglas K. Smith. *The Wisdom of Team-Creating the High-performance Organization*. Harvard Business School Press Boston, Massachusetts, 1993: 25.

项目团队是团队的一种。有关项目团队的定义很多，其角度不同，定义也各不相同，[①] 主要有基于责任角度的定义和基于过程角度的定义。[②] 本书认为，项目团队是具体从事项目全部或某项具体工作的组织或群体，是由一组个体成员为实现项目的一个或多个目标而协同工作的群体。项目团队可以由一个或多个职能部门或组织组成。一个跨部门的团队有来自多个部门或组织的成员，并通常涉及组织结构的矩阵管理。

2. 项目团队的特点

项目团队作为团队的一种形式，具有团队的一般特征；同时又具有项目的一些特点，有着与一般团队不同的特点。

(1) 共同的、明确的目标。对项目团队而言，统一明确的共同目标，以及每个团队成员对目标的共同思考是确保项目有效性的关键。

(2) 临时性的团队。该特点是由项目的临时性决定的。当项目目标完成或无法实现时，团队也随之解散。

(3) 多样性的团队。项目团队成员通常来自于不同的管理层、不同的职能部门、不同的专业领域，甚至是不同的组织，从而组成一个跨部门、跨专业的多样性团队。

(4) 开放性的团队。在项目生命周期的不同阶段，项目团队成员是经常发生变化的，因此项目团队始终处于一种动态的变化之中。[③]

(5) 工作界限模糊的团队。组织的扁平化与团队式的工作方式，使得团队成员既有明确的职责分工，又能通力合作、相互依赖、优势互补并共享信息，进而形成密切合作的伙伴关系，愿意对工作负责，更多地承担责任。另外，由于团队成员的频繁变化，其工作内容和职能也需要随人员数量的增减进行变动，彼此间的工作界限变得越来越模糊。[④]

此外，高效的项目团队还需要具备合理的角色定位、高度的凝聚力、团队成员相互信任以及有效的沟通等特点。

3. 项目团队的阶段

一般而言，项目团队要经历形成、震荡、规范、执行和解散五个阶段。

---

① 彭启发、孙亮、刘春、李歆：《CPA项目管理》，立信会计出版社2008年版，第1页。

② 基于责任角度的定义，项目团队指项目的中心管理小组，被当做一个组的一群人的集合，他们共同承担项目目标的责任，兼职或者全职地向项目经理汇报。广义的项目团队还包括项目利益相关者，如项目业主、项目发起人以及客户等。基于过程角度的定义，项目团队包括被指派为项目可交付成果和项目目标而工作的全职或兼职人员，他们负责理解、完成的工作；如果需要，对被指派的活动进行更详细的计划；在预算、时间限制和质量标准范围内完成被指派的工作；让项目经理知悉问题、范围变更和有关风险及质量的担心；主动交流项目状态，主动管理预期事件。

③ 根据夏红云、杨林泉、汪小金：《项目团队的特点及其应用问题探讨》，《商业研究》2007年第7期，第64—65页整理。

④ 汪小金：《理想的实现：项目管理方法与理念》，人民出版社2003年版，第211—213页。

（1）形成阶段（Forming）。在这一阶段，项目组成员刚刚开始在一起工作，总体上有积极开展工作的愿望，但对自己的职责及其他成员的角色都不是很了解，他们会有很多疑问，并不断摸索以确定何种行为能够被接受。并通过此阶段，建立起团队成员之间、成员与领导之间的关系，以及各项团队标准等。该阶段的人际特点表现为：沉默、自我意识、依赖以及表面性，部分团队成员还有可能表现出不稳定、忧虑的特征。该阶段的首要任务是确保团队成员相互认识并且回答他们提出的问题。如果在这个阶段没有做好充分的工作，以后团队管理可能会陷入困境。

项目经理需要进行团队的指导和构建工作。使每个成员对项目目标有全面深入的了解，建立起共同的愿景。明确每个项目团队成员的角色、主要任务和要求，帮助他们更好地理解所承担的任务。

（2）震荡阶段（Storming）。这是团队内激烈冲突的阶段。随着工作的开展，各方面问题会逐渐暴露。成员们可能会发现，现实与理想不一致，任务繁重而且困难重重，成本或进度限制太过紧张，工作中可能与某个成员合作不愉快。这些都会导致冲突产生、士气低落。该阶段的人际特点表现为：冲突、对抗、竞争以及小团体的形成。

项目经理需要创造一个理解和支持的环境：允许成员表达不满或他们所关注的问题，接受及容忍成员的任何不满；做好导向工作，努力解决问题和矛盾；依靠团队成员共同解决问题，共同决策。

（3）规范阶段（Norming）。在这一阶段，团队将逐渐趋于规范。团队成员经过震荡阶段逐渐冷静下来，开始表现出相互之间的理解、关心和友爱，亲密的团队关系开始形成，同时，团队开始表现出凝聚力。另外，团队成员开始熟悉工作程序和标准操作方法，对新制度也开始逐步熟悉和适应，新的行为规范得到确立并为团队成员所遵守。该阶段的人际特点表现为：合作、遵从标准与期望、强调人际吸引以及忽视分歧。

在这一阶段，项目经理应尽量减少指导性工作，给予团队成员更多的支持和帮助；在确立团队规范的同时，要鼓励成员的个性发挥；培育团队文化，注重培养成员对团队的认同感、归属感，努力营造出互相协作、互相帮助、互相关爱以及努力奉献的精神氛围。

（4）执行阶段（Performing）。在这一阶段，团队的结构完全功能化并得到认可，内部致力于从相互了解和理解到共同完成当前工作上。团队成员一方面积极工作，为实现项目目标而努力，另一方面，成员之间能够开放、坦诚、及时地进行沟通，互相帮助，共同解决工作中遇到的困难和问题，创造出高的工作效率和满意度。该阶段的人际特点表现为：高度的人际信任、对团队无条件的承诺、共同的培训与开发，以及创业精神。

项目经理需要授予团队成员更大的权力，尽量发挥成员的潜力；帮助团队执行项目计划，集中精力了解掌握有关成本、进度以及工作范围的具体完成情况，以保证项目目标得以实现；做好对团队成员的培训工作，帮助他们获得职业上的成长和发展；对团队成员的工作绩效做出客观的评价，并采取适当的方式给予激励。

(5) 解散阶段 (Adjourning)。在“解散”阶段，项目走向终点，团队成员也开始转向不同的方向。这个阶段的视角在于团队的福利，而不是像其他四个阶段那样在于团队成长。团队领导应确保团队有时间庆祝项目的成功，并为将来总结实践经验（或是，在项目不成功的情况下，评估原因并总结教训）。这也让团队成员在奔赴下一个目标时有机会相互道别和祝福。任何能达到“执行”阶段的团队，因为已经成为一个密切合作的集体，其成员都可能在今后保持联络。对一个高效的团队而言，当项目结束，配合默契的团队成员即将各奔前程时，难免让人伤感。因此，在这一阶段，项目经理要做好成员的心理过渡工作，安抚情绪，使他们能尽快从解散带来的不安情绪中脱离出来，尽快投入下一阶段的工作中去。

【案例】

一个经历五个阶段的团队

团队成员背景

从某大型服务性机构各部门抽调的成员组成了项目团队，就公司如何管理和支持其客户群开展一个流程改进项目。团队领导是芝加哥办公室的桑德拉，她有15年作为项目经理/团队来领导管理流程改进计划的经验。其他的团队成员包括（括号中为办公室地点）:

彼得: 10年项目工作经验。专长是进度计划安排和预算控制（圣地亚哥）；

莎拉: 5年项目个人独立贡献经验。深厚的程序员背景，有数据库开发的经验（芝加哥）；

穆罕默德: 8年项目工作经验，专长是增值管理，干系人分析和问题处理（纽约）；

唐娜: 2年项目个人独立贡献经验（纽约）；

艾摩亚: 7年过程改进项目经验，数据库开发背景，专长是增值管理（圣地亚哥）。

桑德拉同莎拉和穆罕默德一起做过项目，但是从未与其他人一起工作过；唐娜和穆罕默德一起工作过，其他人之间都没有合作经历。桑德拉得到的项目完成期限非常紧迫，因此她决定让团队成员在启动阶段会面，虽然他们工作时会是虚拟团队。她在纽约办公室（公司总部）为整个团队安排了一次会面。他们将花两天相互认识并了解项目。

启动会议（阶段一：形成）

在纽约见面会的日子到了。团队成员对见面都很兴奋。他们虽然从未在同一个团队中工作，但是彼此都有所耳闻。他们相信自己能为项目创造价值。团队建设活动进展顺利，每个人都参与其中并享受这个过程。当出现有关角色和责任的讨论时，团队成员为“关键”角色竞争，对应该完成哪些工作和由谁负责项目的哪个部分都达成了一致意见。

现场会议进展顺利。团队成员正相互了解，也讨论了他们工作之外的个人生活：爱好、家庭等。桑德拉认为这是他们友好相处的标志——他们互相了解并真心喜欢对方！

项目工作开始（阶段二：震荡）

团队成员回到他们的办公地点开始展开项目工作。他们开始通过 SharePoint 互动，项目有了一个好的开头。之后争辩开始了。

彼得制定的项目进度计划只是基于同穆罕默德以及艾摩亚的交流。唐娜和莎拉觉得这没有考虑到他们对于进度的参与。他们认为，彼得完全不管他们对于项目时间表的看法是由于自己在团队中资历较浅，因此对彼得的进度计划提出异议，认为该计划不可能完成，将导致团队的失败。

莎拉同艾摩亚争辩谁应主导项目的数据库设计开发。当莎拉得知艾摩亚在数据库开发方面比她多几年经验时，她承认当初自己就是冲着领导的角色才参加项目的，如果她一开始就知道是由艾摩亚来领导，她根本就不会加入项目组。

另外，穆罕默德似乎在脱离团队独自行动。他没有告知他人进展情况，也没有更新他在 SharePoint 上的信息。没人知道他在做什么，或是有多少进展。

桑德拉最初选择旁观的身份，希望团队能靠自己解决这些问题。但是，过去的项目管理经验使她意识到，由自己来掌控并指引团队走出这个困难时期是非常重要的。她召集所有的项目成员开了一次视频会议，重申他们的角色和责任（这是在启动会议上达成一致的），并确保他们明白项目的目的和目标。因为团队无法达成一致，她就做了一些决定：让艾摩亚领导数据库开发和设计，并与莎拉紧密合作；她检查了彼得同团队制定的进度计划，就与唐娜和莎拉有关的部分做了必要的调整。她提醒穆罕默德，这个项目需要团队的努力，他应当与团队的其他成员紧密合作。在视频会议中，桑德拉重提了他们在见面会中制定的基本规则，并与团队一道确认了团队如何决策、谁对决策负责等问题。

接下来的几周，桑德拉注意到争论/异议的发生都很少。一旦发生时，他们可以无需她的参与就快速解决问题。她仍然监视进展并召开例会确保团队前进的方向正确。桑德拉每个月集中团队开见面会。当团队成员的工作关系开始变好时，桑德拉开始看到项目的显著进展。

一切进展顺利（阶段三：规范）

团队已经一起工作了近3个月。团队精神也建立起来了。很少有无法由团队本身解决的争论和异议。他们在项目中相互支持，解决问题，作为一个团队来决策，分享信息和确保团队的基本原则得到遵守。

另外，团队成员也互相帮助，提高和发展他们的技能。例如，艾摩亚与莎拉密切合作，教会她许多他在数据库设计开发中学到的技能。莎拉也能够领导完成项目的某些部分。

总的来说，团队成员成为了朋友。他们相处愉快，不仅在项目工作时段，也在其他时段通过电子邮件、短信、推特或是电话相互交流。

进展显著（阶段四：执行）

这个团队现在已经可以说是“高度成熟的团队”。到达这一阶段并不容易，但是他们做到了！他们作为一个整体有效工作，互相支持，依赖整体并能作为一个整体来决策。他们能有效地开展头脑风暴解决问题，同时积极主动达成项目目标。当团队出现冲突时——例如对完成一个任务的方式有不同看法——能够不依赖团队领导的干预和决策，而是靠他们自己解决。资历较浅的成员，通过支持和帮助其他成员提升了自身的技能。他们开始在项目的某些方面担负领导作用。

桑德拉关注着团队，赞扬他们的努力和进展。当决策需要高层参与或是额外支持时，桑德拉帮助团队与管理层沟通。项目进展准时并在预算范围内。里程碑事件也正在达成，有一些甚至先于进度完成。团队、桑德拉以及组织的管理层都对项目进展状况感到高兴。

结束的时刻到了（阶段五：解散）

项目结束了。非常成功！内部客户很满意，公司对其客户的支持也明显有了进步。这8个月来的合作很棒。当然，一些起伏也是存在的。项目的每个人都将转到组织中的其他项目中去，但是没有人做同一个项目。他们会想念彼此合作的日子，也约定友情不变，在个人生活的层面上保持联系，希望能早日再次合作！

团队在纽约办公室集中讨论这个项目。内容包括记录最优实践；讨论哪些实践有效率；如果有机会再来一次，哪些方面需要改进。桑德拉与团队一道共进晚餐。一同就餐的还有项目发起人以及一些对项目成果非常满意的管理人员。

资料来源：Gina Abudi. *The Five Stages of Project Team Development*. http：//article. yeeyan. org/view/76003/106501，2011 - 04 - 10.

思考：

如何组建成功的项目团队？案例对你组建项目团队有何启发？

二、项目管理

何谓项目管理？较具权威性的定义来自于美国项目管理协会（PMI）：“项目管理是把各种知识、技能、手段和技术应用于项目活动之中，以达到项目的要求。”在我国的项目管理教科书中，运用较多的定义是：“项目管理是运用各种知识、技能、方法与工具，为满足或超越项目有关各方对项目的要求与期望所开展的各种管理活动。”① 据此，我们认为，项目管理是通过应用和综合诸如启动、计划、实施、监控和收尾等项目管理过程来进行的。

项目管理通常被认为是“二战”的产物，美国对原子弹以及后来的“阿波罗登月”等重大的科学实验都采用了项目管理形式，并达到了预定的目标。时至20世纪五六十年代，项目管理已开始被广泛采用，尤其是在电子、国防以及航天等领域中。进入90年代以来，项目管理已从传统的经验管理方式演变为现代科学管理，从根本上改善了中层管理人员的工作效率，其应用领域也越来越广，并发挥着越来越大的作用。

美国著名的《财富》杂志早在20世纪就预测项目经理将成为21世纪年轻人首选的职业，项目经理早已不再仅仅指建筑工程的施工经理，而是拓展到经济生活中的各个领域。现在项目管理已经成为全球管理的新热点，并呈现新的四大发展趋势：①项目管理走出工程建造业、服务业成为项目管理发展的新天地；②企业内部管理项目化；③项目经理成为通向高层领导的途径；④项目管理培训对MBA形成有力的挑战。

PMI从不同管理职能的角度，将现代项目管理知识体系划分为九大职能领域，包括：项目集成管理、项目范围管理、项目时间管理、项目成本管理、项目质量管理、项目人力资源管理、项目沟通管理、项目风险管理和项目采购管理等（详见表1）。

表1　项目管理的领域

项目管理的九大领域	主　要　内　容
项目集成管理	是指为确保项目各项工作能够有机地协调和配合所展开的综合性和全局性的项目管理工作和过程。它包括项目集成计划的制定、项目集成计划的实施、项目变动的总体控制等
项目范围管理	是为了实现项目的目标，对项目的工作内容进行控制的管理过程。它包括范围的界定、范围的规划、范围的调整等
项目时间管理	是为了确保项目最终按时完成的一系列管理过程。它包括具体活动的界定，如活动排序、时间估计、进度安排及时间控制等

① 戚安邦：《项目管理学》，科学出版社2007年版，第15页。

续上表

项目管理的九大领域	主 要 内 容
项目成本管理	是为了保证完成项目的实际成本、费用不超过预算成本、费用的管理过程。它包括资源配置，成本、费用的预算以及费用的控制等
项目质量管理	是为了确保项目达到客户规定的质量要求所实施的一系列管理过程。它包括质量规划、质量控制和质量保证等
项目人力资源管理	是为了保证所有项目关系人的能力和积极性都得到最有效的发挥和利用所做的一系列管理措施。它包括组织的规划、团队的建设、人员的选聘和项目班子建设等一系列工作
项目沟通管理	是为了确保项目信息的合理收集和传输所需要实施的一系列措施。它包括沟通规划、信息传输和进度报告等
项目风险管理	涉及项目可能遇到的各种不确定因素。它包括风险识别、风险量化、制订对策和风险控制等
项目采购管理	是为了从项目实施组织之外获得所需资源或服务所采取的一系列管理措施。它包括采购计划、采购与征购、资源的选择以及合同的管理等

从上表我们可以看出，项目管理的九大领域都需要由人来具体实施，加上项目的特殊性，项目人力资源管理，特别是人员的激励，成为贯穿项目管理各大领域的核心问题。

【案例】

摩托罗拉的项目管理历程

1995 年：聘用了项目管理总监；

1996 年：第一次聘用项目经理，有正式的职位定义，承担进度及客户验收方面的职责；

1998 年：由项目经理推动，制度化了正式的变更控制；

1998 年：推出阶段关口的管理方法，应用于所有的项目；

2000 年：部署了时间跟踪系统；

2001 年：部署了更正式的资源跟踪；

2002 年：对资源计划和跟踪进行了改进；

2004 年：进行项目的费用核算。

最初，人们认为项目管理是额外的活动，一线经理也不愿意放弃对项目的控制权和对进展的汇报权。完全是因为高层经理决定使用正式的项目管理办法，才建立了项目管理办公室，并将这些角色和职责转到项目管理办公室。而且直到几年后，通过有序的项目管理，保证了稳定的产品按时交付，项目管理才得到工程经理的完全认可。项目管理的职责包含正式的、整合的、完整的项目进度安排，独立的、跨职能的项目监管，中立的项目进展沟通，跨职能问题的协调解决，以及对项目风险的识别和管理，等等。后来，项目管理的职责又有所扩大，增加了客户沟通、项目范围控制和变更管理、费用控制和资源计划等。

资料来源：(美) 哈罗德·科兹纳著：《项目管理最佳实践方法》，杨慧敏、徐龙译，电子工业出版社2007年版，第93页。

第二节　项目人力资源管理

项目作为一种越来越流行的工作组织方式，应用范围已经从传统的建筑等领域扩展至行政管理、运营控制以及知识管理等领域，直接冲击了传统的人力资源管理。一个新项目的开始，意味着新的人员配置、新的绩效体系、新的激励机制；一个新项目团队的产生，需要项目经理根据实际情况权变地选择管理方式，这些都要求员工及管理者具有很强的适应性和机动性。因此，项目的成功在很大程度上取决于人的作用，进行有效的人力资源管理是项目成功的基础。

一、项目人力资源管理的兴起

综观项目管理发展史，项目经理在管理项目时一贯参考三条标准：成本、进度和质量。但事实证明这种项目管理方法不是很成功，且各条标准之间似乎也无法协同一致：满足项目进度计划的要求常常意味着放弃成本预算和质量要求；严格执行成本预算则经常要以牺牲项目的质量和进度计划为代价；而确保项目质量会导致预算严重超支和拖期。为什么结果并不令人满意呢？项目管理专家们认为问题的答案在于，只有进度、成本和质量三条标准是不够的，另外一条重要的因素被忽略了，即人力因素。

许多项目经理正是忽略了这样一个问题：如何组织人力资源会直接影响项目的最终成果。事实上，对人力因素的忽略或错误管理会直接影响项目的进度、成本和质量。因此人力资源管理在项目管理中与进度、成本预算和质量管理一样重要，人力因素可以在项目管理中的其他三条标准之间架起协同一致的桥梁（如图1所示）。①

---

① (美) 拉尔夫·L. 克利姆、欧文·S. 卢丁著：《项目中的人力资源管理》，石力、李可译，机械工业出版社2002年版，第Ⅶ—Ⅷ页。

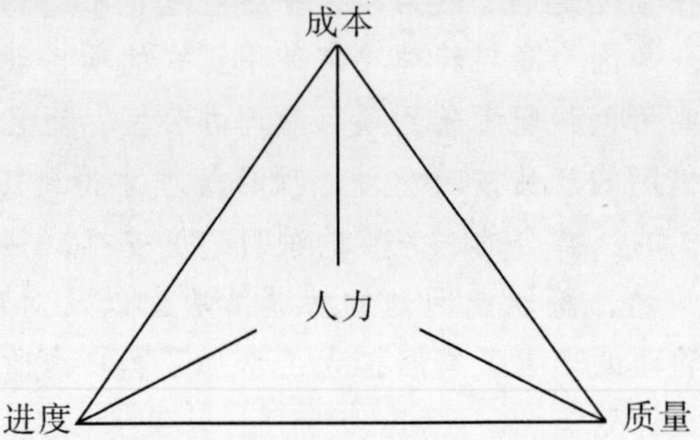

图1　四条项目管理标准

二、项目人力资源管理的概念

一般意义上的人力资源管理是指根据组织的目标，采用科学的方法对组织成员的思想、心理和行为进行协调、控制和管理，充分发挥其主观能动性，以便实现组织目标。[①]

项目人力资源管理既具有一般人力资源管理的特征，又具有临时性、一次性、独特性等项目自身的特点。项目中的人力资源管理是为了保证所有项目关系人的能力和积极性都得到最有效的发挥和运用所做的一系列管理措施。它包括组织和人力资源规划、人员招聘和遣散、绩效考核以及团队开发与建设等一系列工作。[②]

项目人力资源管理的目的是调动利益相关者的积极性，发挥其潜力，激励其为项目目标共同努力。与一般人力资源管理相比，项目人力资源管理更强调团队建设和灵活性。

三、项目人力资源管理的特点

项目人力资源管理与一般的人力资源管理相比，有其独有的特点。主要表现在：

1. 暂时性

项目暂时性的特点意味着个人之间以及个人和组织之间的关系总体而言是既短暂又崭新的。项目管理小组必须仔细选择适应这种短暂关系的管理技巧。

2. 变化性及灵活性

首先，项目通常是独特、临时和全新的，因此，满足客户所需的知识、技能和能力的组合也在不断变化。其次，项目组织是不稳定的，项目的盈亏对聘用关系的维持和所需人员的数量都有很大冲击，因此，项目人力资源管理具有变化性。在不同的项

---

① 丁荣贵、孙涛：《项目组织与人力资源管理》，电子工业出版社2009年版，第8页。

② 同上。

目生命周期阶段，对人员的需求不同，人员配备也会不断变化，项目成员会受项目经理和职能部门管理人员的双重领导，团队人数和具体人选不断调整，具有很大的灵活性，因此，人力资源管理也具有灵活性①。

3. 重视团队建设

由于项目是一次性的临时工作，在限定条件下完成项目目标需要项目成员密切配合、紧密合作，因此团队建设是项目人力资源管理的关键。项目团队不是长期建立起来的稳定结构，同样具有一次性和临时性的特点。能否在相对较短的时间内建设一个有效的团队，关系到项目能否顺利完成。

4. 重视成员遣散

在项目收尾阶段，团队解散后人员的安排和关怀如果不到位，将会对下一个项目甚至整个组织产生不利的影响。因此，项目人力资源管理必须重视成员遣散工作。

四、项目人力资源管理的内容

1. 组织和人力资源规划②

组织和人力资源规划是项目管理计划的一部分，主要解决在何时以何种方式满足项目人力资源需求的问题。组织和人力资源规划的编制必须根据项目的实际情况，结合组织战略规划，选择正式或非正式的、详尽或宽泛的方式，在项目生命周期的各阶段，根据实际情况不断地更新规划以指导团队建设。

2. 人员招聘和遣散

为项目配置数量和质量适合的人员是项目顺利完成的必备条件。项目人员的招聘可结合使用内部和外部招聘两种方式：当组织内部有足够的满足要求的人选时，优先进行内部招聘；当项目成员不符合项目要求或已完成项目中的任务时，应及时将其从项目中撤回或解聘，这对员工的职业发展、项目的成本控制和人力资源的合理配置具有重大意义。

3. 绩效管理

一个完善的绩效管理系统应当能够鼓励员工关注和提高自身绩效，促进其自我激励。绩效考核是绩效管理的非常重要的方面，绩效考核的基础是明确项目组每位成员的职责。包括运用组织结构图和岗位说明书来明确项目各成员的角色与责任，确定绩效标准和考核方式，以及考核结果的具体运用等问题。

4. 项目团队开发与建设

构建一个能够促进员工发展的良好环境，提高团队成员的个人技能，增强完成项

① （英）J. Rodney Turner 主编：《项目的组织与人员管理》，戚安邦、冯海、罗燕江等译，南开大学出版社 2005 年版，第 7—9 页。

② 丁荣贵、孙涛主编：《项目组织与人力资源管理》，电子工业出版社 2009 年版，第 9 页。

目任务的能力，形成能适应组织要求、不断更新技能的团队，有利于项目的顺利实施。项目经理需要营造一个信任互助的团队氛围，提高团队成员的凝聚力，发挥协同作用以实现项目目标。

五、项目人力资源管理的核心问题

项目人力资源管理的成功，取决于以下核心问题。

1. 项目团队的人员挑选

对项目而言，人员的挑选十分重要。其主要任务是分辨员工的技能和知识是不易替代的核心能力，还是在劳动力市场上容易找到的能力。例如，在工程和建筑中，员工的可替代性很强，可通过培训使其获取标准技能，这类工人常以合同工的形式来雇用。在此行业，项目经理最关键，因为很难在劳动力市场中找到可替代的知识和技能。其他领域如高科技行业，员工的可替代性很小，知识型员工是项目的核心人员。因此，研发人员、项目经理和客户联络人员均是短期内不可替代的关键成员。核心人员挑选的方式主要有内部选拔和外部招聘。

2. 项目人员的职业发展

在项目组织中，职业发展和职业范围的变化是快速的。在工程和建筑等行业中的项目型组织已习惯于短期职业和人员流动，而在传统组织中，长期聘用也将成为过去式。因此，项目人员的职业发展必须转变为螺旋梯形而不是狭窄的梯子。螺旋梯形的职业发展道路意味着，职业涉及项目环境中所需的多学科的专业技术及知识的宽度，它使人们必须通过在一系列职位上的积累来完成其职业发展。在项目环境中，员工要发挥主动性来提高自己，而项目管理者的任务则是要创造与维持一种有利于激发员工工作热情的环境。

3. 项目激励

项目人力资源是项目成功的关键因素，项目人员在项目运行过程中，能否充分发挥工作主动性和积极性，关系到项目能否达到既定目标。而如何最大限度地利用人力资源，发挥项目人员的潜能，核心问题是要做好项目激励。

鉴于此，本书将激励问题作为撰写的重点，其实，项目人员的职业生涯规划也是组织激励员工的有效手段与方法。

第三节　激励与项目激励

一、激励的含义和过程

（一）激励的定义和特征

激励一词源于拉丁文“Movere”，它的意思是“驱动”。一些简短的代表性定义说明了怎么使用这个术语：[①] 对行为方向、强度和持久性的共同（直接）影响；行为是怎样开始的、被加强的、被持续的、被指引的、被停止的，以及当所有这些进行时，生物体会出现什么主观反应；一个控制人类或低级有机体在备选的自愿活动形式中做出选择的过程；在工作态度、工作技巧和任务理解的影响作用下保持恒定，以及操作环境条件不变的情况下，激励与一系列解释个体行为的方向、幅度、持久性的变量和自变量关系有关。

这些定义总体上显示出激励的三个共同特征：什么激励着人类行为；行为的方向或渠道是什么；怎样保持或持续行为。首先，存在着驱使个体以某种方式行为的内在积极力量和激发这些力量的环境力量。其次，部分个体存在目标导向的思想，他们的行为指向某些事情。最后，这种看待激励的方式包含一个系统倾向，即考虑个体内的力量和周围环境力量。环境力量反馈给个体，一方面强化他们的动力强度和能量方向，另一方面阻止他们的行动过程，重新调整其努力方向。[②]

（二）激励的过程

激励是去做某事的意愿，并以行为能力满足个人的某些需要为条件。在此术语中，需要一个词意味着使特定的结果具有吸引力的一种生理和心理上的缺乏。[③] 激励的过程如图 2 所示。

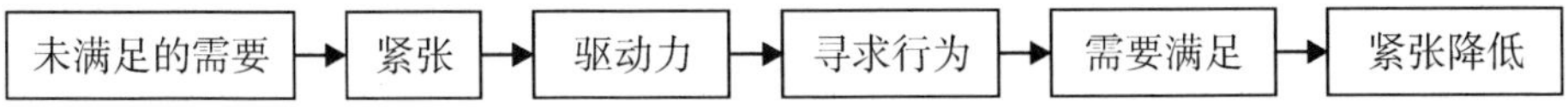

图 2　激励的过程

未满足的需要产生紧张的心理状态，紧张刺激个人内在的驱动力，这些驱动力产生寻求特定目标的行为。如果目标达到，则需要得以满足，紧张心态也就降低。在管理实践中，员工受到激励后，就处于紧张状态，为了缓解紧张状态，他们就会忙于工作。紧张程度越高，越需要做更多的工作来缓解紧张。所以当看到员工努力工作的时候，我们认为员工是被他们所看重目标的实现欲望而驱动的。

二、项目激励的含义

（一）项目激励的定义

项目激励是指通过一定的手段满足项目成员的需要和愿望，以此调动他们的积极

---

① 以下对“激励”的定义转引自（美）莱曼 . W. 波特、格雷戈里 . A. 比格利、理查德 . M. 斯蒂尔斯著：《激励与工作行为》，陈学军等译，机械工业出版社 2006 年版，第 2 页。

② （美）莱曼 . W. 波特、格雷戈里 . A. 比格利、理查德 . M. 斯蒂尔斯著：《激励与工作行为》，陈学军等译，机械工业出版社 2006 年版，第 2 页。

③ （美）斯蒂芬 · P. 罗宾斯：《组织行为学精要》（第 8 版），机械工业出版社 2005 年版，第 52 页。

性，使其主动而自发地把个人的潜能发挥出来，从而确保项目团队达到既定的目标。它是项目人力资源管理的一个重要组成部分。激励是鼓舞、指引和维持个体努力行为的驱动力。所有的行为都是受激励而产生，因此项目激励贯穿项目管理的九大领域。一个项目的成功与否，很大程度上取决于我们是否能有效地激励项目成员。

随着项目成为越来越流行的组织形式，项目人力资源管理也遭遇到了前所未有的挑战：第一，作为临时性组织的项目团队，为了满足客户需求，成员的技术和能力组合总是在不断地变化。随之而来的是以合同形式聘用大量员工的政策，与人力资源管理理论和实践的基石——职业的稳定性是不一致的。马斯洛认为稳定性对于满足人类基本需要，以及作为训练员工的责任感和奉献精神的先决条件都是非常重要的。但是在项目中，坚持终身和稳定的职业理想并不适用。第二，项目的收益或损失对于聘用关系的维持和所需人员的数量都有迅速而巨大的冲击。因此，针对项目的激励已经不再是一般的激励了。

（二）传统激励与项目激励

在传统的组织中，组织结构比较稳定，工作也相对固定，因此常常用稳定的职业和在狭窄专业范围内的晋升来激励员工，因为，稳定性对于满足人类基本需要，以及作为训练员工的责任感和奉献精神的先决条件都是非常重要的。[①]

比较而言，项目型组织则是不稳定的。一方面，项目的损益对于项目成员有迅速和巨大的冲击，因此为其提供稳定的职业是不可行的，这种理想也不适合于项目型组织。另一方面，项目的独特性、临时性等特点，使得满足顾客所需的知识、技能和能力的组合也在不断变化，员工必须自己负责自己的职业生涯，主动提高自己。此外，用“向上”晋升以及由此带来的威望和较多薪酬的方法来激励员工也变得越来越不可行。这部分基于成本的压力，部分是由于越来越多的组织采用扁平化的管理模式和结构。因此项目组织必须寻找新的激励途径，如创造多样化的职业阶梯发展模式，以及用一种全新的方式鼓励员工寻求自我发展和追求晋升到“更高级别”所带来的声望，等等。

关注项目激励，是本书的亮点。虽然传统组织和项目组织的不同决定了传统激励与项目激励的区别，但对传统组织具有启发和指导意义的一般激励理论同样适用于项目型组织，因为其作为组织的一种形式，也是由员工个体所组成的，他们的基本需求、期望以及对公平的追求并不因所在组织形式的不同而产生很大的差异；也因为项目是基于组织整体战略框架之下的，项目激励脱胎于组织整体激励机制。项目管理人员需要做的，不是全盘否定与摈弃传统组织背景的激励理论，而是合理灵活地将这些理论运用于项目型组织；不是照搬照抄传统激励模式，而是根据项目的特点做出相应

① A. H. Maslow. A Theory of Human Motivation. *Psychological Review*, 1943：370－396.

的调整。

（三）项目激励面临的难题

组织已经认识到，项目管理是整个团队的努力，奖励团队比奖励个人更有益。但令组织高层管理者最为难的是如何在公司的激励体系内建立有效的项目激励。有效的项目激励需要解决以下问题：[①]

（1）谁来评定每个人对项目成功的贡献大小？

（2）在项目上所花费的时间，是否应该影响奖励的多少？

（3）谁来决定奖励的多少？

（4）奖励系统会不会影响将来的项目预估，尤其是基于成本节约的奖励？

（5）奖励的多少会不会影响将来的项目人选？

（6）人员会不会流向成功完成项目的项目经理，或者流向发放大量奖励的项目经理？

（7）人员会不会离开高风险项目，因为短期内没有奖励？

（8）人员会不会尽量避开长期项目的安排？

第四节 本书的内容概要

在项目管理实践中，令项目经理倍感棘手，也最为重要的问题是员工激励。事实上，如果项目在人员配置、绩效管理中存在缺陷，都可能导致项目激励难以发挥应有的效果。基于此，本书主要分为两部分，一是项目人力资源管理，二是项目激励，因此章节的安排也基于这一框架。首先，第一、第二章从项目人员配置和绩效管理两方面介绍了项目人力资源管理的主要内容。其次，第三、第四、第五和第六章，分别从管理学激励理论、经济学激励理论、了解项目成员以及激励艺术与实务等四方面介绍了项目激励的理论基础和管理实践。

第一章：项目人员配置。根据项目需要进行人员配置是项目人力资源管理的关键步骤。本章主要包括项目人员规划、招聘与甄选、使用与调配、遣散。

第二章：项目绩效管理。本章首先界定绩效，接着介绍绩效管理相关理论，再分析基于绩效的薪酬管理，最后对绩效进行反思。

第三章：管理学激励理论。包括内容型激励理论、过程型激励理论、行为改造型理论、综合型激励理论以及管理激励理论的新进展——自我决定理论。在每种激励理论类型下，又包含内容不同的子理论。

---

① （美）哈罗德·科兹纳著：《项目管理最佳实践方法》，杨慧敏、徐龙译，电子工业出版社2007年版，第72—73页。

第四章：经济学激励理论。相对于管理学激励理论，经济学中包括的激励思想较少受到管理学家的关注。本章介绍古典经济学中的激励思想、委托代理理论、企业家理论、人力资本理论以及延期报酬理论。

第五章：了解项目成员。认识员工个体间的差异是激励员工的基础。本章从人性假设与个体认知出发，介绍员工在个性心理特征和个性倾向性等方面存在的差异。

第六章：激励艺术与实务。包括激励艺术和方法、激励的反思以及激励机制。

附录：包括三部分内容，分别是项目人员配置的补充，卡特尔 16 种人格特质的简要介绍，以及工程建筑类项目的激励问题，作为课外阅读材料供有兴趣的人员参考。

第一章　项目人员配置

夫运筹策帷幄之中，决胜于千里之外，吾不如子房（张良）；镇国家，抚百姓，给饷馈，不绝粮道，吾不如萧何；连百万之众，战必胜，攻必取，吾不如韩信。此三者，皆人杰，吾能用之，此吾所以取天下也！

——刘邦《高祖本纪》

引例

故事一：去过寺庙的人都知道，一进庙门，首先是弥勒佛，笑脸迎客，而在他的北面，则是黑口黑面的韦陀。但相传在很久以前，他们并不在同一个庙里，而是分别掌管不同的庙。弥勒佛热情快乐，所以来的人非常多，但他什么都不在乎，丢三拉四，没有好好地管理账务，所以依然入不敷出。而韦陀虽然管账是一把好手，但成天阴着个脸，太过严肃，搞得人越来越少，最后香火断绝。佛祖在查香火的时候发现了这个问题，就将他们俩放在同一个庙里，由弥勒佛负责公关，笑迎八方客，于是香火大旺；而韦陀铁面无私，锱珠必较，则让他负责财务，严格把关。在两人的分工合作中，庙里一派欣欣向荣的景象。

资料来源：《60 个 MBA 经典故事——用人之道》，http://bbs.edu5a.com/showtree.aspx?postid=3871. 2009-12-22。

故事二：唐僧团队最大的好处就是互补性。领导有权威、有目标，有坚定的毅力；悟空能力超强，聪明绝顶，但是只知降妖伏魔、不做小事；八戒好吃懒做，粗心大意，却是一路取经的开心果；沙僧任劳任怨，心细如丝，但甚少有主见。虽然历经八十一难，但最后修成了正果。据此马云认为一个理想的团队就应该由德者、能者、智者、劳者四种人组成。德者领导团队，能者攻克难关，智者出谋划策，劳者执行有力。

资料来源：《如何打造“唐僧团队”》，http://www.51labour.com/html/27/27653.html，2010-12-29。

人员配置是为了创造组织效能的有利条件而从事的获取、运用和留任足够质量和数量劳动力队伍的过程，是一项关键的获取、运用和留任组织劳动力的组织职能。① 在项目人力资源管理中，人员配置直接关系到项目能否在规定的时间以一定的成本和质量完成。人员配置的前提是做好人力资源规划，其次是招聘甄选与使用调配，最后，项目结束后的人员遣散工作也十分重要。

第一节　项目人力资源规划

凡事预则立，不预则废。在民航一路高歌猛进之时，航空公司蓦然发现最令其烦恼的不是飞机不足，而是飞行员奇缺；在中国经济高速发展之际，企业猛然觉察最让其头痛的，不是资金短缺，而是高级技师的匮乏。在管理实践中，更普遍的情形是，组织在亟需人手时，便急急忙忙去招聘，情急之下难免产生招聘错误，将未必适合岗位要求的员工招聘进来，轻则影响工作效率，重则产生人事风险；而一旦组织的产品或者服务萎缩，又突击裁减人员，不仅容易引发劳资纠纷，而且不利于后备人才的培养。当然，在组织的人力资源管理中，不可避免地存在人员的流动与职位的空缺，尤其是企业面临着不确定的环境变化，这些都对人力资源规划提出了较高的要求。

人力资源规划是组织人员配置的支持活动。本节主要从人力资源规划的定义、意义、影响因素和规划过程，以及项目人力资源规划的要点等五方面进行阐述。

一、人力资源规划的定义

人力资源规划是预测组织人员需求和内部供应，并进行比较和决定雇用差距，最后形成雇用行动计划的整个过程和一系列活动的总称。② 企业的人力资源规划是一个动态过程，是企业不同发展时期人员供给需求的平衡机制，③ 其类型如表 1－1 所示。

表 1－1　人力资源规划的类型

分 类 依 据	类 别 一	类 别 二
规划时间的长短	短期规划（1 年或 1 年以内）	长期规划（3 年或 3 年以上）
规划内容	总体规划	具体计划
规划性质	战略性规划	策略性计划

资料来源：杨政燕主编：《人力资源规划——设计与操作手册》，中国纺织出版社 2007 年版，第 4—5 页。

① （美）赫伯特·G. 赫尼曼（Herbert G. Heneman Ⅲ）、蒂莫西·A. 贾奇（Timothy A. Judge）著：《组织人员配置》，王重鸣、陈学军等译，机械工业出版社 2005 年版，第 3—4 页。

② 同上书，第 47 页。

③ 胡八一主编：《人力资源规划实务》，北京大学出版社 2008 年版，第 1 页。

类似地，项目人力资源规划是通过对未来项目人员供需关系情况和调配关系的预测，做出科学的人力资源获取、利用、保持和开发策略，以确保项目对人力资源在数量和质量上需求的实现，保障项目战略目标实现的谋划过程。[①]

二、人力资源规划的意义

人力资源规划是组织战略目标顺利实施的基本保证。人力资源规划是根据组织的战略目标制定的，实际上是组织战略目标在资源保障与配置方面——人力资源供需（包括数量和质量）方面的分解，是为了确保组织目标的实现而制定的一种辅助性规划，与组织其他方面的规划，如财务计划、生产计划和营销计划等共同构成组织目标的支撑体系。[②] 而且，由于人力资源规划不断随着环境的变化而变化，因此可以使组织的战略目标更加完善，使组织对于环境的适应能力更强，进而使组织更富有竞争力。

具体来讲，人力资源规划是人力资源管理的基础，可以为工作分析、培训范围和内容，以及培训的投资额度提供依据；使员工了解组织未来的需求；使企业更好地控制人工成本；使人力资源管理活动有序化；有助于调动员工的积极性和创造性；有利于缓解人力资源供求关系的刚性。此外，人力资源规划也可能对组织重大的人事决策产生影响。

对项目而言，不同发展阶段需要不同数量和质量的人员，因此，详细可行的人力资源规划可以帮助组织确定招聘甄选的方式方法，最终达到以最小的成本获得最大效益的目的。

三、人力资源规划的影响因素

制定人力资源规划，需要综合考虑内部因素和外部因素。前者如企业的发展阶段和竞争战略，后者如经济条件和劳动力市场等。此外，还需要注意保持规划的灵活性和动态性。

在项目人力资源规划中，一方面要充分考虑项目同其所在环境的联系，另一方面需要分析项目参与人员的要求，还需要综合考虑项目所在组织的结构和规章制度、项日成员的工作习惯、劳动人事方面的法律法规等，[③] 保持项目团队成员与外部环境、与组织、与其他成员，以及与自身的和谐。[④]

需要注意的是，好的人力资源规划并不一定能取得理想的效果。在人力资源规划实施的过程中，还会遇到许多障碍，如人力资源规划制定者得不到其他成员的认同，

---

① 丁荣贵、孙涛主编：《项目组织与人力资源管理》，电子工业出版社2009年版，第58页。

② 杨政燕主编：《人力资源规划——设计与操作手册》，中国纺织出版社2007年版，第7页。

③ 丁荣贵、孙涛主编：《项目组织与人力资源管理》，电子工业出版社2009年版，第58页。

④ 蒋国瑞主编：《项目人力资源管理》，中国建筑工业出版社2009年版，第31页。

没有得到高层管理者的大力支持，投入的人力和物力不够，其他部门管理者不参与，等等。只有清除了这些障碍，人力资源规划的作用才能得到充分发挥。

表 1－2　影响人力资源规划的因素

关键因素	描　述	
内部因素（发展阶段和竞争战略）	创业期	组织通常采用集中战略，因此人力资源规划聚焦于招聘甄选某方面的专业技术人员
	成长期	组织常常采用一体化战略、多元化经营战略，因此人力资源规划不仅要制定招聘甄选优秀员工的措施，还要注意不同类型员工的性格、兴趣、素质、结构与组织战略、组织岗位的匹配
	成熟期	人力资源规划要保证员工队伍的稳定，同时还要注重培训和开发，提高人员使用效率，力争在同行业或某一地区保持人力成本效益优势
	衰退期	裁员与招聘并举。裁员的目的是降低人力成本，提高人均工作负担，充分利用人员；招聘的目的是为组织战略转移做好人力资源准备
外部因素	经济条件	包括经济的扩张和紧缩、工作增长和工作机会、内部劳动力市场变动和离职率等内容
	劳动力市场	劳动力需求：雇用模式和 KSAO（知识、技术、能力和其他）考虑 劳动力供给：劳动力，劳动力趋势，可获得的 KSAO；劳动力短缺和富裕；雇用安排；等等
动态性	鉴于人力资源规划的参考信息，具体规划措施与组织内外部环境的动态性，以及执行规划和规划操作过程的动态性，人力资源规划是动态的，不是静止的数据收集和一成不变的应用	

资料来源：根据杨政燕主编《人力资源规划——设计与操作手册》，中国纺织出版社 2007 年版，第 18 页，（美）赫伯特·G. 赫尼曼（Herbert G. Heneman Ⅲ）、蒂莫西·A. 贾奇（Timothy A. Judge）著《组织人员配置》，王重鸣、陈学军等译，机械工业出版社 2005 年版，第 44 页整理。

四、人力资源规划的过程

人力资源规划是一个系统制定的过程，包括以下五个阶段：研究组织的外部环境和组织发展战略；收集企业人力资源现状信息，建立人力资源信息库；供给和需求的预测；规划制定与实施；规划评估和反馈。

1. 研究组织的外部环境和组织发展战略

组织的外部环境即人力资源规划的宏观环境，政治、经济、社会和技术等因素均会对组织的人力资源管理产生影响。最低工资的不断提高，劳动合同法的出台，人民生活水平的提高，以及网络的普及，等等，无不影响着组织的人力资源管理。因此，在进行人力资源规划时，必须首先了解外部宏观环境，掌握环境变化的规律给企业人力资源发展的影响，以便员工的发展能够适应环境的变化，甚至达到利用环境变化促进企业人力资源发展的目的。

组织的发展战略从根本上决定了人力资源规划的方向和内容，因此，在制定人力资源规划时，必须全面考虑企业的战略发展目标，保证人力资源能够满足战略目标的需要。例如，深圳华为公司国际化战略的推进意味着组织具有足够的合适的人才队伍作为支撑，否则，这一战略就难以落地。

2. 收集企业人力资源现状信息，建立人力资源信息库

任何一个企业都会定期盘点其财务状况，而对其所拥有的人力资源状况常常不甚了了。其实，钱财固然是组织发展的保障，但是，如果缺乏适合的人才，即便万事具备，最终还是一事无成。因为，任何工作都要依靠人来完成。企业的人力资源信息库类似企业的财务信息库，是基于企业人力资源现状信息而建立的，即人力资源的数量、质量、结构及分布状况。这部分工作需要结合人力资源管理信息系统和职务分析的有关信息来进行。首先，要有一个良好的人力资源管理信息系统，尽量输入员工个人和工作情况的详细资料，包括个人的自然情况、录用资料、教育资料、工资资料、工作评价、工作经历、离职资料、工作态度、工作或职务现状等。其次，要结合职务分析的有关信息情况。最后，对所有信息进行分类存储和管理，建立人力资源信息库。由于项目可以获得的资源十分有限，因此建立人力资源信息库十分重要和必要。一般来讲，信息库说明了可获得人力资源的类型、层级（如技能与经验），以及可获得的时间。①

3. 供给和需求的预测

该步骤是较具技术性的部分。其主要目的是在搜集的人力资源信息基础上，对人力资源的供给和需求进行预测。预测可采用主观经验判断和各种统计方法及预测模型来进行。例如，在人力资源需求预测中，比较常用的统计方法有回归分析、比率分析、时间序列分析、随机分析等；主观经验判断表现为人力决策模型，通过信息收集，主观加权判断，然后对人力资源需求做出决策。在人力资源供给预测中，统计方法可采用马尔可夫分析；常用的主观经验判断包括主管评估、后备计划和空缺职位分析。② 具体选择哪种方法，需根据实施或假定的人力资源政策进行选择。③

① 丁荣贵、孙涛主编：《项目组织与人力资源管理》，电子工业出版社 2009 年版，第 75 页。

② （美）赫伯特·G. 赫尼曼（Herbert G. Heneman Ⅲ），蒂莫西·A. 贾奇（Timothy A. Judge）著：《组织人员配置》，王重鸣、陈学军等译，机械工业出版社 2005 年版，第 50—53 页。

③ 杨政燕主编：《人力资源规划——设计与操作手册》，中国纺织出版社 2007 年版，第 7 页。

4. 规划的制定和实施

规划的制定和实施紧密相连。通常企业首先制定人力资源战略，然后根据战略制订总体规划，再制订各项具体的业务计划以及相应的人事政策，之后在各部门执行。人力资源规划最终要在执行阶段付诸实施，就必须要有实现既定目标的组织保证。除分派负责执行的具体人员外，还要提供目标实现所需要的必要权力和资源。

5. 规划的评估和反馈

在人力资源规划的实施过程中，由于不可控因素很多，常常会发生令人意想不到的变化或问题。如果不对动态的执行过程进行信息收集并在必要的时候进行调整，人力资源规划最后就有可能成为一纸空文，失去指导意义，最终导致战略目标无法实现。对人力资源规划的反馈与评估可以采用定期报告执行进展的形式进行，确保所有方案都能在既定的时间内执行到位，并确保方案执行初期的成效与预测的情况相一致。

五、项目人力资源规划的要点

对整个项目的人员进行规划是项目人力资源配置的支持性活动。项目人员规划以岗位分析为基础，涉及人与事的关系、人自身各方面的条件和企业组织机制及行业现实等要素，从而形成五个方面的规划分析。

1. 人与事总量规划分析

人与事的总量规划涉及人与事的数量关系是否对应，即有多少事需要多少人去做。在项目中，这种数量关系不是固定不变的，而是随着项目生命周期的变化而变化。无论是人浮于事还是人手不足，都不是组织希望看到的结果，前者导致项目成本目标无法实现，后者则可能使得项目无法按时完成。令管理者烦恼的是，一方面合格的项目经理或者其他核心员工很难招到，有事没人做；另一方面又表现为职能部门人员人浮于事。

因此，在项目团队组建之前，应当根据项目的任务、目标和进度等情况对人事总量进行初步规划，并根据项目的推进，进行相应的诊断。一旦在项目进展中诊断出当期人力过剩或不足或两者皆有（产生此问题的原因是结构性）的情况后，就应该更关注如何合理配置人力供给与需求。通常情况下，在某项目人员短缺时，应首先考虑在企业内部调节，一方面可以控制风险和成本，另一方面有利于开发内部员工的项目知识和能力。其次，可考虑外部补充、招聘、借调以及实行任务转包等措施。此外，人员不足常常是由于项目团队成员缺乏某种能力所致，因此在考虑其他措施的同时，要对相关人员进行相应的培训。在人员富余时，则要利用多种渠道妥善安置，如推荐员工参与其他项目、遣散临时用工等（如表1-3所示）。

表 1-3 各种方法的优缺点比较

采用的方法	效果	可变性
延长工作时间	快	高
临时雇用	快	高
外包	快	高
培训员工转调工作	慢	高
降低离职率	慢	中等
招聘新员工	慢	低
技术创新	慢	低

2. 人与事结构规划分析

人与事的结构规划是指任务总是多种多样的，应根据任务的不同性质和特点，选拔有相应专长的人员去完成。运用到项目中，这一分析包括两方面的内容：

（1）项目人员需要适应项目的特点。在项目组织中，人们对环境变化的适应能力以及是否愿意根据项目的变化和客户要求而改变，比特殊技能和知识更加重要。因此，很多国外大公司已经开始避免在雇佣决策中使用考试，而是先观察候选人在一段时间的工作中与同事和客户的互动行为再做决定。① 这种方法可能比使用一次性的选择和考试来决定要准确得多。

（2）以合适的人做恰当的事。项目人员规划的一个重要目标就是把各类人员分配在最能发挥他们专长的岗位上，从而达到整个项目团队的协同作用，力争做到人尽其才、才尽其用。人员配备应合理安排各类人员的比例，包括技术工作人员和辅助工作人员的比例、项目管理人员和项目实施人员的比例。对特殊项目还需要合理地安排不同专业或工种的人员和不同管理人员的比例，从而使各个专业或工种之间的人员能力实现合理的平衡，减少、消除窝工和人力资源浪费现象。

3. 人与事质量规划分析

人与事质量规划是指在规划时考虑人与事之间的质量关系，即事的难易程度与人的能力水平的关系。因为个体的能力受到身体条件、教育程度、实践经验等因素的影响而各不相同，所以需要根据能力大小、水平高低的差异安排在相应能级层次的岗位上，使个人能力水平与岗位要求相适应，提高人力资源投入与产出比率。

当人与事的质量不匹配时，表现为两种情况：一是现有人员素质低于现任岗位的

① （美）J. 罗德尼·特纳（J. Rodney Turner）、斯蒂芬·J. 西米斯特（Stephen J. Simister）等编著：《项目管理手册》（第3版），李世其、樊葳葳等译，机械工业出版社2004年版，第473—474页。

要求；二是现有人员素质高于现任岗位的要求，即目前的人才高消费现象。[①] 对于前者，可考虑采用技能性培训等方法来调节现有人员的使用情况，这种培训在项目管理中经常使用；对于后者，应考虑将其提升到与其能力相匹配的岗位工作，以充分利用组织中的人力资源。

4. 人与工作负荷状况规划分析

人与事的关系还体现在事的数量是否与人的承受能力相适应，以便员工能够保持身心健康。在某些情况下，项目团队成员具有很大的自主权决定如何分配用于项目的时间，但是在大多数情况下，特别是在职能型组织，几乎所有的专业人员都隶属于各种职能部门，由部门主管控制。因此，人力资源配置应在项目经理与职能经理达成协议的前提下，使项目团队成员与其所承担的工作量（项目工作 + 职能工作）相适应，使得工作负荷量与员工的身心承受能力相适应，即保持劳动强度、体力脑力劳动和工作时间的适度，形成合理的压力和动力。无论工作负荷是过重还是过轻，都不利于人力资源的合理配置和使用。

5. 岗位人员使用效果分析

人与事配置规划的优劣，最终表现在员工的使用情况上。一般来说，人员使用效果经常以态度为基础，将绩效的好坏与自身能力的强弱做比较，分为四个区间。如表 1 – 4 所示：

表 1 – 4　人员使用效果的四个区间

		能力	
		高	低
绩效	好	区间 A	区间 B
	差	区间 C	区间 D

对不同区间的员工应采用不同的策略与改善方法。A 区间员工是价值最高的员工，组织应留住并重用他们。对于 B 区间员工，应在鼓励其保持原有工作热情的基础上，通过培训提高其能力，使其向 A 区间靠近。对于 C 区间员工，应找出影响绩效的因素，努力帮助他们在今后的工作中提高绩效。对于 D 区间员工，应关注他们是否还有改善目前岗位绩效的可能，或通过培训与评价重新调整岗位。

① 即在招聘、选拔和晋升人员时，过分追求学历条件。

【案例】

埃克森公司石油工程师的规划问题

20 世纪 70 年代末至 80 年代初，美国主要石油公司都在人力资源规划的重要性方面吸取了一个教训。他们经受住了 OPEC 石油禁运的考验：由于预计美国及世界经济将会更强劲，石油价格将会不断上涨，大多数石油公司都制定了主要勘探及生产（E&P）计划，在诸如地质勘测、价格水平的预测及运输等方面给予了极细致的关注，但却忽略了对人力资源供给予需求模式的分析。石油化工并不是一个高度劳动密集型行业，这些公司过去也总能设法为其经营配备充足的人员。

很快，他们在中东的项目开始需要钻井工程师，为其扩大的作业规模配备人员。即使一项大型钻井作业也只需要几名这类人员，所以中东项目部向美国 E&P 部门要 6 或 9 名钻井工程师。令中东分部惊讶的是，美国的 E&P 部门通常回答："我们抽不出人手。"在世界石油公司中拥有雄厚的财务实力、精湛技术的大公司（埃克森在世界雇佣了 7 万多人）所做的石油资产投资真的会受到内部对 6—9 名人员的需求的影响吗？是的，如果不能获得所需人员，数百万美元的经营决策不得不改变。也许公司可以聘用当地的工程师开发石油，或购买其他公司经营油田的"财务权力"，或只提供技术支持。

公司的高层管理人员与公司的人力资源计划制定者取得联系，他们将该情况作为首要解决的问题，其中第一个目标就是为其在中东的作业配备 6—9 名钻井工程师。他们将目前的状况与目标进行了比较，公司内只有大约 30 名钻井工程师，与需求之间存在 33%—67% 的差距。因为到中东工作需要 5 年以上的工作经验，所以不能使用新工程师。有子女上高中的工程师很少愿意被派到国外，所以又排除了年龄超过 45 岁的工程师。然而，现有工程师的年龄分布呈现两极分化，有一大批年龄在 30 岁以下的工程师和年龄超过 50 岁的工程师。最后，因为在劳动力市场上对钻井工程师的大量需求抬高了他们的工资，离开公司的钻井工程师比任何时候都多。将现有的劳动力和目标做对比，在中东的需求与美国的供给之间存在 33%—67% 的差距。计划制定者认为这种差距将具有长期性：进入 20 世纪 90 年代后，对石油的需求会上涨。到那时，现在 45 岁以上的工程师将退休，而现在 30 岁以下的工程师将进入 40 岁。

人力资源计划制定者提出了几个减少供需矛盾的措施：雇佣有经验的工程师会产生什么后果？这需要大幅提高钻井工程师的工资水平，而这样做的费用太大，又可能让其他工程师产生不平等的感觉。另外，3 个月内，其他公司也将提高工资，这会导致更高的工资，该公司也会失去竞争优势。那么，采取升职或其他激励措施会怎样呢？这也会花费巨大，而且会改变正常的职务晋升制度。如果从大学招聘人才，情况会怎么样呢？目前整个美国每年只有100名这样的工程师毕业，每一个公司只能雇到10—12名。进行培训又怎么样？钻井工程师的技能需要多年经验积累，不能仅靠培训就可以掌握该项技术。

解决人员供需之间的矛盾需要在20世纪80年代中期培养一批年轻的工程师，而招收钻井工程师的方案在五六十年代石油衰退时期中断了。

资料来源：（美）乔治·T. 米尔科维奇等著：《人力资源管理》，彭兆祺等译，机械工业出版社2002年版，第155—156页，文字稍作调整与修饰。

思考：

诸如石油工程师缺乏的案例在我国企业中普遍存在，这些都成为制约着企业高效发展的桎梏。前车之鉴后事之师，对组织而言，如何做好规划，以便未雨绸缪？

第二节　项目人员的招聘甄选

上一节介绍了项目人力资源规划，本节将关注项目人员招聘甄选的关键部分——核心员工的招聘甄选①。招聘甄选是人员配置的核心活动，是制约项目管理工作效率的瓶颈。如何按照项目的目标，在人力资源规划的指导下，把所需要的人力在合适的时间放在合适的岗位是项目成败的关键之一。

一、项目核心员工的招聘

招聘是指通过各种信息把具有应聘资质的申请人吸引到组织空缺岗位的过程，旨在吸引一批候选人应聘空缺岗位。而甄选则是组织运用科学的方法从有效的人选中选择新成员的过程，是招聘工作中最关键的一步，也是技术性最强的一步。两者有着密切的联系，它们都是配置过程中的组成部分，应聘的申请人是甄选的基础，招聘正是从中选拔和雇用最有资格的申请人。

项目核心员工的招聘包括内部选拔和外部招聘。这样就产生了两种政策，即内部提升政策和外部招聘政策。内部提升政策是指由组织内部的人员填补空缺的职位；外部招聘政策是指在项目管理职位空缺时，向外界招聘合适的人员填补。这两种政策各有利弊，在很多时候需要结合组织具体的情景因素予以权衡。如表1-5所示。

内部招聘可采用职位公告法、推荐法和档案法等；外部招聘的主要方法有广告招聘、校园招聘和中介机构推荐等。

---

① 项目核心员工就是对项目目标的实现起着重要作用的人员。与项目组的一般成员相比，对核心员工的招聘和选拔显得尤为重要。项目核心员工因项目的不同而不同，一般包括项目经理、技术专家等。

表 1－5 内外部招聘的优缺点

方式	优 点	缺 点
内部招聘	低成本 对应聘者的能力及性格等各方面更为了解，误用人才的风险小 应聘者对项目背景、项目本身、工作的要求比较清楚，能尽快开展工作 有利于将来的上下级之间以及部门之间的沟通 有利于鼓舞和保持员工的士气，调动其积极性，防止人才外流	选才范围有限，不一定能够选拔到所需要的人才 易造成"近亲繁殖"，不利于引进新思想和新方法 可能导致任人唯亲，造成不公平和内部矛盾 可能导致未来企业内部晋升，造成内部矛盾和不良行为
外部招聘	选择范围大，能招聘到更合适的人员 应聘者具有外来优势，不受原来组织的关系约束，容易打开局面 能给组织带来新血液、新作风和新方法 容易调整内部竞争者的紧张关系	成本较高 领导者对应聘者不了解，选择风险性较高 应聘者对项目以及原来的组织了解不够，需要更多的培训和适应期 过多的"空降兵"使得员工感觉晋升无望，可能引起内部员工抱怨，打击其积极性

（一）项目经理的招聘

1. 项目经理的人选

项目经理的人选一般包括技术人员、行政管理人员和专职项目管理人员。目前，项目经理最主要的来源是组织内部的技术人员。因为大多数项目对技术和业务有一定的要求，特别是IT项目经理就需要既具有一定的技术技能，又受过项目管理专业培训的专业人士。

企业内行政管理人员，如总经理或者副总经理，担任项目经理的现象也并不罕见，企业较为关键的项目尤其如此。这类人选便于调动企业内部的最优资源，协调内部各种关系。

专职项目管理人员一般指项目经理人市场中较为职业化的人员。他们受过项目管理方面的专业训练，具有扎实的理论技术基础和丰富的实战经验，但在某些技术方面可能不是行家。这类人员一般只担任较大规模的项目经理，因为规模大的项目对项目经理的专业背景要求相对较少，项目经理的价值将随着项目规模的扩大而逐渐体现在组织项目组成员完成项目目标方面，其自身专业业务技术对项目目标的影响逐渐下降。①

① 秦志华、张建军主编：《项目经理——项目的计划与运作》，中国人民大学出版社2004年版，第48—49页。

2．项目经理的招聘

项目经理应具备的基本条件包括能深刻理解项目目标，具有进行计划、指挥、控制和评价项目实施各项活动的能力；具有组织和领导项目团队的能力，并能协调与项目有关的组织内部各部门的工作；对项目实施过程中潜在的风险能及时预测，并能提出预防措施；对项目实施过程中出现的风险能准确地做出识别和评估，并能提出解决办法；善于沟通和交流，并能妥善处理和各个利益相关方之间的关系；善于计划和利用自己的时间，能够把时间集中于处理最重要和最关键的问题上；熟悉项目管理的全部流程，尤其是对项目实施各阶段之间的衔接和联系较为熟悉；对项目团队中的每个角色的职责和角色间的联系有充分的了解；一般应具有较丰富的项目管理工作经验；等等。①

基于对项目经理的要求，企业可以首先进行内部招聘，因为就其对项目的了解程度以及与人员沟通方面来看，内部人员具有优势；另外，就可信度来说，内部人员更容易让公司主管放心。如果组织内部没有合适的人员，或者存在较为严重的“近亲繁殖”情况，此时不妨采取“空降兵”的方式，以“鲶鱼效应”激活沉闷的、缺少创新的组织文化。如果组织氛围相对正常，应在同等条件下优先考虑提拔组织内部成员。

（二）技术专家的招聘

项目中的技术专家要有相应的技术、有解决问题和决策的技能以及良好的沟通交流和处理人际关系的能力，一般包括企业的正式员工和临时外聘专家。

对技术专家的招聘，一般先从公司内部选择合适人员，然后根据需要向社会招聘，也可以根据具体情况，合理安排内外部招聘的比例。对内部员工，应采用以在职考察为主，公开竞聘为辅的策略，因为人员的甄别，尤其是项目核心人员的考察，不能只凭借其在一次考试中的成绩，更应该以其在岗位上的一贯表现为准。

二、项目核心员工的甄选

甄选是从应聘人中选择符合职位要求人选的过程，其实质上是组织与员工双方信息交流的过程。甄选分为内部甄选与外部甄选。外部甄选是对外部工作申请者的测试和评价；内部甄选则是指，当组织内部的员工通过轮换和晋升系统从一项工作转移到另一项工作中时，对这些员工的测量和评价。

（一）甄选的原则

在甄选过程中，组织向应聘人客观介绍组织和职位的情况，而应聘人则向组织提

① 丁荣贵、孙涛主编：《项目组织与人力资源管理》，电子工业出版社2009年版，第40页。

供其个人能力的资料；或者，组织应该引导应聘人客观地介绍自己的个性特征与能力特征。在此过程中，需要遵循的最重要的原则是：以价值观为基础的甄造；人与岗位的匹配；公平与公正以及效率和效果。

1. 以价值观为基础的甄选

组织价值观是组织对员工要求的理想态度和行为标准，如诚实、正直、成就感、努力工作、公平以及关注同事和顾客等。虽然这些内容在工作描述中可能从不写明，但是在人员配置中，应聘者和组织价值观的大体匹配是首先要考虑的因素。因为价值观的差异是造成组织员工矛盾纠纷、分道扬镳的最重要的原因。古语曰，志不同道不合不相为谋，此之谓也。

2. 人与岗位的匹配

这一过程包括双重匹配，即个人知识、技能、能力以及其他特征（KSAO）与任职要求的匹配，个人动机与岗位报酬的匹配。每一个工作岗位都对任职者的素质有各方面的要求。只有当任职者具备工作岗位要求的素质并符合规定的水平，才能胜任这项工作，从而达到组织和员工双方获益。

3. 公平与公正

公平与公正是选人用人的最基本原则。唯有如此，才能获取组织所需人才，减少选聘工作中的矛盾与纠纷。

4. 效率和效果

效率是通过正确地做事，将投入转化为产出；效果是做正确的事。在甄选过程中，效率指用较少的成本，获得合适的工作人员；效果则是甄选出的人员达到人与组织匹配、人与岗位匹配的目标。因此，在考虑采用何种方式进行甄选时，需要综合权衡甄选技术和方法的效率、效果，以达到一定的平衡。

（二）甄选的技术和方法

甄选时最容易产生的问题是信息不对称与对称无知。

信息不对称是指在一个交易中，买者和卖者拥有不同信息的情形。① 运用于招聘和甄选时，包括两方面的内容：一是指招聘与应聘双方对应聘者真实能力的信息持有量不同，通常应聘者更了解自己能力的高低以及是否适合于这一工作；二是指招聘者与应聘者双方对组织真实情况的信息持有量不同，通常招聘者更熟悉所在组织的情况。

对称无知是指应聘者自己不清楚自己的知识、技能以及能力等个性特征是否符合岗位的要求，或者组织不清楚自身的真实情况。人们在对自我进行知觉时，往往会本

① （美）罗伯特·S. 平狄克、丹尼尔·L. 鲁宾费尔德著：《微观经济学》（第6版），中国人民大学出版社2008年版，第605页。

能地拒绝那些不利于自己的信息，从而形成对自我的不全面和不客观的评价，使得自我知觉更加困难和不准确。因此，当个体进行应聘时，他对自己究竟具有什么样的个性特点以及是否适合该企业，并没有充分的认识，这样就会出现招聘和甄选过程中的对称无知。同理，组织同样也会产生对称无知。

由此可见，在甄选时，组织与员工双方都会产生信息不对称与对称无知的现象。信息不对称的情形表明，不仅应聘者有义务客观地介绍自己的个性特征与能力特征，组织也有义务向员工、向应聘者提供现实的工作展望，以免应聘者对组织产生不切实际的期望。同时，对组织而言，应聘者有时会有意或者无意（对称无知）地向组织隐瞒自己的不利信息。组织如果要增加甄选的准确度，便需要利用有效的技术。下面是几种常用的甄选技术和方法。

1. 面试

关于面试，最普遍的定义是，在一种特定情景下，经过精心设计，通过测评者与被测评者双方的交流、考察，了解被测评者素质状况的信息，以确定被测评者是否符合职位要求的一种人员甄选方法。[①] 按照所提问题的结构化程度，可将面试分为结构化面试、非结构化面试和混合面试三类。结构化面试是指在面试前，主考官提前准备好各种问题和提问的顺序，严格按照这一事先设计好的程序对每个应试者进行相同内容的面试。而在非结构化面试中，允许求职者在最大自由度上决定讨论的方向，主持人尽量避免使用影响面试者的评语。[②] 混合面试就是将结构化和非结构化面试相结合。

许多组织甄选项目管理人员时都会进行面试。尽管这种方法得到普遍应用，但它的可靠性和有效性却受到怀疑。不同的面试官对应聘者信息的解释会有差异，他们也可能根据应聘者的外貌或者行为贸然做出判断，而这些与工作表现往往并无必然的关联。面试官在尚未对所有情况做出必要公正的判断之前，就在面试过程中过早地形成看法的情况也经常出现。因此，结构化面试对项目管理人员的甄选就显得十分重要。

结构化面试比较突出的特征有：①问题基于工作分析；②对每一候选人询问相同的问题；③对每一个问题的反应进行数量化评定；④采用精细的锁定评价量表反应记分；⑤要做详细的记录，尤其要关注面试对象的行为。[③] 这种面试由于在过程中采用同样的标准化的方式，每个应试者面临相同的处境和条件，所以可以将面试官的人为影响因素降到最低，因此面试结果具有客观性和可比性，有利于人员甄选。虽然有学者指出，“非正式和直觉是项目型组织的选聘技术的重要部分，那些选聘流程已经规

① 刘小平、邓靖松编著：《现代人力资源测评理论与方法》，中山大学出版社2006年版，第75页。

② 彭剑锋主编：《人力资源管理概论》，复旦大学出版社2010年版，第287页。

③ （美）赫伯特·G. 赫尼曼（Herbert G. Heneman Ⅲ）、蒂莫西·A. 贾奇（Timothy A. Judge）著：《组织人员配置》，王重鸣、陈学军等译，机械工业出版社2005年版，第211页。

范化的公司都趋向于在一定程度的规范化基础上来进行非正式和直觉评价，如询问应聘者的简介或主要经历，但仍然以对其的直觉评价为其主要挑选方法。”[①] 但是在我国企业的选聘流程尚未规范化，项目管理有待进一步发展的今天，结构化的甄选仍然是需要企业重点关注的方法。

使用面试时，需要注意：①对面试主持人进行培训，让他们知道面试要了解些什么；②由几个人对受试人进行多次面试，将各人的意见和看法进行比较；③不单独使用面试，将面试得到的信息与申请表、测验、背景调查等方式获得的信息互相验证。

2. 测验

测验的主要目的是获取那些能够帮助预测应聘人作为项目管理者可能获得多大成就的有关信息，其中包括寻找最适合担任项目内不同职能的人员，使应聘人能在项目中获得适合于他的角色。常用的测验方法有心理测验、智力测验、能力测验、人格和气质测验、价值观和品德测验等。[②]

使用测验作为甄选工具时，要注意以下问题：①不能把测验当做衡量应聘人才能的唯一方法；②测验结果需要由相关领域的专家进行解释。

3. 评价中心

评价中心亦称为情景模拟，是一种以评价被测评者的管理素质为中心的一组标准化的评价活动，主要用于高级管理人员（如项目主管）的甄选。它将被测评者置于一系列模拟的工作情境中，由高级管理人员和测评专家组成评价小组，采用多种测评技术和方法，观察和评价被测评者在这些模拟活动中的心理和行为，以了解被测评者是否胜任某项拟委托的工作，并预测其各项能力或潜能，以及未来的工作成就。[③] 评价中心的主要形式有文件筐测验、小组讨论、管理游戏、角色扮演和演讲等。

评价中心是一种比较有效的甄选方法，但也存在一些问题：①费用大，成本高；②操作难度大，对测评者的要求较高；③应用范围有限，通常只用于高级管理人员的甄选（有关项目经理的甄选和培训、项目团队成员的甄选等内容，详见附录 A）。

4. 传记式项目检核记录表[④]

传记式项目检核记录表是为了改进履历表的形式，提高其客观性而发展起来的，一般包括工作情况、嗜好、健康、社会关系、态度、兴趣、价值观等项目。其设计的依据是，目前素质与工作绩效以及过去各种环境中的行为是相联系的，同时也与态度、嗜好、价值观等相关联。使用传记式项目检核记录表可以既省钱省事又更有效地获得那些需要通过面试与心理测验来收集的素质信息，但是确定具体要列出哪些问题

---

① （英）J. 罗德尼·特纳（J. Rodney Turner）主编：《项目的组织与人员管理》，戚安邦、冯海等译，南开大学出版社 2005 年版，第 8 页。

② 有关测验的具体运用方法，可详见人力资源管理相关书籍，兹不赘述。

③ 刘小平、邓靖松：《现代人力资源测评理论与方法》，中山大学出版社 2006 年版，第 116 页。

④ 肖鸣政、Mark Cook：《人员素质测评》（第 2 版），高等教育出版社 2007 年版，第 275—277 页。

与选项，则必须进行大量的实证研究与理论分析，从中找出关键性的因素。

5. 推荐

推荐一般是由既熟识应聘者（被推荐人）又与招聘者（雇主）有密切关系的第三者，以口头或书信形式向招聘者介绍应聘者的素质特点。[①] 国外研究显示，人力资源经理将书面的推荐形式（即推荐信）排在甄选工具的最后一等，而口头推荐则处于中间水平。[②] 但是在中国这种关系型社会，不论是书面推荐还是口头推荐，鉴于三者相互间的情感、信誉和责任，推荐在素质测评与人员录用中起着较为重要的作用，尤其是那些知名人士或者师友的推荐。在现实工作中，推荐是减少被测者与测评者之间信息不对称的一种较好的方法（如表 1－6 所示）。

表 1－6　各种甄选工具的效度

预测因子	效度
认知能力和特殊能力倾向	适中
个性	低
兴趣	低
体能	适中—高
传记信息	适中
面试	低
工作样本	高
资历	低
同事评价	高
推荐书核查	低
学习成绩	低
自我评价	适中
评价中心	高

资料来源：（美）加里·德斯勒著：《人力资源管理》（第6版），中国人民大学出版社 1999 年版，第 184 页。

---

① 肖鸣政、Mark Cook：《人员素质测评》（第 2 版），高等教育出版社 2007 年版，第 271 页。

② Thomas von der Embse & Rodney Wyse. Those Reference Letters：How Useful Are They? *Personnel*，1985，62（1）：42－46.

【案例】

麦肯锡的招聘策略

麦肯锡在招聘中寻找的是具有特殊品质的人。麦肯锡发现这类人员的方法正如麦肯锡在自己的使命声明中所列明的，麦肯锡的目标之一是“建立一个能够吸引、培养、激发、激励和保持杰出人才的企业”。达到这一目的的第一步就是招聘最优秀的可能人选加入公司。

正如麦肯锡人力资源部说的，麦肯锡试图寻找的是精华，是名牌商学院、法学院以及经济学和金融学研究生项目所培养出的尖子中的尖子。同时公司还将其招聘范围扩大到了“非传统”的候选人，从商学领域之外（医生、科学家、政界人士，还有其他人士）招聘人才。

麦肯锡公司在招聘员工时最注重分析能力，总是在寻找具有分析思考能力的人，他们可以把问题分解成几部分。麦肯锡想要的是他们知道如何把问题组织起来的证据。同时还要看商业判断能力，以及这个人明白他自己的解决方案的含义的感受。这也是麦肯锡为什么总喜欢用案例的原因。

案例是麦肯锡在面试时进行挑选的武器。它们的范围从一般的麦肯锡实际案例的翻版到一些稀奇古怪的类型都有。例如：“美国有多少加油站?”“为什么下水道的盖子是圆的?”

在一个进行面试的例子中，面试者想看的是被试者看待问题的能力，而不是回答的正确与否。像绝大多数商业问题一样，不存在什么真正的答案。要想在案例面试中获得成功，要求必须把问题分解成各个部分，并且在必要的时候做出合乎情理的假设。

例如，在计算美国的加油站的数目的时候，你可能要从问这个国家有多少小汽车入手。面试者也许会告诉你这个数字，但也有可能说：“我不知道。你来告诉我。”那么，你对自己说，美国的人口是2.75亿。你可以猜测，如果平均每个家庭（包括单身）的规模是2.5人，你的计算机会告诉你，共有1.1亿个家庭。面试者会点头同意。你回忆起在什么地方听说过，平均每个家庭拥有1.8辆小汽车（或者是1.8个孩子?），那么美国一定会有1.98亿辆小汽车。现在，只要你算出替1.98亿辆小汽车服务需要多少加油站，你就把问题解决了。重要的不是数字，而是你得出数字的方法。

关于案例，已经谈了很多了，但这里还是要把贾森·克莱恩关于如何应付案例的最好的描述留给你们：我总是问同样的案例。我并不是要找特别的答案，但我想看一看，人们是如何处理复杂问题的，在这种情况下，许多的信息一下就从他们那里得出来了。有些人僵在了那里，而另一些人却越挖掘越深。而后者正是我要推荐的人。

索尼公司的内部跳槽制度

索尼公司每周出版一份内部小报，刊登公司各部门的"求人广告"。员工可以自由而秘密地前去应聘，他们的上司无权阻止。另外，索尼原则上每隔两年就让员工调换一次工作，特别是对于那些精力旺盛、干劲十足的人才，不是让他们被动地等待工作，而是主动地给他们施展才能的机会。在索尼公司实行内部招聘制度以后，有能力的人才大多能找到自己中意的岗位，而且人力资源部门可以发现那些"流出"人才的部门存在的问题。这种"内部跳槽"式的人才流动，给人才创造了一种可持续发展的机遇。

思考：

1. 麦肯锡的招聘策略是与其组织内部环境相匹配的，我们在学习著名公司的案例时一定注意结合自己公司的实际情况进行批判式的借鉴。

2. 很多公司在招聘策略上都有自己独特的价值观，如远大公司只喜欢招聘应届毕业生，倾向于内部选拔培养人才。这与许多倾向于外部招聘的企业相比，其主旨大异其趣。至于这两种方式孰优孰劣，则需要结合公司具体的环境进行分析。

第三节　项目人员的使用与调配

招聘甄选之后，人员的调配工作就显得至关重要。本质上，人力资源管理的目的就在于合理地使用人力资源，最大限度地提高其使用效益。在这一过程中，可以通过人员调配促进人与事的配合和人与人的协调，充分开发人力资源，实现组织目标。①

一、项目人员使用的原则

怎样才能对项目人力资源进行有效合理的使用，以确保项目目标顺利达成呢？这一方面要遵循传统企业人员使用的原则，另一方面要结合项目的特性。项目人员使用需符合以下原则。

1. 能级对应

合理的人员配置应使项目团队的整体功能强化，使员工的能力与岗位要求相对应。项目团队内的岗位有层次和种类之分，岗位所处的位置不同，要求的能级水平也不同。不同的人具有不同水平的能力，在纵向上处于不同的能级位置。岗位人员的使用，应做到能级对应，即每个人所具有的能级水平与所处的层次和岗位的能级要求相

① 张德主编：《人力资源开发与管理》（第3版），清华大学出版社2007年版，第134—136页。

对应。

2. 优势定位

人的发展受先天素质的影响，更受后天实践的制约。后天形成的能力不仅与本人的努力程度有关，也与实践的环境有关，因此人的能力发展是不平衡的，其个性也是多样化的。每个人都有自己的长处和短处，有其总体的能级水准，同时也有自己的专业特长及工作爱好。德鲁克所指出的组织应该利用人的长处，其意指优势定位。优势定位包含两方面的内容：一是指员工应根据自己的优势和岗位的要求，选择最有利于发挥自己优势的岗位；二是指管理者也应据此将员工配置到最有利于发挥其优势的岗位上。

3. 动态调节

动态原则是指当员工或岗位要求发生变化时，要适时地对人员配备进行调整，以始终保证合适的人从事合适的工作。岗位或岗位要求是不断变化的，人也是不断变化的，人对岗位的适应也有一个实践与认识的过程。由于种种原因，能级不对应，用非所长等情形时常发生。因此，如果采取一次定位、一职定终身的方式，既会影响工作又不利于人的成长。能级对应，优势定位只有在不断调整的动态过程中才能实现。

项目的总任务是单一的，但具体目标又是多重的，表现在成本、质量及进度等三个方面。为了实现这些目标，尤其是在保证质量和进度的前提下，实现成本的最低化，并结合项目在不同的生命周期或其他临时事件对人员数量和质量的要求有很大差异的特点，需要对项目人员进行动态调节，达到精简、高效和节约的目标。因此这一原则在项目人力资源管理中十分重要。

4. 内部为主

一般来讲，组织总是抱怨人才不足，尤其是高级人才匮乏。其实，每个组织都不乏人才，问题是"千里马常有"，而"伯乐不常有"。因此，建立人才资源的开发机制与激励机制对于组织而言非常重要也非常必要。这两个机制是相辅相成的，如果只有人才开发机制，那么企业的人才就有可能外流。从内部培养人才，给有能力的人提供机会与挑战，是激励人才、留住人才、提高企业绩效的保证。当然，这也并不排斥适当地引入外部人才。如果组织中缺乏生气与活力，则需要多些引入外部人才，以激发组织的勃勃生机。

5. 互补增值

互补增值包括知识互补、气质互补、能力互补、性别互补和年龄互补等。由于个体的多样性和差异性，因此在人力资源整体中具有能力、性格等多方面的互补性，通过互补发挥个体优势，可以形成整体功能优化。知识互补是指不同知识结构的人思维方式不同，就容易引起思想火花的碰撞，从而获得最佳方案。气质互补是在气质方面应刚柔相济。能力互补是指一个组织中应集中各种能力的人才，既有善于经营管理的，也有善于公关协调的，还有善于搞市场营销和做行政人事的，等等。性别互补是指既发挥女性细心、耐心的优势，又展示男性粗犷、坚强的一面，各展其优，各有所长。年龄互补则是指一个组织中，既要有经验丰富、决策稳定的老年人，也要有精力充沛、反应敏捷的中年人，还要有勇于开拓、善于创新的青年人。不同年龄段的人相互补充，组织效率会更高。[①]

在项目人力资源管理中，知识互补和能力互补相对而言更重要。项目通常涉及多个部门和专业，要求多种类别的专家联合工作，因此，项目团队中需要包括完成项目所需知识和能力的各种人才。他们贡献自己专有的知识和技能，发挥互补增值的作用，从而实现项目目标。

6. 用人所长，必纳其所短

人无完人，金无足赤。正因为如此，孔子曰：无求全责备于一人。此外，人的优点缺点是相对的而非绝对的，只是看如何运用。用人不当，优点变成缺点，用人得当，缺点变成优点，关键在于配置。管理者应凭借着组织的机制，让员工的长处得以发挥，让其短处得到约束。

此外，在配置项目人员时，还要认识到，有些人就是无法在团队中高效地工作。

二、项目人员调配

1. 人员调配的定义

人员调配是指经主管部门决定而改变人员的工作岗位职务、工作单位或隶属关系的人事变动，包括企业之间和企业内部的变动。[②] 在项目管理中，由于不同阶段工作重点不同，所需人员的数量和质量不同，因此调配相对频繁，包括在同一项目内和不同项目间的变动。

2. 人员调配的意义

人员调配是实现项目目标的保证。由于项目组织的外部环境、内部条件以及组织的目标和任务都在不断地变化，因此岗位、职位的数目和结构及其对人员的要求也必须不断发生变化，只有不断进行人员调配，才能适应变化，推动项目目标的完成。

人员调配是人尽其才的手段。在人员配置过程中，人与事的最佳配合不是一劳永逸的，而是动态发展变化的。人员可能因为工作内容的变化、对技能要求的提高而不再适应同一岗位，也可能因为经验的增加和能力的提高而寻求更具挑战性的岗位。只有及时进行人员调配，才能有利于人员才能的发挥。

人员调配是激励员工的有效手段。在项目管理中，常常采用平行调动的方式，使项目成员面对全新的工作环境、工作内容和工作要求，积累相关知识和技能，进而得到自我提升。

---

① 《互补增值原理》，http://baike.baidu.com/view/628142.html，2010-10-18。

② 张德主编：《人力资源开发与管理》（第3版），清华大学出版社2007年版，第135页。

3. 人员调配的程序

一般而言，项目管理中的人员调配均是因工作需要进行的人员调动，应该按照管理权限直接由调出、调入的批准机关审核决定，直接调配即可。在调配前，管理者应与项目成员说明情况，做好前期准备工作。

【案例】

小王的问题如何解决

最近几天，人力资源部负责人员调配的姚经理为了小王的事伤透了脑筋。公司刚刚进行了结构调整，现采用事业部制管理方式，原来主要负责市场环境营造和企业形象宣传的公共关系部解体，其市场环境营造与公关职能分解到新成立的5个事业部，其企业宣传职能归并至公司总裁办公室。部门的解体带来原公共关系部人员的重新安置问题，当然其他部门也有类似情况，但公共关系部动作相对比较大。

组织结构确定以后，人员的重新调配原则由总裁办公室会议决定，具体是：

（1）由人力资源部统计所有涉及部门及人员情况，具体人员要附加个人业绩简历；

（2）将统计结果送呈各新组建部门的主管副总裁审核并挑选，各主管副总裁列出相应部门所需具体人员名单，并交人力资源部；

（3）人力资源部核实后进行人员调配。

前期，工作进展比较顺利，因此具体负责此项工作的姚经理也得到了领导的好评。当然，期间出现过一些“撞车”现象，但是经过简单协调，相关主管副总裁相互让步也就过去了。可是，原公共关系部的小王却不同。由于小王原来的业务分别被转移到新机构的第一事业部和第四事业部的产品业务市场，而他在市场公关方面又有着杰出的才能，业绩突出，掌握了大量客户关系，拥有MBA学历，形象又是百里挑一的，因此分管第一和第四事业部的张副总裁和李副总裁深知其中要害，如果能将小王招募到自己麾下，年度公司分配的任务等于完成了1/3。结果，小王同时出现在第一和第四事业部的任用名单上。

为此事，姚经理先找了主管第一事业部的张副总，张副总很严肃地说：“一定要确保小王到第一事业部，况且我也已经和小王谈过，他表示同意到第一事业部。”姚经理无奈地去找李副总，没想到姚经理刚说出小王的名字，李副总就断然表示一定要小王到第四事业部工作，而且也说小王表示同意。姚经理再想说话，李副总就不耐烦了。从办公室出来，姚经理已是满头大汗，看来要说服两位老总是不太可能，但是如果小王能表个态就好办了。

姚经理好像得了救命草，匆匆通知小王到他的办公室，但小王却道出如下一番苦楚："姚经理，我知道您的难处，我是在他们面前都表示同意了，但是，您想想，他们那么迫切地要我到他们手下工作，态度极其坚决，我根本没有选择的余地。说心里话，去哪个部门都无所谓，不过，如果让我选择一个，我会去第四事业部。可是，您知道，两位老总都是公司的元老，力量相当，我要是选择一个，拒绝另一个，以后的日子就不好过了，所以我只好都答应他们。咱们平时关系不错，我告诉您心里话，但是让我必须选择一个，我不敢。"

姚经理听完，唯一的解决办法也化为泡影，不由得头上又冒出汗来。

资料来源：张德主编：《人力资源开发与管理》（第3版），清华大学出版社2007年版。

思考：

1. 姚经理遇到的难题关键问题出在什么地方？为什么？

2. 请帮助姚经理出个主意，以解燃眉之急。

3. 如果现在机构刚确定，还没有进行人员调整，请你拟定一份有效的人员调配方案。

第四节　项目人员的遣散

对军事家而言，成功的撤退比成功的进攻要困难得多；对政治家而言，奋力前行易，平安退位难。据调查，在第二次世界大战中，大量战斗机的损失并不是发生在空中与敌人作战时，而是发生于飞机成功完成战斗任务返航着陆时。项目也是如此，启动容易收尾难。虽然项目是临时性的，但好的项目收尾不论对承接项目的组织，还是对客户的影响却很可能是长期性的。项目收尾阶段包括很多工作，最容易被忽视的就是项目成员的遣散工作。在这个过程中，需要处理好以下几方面的工作。

一、做好人员遣散计划

项目经理必须提前考虑项目组成员的安置问题，而不是等到项目成员无所事事时才意识到这个问题，因为这对项目和整个组织来讲都是无谓的浪费。必须提前1到2周通知项目组成员在某天项目将结束，他们在项目中的任务已经完成了。与此同时，项目经理要提前与职能经理做好沟通，以便使他们也能够根据此项计划来提前安排项目组成员未来的工作，这样在项目组解散时，项目成员能马上有新的工作。①

如果项目组成员知道项目结束后自己马上可以转入新的工作中，尤其是自己的知

① 丁荣贵：成功的项目收尾（上），《项目管理技术》，2008年第6期（11），第73—76页。

识、技术和能力能够得到提高的时候，就会有更大的动力完成当前的工作。同时，项目经理也要让他们清楚，只有保质保量地完成现有的工作，才能进入新的工作中去。[①]

二、及时将项目组成员送回所在部门

在项目完成后，项目经理应该根据制订的计划及时把项目组成员送回各职能部门。如果项目结束后，项目组成员迟迟不能回到原来的职能部门中工作，不但严重影响了组织其他项目的正常工作，也会增大项目费用。同时，尽可能按时地把人员返还给原来的职能部门，一方面做到人员的有效利用，另一方面赢得职能经理为今后项目提供更多的支持。[②]

处理项目成员的遣散工作要十分谨慎。在确保所有的项目人员都被重新安排工作之后（如果需要的话，或是裁员或是解聘），项目经理还需要给项目人员发一封亲笔信，对他们表示感谢、赞许或表扬。[③] 项目成员对项目做出了巨大的贡献，有些甚至做出了一定的牺牲。如果没有意识到这些贡献和牺牲，成员会在项目临近尾声时感到失落，并极大地挫伤他们的积极性。因此，项目经理在遣散这些成员时，必须保证其都能为自己的付出得到相应的回报或者肯定，这些回报并不一定是物质奖励。研究表明，个人价值的认可比任何其他形式的奖励都重要。物质奖励固然重要，但对于绝大多数人来说，工作能够得到别人的欣赏更具意义，如向他们表达组织的感谢之情，赞扬其对组织的贡献，避免成员带着情绪进入下一个项目或者新的工作中。只有妥善地处理了这些问题，才能真正完成项目人员的遣散工作。

【案例】

2010 上海世博会高校志愿者遣散及奖励办法

上海世博会高校志愿者遣散办法

志愿者参与世博会筹办工作的过程是动态变化的，组委会应根据不同阶段和不同岗位的需求情况，随时吸纳新的志愿者加入，也随时遣散已经完成职责的志愿者。在整个世博会的筹办过程中，志愿者都会主动或被动终止服务合同，但不论是哪种情况，遣散志愿者都应提供合理的理由，避免志愿者的情绪心理。世博会结束后，组委会将会把工作重点转移到世博会的收尾与后续工作，容易忽视对世博会志愿者社会延

---

① 丁荣贵：成功的项目收尾（下），《项目管理技术》，2008 年第 6 期（12），第 73—75 页。

② 丁荣贵：成功的项目收尾（下），《项目管理技术》，2008 年第 6 期（12），第 73—75 页。

③ （美）米尔顿 · D. 罗西瑙（Milton D. Rosenau）著：《成功的项目管理》，苏芳译，清华大学出版社 2004 年版，第 362 页。

展价值的深入开发。那些经过了正式培训的志愿者完成各自的任务后，各自回到原来的生活轨迹中，若是就此划上句号，将会造成很大的资源浪费。

应当建立一个良好的人才数据库，一方面是为下次大型赛会志愿者做准备，另一方面也可以将此类人才推荐到相关的机构。如奥运会结束后，政府为相关的奥运志愿者举行了一场只针对奥运志愿者的招聘会。世博会也可以考虑诸如此类的形式，以资源最优化为目的，防止人才流失。

上海世博会高校志愿者奖励办法

针对高校学生来说，其奖励不应偏向就业扶植方面。因为世博会组委会给予应届毕业生作为实习生的岗位，而且在世博会结束后也会相应召开就业招聘会。

对于一般志愿者来说应当有以下几点奖励措施：

1. 志愿者活动认证书；
2. 优先参与大型志愿者活动；
3. 接受更多更好的志愿者培训；
4. 奖励适当的学分；
5. 相应的志愿者套装等。

对于优秀志愿者来说应当有以下几点奖励（包括以上）：

1. 优秀志愿者证书；
2. 出席市级或校级总结表彰大会并上台领奖；
3. 在市级或校级层面加入类似志愿者活动的核心团队；
4. 与国内、外志愿者团体进行交流学习；
5. 电视、广播、杂志、报纸或网络的宣传报道。

资料来源：http://college.cityyouth.cn/show_ col.aspx?cid=40&id=36285，2011-11-20。

本章小结

我们生活在一个以项目和综合性工作为关键工具来实现公司战略的世界上。项目作为组织工作越来越频繁使用的一种方式，直接冲击了组织的人力资源管理实践。每当一个新项目诞生时，组织的人员配置必须改变，这就要求从管理者到员工都要具有适应性和机动性。

本章重点介绍了项目人员的配置问题。在进行人员配置之前，首先要进行项目人员规划，这就要考虑人与事的关系、人自身各方面的条件和企业组织机制及行业现实等要素。一般来说，项目人员配置需要注意能级对应，优势定位，动态调节，内部为主，互补增值，用人所长必纳其所短等原理。我们还需要关注人员配置的关键问题——核心人员即项目经理、关键技术人才等的招聘和甄选。本章未涉及一般员工的招聘与甄选，主要是因为在许多领域的项目型工作中，特别是传统的工程和建筑领域，各类人员（如建筑工人，行政、保安和饮食从业人员等）的标准技能完全可以通过短期培训获得，因此可替代性很强，项目型组织常以合同为基础来雇佣或者租赁这些员工，甚至将这项工作外包。在这些行业，项目管理是关键的核心能力。而在其他领域，尤其是高科技行业，技术专家、项目经理、领导者及监督者是项目型组织的核心员工，其可替代性非常小，对这类员工的甄选不仅要以有计划的方式进行，还需要运用非正式评估的方法；同时，内部与外部招聘优缺点的甄别与衡量决定了招聘的渠道与策略。

本章思考题

1. 在进行项目人员配置时，需要注意哪些问题？

2. 回顾内部招聘和外部招聘，其优缺点何在？

3. 可以采用哪些方法来甄选项目的核心员工？项目中其他人员的甄选又该如何进行？

4. 在项目收尾阶段的人员遣散过程中可能遇到哪些问题？如何预防和解决这些问题？

本章案例

如何选用项目经理人员？

作为 DW 项目的项目经理，拉尔夫是一个严厉的老板，他标示严格遵循他的指示，强调使用正式和非正式的控制方法。当两年前，他首次被项目管理咨询公司任命为项目经理时，项目团队中产生了大量不满的声音。在他任期六个月中，由于对他的管理方式不满，14 个工地管理人员、工程和技术人员中有 8 个相继转移到公司别的项目组或离开公司。然而，正当项目管理分部的主管约翰考虑将拉尔夫调走时，紧张的局势缓和下来，项目组中留下来的人以及拉尔夫任命的人都接受了他的领导方式。尽管拉尔夫在项目的计划阶段鼓励下属参与，一旦他在过程和进度上作了决策，他希望项目组成员严格执行。

在拉尔夫作为项目经理的任期中，减少了 10% 的项目建设成本。同时，项目完成的进度达到了项目管理分部主管、客户和建筑师的要求。拉尔夫对项目的管理紧张而有效。因为这个业绩，他在建筑业另一家竞争企业中得到了一个被他称为是“难以抗拒的合理机会”，在得到这一机会四周之后，他离开公司，接受了这一职位。

拉尔夫离职后，公司经理约翰必须任命新的项目经理。开始时，约翰准备在项目组中提拔一个项目经理。但他发现没有人真正是拉尔夫的助手或可代替的人，而且项目组中没有人对进入管理层有特别的兴趣。搜寻了两周之后，约翰安排首席测量员汤姆来填补这一空缺。汤姆让他的下属接管了测量分部的管理。汤姆被认为是极有竞争力的经理人员。尽管这次变动对他来说并没有升职，但他把这看成是获取大量经验的一个机会。

汤姆是下一个目标管理的强烈支持者。他主张用目标的方式来定义所有的工作任务，然后让下面相关的人来制订必要的过程和方法。工作问题可以找他咨询，但项目组中的人发现他不愿意涉及工作的细节。汤姆当了一个月的项目经理之后，约翰发现情况明显不妙。两个项目任务没法按时完成，一两个阶段的进度有可能滞后。分部主管走访了项目现场，和项目组中的两三个核心成员交谈后，得知项目组一致认为汤姆不清楚他要监督的工作，没有担当好经理人员的角色。汤姆拒绝明晰目标是如何完成的，在特定的任务没有完成时，让员工个人来承担责任。因此，员工对缺乏指导感到很沮丧，而且怀疑汤姆的能力——即使他愿意提供指导。

资料来源：《项目经理人员的选用》，http://www.mypm.net/articles/show_article_content.asp?articleID=10182，2010-10-21。

思考：

1. 项目经理应该在组织中扮演何种角色？其关键职能是什么？
2. 拉尔夫是一名合格的项目经理吗？汤姆呢？
3. 项目经理需要对项目团队人员的成长负责么？如果答案是肯定的话，他该怎么做？

第二章　项目绩效管理

如果你不能评价，你就无法管理。

——（美）彼得·德鲁克

引例

奖励还是惩罚?

事情是这样的：30岁的吉姆·尼科尔森供职于科凯银行的西雅图郊区分行。上周二，一个身穿黑衣、戴着墨镜的人走到他所在的柜台前，要求将现金塞进一个男式背包。“我抓住包，把它扔在地板上，”尼科尔森说，“并要求查看他所持的武器。”当尼科尔森意识到疑犯并未持任何武器时，就决定猛地扑上去抓住疑犯。那人向外逃跑，尼科尔森在后面追赶，并在街道上将其制服，然后等警察来处理。

科凯银行为此开除了尼克尔森，他也知道自己的举动属于违规，“我们理应遵守踏进银行的所有劫犯的要求。我们应该乖乖交出现金并让他离开——很明显，我没有这样做。”

科凯银行的发言人说，“我只能说科凯的最高优先级别是保护员工和客户的安全”，“我们的政策和程序是为了最好地维护公众安全，也符合行业标准……毕竟，钱财可保、可替换，但生命不能”。

淮橘成枳，不同的组织关于绩效的定义是迥然不同的。

资料来源：《美国一银行出纳员见义勇擒劫匪被炒鱿鱼》，http://www.mingren365.com/item/Print.asp?m=1&ID=11811，2009-08-10。

绩效管理是人力资源管理的重要组成部分，其结果的运用对员工个人目标以及企业经营目标的实现产生巨大而深远的影响。项目作为企业整体战略框架的一个部分，其绩效文化与管理体系无疑会打上公司的烙印，但是，其不同于公司的运行特点也使得项目绩效管理有着自己的独特之处。本章首先介绍绩效的定义与特征、绩效管理体系以及项目团队绩效管理，在此基础上阐述如何在绩效考核的基础上进行薪酬管理。最后简述理论和实践界对绩效的反思。

第一节　绩效的界定

一、绩效的概念

绩效，所有组织都关心的话题，观察的角度不同对之的定义亦有异。[①] 从经济学的角度看，绩效是员工对组织的承诺；从管理学的角度看，绩效是组织期望的结果，是组织为实现其目标在不同层面的输出，包括组织绩效、团队绩效和个人绩效；从社会学的角度看，绩效是每个社会成员所承担的社会角色的职责。就个人层面而言，目前对绩效主要有以下几种观点。

1. 绩效就是完成工作任务

这一观点出现得较早，适用于一线生产工人或体力劳动者。对于这类人员而言，最主要的问题一直是“这个工作怎么做”，或者说“把这件事做到最好的方法是什么”，他们的绩效就是“完成所分配的生产任务”，这个论断直到今天仍然适用。由于知识工作者的工作特点不同于常规的体力劳动，这一观点一般不用来衡量知识工作者的工作绩效。

2. 绩效是工作的结果或产出

因为这些工作结果与组织的战略目标、顾客满意度及投资者的关系最为密切。[②] 这一界定从考核的内容出发，将考核划分为业绩考核、能力考核和态度考核三种。相对于能力和态度考核，绩效考核强调的是“结果”或“产出”。实际上，将绩效以“产出/结果”为导向的解释在实际运用中最为常见的。在管理实践中许多词被用来表示“结果/产出”绩效，如责任、目标、任务、绩效指标、关键绩效指标、关键成果领域等。

3. 绩效是与一个人工作的组织或组织单元的目标有关的一组行为[③]

Borman 等提出绩效二维模型，认为行为绩效包括任务绩效和关系绩效两方面，其中，任务绩效指所规定的行为或与特定工作熟练有关的行为，关系绩效指自发的行

---

① R. A. Bates & E. F. Holton. Computerised performance monitoring: a review of human resource issues. *Human Resource Management Review*, Winter, 1995: 267－288.

② J. S. Kane, H. J. Bernardin & M. Wiatrowski. Performance appraisal. In N. Brewer (ed.) . *Psychology and policing*. Hillsdale, NJ: Erlbaum. 1996.

③ Robert Gibbons & Kevin J. Murphy. Relative performance evaluation for chief executive officers. *Industrial and Labor Relations Review*, ILR Review, ILR School, Cornell University, 1990, 43 (3): 30－51.

为或与非特定工作熟练有关的行为。"绩效不是工作成绩或目标"而是"一组行为"的依据是：许多工作结果并不一定是个体行为所致，可能会受到与工作无关的其他因素的影响；[①] 员工没有平等地完成工作的机会，而且员工在工作中的表现不一定都与工作任务有关；[②] 过分关注结果会导致忽视重要的过程和人际因素，不适当地强调结果可能会在工作要求上误导员工；产出/结果的产生很可能包括许多个体无法控制的因素，尽管行为受到外界因素的影响，但相比而言它更是在个体直接控制下的；实际上，现实中没有哪个组织完全以产出或结果作为衡量绩效的唯一尺度。

4. 绩效是结果与过程（行为）的统一体

一般而言，优秀的绩效不仅取决于做事的结果，还取决于做这件事的行为和素质。从实际意义上，将绩效定义为"结果＋过程"不仅能更好地解释现象，而且一个相对宽泛的概念更能被人们所接受，单纯将绩效定义为结果或行为，都是有失偏颇的。

5. 绩效是能力

这里的能力是指个人的基本属性，包括动机、态度、自我定义或价值等。[③] 随着社会的发展，在看待绩效这一问题上，组织越来越强调人的因素，而其中又有很大一部分是由员工的态度决定的。这些态度包括员工的工作满意度、动机、士气等。[④]

6. 绩效是胜任力

随着知识经济的发展，越来越多的企业将以素质为基础的员工潜能列入绩效考核的范围。这一认识，强调了绩效不仅仅是"追溯过去"、"评估历史"的工具，而更在于关注未来。这一概念已经将个人的潜力、个人素质纳入了绩效评价的范畴里。

实际上，很少有组织仅仅运用以上概念中的一个来界定员工的绩效，常常是几种定义的结合。绩效的含义十分广泛，它不是一个静止不变的概念，相反，它是动态的、发展的。由于不同行业、企业性质、组织文化、价值观、组织规模、战略等方面的差异，其关于绩效的定义也各异，即便同一组织在不同的发展阶段，针对不同的考核对象，绩效的定义也不同。

对于体力劳动者、事务性或例行工作的人员来说，绩效可以定义为是否能把工作完成。对于高层管理者、销售或售后服务者，以及高速发展的成长型企业或强调快速反应、注重灵活创新的企业来说，可以把绩效定义为结果或产出。对于基层员工、发

---

① Murphy & Cleveland. *Understanding performance appraisal.* Thousand Oaks, CA: Sage, 1995.

② Murphy. Job performance and productivity. In K. R. Murphy & F. E. Saal (eds.). *Psycology in organizations.* Hillsdale, NJ: Erlbaum, 1990.

③ P. Warr & M. Connor, Job competence and cognition. *Research in Organizational Behavior*, 1992, 14: 91－127.

④ J. P. Campbell. On the nature of organizational effectiveness. In P. S. Goodman & J. M. Pennings (eds.). *New Perspectives on Organizational Effectiveness.* San Francisco, CA: Jossey-Bass, 1977.

展相对缓慢的成熟型企业以及强调流程、规范，注重规则的企业来说，由于更注重过程，则适用于强调行为的绩效定义。最后，对于知识工作者，如研发人员等来说，在考虑绩效的时候，则应当从实际收益和预期收益两方面进行，更多地关注长远的发展。除此之外，企业管理者认为员工的绩效不仅仅取决于能力，更在于态度，所以会更关注员工的满意度、组织承诺等方面。因此，认同度最高、运用最多的还有绩效是态度的定义。表2-1对绩效的主要定义及适用情况进行了说明。关于绩效的定义同样适用于项目。

表2-1 绩效定义适用情况表

绩效含义	适应的对象	适应的企业或阶段
完成工作任务	体力劳动者、事务性或例行性工作的人员	—
结果或产出	高层管理者、销售或售后服务等可量化工作性质的人	高速发展的成长性企业；强调快速反应，注重灵活创新的企业
行为或过程	基层员工	发展相对缓慢的成熟型企业；强调流程、规范，注重规则的企业
结果+过程（行为/素质）	普遍适用	—
胜任力	知识工作者，如研发人员	—

二、组织、团队与个人绩效

1. 组织绩效

组织绩效是一个多范畴的概念。坎贝尔认为组织绩效具有多层次特征，衡量的标准包括产出和成果、利润、内部过程和程序、组织结构、雇员的态度、组织对外界环境的反应等不同方面。[①] 布雷德拉普认为，组织的绩效应当包括三个方面：有效性、效率和可变性，这三个方面相互结合，将最终决定一个公司的竞争力。[②] 彼得·德鲁克则认为，不管是在顾客、员工、股东等的利益之间取得平衡的观点，还是为了创造和维持社会的和谐而经营的理念均已过时，组织绩效需要在短期目标（强调对股东的价值）和企业的长期目标中求取平衡，要能以非财务的方式来衡量。[③]

---

① J. P. Campbell. On the nature of organizational effectiveness. In P. S. Goodman and J. M. Pennings (eds.). *New Perspectives on Organizational Effectiveness.* San Francisco, CA: Jossey-Bass. 1977.

② H. Bredrup. Background for performance management. In A. Rolstadas (ed.). *Performance Management: A Business Process Benchmarking Approach.* London: Chapman & Hall, 1995.

③ （美）彼得·德鲁克：《21世纪的管理挑战》，生活·读书·新知三联书店2003年版，第75—78页。

基于此，我们认为组织绩效评价是管理者运用一定的指标体系对组织的整体运营效果作出的概括性评价。通过有效的评价可以揭示组织的运营能力、偿债能力、赢利能力和对社会的贡献，为管理人员和利益相关者提供相关信息，为改善组织绩效指明方向。[①] 然而困难的是，从不同角度评价组织绩效会产生不同的标准。

2. 团队绩效

团队绩效由团队核心素质以及团队合作程度决定，它凭借的是团队在一定时间内，在一定的费用、预算和资源下所创造的独特的能满足甚至超过消费者预期的产品。但是团队的绩效又不仅仅包含工作结果，还包括工作结果的内容以及工作过程的内容。[②]

任何成功的团队都需要建立明确的、以结果为导向的绩效目标，对不同类型的团队应采取不同的测评方法。团队通常包括项目团队、固定工作团队（包括管理团队、生产团队、服务团队和研发团队等）、功能团队（包括质量圈、临时解决问题团队）及网络化团队。对不同类型的团队，通常既要考虑团队层面的评估，也要考虑个体层面的评估；既要考虑对工作过程的评估，也要考虑对工作结果的评估；既要有管理层评估，也应有相关业务伙伴评估。

3. 组织绩效、团队绩效与个人绩效的关系

组织绩效、团队绩效与个人绩效三者的范围从大到小，有着密不可分的联系。

首先，团队绩效基于个人绩效而又不同于个人绩效的简单加总。它是具有互补技能的成员通过相互的沟通、信任、合作和承担责任，产生群体协作效应而获得的。因此，团队绩效大于个体成员绩效的总和。

其次，团队绩效与组织绩效也密不可分。如果组织能够通过共享价值观和共同愿景将个体绩效、团队绩效与组织绩效紧密结合在一起，则组织的战略目标就能实现。因此，团队的绩效目标来自于组织的绩效目标，是组织绩效目标的分解。

最后，团队成员个人绩效目标的实现又是保证达成团队绩效目标的基础。

三、绩效的特性

绩效具有多因性、多维性和动态性等特点。[③]

绩效的多因性，是指绩效的优劣并非取决于单一因素，而是受制于主观、客观的多种因素。根据工作绩效模型，影响绩效的四种主要因素是技能、激励、环境和机

① 潘旭明：《组织绩效的评价标准及影响因素分析》，《电子科技大学学报（社科版）》2004 年总第 6（2）期，第 20 页。

② Richard A. Guzzo, Gregory P. Shea, Marvin D. Dunnette. (eds.); Hough, Leaetta M. (eds.). *Group performance and intergroup relations in organizations*, *Handbook of industrial and organizational psychology*, 1992, 3: 269 –313. Palo Alto, CA, US: Consulting Psychologists Press, Xxiii. 1095.

③ R. A. Bates & E. F. Holton. Computerised performance monitoring: a review of human resource issues. *Human Resource Management Review*, Winter, 1995: 267 –288.

会，前两者属于主观性内因，后两者为客观性外因。技能是指员工工作技巧与能力水平，取决于个人的天赋、智力、经历、教育与培训等个人特点。环境因素首先指企业内部的客观条件，如劳动场所的布局与物理条件（如室温、通风、粉尘、噪音与照明等），任务的性质，工作设计，工具、设备与原料的供应，领导风格与监控方式，公司的组织结构与规章政策，工资福利、培训机会以及企业的文化、宗旨及氛围，等等；同时也包括企业之外的客观环境，如社会政治、经济状况、市场竞争强度等宏观条件，但这些因素是比较间接的。机会则带有一定的偶然性，并常常具有排他性，甲抓住或者得到了某种机会，乙就不可能再拥有，并且在实际操作中不可能做到真正的公平。

绩效的多维性指需要从多种维度或方面去分析和考核员工的绩效。例如，一名员工的绩效，除了产量指标完成情况外，质量、原材料消耗率、能耗、出勤等硬性指标，甚至团结、服从、纪律等软性指标，尽管权重不等、侧重点不同，都需要综合考虑，逐一评估。

绩效的动态性指员工的绩效会随工作环境、工作经历还有自身状态的变化而变化，这要求绩效考核者应该具有良好的动态观念。

【案例】

绩效考核：蛋糕还是苦药?

2010年1月5日，从外地旅游回来的Sammy回到公司，刚打开公司内部邮箱，就看到人事经理向全公司发出的一封邮件："关于公司集团化管理的通知"。

序幕：集团化管理

Sammy服务的公司是成立于2002年的A集团，是通讯行业内一家中小型的综合性民营企业。A集团隶属于中国移动通信联合会（CMCA），其设置在广东的运营中心是CMCA的南方基地。公司曾获得Red Herring"全球创新奖"及"亚洲科技百强"等奖项，目前正处于上升发展期。

该集团在长期的运营中由于业务领域的不同，自然形成三个子公司，分别是B（通信行业咨询及广告服务）、C（无线产品/平台运维）、D（电信基础技术服务支持）。

此次改革的原则是，公司总体架构基本不变，各子公司划归为集团各事业部，以项目制为原则，工作组织项目制，人员组织矩阵式。这时大家都还没有意识到"项目制为原则"的确切意思，当然也不会知道这个制度对自身的影响。所以这封官方通知很快被Sammy这样的小项目经理抛到了脑后。

正题：蛋糕分配

2010年1月8日，虽然不是黑色星期五，一封"2010年项目绩效工资和奖金管理暂行办法”的内部邮件摆放在了大家的邮箱中。

以前没有项目绩效工资和奖金一说，除每月的固定工资外，基本上大家都把项目奖金理解为年终奖，该项奖金的发放主要看年终集团总体运营情况和员工个人表现（由其直接主管打分），这种分配方式已经运行了5年。

新制度的核心思想是将各项目的运营收入和质量与奖金挂钩，并通过奖金激励制度，进一步加强项目团队的参与度和推进项目发展的积极性。项目奖金与全年公司任务挂钩，如果公司完成全年任务，可拿规定的全额奖金；如果公司未完成全年任务，则以基础奖金乘以完成任务比例计算项目奖金包。项目完成年度任务80%以上视为考核基本合格，计算80%的项目奖金作为奖金包；完成年度任务80%以下视为考核不合格，计算50%的项目奖金作为奖金包；完成年度任务低于50%视为考核严重不合格，不计奖金。同时规定不同的员工运用不同的奖金计算方法（如下表所示）。

表2-2　项目奖金分配

拆分项	比例	分配对象	分配方式
项目成员奖金	85%	项目组团队（包括项目经理、项目相关的业务部门成员、市场部、技术部成员）、参与该项目的部门总监	（1）由项目经理分配 （2）按照预先建议的分配比例计算项目经理、项目相关部门总监分配奖金 （3）项目经理根据项目成员的个人绩效计算项目成员分配奖金，项目的部门相关总监参与意见 （4）对于新开拓项目，合同由员工独立完成而非依赖于现有项目，对该员工或团队计提10%为商务奖金
项目调节基金	15%	公共支撑组、设计组成员以及优秀团队、员工	按照各个项目奖金划出的合计总数，结合个人的绩效考核成绩，由公共支撑组和设计组的直属部门总监上报到公司总经理，公司总经理进行调配

问题：蛋糕还是苦药

这一改革方案受到广泛的质疑。

项目经理Eric：“你这个项目团队怎么定义的？是参加过项目的都算，还是考核时还在团队里的才算？像A项目，我和Tom闭关奋斗了3个月，项目开始赚钱了，就把我们调去做其他新项目。那考核的时候我们该怎么算？”

项目经理Danny比较激动：“你这种奖金分配方式根本不公平！有的项目公司前期投了那么多资源，现在坐着等收钱就行了。像我们现在接手的B项目，美其名曰战略型项目，实质上就是半年内看不到一分钱，难道我们就只能眼巴巴的盼着评个优秀，分那15%？！”

短讯事业部项目二部总监：“我们部门的项目基本都是做内部支撑的，比如给国通做个基础系统什么的，集团内部各事业部之前根本就没有做结算，我们的项目都没有收入，又不属于公共支撑，那奖金怎么来?”

市场部经理 Ling:“我们部门的人都看不太懂10%的商务奖金这部分，什么叫做独立完成合同而非依赖于现有项目？本来各个运营商之间的项目就很相似，我们把广东的项目 sale 到浙江去，肯定会依赖于现有项目的资源呀，但是这样的市场我们不去开拓公司也不会有这部分收入，那这算不算新项目？我该如何跟他们解释?”

另外，还有很多项目经理都对绩效工资提出了同样的质疑：“实行这种绩效工资制度，不就是变相扣我们钱吗？能够得到极优评价的项目难有十分之一。而且领导提出来目标，通常高得要死，就算这个月达到了下个月也难说，老是在加任务量的。”

“另外，上下都不考核，为什么只考核项目经理啊？项目又不是我一个人做！人家偷懒我也要买单?!”

……

事件后的下周一上班，总经理就在例会上宣布上周发布的绩效和奖金制度暂缓执行，修改后再重新公布，并把人事叫到办公室狠批了一顿，并责令修改制度、重新上报审批。人事经理真是有苦说不出，考核办法和奖金制度，大方向是领导定的，自己只是根据领导的意思表述出来，怎么就成了罪人呢?

资料来源：中山大学管理学院 2008 级 MPM 班程同学提供，有删改。

思考:

应该如何定义项目中的人员绩效？从公司的出发点来看，绩效工资和项目奖金的设立是为了更好地发挥项目的优势，增强项目负责人的责任感，提高项目成员工作绩效。但是制度一发布，就引来反对声一片。为什么会出现这种情况？请你试着帮助公司高层和人事经理解决这一问题。

第二节 绩效管理

一、绩效管理的概念

在绩效管理（Performance Management）思想发展的过程中，对绩效管理的认识也存在分歧，主要表现为以下三种观点：

（1）绩效管理是管理组织的系统。[①] 它的核心在于决定组织战略以及通过组织结构、技术事业系统和程序等加以实施。

---

① S. Rogers. *Performance Management in Local Government*. Longman in association with the Local Government Training Board, 1990.

（2）绩效管理是管理员工绩效的系统。[①] 这种观点将绩效管理看做组织对一个人关于其工作成绩以及其发展潜力的评估和奖惩，并将绩效管理视为一个周期。

（3）绩效管理是管理者为确保员工的工作活动和产出与组织目标保持一致而实施的管理过程。[②]

我们认为，绩效管理是系统地对一个组织或员工所具有的价值进行评价，并给予奖惩，以促进系统自身价值的实现。绩效管理不仅仅是一个测量和评估的过程，更应当是管理者与员工对话、沟通以及理解的过程。同时，一个完善的绩效管理系统应当能够鼓励员工关注和提高自身绩效，促进其自我激励。

由于项目与一般组织活动的持续性和重复性的特点相异，因此，项目绩效管理不同于日常绩效管理，其差异主要表现为具体实施手段与方法，绩效管理的基本思想与原理则可以直接运用于项目管理中。

二、绩效管理体系

1. 绩效管理概述

在项目管理中，我们更倾向于实施项目绩效管理，而不仅仅是项目绩效考核。因为对于项目而言，除了考核之外，计划、控制、反馈等环节都极为重要，而这些环节都包括在项目绩效管理这个大的系统之下，所以更为全面及有效。[③]

绩效管理所涵盖的内容很多，它所要解决的问题主要包括：如何确定有效的目标？如何使目标在管理者与员工之间达成共识？如何引导员工朝着正确的目标发展？如何对实现目标的过程进行监控？如何对实现的业绩进行评价和对目标业绩进行改进？绩效考核只是绩效管理的一个环节。绩效管理是管理者与员工之间持续不断地进行业务管理的循环过程，目的在于实现业绩的改进，所采用的手段为 PDCA 循环（如图 2－1 所示）。

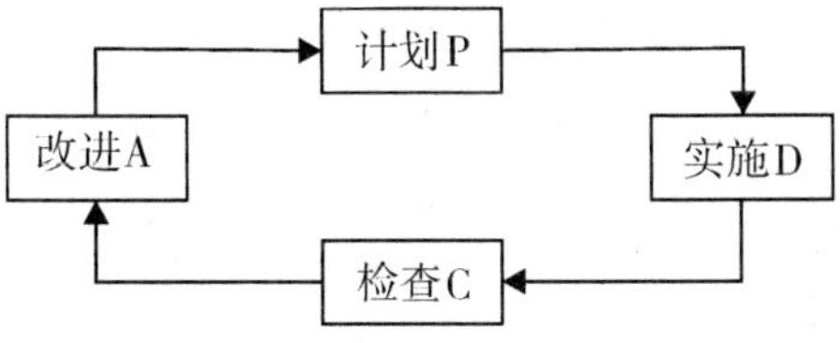

图 2－1　绩效管理的 PDCA 循环

---

① M. Ainsworth & N. Smith. *Making it Happen: Managing Performance at Work*. Sydney: Prentice Hall, 1993.

② （美）雷蒙德·A. 诺伊等：《人力资源管理——赢得竞争优势》，中国人民大学出版社 2005 年版，第 363 页。

③ 威索基：《创建有效的项目团队》，电子工业出版社 2003 年版，第 197—213 页。

2. 绩效管理的过程

（1）绩效计划。制定绩效目标计划及衡量标准：绩效目标分为两种：一是结果目标，指做什么，要达到什么结果，结果目标来源于公司目标、部门目标、市场需求目标以及员工个人目标等。二是行为目标，即怎样做。一个明智的目标只有既确定实现什么结果又确定怎样去做，才能更好地实现要达成的目标。明智的目标（SMART）是指明确具体的（Specific）、可衡量的（Measurable）、可达到的（Attainable）、相关的（Relevant）以及以时间为基础的（Time-based）。

对目标计划的讨论：在确定SMART目标计划后，组织员工进行讨论，推动员工对目标达成一致的认同，并阐明每个员工应达到什么目标以及如何达到目标，共同树立具有挑战性又可实现的目标。管理者与员工之间的良好沟通是达成共识、明确目标分解的前提，同时也是有效辅导的基础。

确定目标计划的结果：通过目标计划会议，管理者与员工明确沟通，完成工作目标的分配和接受，在两者之间建立起有效的工作关系，即员工的意见得到听取和支持，而管理者则确定了监控时点和方式。

（2）绩效实施中的辅导。在确定了阶段性的SMART目标并通过会议明确之后，管理者的工作重点就是在目标实现过程中对员工进行辅导。事实上，帮助员工实现目标和业绩的辅导应作为管理者的日常工作，在辅导过程中，既要认可员工的成绩，又要对员工进行帮助和支持，同时根据现实情况双方及时修正目标。这也是对实现目标的过程（行为）进行了解和监控。辅导的方式有会议式和非正式两种，前者是通过正式的会议实施辅导过程，后者是通过各种非正式渠道和方法实施对员工的辅导。

需要指出的是，良好的沟通是有效辅导的基础。对于员工的参与，要求员工能够：①描述自己所要达到的目标（或实现的业绩）；②对自己实现的目标进行评估。而管理者有效的辅导应该是：①随着目标的实现过程，辅导沟通是连续的；②辅导不仅限于一些正式的会议，非正式沟通也很重要；③明确并加强对实现目标的期望值；④激励员工，对员工施加推动力[①]；⑤从员工处获得反馈并直接参与；⑥针对结果目标和行为目标。

（3）绩效管理中的考核[②]。在阶段性工作结束时进行评价，能公正客观地反映这一阶段的工作业绩。绩效考核的目的就在于对以目标计划为标准的业绩实现程度进行评定，通过实际实现与目标业绩间的比较，明确描述并总结业绩的发展趋势，并不断总结经验，促进下一阶段业绩的改进。[③] 在对绩效进行评价之前，需要收集信息，尤

① 推动力是指一种连续的需求或通常没有意识到的关注。

② 考核的具体步骤与方法我们在下一节还要详细述及。

③ 传统绩效考核的目的是通过对员工工作业绩进行评估，作为确定员工薪酬、奖惩、晋升或降级的标准。而现代绩效管理的目的不限于此，员工能力的不断提高以及绩效的持续改进和发展才是其根本目的。

其是实现目标过程的信息。在沟通和综合员工与管理者双方所掌握的资料后，通过会议的形式进行阶段性业绩的评价，包括：实际业绩与预期业绩的比较，管理者的反馈、支持与激励、业绩改进建议，本阶段总结，确定下阶段的计划，等等。

在项目管理中，绩效考核是一个难点。受项目开发的周期较长，参与人员较多，涉及面较广，常进行交叉作业，以及项目结果的不确定性，项目效益的不可预测性，项目投资回报的周期过长等因素的影响，使得项目绩效考核难以进行，或即便进行考核，也因指标不好确定或者标准难以衡量而不能达到预期的目标。因此，项目绩效管理必须建立一套科学的绩效考核系统以确保项目成员表现出好的绩效。

（4）绩效反馈和改进①。持续不断的反馈是项目绩效管理的主要手段，反馈来自于项目的所有利害相关者，来自于项目生命周期的各个阶段。在项目的绩效管理过程中，对绩效数据的反馈无处不在，因为有反馈，才有了项目绩效的不断改善，项目团队才能够成为学习型组织。

绩效沟通是让员工了解自己的业绩是否达标、工作是否称职，考核者与被考核者达成对评估结果的一致看法，探讨绩效未合格的原因并制订绩效改进计划。同时，管理者向员工传递组织的期望，鼓励员工。

在绩效反馈中要注意几个问题：一是反馈应当是经常的而非一年一次；二是在面谈之前让员工先对个人绩效进行自我评价、自我反省和思考；三是鼓励员工积极参与绩效反馈过程；四是通过赞扬肯定员工的有效业绩，尽量少批评，且反馈应集中于行为或结果而非员工本身；五是要注重平等沟通，侧重经验的分享，而不是训导和说教；六是把重点放在解决问题上。

（5）绩效结果应用②。绩效考核完成后应与其他管理环节衔接，加以应用。

1）招聘和甄选。根据绩效考核结果的分析，可以明确何种评价指标和标准是客观和科学的，将其应用于招聘和甄选中，提高招聘的预测效度和招聘质量，降低招聘成本和风险。

2）薪酬及奖金分配。绩效考核结果一方面可以为薪酬的合理化提供决策基础，使其更加公平客观，一方面也是对高业绩员工的鼓励与肯定，起到很好的激励作用。

3）职务调整和职位变动。经过多个周期的考核，管理者就能对员工的能力有较深的了解。员工在某方面的绩效突出，可让其承担更多的责任；当组织出现职位空缺时，绩效考核结果可作为晋升的有力依据之一。对于业绩不佳的员工，绩效考核结果能够明确原因，若是能力不足，则考虑调岗；若是态度问题，则考虑解雇。

4）绩效改进。绩效考核为员工改进工作提供了依据和目标。考核结果反馈给员

① （美）雷蒙德·A. 诺伊等：《人力资源管理——赢得竞争优势》，中国人民大学出版社 2005 年版，第 378—380 页。

② 付亚和、许玉林：《绩效管理》，复旦大学出版社 2006 年版，第 101—102 页。

工后，有利于其了解自己的工作成效，认识到自身的不足，从而积极主动地改进工作。

5）培训与再教育。对于那些努力工作但难以明显改进绩效的员工，可能存在知识、技术或能力上的瓶颈。绩效考核能够明晰这种需求，从而对员工进行必要的培训和再教育。

6）人力资源规划和开发。绩效考核为组织提供整体人力资源质量和利用情况，为组织制定人力资源规划提供资料。同时，根据考核结果可确定员工在培养和发展方面的特定需要，以便有的放矢，提供有针对性的培训，帮助员工发展和执行职业生涯规划。

【案例】

摩托罗拉的绩效管理

关于管理与绩效管理，摩托罗拉有一个观点，就是企业＝产品＋服务，企业管理＝人力资源管理，人力资源管理＝绩效管理。

摩托罗拉给绩效管理下的定义是：绩效管理是一个不断进行的沟通过程，在这个过程中员工和主管以合作伙伴的形式就下列问题达成一致：

1. 员工应该完成的工作；2. 员工所做的工作如何为组织的目标实现做贡献；3. 用具体的内容描述怎样才算把工作做好；4. 员工和主管怎样才能共同努力帮助员工改进绩效；5. 如何衡量绩效；6. 确定影响绩效的障碍并将其克服。

从上述定义我们可以看出，摩托罗拉的绩效管理关注的是员工绩效的提高，而员工绩效的提高又是为组织目标的实现服务，这就将员工和企业的发展绑在了一起，同时也将绩效管理的地位提升到了战略性的层面。

另外，定义还特别强调了员工和主管是合作伙伴的关系，给员工更大的自主和民主，也一定程度上解放了管理者的思维。同时，定义也强调了具体的可操作性，工作内容的描述要具体，衡量的标准要具体，影响绩效的障碍要具体。

沟通也是一个特别强调的用词，没有沟通的绩效管理是无法想象的，没有沟通的管理也不能给我们希望，因此，强调沟通、实施沟通在绩效管理中显得尤其重要。

在定义之外，摩托罗拉进一步强调绩效管理是一个系统，用系统的观点看待绩效管理，将绩效管理置于系统之中，使其各个组成部分互相作用，并以各自独立的方式一起工作去完成既定的目标。

摩托罗拉认为绩效管理是：

1. 一个公司总体人力资源战略的一部分；2. 评价个人绩效的一种方式；3. 重点放在员工个人综合技能提高的过程；4. 将个人绩效与公司的任务与目标相联系的

一种工具。

摩托罗拉认为绩效管理有如下五个组成部分。

一、绩效计划

在这个部分里，主管与员工就下列问题达成一致：

1. 员工应该做什么？2. 工作应该做多好？3. 为什么要做该项工作？4. 什么时候要做该项工作？5. 其他相关的问题，如环境、能力、职业前途、培训等。

在这个过程中，主管和员工就上述问题进行充分的沟通，最终形成签字的记录，即员工的绩效目标，它是整个绩效管理循环的依据和绩效考评的依据，其作用非常重要，需要花费必要的时间和精力来完成，摩托罗拉的第一个日历季度就是绩效目标制定季度。

摩托罗拉的绩效目标由两部分组成：一部分是业务目标（Business Goals）；一部分是行为标准（Behavior Standard）。这两部分就组成了员工全年的绩效目标，两部分相辅相成、互为补充，共同为员工的绩效提高和组织的绩效目标的实现服务。

二、持续不断的绩效沟通

沟通应该贯穿于绩效管理的整个过程，而不仅仅是年终的考核沟通。仅仅一次两次的沟通是远远不够的，也是违背绩效管理原则的，因此，摩托罗拉强调全年的沟通和全通道的沟通，这一点在摩托罗拉手机的广告词中也有体现：沟通无极限。

它主要包括如下几个方面：①沟通是一个双向的过程，目的是追踪绩效的进展，确定障碍，为双方提供所需信息；②防止问题的出现或及时解决问题（前瞻性）；③定期或非定期，正式或非正式，就某一问题专门对话。

在这个过程中也要形成必要的文字记录，必要时经主管和员工双方签字认可。

三、事实的收集、观察和记录

为年终考核做准备，主管需要在平时注意收集事实，注意观察和记录必要的信息。包括以下两点：①收集与绩效有关的信息；②记录好的以及不好的行为。

收集信息应该全面，好的不好的都要记录，而且要形成书面文件，必要时要经主管与员工签字认可。以上两个过程一般在二、三季度完成。进入四季度，也就进入了绩效管理的收关阶段，到了检验一年绩效的时候了。

四、绩效评估会议

摩托罗拉的绩效评估会议是非常讲究效率的，一般集中一个时间，所有的主管集中在一起进行全年的绩效评估。它主要包括以下四个方面：①做好准备工作（员工自我评估）；②对员工的绩效达成共识，根据事实而不是印象；③评出绩效的级别；④不仅是评估员工，而且是解决问题的机会。

最终形成书面的讨论结果，并以面谈沟通的形式将结果告知员工。

考核结束，不是说绩效管理就到此为止，还有一个非常重要的诊断过程。

五、绩效诊断和提高

这个过程是用来诊断绩效管理系统的有效性，用来改进和提高员工绩效，主要包括以下四个方面：①确定绩效缺陷及原因；②通过指导解决问题；③绩效不只是员工的责任；④应该不断进行。

关于这一点，摩托罗拉也有一个非常实际有效的工具衡量，包括以下十个方面：①我有针对我工作的具体、明确的目标；②这些目标具有挑战性，但合理（不太难，也不太容易）；③我认为这些目标对我有意义；④我明白我的绩效（达到目标是如何评估的）；⑤我觉得那些绩效标准是恰当的，因为它们测量的是我应该做的事情；⑥在达到目标方面我做得如何，我能得到及时的反馈；⑦我觉得我得到足够的培训，使我能得到及时准确的反馈；⑧公司给我提供了足够的资源（如钱、仪器、帮手等），使我达到目标成为可能；⑨当我达到目标时，我得到赞赏和认可；⑩奖励体系是公平的，我因为自己的成功而得到奖励。

每一项有5个评分标准，这样通过打分可以得知一年的绩效管理水平如何，差距在哪里，从而做到拾遗补缺，改进和提高绩效管理的水平。

此外，摩托罗拉的绩效考核表里没有分数，而是运用等级法，实行强制分布，这样既能区分出员工绩效的差别，又尽可能地避免了在几分之差上的无休止的争论。

在与薪酬管理挂钩上，摩托罗拉也采取了简单的强制分布，而不是绞尽脑汁地去精确地联系，因为这样既耗费时间，也偏离了绩效管理的方向，绩效管理致力的是员工绩效的提高，而不仅仅是为了薪酬管理服务。

资料来源：根据《摩托罗拉的绩效管理》改编，http://www.examda.com/pm/Case/20040725/121358660-2.html，2011-03-28。

三、绩效考核体系及实施步骤

绩效考核是运用一套系统的规范、程序和方法，对组织成员在日常工作中所表现出来的工作能力、工作态度和工作成绩，进行以事实为依据的评价。绩效考核体系包括：确定评价者，培训评价者，确定考核周期；设计绩效考核指标和权重，设计考核标准，绩效考核方法，绩效考核常见误区，等等。

1. 确定评价者

由于处于不同地位的评价者掌握着不同的信息，其在做出评价时的认知过程和信息处理过程不同，因此，不同的评价者往往会给出不同的评价结果。[①]

（1）上级管理者。选择考核者的第一要义是谁主管谁考核。上级可以利用组织所赋予的指导、控制和激励员工的权利，通过考核员工而为组织完成共同任务提供可

① （美）雷蒙德·A. 诺伊等：《人力资源管理——赢得竞争优势》，中国人民大学出版社2005年版，第391—395页。

能和便利。一般而言，上级的个人利益不直接与下属的考核结果相关联，因此评价可以较为公正和客观。然而，上级考核并非完全公正无偏，上级为了某些善意地或恶意的目的，会出现故意扭曲评价结果的现象。更多的，上级考核时会在无意中产生晕轮效应和偏松偏紧的错误，从而影响评价的效度。尤其是当考核指标较为主观时，组织中难免会出现“经营”上司的现象。

（2）同事。同事评价是最可靠的评估来源之一。随着团队组织方式在企业中的盛行，同事考核在企业中相应地受到了较多的重视。朝夕相处的同事比较了解彼此的态度与行为，能够给予较为客观全面的评价。但是同事间的评价会不自觉地在员工中引入了竞争机制，通常员工参与评估的积极性不高，而且人际关系因素对评价结果有较大影响，尤其是在盛行人情面子文化的群体中，此种情况尤为常见。但是考核结果仅仅用于绩效反馈等与员工直接利益关系不是太大的方面时，同事评价比较有效。

（3）下属。在日常工作中，下属对上级的领导水平、工作能力有亲身体验的积累而具有较为明显的信息优势，下属完全能够准确地衡量上级的绩效。问题是，作为评价者，一方面，下属往往会因缺乏经验而使得评价流于片面；另一方面，由于害怕受到报复，下属通常会夸大对上级的评价，而领导为了得到好评，自然会想方设法避免开罪员工，往往在平时的工作中放松对员工的要求。最终极有可能出现上下级之间“串通共谋”，向委托人提供不真实或片面的业绩评估。当然，这种情况在前两种评价源中也可能存在，只是在这里更容易出现。

（4）被评价者本人。自我评价作为多源评价中的一个侧面有其存在的意义。一方面，在充分授权、自我管理的组织环境中，员工无疑对自身的工作能力和业绩的了解远远多于他人，因而也就有了做出准确评价的基础。另一方面，自我考核有助于消除员工对评估过程的抵触情绪，有利于根据评价结果制定自身发展计划和明确自己的努力方向。但是在自我考核中，“宽于待己”的现象总是无法避免，员工在进行自我评价时，总会有意或无意地抬高自己的业绩，或者为不佳业绩寻找各种理由。因此，培训员工，让评价者提供绩效的证据，以及让自评的员工知道有其他评价来源与其自评作为参照，都是促使自我评价客观有效的手段。

（5）顾客。许多企业把顾客也纳入员工绩效考评体系。在一定情况下，顾客常常是唯一能够在工作现场观察员工绩效的人，此时，他们就成了最好的绩效信息来源。

到底应该由谁来进行考核？不同的考核者应该占有多大的百分比？这需要根据组织的文化、考核的目的、被考核者的工作任务性质，以及指标标准的特点等来权变地决定。[①] 采用以上五个方面的评价者进行考核的方式被称为360度考核。也有组织采取民主评议的方式，即在上下级之间及同事之间通过相互评价的方式进行考核，其形式有些类似360度考核，但是其内涵和影响却完全不同。民主评议往往导致“乡愿”之人[②]得到好评。

在项目绩效评价方面，将各绩效指标按照不同的权重予以计分的综合评价得到普遍的应用，但是这种评价方法显得过于机械化。项目绩效管理的理想状态或努力目标是使项目的利益相关者满意，因此每一个项目的利益相关者均是项目绩效的评价者，他们对项目绩效是否满意不能由别人代为评价。

2. 培训评价者

为了避免评价者本身的主观错误，例如，其对被评估者的偏见或其他一些并非恶意的主观性错误，应当对评价者进行培训。这种正规的培训计划，最终将给企业带来较大的收益，特别是当被培训者有机会观察其他管理者的错误行为，积极查找自身的错误，并经常参加与本身有关的工作以减少犯错的可能时，培训的效果会更为明显。培训时，首先，要让评价者明确考核的重要意义和自己承担的责任，增强积极性和责任心。其次，要对考核的基本情况作相应介绍，让评价者明确考核内容和操作方法。最后，要让评价者理解在考核过程中容易出现的晕轮效应、居中错误和偏松偏紧趋势等，并告知其如何避免这些错误。

3. 确定考核周期

考核周期就是多长时间考核一次。周期太长，绩效信息不容易收集和反馈，考核就失去了原有的意义；周期太短，考核过于频繁，容易加重成本和负担，也会使考核的效果不佳，甚至引起员工的反感和不满，因此在考核前应当确定好适当的考核周期。该周期不是随意指定的，而是根据项目的周期长短、项目进度及工作性质而定。一般来说，项目的考核与一般组织的考核周期有异，不是按照年、周、月、季度等自然周期，而是视不同的项目，以及项目中的不同岗位、工作的特点而定，主要原则是方便绩效信息的收集以及反馈。

4. 设计绩效考核指标和权重

绩效指标是指从哪些方面对工作产出进行衡量或评估。解决的是“我们需要评估什么”的问题。考核指标应由部门主管根据工作任务、岗位等进行设定，人力资源部对此提供指引和协助。确定考核指标的方法有很多，如关键绩效指标（KPI）、平衡记分卡（BSC）等。

---

① 一个有效的考核者必须满足如下要求：了解被考核者所从事工作的目的与目标（考核者清楚一项工作的目标以便识别完成工作所必需的关键行为）；经常对被考核者的工作情况进行观察（经常观察处于工作状态的被考核员工，以确保考核建立在被考核员工有代表的行为之上）；并且有能力判断所观察到的行为是否令人满意（有能力识别某种行为是否有效，以便对被考核员工在组织内的价值给出正确的评价）。

② 乡愿：指那些看似忠厚，实际没有一点道德原则，只知道媚俗趋时的人。

好的指标应具有以下特征：考核指标是具体的且可以衡量和测度的；考核指标应当是考核者与被考核者共同商量、沟通的结果；考核指标是考核基本工作而非工作者本身；考核指标不是一成不变的，应根据企业内外的情况而变动；考核指标是大家所熟知的，必须让绝大多数人理解；每一项项目绩效指标均是必不可少的，一项指标不能由另一项指标来代替，所以应当选用能分别显示项目绩效各项指标状态的方式予以评价和反馈；考核指标必须运用科学的方法确定权重。设计绩效考核指标应当遵循以下原则：

（1）绩效考核指标应与企业的战略目标一致。在绩效考核指标的拟定过程中，首先应将企业的战略目标层层传递和分解，使企业中每个职位被赋予战略责任，每个员工承担各自的岗位职责。绩效管理是战略目标实施的有效工具，绩效指标应围绕战略目标逐层分解而不应与战略目标的实施脱节。只有当员工努力的方向与企业战略目标一致时，企业整体的绩效才可能提高。

（2）绩效考核指标应突出重点。要抓住关键绩效指标。指标之间是相关的，有时不一定要面面俱到，可以通过抓住关键业绩指标将员工的行为引向组织的目标方向。指标一般控制在 5 个左右，太少可能无法反映职位的关键绩效水平；但太多太复杂的指标只能增加管理的难度和降低员工满意度，对员工的行为无法起到引导作用。

（3）素质和业绩在绩效考核指标中应并重。只重“素质”，即个人行为和人际关系，不讲实效，会使人束手束脚，妨碍人的个性、创造力的发挥，最终不利于组织整体和社会的发展。只重“业绩”，又易于鼓励人的侥幸心里，令人投机取巧、走捷径、急功近利、不择手段。一套好的考核指标，必须在“业绩”和“素质”之间安排好恰当的比例，在突出业绩的前提下，兼顾对素质的要求。

（4）绩效考核指标重在“适”字。绩效考核指标是根植在企业本身“土壤”中的，是非常个性化的。不同行业、不同发展阶段、不同战略背景下的企业，绩效考核的目的、手段、结果运用各不相同。绩效考核指标要反映绩效，关键并不在于考核方案多么高深精准，而在乎一个“适”字。现在的“适”，不等于将来永远“适”，必须视企业的发展、战略规划要求适时做出相应调整。

因此，制订有效的考核指标是绩效考核取得成功的保证，这也成为建立绩效考核体系的中心环节，是企业管理者最关注的问题。一般来说，确定绩效考核指标有以下几个步骤：

（1）工作分析（岗位分析）。根据考核目的，对被考核者所在岗位的工作内容、性质以及完成这些工作所必须具备的条件等进行研究和分析，从而了解被考核者在该岗位所应达到的目标、采取的工作方式等，初步确定绩效考核的各项要素。

（2）工作流程分析。绩效考核指标必须从流程中去把握。根据被考核者在流程中扮演的角色、责任以及同上游、下游之间的关系，来确定其衡量工作的绩效指标。此外，如果流程存在问题，还应先对流程进行优化或重组。

（3）绩效特征分析。可以使用图表标出各指标要素的绩效特征，按需要将考核程度分档，例如，可以按照必须考核、非常需要考核、需要考核、需要考核程度低、几乎不需要考核等五档，对指标要素进行评估，然后根据少而精的原则按照不同的权重进行选取。

（4）理论验证。依据绩效考核的基本原理与原则，对所设计的绩效考核要素指标进行验证，保证其能有效可靠地反映被考核者的绩效特征和考核目的要求。

（5）要素调查，确定指标。根据上述步骤初步确定的要素，可以运用多种灵活方法进行要素调查，最后确定绩效考核指标体系。在进行要素调查和指标体系的确定时，往往将几种方法结合起来使用，使指标体系更加准确、完善、可靠。

（6）修订。为了使确定好的指标更趋合理，还应对其进行修订。修订分为两种：一种是考核前修订。通过专家调查法，将所确定的考核指标提交领导、专家会议及咨询顾问，征求意见，修改、补充、完善绩效考核指标体系。另一种是考核后修订。根据考核及考核结果应用之后的效果等情况进行修订，使考核指标体系更加理想和完善。

确定完整、合理的考核指标是绩效考核的重要前提，但确定每个指标的权重相对于指标本身更加重要，也更有难度。权重是一个相对的概念，是针对某一指标而言的，是指该指标在整体考核指标中的相对重要程度，以及该指标由不同的考核主体评价时的相对重要程度。权重的目的在于突出重点目标和确定单项指标的评分值。权重设置的时候要注意，单个指标的权重不能过高或过低，如果某个指标权重太高，会使员工只关注这一指标而忽视其他，而权重太低，则会被员工所忽视。

对于如何确定考核指标的权重，目前应用较多的有两种：一是经验型，如日本劳动科研所的木林富士郎提出的权重分配模式；二是用层次分析法（Analytic Hierarchy Process，简称 AHP），通过模糊评价来确定权重。相对而言，前者较为简单，操作性强，但精确度不够；后者更科学细致，但实施起来有一定难度，需要专家的支持。此外，权重的确定需要一定时间来探索和完善，管理部门需要善于总结经验，及时修订理论与实践脱节的部分，通过理论与实践的互动，逐步完善绩效考核指标及其权重的合理性和实用性。

5. 设定考核标准

标准指的是在各个指标上分别应达到什么样的水平。标准解决的是“做得怎样”或“完成多少”的问题。一旦确立了考核指标，设定考核标准就相对容易了。一般来说，绩效基准的设定有两种方法：一是在绩效管理周期起始预先设定绩效标准；二是根据上一个评价周期的绩效数据设定绩效标准。然而，无论选取哪一种方法，都可能存在偏差，因此，通过对项目系统的过程状态数据进行度量和统计分析确定绩效考核标准最为科学合理。①

---

①（美）威索基：《创建有效的项目团队》，电子工业出版社 2003 年版，第 197—213 页。

从绩效的高低来评价需要考虑两类标准：基本标准和卓越标准。基本标准是指对被评估者而言期望达到的水平。它的作用主要是判断被评估者的绩效能否达到基本要求，评估结果主要用于决定一些非激励性的人事待遇，如基本的绩效工资等。卓越标准是指对评估对象未作要求和期望，但是可以达到的绩效水平。它的作用在于识别角色榜样①，其结果可以用于决定一些激励性的待遇，如额外的奖金、分红、职位晋升等。

从绩效考核的方式来分，绩效考核的标准主要有三类：绝对标准、相对标准和客观标准。

（1）绝对标准，是指通过对员工工作行为进行研究，建立员工的行为特质标准，然后将达到该项标准列入考核范围。绝对标准的考核重点是，以固定标准衡量员工。

（2）相对标准，是指将员工间的绩效表现相互比较，以相互比较来评定个人工作的好坏，将被考核者按某种向度作顺序排名，或将被考核者归入先前决定的等级内，再加以排名。

（3）客观标准，是指考核者在判断员工所具有的特质，以及其执行工作的绩效时，对每项特质或绩效表现，在评定量表上每一点的相对基准上予以定位，以帮助考核者作评价。

一般而言，标准的主要特征有以下四点：

（1）标准是基于工作而非针对员工。绩效考核标准应根据工作本身来建立，每项工作的绩效考核标准应该只有一套，而不管谁在做这项工作。

（2）标准是平衡的。标准要尽可能具体可衡量，有具体的时间要求，但是数字及时间不可以单独作为标准。标准一般是可量化的，不可量化的要行为化，但是这不意味着唯数字化，量化的要求一定要配合着质量的要求，时间的要求也要配合着过程的控制。如果只强调一方面就会损害其他方面。

（3）标准是上下级协商制订的，是灵活变动的。参与是促使员工认可标准、遵循该标准的重要手段；但是标准又是可以改变的。因为绩效考核标准须经同意并且可行，有必要时就应定期评估并予以改变。也就是说，绩效考核标准可以因新方法之引进，或因新设备之添置，或因其他工作要素有了变化而变动。

（4）标准是多重的。一是要考虑组织的历史数据，即纵向比较；二是看同行数据，即横向比较；三是需要顾及上级的期望。

6. 绩效考核方法②③

关于绩效考核的方法非常多，基于不同的角度其分类也各不相同，如量化与非量化、主观与客观、系统与非系统等。表 2－2 列举出几种绩效考核的非系统方法。

---

① 付亚和、许玉林：《绩效管理》，复旦大学出版社 2006 年版，第 14—15 页。

② 彭剑锋：《人力资源管理概论》，复旦大学出版社 2003 年版，第 363—367 页。

③（美）加里·德斯勒：《人力资源管理》（第六版），中国人民大学出版社 2001 年版，第 335—347 页。

表 2-2　绩效考核方法

以业绩报告为基础	以比较为基础	关注员工行为及个性特征	以特殊事件为基础	全方位考核
自我报告法 业绩评定法	简单排序法 配对比较法 强制分布法	因素考核法 等级鉴定法 行为锚定等级评定表法	关键事件法 不良事故考核法	360 度考核

资料来源：付亚和、许玉林：《绩效管理》，复旦大学出版社 2006 年版，第 224 页。

（1）以业绩报告为基础的绩效考核。自我报告法是以书面形式对自己的工作进行总结及考核的一种方法，多适用于管理人员的自我考核，让被考核者主动对自己的表现加以反省、考核。在项目管理中可用于项目经理或负责人的考核。业绩评定法是被广泛采用的考评方法，它根据所限定的因素对员工进行考评，主要是在一个等级表上对业绩进行记录。考核所选择的因素包括与工作有关的因素和与个人特征相关的因素，并对考核因素及其等级作出定义。

（2）以比较为基础的绩效考核。这类考核是通过员工之间的比较来进行的。简单排序法要求评定者依据工作绩效将员工从最好到最差排序，但是当个人业绩水平相近时难以进行准确排序。配对比较法是评定者将每一个员工相互进行比较，当员工人数多时较难实施。强制分布法要求评定者在每一绩效程度档次上都分配一定比例的员工。这种方法的优点是有利于管理控制，在员工间引入了竞争，特别是在采用淘汰机制的公司中，有强制激励和鞭策功能。配对比较法成本低，能避免宽厚性错误及评定者的趋中性错误，但是评分的准确性和公平性受到质疑，评判标准模糊，不能具体说明员工必须怎样做才能得到好的评分，对于绩效改进的作用不大。而且对于项目团队，最重要的是成员间的协作，以员工比较为基础的绩效考核方法会在无形中使得项目成员彼此竞争，不利于团队目标的实现。

（3）关注员工行为及个性特征的绩效考核。因素考核法是将一定的分数按权重分配给各项绩效考核指标，使每一项指标都有一个考核尺度，根据被考核者的实际表现在各考核因素上评分，最后汇总得出总分。此法简便易行且比简单排序法更为科学。也称为等级鉴定法图解式考核法，是最简单和运用最普遍的方法之一。这种方法主要是针对每一项评定的重点项目，预先订立基准，给出不同等级的定义和描述，包括按不间断分数程度表示的尺度和按等级间断分数表示的尺度。考核时，首先针对下属员工从每一项要素中找出最能符合其绩效状况的分数，然后加总所有分值。行为锚定等级评定表法是传统业绩评定表和关键事件法的结合。在设计行为锚定等级评价表法之前，首先要搜集大量的代表工作中的优秀和无效绩效的关键事件，将其划分为不同的要素，并对绩效要素的内容加以界定，由专家对关键事件进行评定，建立最终的工作绩效评价体系。管理者根据每一个绩效要素分别考察雇员的绩效，以行为锚定为指导来确定在每一绩效维度中的哪些关键事件是与雇员的情况最相符的，这个评价就成为雇员的得分。但是，这种方法需要花费大量时间和精力，而且那些与行为锚定最近似的行为是最容易被回忆起来的。由于项目的临时性和一次性，花费大量精力设计行为锚定等级评定表比较不现实，且操作难度大，因此不大适用。

（4）以特殊事件为基础的绩效考核。关键事件法利用一些从一线管理者或员工那里收集的有关工作表现的特别事例进行考核，强调的是最好或最差表现的关键事例所代表的活动。考核者将每一位被考核者在工作活动中所表现出来的非同寻常的好方式或不良行为记录下来，定期根据记录来讨论员工的工作绩效。关键事件法一般有年度报告法、关键事件清单法和行为定位评级表。而不良事故考核法是通过预先设计不良事故的清单对员工的行为进行考核以确定员工的绩效水平。以特殊事件为基础的绩效考核通常作为其他考核方法的补充。

（5）全方位考核。360 度考核为了给员工一个最正确的考核结果而尽可能综合所有方面的信息，包括上级、同事、下属、自身和客户等。这种方法应用较广泛，与传统绩效考核工具相比，它具有一些优势：一是比较公平公正，员工参与度高；二是加强了部门之间的沟通；三是 360 考核获得的较客观公正的结果使得奖惩措施容易推行，满意度高。但是由于参与考核的主体多，在应用过程中要结合实际情况来设计，且在实施过程中要注意保证考核信息的质量。

此外，关键绩效指标、平衡记分卡和目标管理等都是系统的绩效考核方法。

7. 绩效考核常见误区①②

绩效考核是绩效管理的关键部分，大部分企业在如何推进绩效考核上仍面临着各种困惑，考核的效果总是不尽如人意。下面将介绍绩效考核常见的一些问题。

（1）考核目的不明确，为了考核而考核。考核原则混乱，在考核内容、考核指标和权重设置方面表现出无关性和随意性，缺乏客观和科学依据。

（2）考核者心理、行为上的错误。考核者在对员工进行绩效评估时，会不自觉地出现各种心理上或行为上的错误。包括晕轮效应、对比效应、隐含人格假设、近因性错误、偏松偏紧趋势和趋中性错误等。③

总之，绩效考核体系是一个评价系统，由一组既独立又相互关联并能较完整地表达评价要求的考核指标组成。科学的绩效考核体系的建立，有利于评价组织与员工的

---

① 付亚和、许玉林：《绩效管理》，复旦大学出版社 2006 年版，第 49—53 页。

② 梅志国、熊超群：《目标管理与绩效考核实务》，广东经济出版社 2004 年版，第 86—96 页。

③ 晕轮效应得出的结论往往以点盖面；对比效应使富于积极性的主管认为所有的下属都是消极、不够主动的；隐含人格使得进行绩效考核时会“戴着墨镜看人”，容易失真；近因性错误是因为人类正常的记忆衰退，人们总是对最近发生的事情和行为记忆犹新，而对远期行为逐渐淡忘，被考核者的考核结果更多受到近期表现的影响；偏松趋势是指考核者在评估过程中宽大为怀，所给的分数往往高于员工的真实能力；偏紧趋势与偏松趋势的错误相反，在评估过程中过于严厉，所给的分数低于员工的真实水平；趋中性错误是指考核者不愿意给员工极端的评估，每个人都是表现平平，尤其是考核者对所评估的工作表现不了解时，更容易犯这种错误。

绩效结果和关键影响因素，是进行绩效考核的基础，也是保证考核结果准确、合理、客观的重要因素，更是绩效改进的有力支持。管理者要以系统的观点控制好整个体系，保证其正常运行。

【案例】

某高新技术公司项目小组的绩效问题

一、背景

A高新技术公司是一家有着十几年发展历史的大规模的民营企业。随着近年来业务的不断拓展，项目不断增加，人员持续增多，绩效中的矛盾和问题也在不断累积，已到了非解决不可的地步。

A公司的技术部将技术人员分为技术后台小组、测试小组、运营维护三个小组。

技术后台小组，主要是进行项目研发或开发。研发和开发的周期不固定，主要视项目的难易程度和重要性而定。项目人选由主管领导指定，如果项目任务重则会选择技术力量强的人员参与。不同的项目，其成员的来源不同，技术专长也有异。

测试小组跟每个技术项目都有联系。在后台技术项目进行中，由测试小组运用测试工具进行参与性测试，根据测试的结果向技术小组提出改进意见。必要时直接同技术人员进行沟通。测试小组所担负的职责是使项目小组更加严谨与科学合理地完成工作；对每个已完成的技术项目，测试小组负责进行功能性测试，以确定该项目是否达标。

运营维护小组负责完成及对投入运营项目的技术维护，保证技术产品的日常运转。每个项目小组完成研发项目后就算完成了任务，编写好维护文档后交由运营维护人员进行维护。

二、绩效考核的缺失

该技术部门从2005年初组建到2006年底均处于研发阶段，一直采取单一的固定工资方式。2007年初研发任务已基本完成，技术团队的工作也转为项目模式，但还是一直沿袭过去的固定工资制。没有绩效考核，更没有绩效管理。承担多少项目、在项目中担任何种职责、干多干少、干好干坏，都是固定工资。因此，技术人员工作积极性差，混日子的现象普遍。

由于项目团队的工作带有一定的临时性，再加上对各项目的职责缺乏相应的监督，本来在做完项目后都应该有相应的维护文档，以便维护人员的跟进，可是情况往往是某项目刚刚完成甚至还没有收尾，该项目的人员就进入下一个项目了，所以技术人员也就“名正言顺”地省略了技术维护文档的撰写工作，这就造成运营维护小组根本无法顺利完成工作，一旦某项目出现问题，还是需要开发此项目的人员来解决，即便他们此时还在另一个项目上，也不得不分身前来，这又不可避免地耽误了新项目的进度。

三、从能者多劳到客户流失

由于领导在选定项目小组成员时主要考虑项目的进度，所以往往指定技术能力强的员工进入项目小组。这就造成了“鞭打快牛”的现象。有能力的人往往不堪重负、疲于奔命，总是从刚结束的项目甚至还没结束的项目匆匆地进入另一个项目。但是他们并没有因此得到任何奖励，以致于业务骨干再也不愿多干，对领导下达的任务频频推脱。在此情形下，各技术小组也相互推诿和扯皮。不仅造成团队之间关系的紧张，而且直接影响团队间的合作。大家把很多精力花在了人际关系上，而人际技能恰恰是很多技术人员的短板，一些感觉在此环境中无法施展才能的技术人员因此辞职走人。因此，公司的技术创新根本无法实现，技术难点迟迟得不到攻克。很多项目让客户等待时间太长，或者是根本满足不了客户的期望，造成大量的客户流失。公司面临着致命的威胁。

资料来源：根据中山大学管理学院2009级MPM蓝同学提供的案例修改。

问题：

造成公司困境的根本原因是什么？我们应该从什么方面入手解决此问题？

四、绩效管理与绩效考核的联系与区别

1. 绩效管理与绩效考核的联系

（1）绩效管理始于绩效考核。绩效考核有着悠久的历史，早在19世纪初，罗伯特·欧文斯就将绩效考核引入苏格兰并应用于工业领域。美国军方于1813年开始采用绩效考核，美国联邦政府则于1842年开始对政府公务员进行绩效考核。随着经济的发展、管理水平的进步，越来越多的管理者和研究者意识到绩效考核的局限与不足。Spangengerg（1992）认为传统的绩效评估是一个相对独立的系统，通常与组织中的其他背景因素相脱离，如组织目标和战略、组织文化、管理者的承诺和支持等。在这样的背景下，绩效管理作为一种更加科学的方法应运而生，并越来越广泛地应用在企业管理中。

（2）绩效管理是对绩效考核的改进与发展[①]。与绩效考核相比，绩效管理是一个系统，具体包括：绩效计划、绩效实施、绩效考核、绩效反馈与面谈以及绩效结果的应用。

2. 绩效管理与绩效考核的区别

（1）管理的范围不同。绩效管理是一个严密的管理体系，由五个环节组成。同时，绩效管理又处在人力资源管理这根链条上，与工作分析、人力资源规划、招聘与

① 付亚和、许玉林：《绩效管理》，复旦大学出版社2003年版，第60—61页。

安置、薪酬与福利、培训开发等环节共同构成人力资源管理内容。绩效考核仅仅是绩效管理中的一个组成部分，绩效考核与其他四个环节（绩效计划、绩效实施、绩效反馈与面谈、绩效结果的应用）共同组成一个完整的管理链条。

（2）管理的目的不同。由于绩效考核在绩效管理中是连接绩效实施和绩效反馈与面谈的环节，是服务于绩效管理系统的。绩效管理是人力资源管理的一个环节，其目的是为有效的人力资源管理服务的。

（3）管理者扮演的角色不同。在绩效考核环节，管理者的角色是裁判员；在绩效管理过程中，管理者的身份是多重的，即"辅导员 + 记录员 + 裁判员"。

表 2-3 绩效管理和绩效考核的区别与联系

绩效管理	绩效考核
完整的系统，伴随着管理活动的全过程	系统中的一个部分，只出现在特定时期
一个完整的过程，注重过程管理	管理过程中的局部环节和手段
绩效沟通与绩效提高	侧重于判断和考核
事先的沟通与承诺	事后的评估，容易让员工产生秋后算账之感
具有前瞻性，看重员工的未来贡献	注重员工过去的绩效
关注员工能力的大小	关注员工成绩的大小
与员工是绩效合作伙伴关系	管理者与员工置于根本对立的境地

资料来源：加里·德斯勒、曾湘泉：《人力资源管理》，中国人民大学出版社 2006 年版。

第三节 项目团队的绩效考核

随着企业的发展，项目团队在企业中越来越普遍，发挥着越来越重要的作用，甚至项目团队业绩在企业目标的实现中也越发变得举足轻重，因而对项目团队的绩效管理随之越来越重要。项目团队绩效管理是以团队目标为导向，在团队管理者和成员间就目标及如何实现达成共识，形成利益共同体，并推动成员实现预定绩效的过程。[①]对项目团队的绩效进行计划、监督、控制和评价的过程，便是团队目标实现的过程。

一、项目团队成员的绩效

项目绩效与一般绩效基本相同，但是由于其主要关注某一特定的项目或团队目标实现的情况，因而比一般绩效更具针对性。同时，由于涉及项目组或团队，所以项目

① 丁荣贵、孙涛：《项目组织与人力资源管理》，电子工业出版社 2009 年版，第 231 页。

绩效既包括项目团队成员的个人绩效，也包括整个项目的团队绩效。本书主要讨论前者。

项目团队成员的个人绩效考核是企业绩效考核体系的一个重要组成部分，与传统的个人绩效考核大致相同。但是它往往因为项目开发周期较长、参与人员较多、涉及面较广、项目交叉作业、项目结果的不确定、项目效益的不可预测以及项目投资回报的周期过长等因素的影响而难以进行。这就是说，项目团队成员的绩效考核与一般绩效考核既有区别又有联系，如何将两者的普遍性和特殊性相结合一直是企业绩效考核的难点和困惑。

1. 对项目团队成员进行绩效考核时面临的困难

鉴于项目团队的特征，在对项目成员进行绩效考核时具有一定的难度。

首先表现在对绩效的定义上。实际上，项目绩效比传统组织绩效的定义更为宽泛。项目的目的性决定了项目团队成员的目标就是要完成项目目标，相比传统组织中的职能部门而言，其目的更为具体和明确，也更关注目前利益的达成。然而有的项目从短期看对企业来说是没有利润的，如承担社会责任、政治义务或开拓新市场等，但从长期看则符合企业生存和发展的需要，我们认为这是符合组织使命和价值观，并对组织有意义的项目。因此在对项目绩效进行考察时，必须注意绩效的定义。

其次表现在绩效的动态性较大、隐形绩效难以测量以及受外部环境影响较大等方面。项目团队具有动态性，随着形成阶段的不同，团队可能增加或减少成员，绩效也可能发生变化。同时，项目对企业所产生的一些隐形绩效，如口碑、声望等经常被忽略。此外，项目受外部环境的影响较大，在考核过程中极有可能出现偏差。因此，项目的绩效考核，一方面，既要考虑定性因素（如团队精神、协作能力、工作态度和学习能力等），又要考虑定量因素（如出勤率和工作业绩等）。定量因素根据一定的客观标准较容易评价，而定性因素往往由项目经理或利益相关者做出主观判断，如何将两种性质的绩效评价结果进行综合是一个关键的问题。另一方面，对于周期比较长的项目，需要对项目成员进行阶段性考评，客观地反映他们的成果和不足，而如何整合这些阶段性的考评是项目考评者面临的又一个重要问题。

最后是项目成员的临时性和双重领导问题。项目团队成员往往临时从不同部门调入，一方面接受项目经理在一定期限内进行的项目绩效考核，另一方面又属于各职能部门，也涉及日常绩效管理。即项目团队成员既受到项目经理的领导，又受原部门上级的领导，因此在项目绩效管理过程中，与项目相关的工作要明确，只要在项目内的评估，评估权限应该归属于项目经理。项目经理与职能部门经理应该就某个员工的评估结果相互沟通。

2. 对项目团队成员进行绩效考核时需要关注的问题

由上文可知，在进行项目团队成员绩效考核时，应当综合考虑其特殊性和难点，有针对性地对绩效考核的模式和方法进行调整，以适应项目团队的实际情况。

首先是考评者的变化。在其生命周期内，项目是一个相对独立运作的组织。项目经理是项目计划的制定者、项目任务的安排者、项目过程的监督者、项目工作的总结者和项目责任的承担者，因而项目经理是对项目团队成员考核职责的最佳履行者。当项目规模较大时，项目经理下设管理层级，各级主管则是相应下属员工绩效的考评者。原有职能部门的主管不再履行考评者的责任，最多扮演考评工作参与者的角色。

其次是考评周期的变化。项目有其特有的生命周期，在项目的界定、实施、移交和总结等阶段，工作量的分布有其自身固有的规律。传统的以月度或季度等固化时间来确定考核周期已不能满足项目团队考核。不同的项目要根据其实际情况，确定合理的考核周期。有的项目进行月度考核比较合适，有的项目进行季度考核比较合适，有的则进行年度考核比较合适。对业绩指标采取月/季度考核，对行为指标采取半年/年度考核，等等。但总的原则是周期不宜太长，否则难以发挥即时激励的作用。

再次是考核方法的变化。一方面，应把阶段性目标考核与整个项目周期目标的考核相结合；另一方面，把个人考核与团队考核相结合，以保证项目考核的全面和客观。在进行项目周期目标考核后，由于一项目标的完成往往不是由个人而是由一个规模稍小的团队完成，这就涉及一个考核指标的二次分解与进行二次考核的问题。经过多层级考核，最终穷尽工作内容，保证考评的科学和公正。

最后是考核内容的变化。包括总体目标、阶段目标的分解、行为表现等。团队考核应当强调整体目标的完成。

总之，在进行团队成员绩效管理过程中，要结合外部环境变化，综合考虑项目的特点和实际情况、团队成员的特点，明确项目成员绩效管理的难点和重点，有针对性、有目的性地设计绩效管理，达到有效激励团队成员、保证项目达成的目的。

【案例】

如何提高项目成员的绩效?

Jerry 在 Mega 公司已经通过了一个意义重大的阶段。他的升级电讯系统的项目到了最后一两个星期，大部分修改都已经完成。他已经差不多有一个月没有碰到什么大的问题，并且我能断定，当他亲眼目睹工作成果时，他的信心肯定是空前高涨的，至少在上个星期五之前是如此。

Jerry 准时来参加我们的会议，并且一开始就向我提供了他所碰到问题的情况。“CIO（首席信息主管）要求我们给他一个新的声讯软件样本，”他开始说，“这并不是什么问题，但是当我到他的办公室时，你知道吗——这个系统竟然不能正常工作了！我们不得不在半小时后重新回来完成这次示范。他满意这个新系统，但是我不能确定他对我们安装这个软件的能力是否完全信任。”

“听起来很尴尬，”我说，“是什么地方出问题了？”

“我们正努力培训其他的人员，让他们学会如何安装这个软件，”他回答，“不幸的是，我们派了一个新手去CIO处进行安装，他错过了其中的一个步骤。他大概不再被信任做这个升级的工作。我们可能把他从这个项目中调走。”

“哦，”我提醒，“你有数千个电话要进行升级。我认为你将会需要可以得到的所有帮助。告诉我，有什么合适的程序来帮助培训这些新技术员。”

Jerry认真考虑了一会：“我认为这些技术员都了解电话和声讯软件。我们也花了不少时间向他们每个人说明了升级过程中需要做的事情，我们认为他们做这项工作应该是足够熟练和专业。”

我开始看到了这个项目组在质量处理过程中的问题。“你知道，这个项目将要升级许多电话转换器和数千个电话。在我看来，即使你的项目组非常勤奋，在一些安装过程中还是很可能会出现一些问题。只有部分优秀的成员可以产生高质量的项目，他们也可以产生高质量的处理过程。如果发生这种表面的质量问题，不要责怪你的成员——相反，应该专注于修正过程。”

资料来源：（美）汤姆·莫克（T. Mochal）、杰夫·莫克（J. Mochal）著：《项目管理十步法》，高猛、韩海潮译，清华大学出版社2005年版，第79—81页。

思考：

即使最优秀的人也会犯错，包括项目经理。即使你根据所了解的情况认为什么事情都做得很好，但问题仍然会发生。遇到这样的情况，如何通过案例中提到的“修正过程”来管理项目成员的绩效呢？

二、项目团队的绩效考核

在现代企业人力资源管理中，绩效考核的地位日益重要，其功能已由单纯地考察员工业绩转变为激发员工潜能，调动员工积极性，实现绩效最大化。基于项目绩效的特殊性，在对项目团队进行绩效考核时需要注意以下几方面的问题。

1. 将个体考核和团队考核相结合①

项目绩效考核可分为个体和团队两个层面。过分注重个体层面的绩效考核容易忽视优秀团队的互助和协同效应，不利于激励整个团队；而过分强调整个团队的考核又可能忽视个体成员的贡献，造成成员的懒散和“搭便车”现象，挫伤优秀个体的工作积极性，无法发挥绩效考核的激励作用。所以在实际运用时需要结合具体情况权变地予以考虑。

① 丁荣贵、孙涛主编：《项目组织与人力资源管理》，电子工业出版社2009年版，第234页。

2. 确定科学合理的考核指标

绩效考核应依据考核者与被考核者达成共识的、能体现被考核者工作目标完成程度的指标来实施。考核指标应坚持多维导向，从基础绩效、能力、态度等维度对成员进行考核，同时考虑各项指标的权重，突出重点。

3. 注重相对绩效还是绝对绩效

绝对绩效是指员工完成了既定绩效标准的多少，强调员工与绩效标准之间的比较。相对绩效则根据员工与员工之间的比较判断其绩效优劣。在绩效评价中，不能仅仅关注其中一种，而应根据实际情况有所侧重。如果是以晋升为目的的考核，必须采取相对绩效；如果是以反馈、绩效改善与提高为目的的考核，则采用绝对绩效更为妥当，因为这样不仅可以给员工提供有针对性的反馈，而且更倾向于鼓励员工间的合作而不是拆台。

项目团队工作任务的性质和特点决定了考核关注的重点也应有异。如果工作联系紧密，个人绩效难以明确界定，更需要成员彼此协作，应更注重绝对绩效，以激励项目成员为了共同的绩效目标而奋斗；若采用相对绩效，以排序法、比较法或者强制分布法来考核，可能会使得团队内部存在竞争关系，引发利益冲突，十分不利于协作。相反，在分工明确、成员工作任务相当独立时，要同时注重绝对绩效和相对绩效。如果大多数员工的绩效都超出了标准，那么在奖励绝对绩效的同时，再对其中相对绩效较好的员工给予额外奖励，这样的激励效果会比仅仅奖励绝对绩效更好；如果由于客观因素造成既定绩效目标没有实现，企业也要对较为优秀的员工给予绩效奖励，员工会因为追求相对绩效的卓越而更加努力。

4. 采用适当的方法进行绩效考核

绩效考核的方法有很多，本章第二节已进行了简单的介绍。各个项目组织可以根据自身实际情况选择合适的方法，以下是几种比较常用的方法。

（1）目标管理（MBO）：项目经理在确定项目目标后，对其进行有效分解，转变成各小组以及个人的分目标并根据分目标的完成情况对下级进行考核和奖惩。

（2）关键业绩指标（KPI）：一个标准体系，指标必须是可以定量化的，至少是可以行为化的。在团队成员的绩效考核中，使用KPI的设计思路如下：首先，要明确企业的战略目标，根据企业KPI建立项目KPI；其次，团队领导和团队成员一起将KPI细分为团队各角色的业绩衡量指标；[①] 根据具体情况确立评价标准，这些标准应该是项目成员通过努力可以达到的，以此来激励员工工作积极性。

---

① 丁荣贵、孙涛主编：《项目组织与人力资源管理》，电子工业出版社2009年版，第244页。

【案例】

我的部门办公室中的一些人在谈论着12月份的假期，于是我决定去拜访其他办公室的几个项目经理，这样就可以逃离我办公室里的噪音。

当遇到Marc时，我开始了第一个会谈。Marc是个长者，大约50岁左右，他的项目从来不需要外部帮助。事实上，我们会面的唯一原因是他的老板让我检查他的工作。显然Marc的项目在一个月前遇到了一些问题，但小组没有能够按计划解决问题——至少截止到前两个星期是这种情况。现在他们再次陷入了困境。

"我们正在克服一些困难，"Marc对我关于项目情况的质疑做出了回答，"但是由于我们以临近项目尾声，我让小组成员进行多种尝试，结果一些组员在按时完成任务上遇到了困难。"

"在临近项目结束时草率工作是不正常的，"我说道，"这个时候，纪律和管理者的能力都很重要。能不能详细告诉我工作滞后的原因，是不是每个人都知道对他们的期望是什么？"

"我当然希望如此啦！"Marc叫起来，"我已经试图通过将小组分成两个子组来简化工作，每个子组负责剩余的一般工作。"

"这听起来还是挺合理的，"我答道，"现在项目接近完工，你的小组对超期有何说法？"

"这也是分组引起失败的其中一个副作用。我尝试通过各种有效方式为小组提供最大程度的灵活性，以此来完成分配的任务。然而，虽然进行了小组分工，但是当超期时，我仍然无法确切地知道谁应该负责。"

我开始觉察到问题了，我说道："Marc，你或许将团队意识看得过重了，尽管将工作分配给一个团队，但你仍然需要将每个活动的责任分配到个人。当人们同时进行多种工作时，将每个活动的责任落实到个人就显得更为重要。"

资料来源：（美）汤姆·莫克（T. Mochal）、杰夫·莫克（J. Mochal）著：《项目管理十步法》，高猛、韩海潮译，清华大学出版社2005年版，第197—198页。

思考：

1. 如何保持项目团队在项目即将结束时的绩效？
2. 请帮助案例中的Marc解决其项目团队遇到的问题。
3. 在项目团队的管理中，如何平衡团队意识与将每个项目活动责任分配到人？

第四节 基于绩效的薪酬管理①

一、项目薪酬管理的背景和意义

传统上，大多数企业采用职能型结构，因为企业的内部环境相对稳定，员工从事同一种工作的时间比较长。在这种组织结构中，员工绩效考核主要基于个人绩效。然而随着社会的发展和经济的增长，组织中越来越多地出现了以项目为单位或目的的团队，这些团队大多由不同部门、不同职能的人员组成，在短期内作为一个小组共同完成一个或者多个项目。这样就要求组织建立一种更加灵活的、注重横向合作的分权结构，单纯以个人绩效为主的薪酬制度已经不能适应团队这种组织形式，因此很有必要建立一种基于绩效的薪酬模式。

对项目团队进行薪酬管理，关键是建立团队薪酬战略体系。综合组织绩效、团队绩效和个人绩效，按不同团队类型制订不同薪酬体系，从薪酬内容、结构、支付方式等方面满足团队的多层次、多形态的需求，从而达到激励目的。

二、基于绩效的薪酬体系的建立

薪酬是在一定绩效的基础上制订的，这种薪酬模式应该反映组织、项目、项目成员个人三个层次绩效的整体水平。在对团队薪酬的设计思路上，应有别于仅仅基于组织、项目或个体的绩效体系，体现为团队薪酬时既要对组织进行考核，又要对项目进行考核，还要对个人进行考核。组织、项目和个体之间是一个有机的整体，在薪酬设计时不能割裂这种联系。

基于绩效的薪酬实施，其过程中涉及两次薪酬分配过程，即组织根据对项目绩效的评估对项目团队进行薪酬奖励，以及项目根据内部的评估标准把项目薪酬在团队内部进行二次分配。具体模式见图 2-2。

国家政策法规、市场信息、社会经济文化、行业状况等组织外部因素对组织、项目、个人三个层面都产生着影响。基于组织层面、项目层面和个人层面基础上的团队薪酬策略的设计与实施促进了组织绩效、项目绩效、个人绩效的共同提高，实现了组织、项目和个人层面的全面激励，从而保证了组织战略目标的实现，达到“组织、项目、个人”三赢的局面。

在组织层面上，组织目标、组织所处的生命周期、组织文化、组织核心竞争力、

---

① 本节内容参考 Ian Fleming P. 著：《团队管理》，高莹、程波译，上海交通大学出版社 2002 年版；惠青山《团队导向的薪酬设计》，载《中国人力资源开发》2004 年第 10 期，第 56—57 页；以及赵伟、韩文秀、罗永泰《基于激励理论的团队机制设计》，载《天津大学学报》（社会科学版）1999 年第 4 期，第 295—298 页。

组织结构之间会相互影响。组织薪酬必须首先建立在对组织整体绩效的评估考核的基础上，经过组织成员的共同努力取得组织绩效，组织根据一定的绩效评估标准对组织所取得的绩效进行合理评估，按其绩效支付组织整体薪酬。

在项目层面，组织战略和战略目标的实施决定着项目目标的设定并依赖于项目团队的成功运作。项目团队目标的实现是组织战略目标实现的组成部分。项目类型、项目生命周期的阶段、项目的规模以及项目本身所具有的精神共同决定了项目成员的价值取向，共同影响项目的整体目标。项目薪酬必须首先建立在对项目整体绩效的评估考核的基础上，项目成员共同努力取得项目绩效，组织根据一定的绩效评估标准对项目所取得的绩效进行合理评估，按其绩效支付项目薪酬。组织对项目团队的奖励反过来强化项目团队绩效水平的提高。

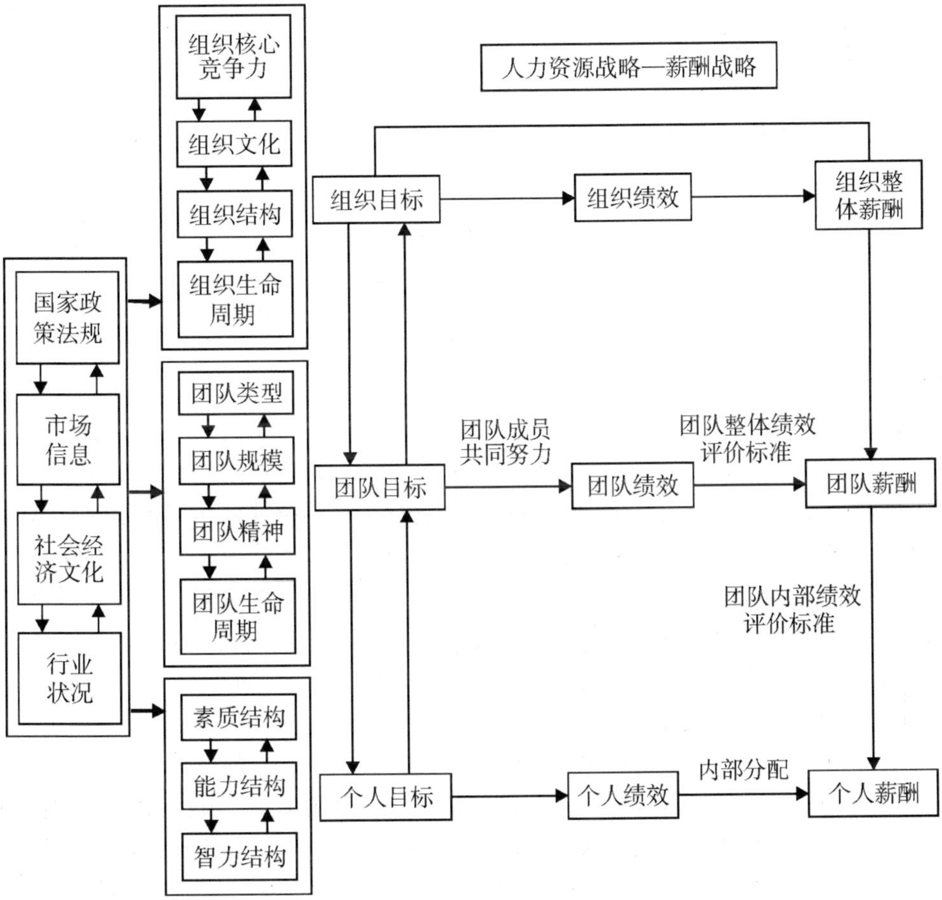

图 2－2　基于绩效的薪酬管理

在个人层面上，项目团队是由个人组成的，项目团队目标的实现离不开其成员的努力。同样，成员个人价值必须通过项目团队来实现。项目成员的素质结构、能力结构、智力结构影响着成员的个人目标和个人薪酬的期望值。项目团队根据恰当的分配标准再把组织对项目团队的激励薪酬在成员之间进行二次分配，可以提高项目团队成员的个人满意度，从而进一步促使项目成员为实现新的目标而共同努力。

基于绩效的薪酬实际上是把组织目标以及组织赋予项目的目标与项目成员个人的目标恰当地结合起来，首先关注的是组织的绩效，其次是项目整体的绩效，最后才是项目成员的个人贡献。组织绩效要通过组织中所有团队的共同努力，项目团队的整体绩效则需要通过其成员的共同努力。如果组织目标或者项目团队目标没有实现，那么即使个别项目团队或项目中的个别成员的贡献非常大，也不能得到奖励。但是其努力与能力会得到赞许与肯定，其优秀的工作作风与方法也应成为组织与项目团队学习的榜样。这样既可以通过项目薪酬的有效实施，可以把组织与团队、团队与个人之间的利益关系理顺，能够使团队之间、团队成员之间更紧密地团结在一起，向着共同的目标努力，从而达到个人、团队、组织的三赢，同时，也不打击个别团队的努力，不泯灭个人对组织或团队绩效的贡献。换言之，就是要认识到一花独放不是春，也要承认与鼓励“一花”的成绩。

三、模型运用的配套措施及注意的问题

基于绩效的薪酬模式对薪酬规划和管理的最大贡献是：促使企业组织采用更为整体观的薪酬方式。在企业运用项目团队薪酬模型时，应该对其配套措施及注意问题作一些说明。

1. 项目团队绩效考核系统的完善

人力资源管理体系中每个模型都不是孤立存在的，企业在设计基于绩效的薪酬体系的同时必须具有与之配套的绩效考核系统，这样，薪酬模式的作用才能得以高效发挥。项目团队的薪酬很大部分取决于组织、项目团队和个人绩效，因此需要以结果为导向的定性或定量的绩效指标的衡量，而且不同类型、不同规模的项目团队所对应的绩效指标是不同的，应根据组织的战略目标为项目团队确立与之相对应的绩效指标，因此，完善项目团队绩效考核系统对模型的成功应用非常重要。

2. 项目团队文化的建设

团队文化是团队在发展过程中形成的、为团队成员所共有的思想作风、价值观念和行为规范，它是一种具有项目团队个性的信念和行为方式。[①] 项目团队文化建设的目的是让成员了解和尊重各成员的文化差异，接受和认可他人的文化背景，尊重他人的语言风格以及行为习惯、宗教信仰，等等。加强团队文化建设，形成一个共同认可

① 何叶、李鑫：《团队激励薪酬模式研究》，《软科学》2004 年总第 18（6）期，第 39—40 页。

的与组织目标一致的团队文化，有助于项目团队高效完成任务，提升其绩效。

3. 管理信息系统的构建

基于绩效的薪酬体系设计需要建立在一定的数据分析的基础上。为方便、快捷、准确地开展薪酬管理工作，必须构建一套管理信息系统，以利于各类数据的科学管理和快速传递，为团队成员构建一条公开、畅通的沟通渠道，有利于团队薪酬体系的建设。

4. 绩效薪酬与其他薪酬相结合

基于绩效的薪酬管理并不意味着只采用绩效薪酬。绩效薪酬只有与其他薪酬（如岗位薪酬和个人薪酬）相结合，才能保证薪酬的内部一致性，外部竞争性和与员工贡献相符，进而成功实施薪酬政策。[①] 使用较为广泛的有3P薪酬体系和3PM薪酬体系，后者本质上是前者的补充和扩展，如图2－3所示。

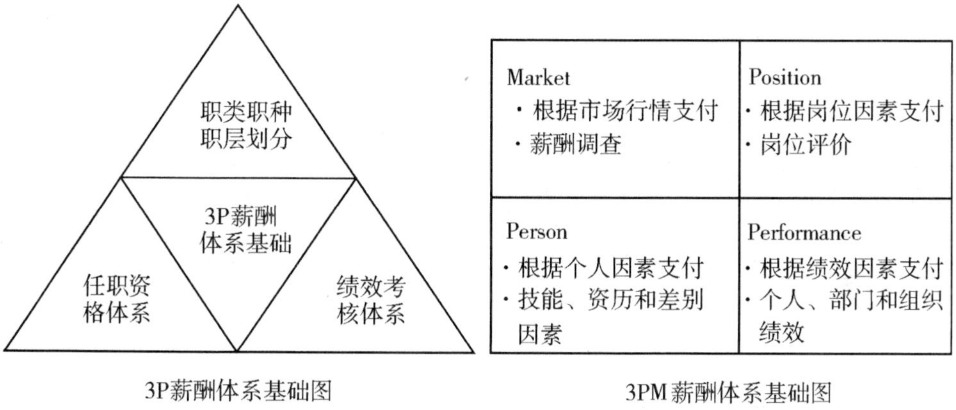

图2－3　3P和3PM薪酬体系

【案例】

项目经理的烦恼[②]

“不公平！”某工程建设公司的项目经理李先生愤愤地说，“目前我的基本工资和别的项目经理一样多，可我们这个项目难度那么大、项目周期这么长，而且业主要求

---

① 其中，内部一致性是指对于组织内部的其他员工，薪酬应该是公平的；外部竞争性是指相对于其他组织中在类似岗位工作的员工，薪酬应具有竞争性；与员工贡献相符，是指组织重视员工的业绩，薪酬能公平地反映出员工所做出的贡献。

② 牛津津：《员工薪酬的动态调整和管理》，《人才资源开发》2008年第7期，第44页。

很高、很难对付，业绩风险这么大，奖金收入也很难保障。还不如做个小项目，容易完成，收入也高。我的下属也都有这样的抱怨，让我怎么去管理、激励他们？从另一个角度说吧，公司有任务，我也不好挑肥拣瘦的，但这样的薪酬制度确实让人感觉不公平。”

李经理就职的工程建设公司有着悠久的发展历史和骄人的业绩，修建了许多知名的工程项目，在业内有着良好的口碑和声誉。随着公司战略的重新定位和明晰，企业步入了良性发展的轨道，进入二次创业成功后的高速发展期。

为更好地应对市场竞争，提高资源配置能力，公司人力资源总监根据公司业务特征，采取了项目矩阵式组织架构。同时，为了充分调动各个项目部员工的积极性、保留骨干员工，使薪酬具有激励性，对公司的工资体系做了较大改革。首先，通过岗位评估确立了公司岗位的价值，根据外部市场数据设立了合理的有竞争性的薪酬水平和结构；其次，完善了绩效管理体系，所有员工的绩效工资与个人的当期业绩考核结果挂钩发放。项目经理部还得到充分授权，在项目经理部总体考核基础上，自主进行项目部二次考核分配。

新的薪酬制度实施初期，极大地提高了各项目部的积极性，使业绩得到有效提升。但一段时间后发现，尽管公司业绩得到了较大提高，基本实现了效益与收入挂钩的目的，但是在项目部之间却因为薪酬分配问题出现了不和谐的声音，就像李经理这样的抱怨和困惑不断传到人力资源总监的耳朵里。他不禁自问：“我们的薪酬体系到底出什么问题了?”

思考:

公司的薪酬体系存在什么问题？如果你是公司的人力资源总监，如何解决这些问题?

第五节 绩效的反思

以测量或观察而定义的任何特性、状态或状况，并没有所谓的真值。只要改变测量或者观察的程序，就会产生新的数字。

——戴明

一个有效绩效考核系统就是一副最好的药①

罗纳—普朗克公司是世界上最著名的制药公司之一，该公司的经营机构遍布世界

① （美）雷蒙德·A. 诺伊等:《人力资源管理：赢得竞争优势》，刘昕译，中国人民大学出版社 2001 年版，第 351—352 页，有删改。

60多个国家，其中在美国本土拥有6000名员工，在世界其他地区还有员工28000多人。该公司最近新开发了一种绩效管理系统。这一系统的目的之一是为管理者提供一种将公司的目标和公司对员工的期望传达该员工的更好途径，另一目标是在确定员工的保持方面赋予管理者一定的灵活性。为了设计这套系统，公司的人力资源管理者们组成了一个中心工作小组与员工及直线经理进行探讨。其任务是，通过寻找由外部咨询公司所出售以及在其他公司所使用的那些最优秀的绩效管理系统，来探求最优的绩效管理实践。

罗纳—普朗克公司过去所实行的那套绩效管理系统使得员工可以将自己的绩效评价等级与美元直接挂起钩来，也就是说，等员工得到自己的绩效评价等级之后，他们便可以据此计算其工资收入了。在此方法下，一旦员工知道自己的绩效评价等级，他们就不再有积极性去参加绩效讨论了。而新的绩效评价系统则取消了绩效评价尺度。其主要目的是为了改善绩效反馈。也为员工和上级进行更有意义的沟通和交流创造机会。公司希望绩效评价更多地集中在员工的开发方面，同时营造出一种更为开放和坦诚的沟通氛围。

罗纳—普朗克还对绩效评价表格进行了改革。新的绩效评价表格着重强调公司的关键目标、每一个职位的日常责任以及公司认为对于每一个职位来说都非常重要的一些行为，如以顾客为中心、团队合作以及人员管理技巧等。这一新的评价表格使得管理者在确定和衡量绩效目标方面可以做到更为精确。公司期望自己的管理人员能够将公司的经营目标分解为每一位员工所能够承担的明确的目标。同时对于员工达到目标的进展情况进行追踪。

执行新的绩效管理过程所产生的一个结果是，公司的管理者们在绩效优良者、绩效一般者以及绩效较差者的工资调整方面做出了更有意义的决定。除了要看每一位员工个人的绩效之外，管理人员还要审查公司薪资预算、过去以及当前的薪酬数据、对其他公司进行薪资调查所获得的结果等。知识经验全面的人力资源专家在这一过程中也要通过向管理人员提供咨询以及帮助他们为员工建立最优报酬格局。管理人员可以从工资增长基金中、与公司的财务绩效挂钩的奖金中以及从股票选择权计划中提出一定数量的资金。人力资源管理者与直线管理者之间的伙伴关系确保了公司绩效管理系统运用的一致性和公平性。

上文已经对绩效管理、绩效考核及其薪酬管理进行了系统的介绍。需要指出的一点是，绩效管理一定要把握好一个“度”字，否则将面临“过犹不及”的难题。事实上，不论是理论界还是实践界已经对过度追求绩效进行了深刻的反思。本节首先介绍戴明的管理思想，再阐述实业家们对日本绩效管理所带来的一系列问题的反思。不论是地理的还是文化的因素，日本的管理经验对中国而言都具有更高价值的借鉴价值。

一、戴明的管理思想

戴明的主要管理实践集中在日本，他从1950年正式以“品质管理专家”的身份赴日讲学，之后30年，戴明在日本举办全面质量管理培训与咨询活动，为日本的战后经济崛起做出了重大贡献。

戴明的管理思想归纳起来有以下十四个要点：①

1. 树立改进产品和服务的长久使命和愿景

最高管理层不能仅仅看到短期目标，眼光要转到长远建设的方向去，也就是把改进产品和服务作为恒久的目的，要不断向这个目标努力。

2. 接受新的理念

现代社会是一个急剧变化的社会，人们的思想和观念都在发生变化，这势必影响到消费习惯。人的观念对产品和服务的质量有很大的影响，有什么样的观念，就有什么样的产品和服务。因此，一定要有新的质量观念，时刻对外界的变化做出积极的反应，不能容忍粗劣的原料、有瑕疵的产品和松散的服务，要积极地倾听和了解客户的不满，因为客户们不会抱怨，只会流失。如果企业能做好这一点，一定会带来很大的经济效益。这对企业来说是生死存亡的关键因素。

3. 质量不能仅依赖于产品的检验

检验不能创造价值，只能将次品挑出来，这是一种事后弥补的办法，浪费已经发生，不能有什么挽回。那么，为什么不一开始就制造出高品质的产品来代替大量的检验呢？“质量不是来源于检验，而是来源于改进生产过程。”要采用事前预防的方法，从一开始就将质量融入产品，以降低次品的发生率。

4. 采购时不能仅依赖于价格

价格本身并无意义，只是相对于质量才有意义。如果质量非常低劣，价格即使便宜点也是不划算的，要立足于总成本的最低。

5. 持续不断地改进产品和服务

戴明博士说：灭火不等于改进，当发现某些地方失控，采取一定的方法将误差消除，这并不是改进，只不过是使秤砣回到原来的状态。改进不是一劳永逸的事情，要持续不断地进行，否则的话就会落后，就会在竞争中被淘汰。

6. 建立现代的岗位培训方法

我们经常听说，员工很多都是从其他同事身上学习或者是从工作手册上研究工作技能的，这是不对的。工作人员的技能直接影响着产品的质量，如果技能不好，产品的质量就得不到很好的保障。因此，作为管理者，要对员工进行岗位培训。培训必须是有计划的，且必须建立于可接受的工作标准上，必须使用统计方法来衡量培训工作是否奏

① 苏伟伦：《戴明管理思想核心读本》，中国社会科学出版社2003年版，第43—75页。

效。戴明认为，只要成效的表现尚未进入统计控制的范围，就有进步的空间，就应该继续培训。

7．改善领导方式

领导是管理阶层的工作。工人工作做得不好时，很多领导都抱怨说员工的素质低，其实很多时候应该找领导自己的原因。

员工做不好工作，大多是由于领导安排不好、管理不好的原因。领导人的职责就是帮助员工做好工作，他要为员工未来的成败负责。领导者要把下属的成功看做自己的成功，积极为下属的工作创造良好的条件。当员工没有做好事情时，不是他们才识不够，而是被放错了位置。

8．驱走恐惧心理

这一点的宗旨是使每一位员工都能够在有安全感的环境中更有效率地工作。这也意味着铁腕项目管理不是一个好的主意，因为项目成员会拒绝讲出自己的观点，不愿意完成合格的工作。恐惧所造成的损失是很惊人的。许多员工害怕拿主意或者提问，即使在他们不清楚自己的职责或不明白对错的时候。他们害怕的原因，一方面是因为公司的利益，另一方面是因为自己的前途。

9．打破部门之间的壁垒

不论是研发、销售、生产，各个部门都应该通力合作，共同思考产品在使用中可能发生的问题，并防患于未然。当各个部门都很好时，并不代表整体最优。设计人员常常设计出令工程人员头疼的产品，而工程人员往往被生产线视为不受欢迎的人。销售部为了提高销售量，不断地签订订单，而这些订单，生产部未必能够很好地生产。整体的最优需要各个部门的合作，每一部门都不应独善其身，而需要发挥团队精神，以解决在生产和服务中遇到的问题，跨部门的质量圈活动有助于改善设计、服务、质量及成本。

10．取消对员工发出口号和目标

激发员工提高生产率指标的口号必须废除，这只会带来员工的反感，对于提高生产率却没多大的用处。许多产品的品质不好是制度或者设备造成的，员工无法左右。应该为员工多提供实现目标的方法和手段，有时候很多问题都在于系统，一般员工是解决不了这些问题的，但公司本身却要有这样的目标：永不间歇地改进。

据此，项目经理不应只是扔出目标，更应该让项目团队成员参与决策。这也说明项目经理应该从流程中寻找失败的原因，而不是从团队成员身上找原因。①

11．取消工作标准及数量化的定额

定额把焦点放在数量而非质量上，人们为了完成定额指标，可能会不顾质量地进

---

① （美）哈罗德·科兹纳著：《项目管理最佳实践方法》，杨慧敏、徐龙译，电子工业出版社2007年版，第84页。

行粗制滥造，这样，定额的目标虽然实现了，但对公司却没有一点好处。

理想的工作标准应该是什么样的质量可以被接受，什么样的质量不可以被接受。取消定额后，员工可以自愿地积极工作，管理者的能力也要不断地提高，这才更有利于组织的发展。

12. 消除影响员工工作畅顺的因素

大多数人都希望把工作做好，都为做好工作感到光荣，管理者不应该剥夺他们的这种权力。有的员工抱怨，工作标准经常改变让他们无法适从，生产工具不方便却没有人理会他们的诉求。在工作中，很多管理人员从来不给基层的员工任何权限，不依据他们的建议行事，这些阻碍员工顺畅工作的障碍都应该消除。管理者（包括项目经理）要充分尊重员工的意见，提高他们的积极性。任何导致员工失去工作积极性的因素都必须消除。

13. 建立严谨的教育及培训计划

把人才招聘到企业里来是第一步，这些人才还要不断地吸收新的知识和技术，不断地进行自我改善。社会的发展、质量和生产力的改善会导致部分工作岗位数目的改变，工作所需要人数的减少，因此，所有员工都要不断接受再培训，以使他们获得新的知识和技能，让他们承担新的工作。管理者要让员工明白，没有人会因为生产力的提高而失去工作。一切训练都应包括基本统计技巧的运用。这同第6点的区别在于，这一点是对员工的综合知识和素质的培训，这样员工才会更加安心地工作。

14. 动起来，不断地改进

公司的所有成员，无论是总经理还是普通员工，都应该参与到质量改进中。管理阶层应该形成一个团队，不断地推进前面13点的实施。

从以上观点来看，戴明对绩效考评制度持激烈的批判态度。我们可以从以下论述中探索戴明绩效考评观的内在逻辑。

戴明觉察到，第二次世界大战以后的现代管理思想把重点放在以下问题上："管理层怎样激发员工动机以得到最高的产量?""管理层怎样控制员工使其努力工作而不是马虎或犯错?"这些问题的答案反映出对有关生产能力以及不合格品成因的假设。所谓的现代管理方法相信"问题大部分出在系统中的人身上"。于是，现代管理的着重点就在于决定每一件产品和每一次缺陷的责任所在。

于是，戴明将目光聚焦于员工的绩效及其波动的原因上。他通过著名的"红珠实验"生动传神地显示了：在一个稳定的系统中，人们之间的绩效差别来自系统本身，而非个人的努力程度。戴明进而指出，大部分在运转的系统都有高度的稳定性。差异可能是由于共同原因造成的，无论是个人的或者系统的，一个典型的系统大约只有6%的变异是由个人造成的，而94%的变异是由系统造成的。然而，如果管理层假设个人间所有的差异都完全是个人而不是系统所造成的，就像大部分经理人都相信的那样，那么他们在94%的情况下都是错的。更有甚者，如果员工因为他们的表现在某一任意水平以下而受惩罚，而事实上他们的表现大部分是由他们控制能力之外的因素所决定的，那么他们就会丧失士气，而整个公司也将会士气不振。到头来，几乎每个人都会低于那个任意的水平。明显的是，如果差异性完全是随机偶发的，惩罚那些垫底的10%或者在平均值以下的员工都不可能提高个人或者公司表现，这么做只会毁掉那些在任何一年中得到恶劣评分的人员，也会毁掉员工帮助别人的意愿，因为给别人帮助就可能等于把他的评分提高到高于自己的评分。这样时间一长，范围一宽，就会“毁掉任何团队合作的可能性”。

针对戴明对绩效考评制度的激烈批评，有人提出：“没有区分表现等级的计划时，怎样让员工努力工作？怎样不受员工欺骗？”戴明的答案是：“利用内在自发动机。”

戴明认为，现存的奖惩系统把强者跟弱者区分开来，通过类比这种有形的奖赏来激发人的外在动机，这一做法基于这样的假设：答应给一个人更多的钱，他工作就会更加努力；给犯错的人惩罚，他犯的错就会变少。而这种假设是错的，如前所述，员工大部分的错误是因非个人所能控制的因素造成的，而通过给员工更多的钱来激发其更加努力的做法可以说效果微乎其微甚至完全失效。

当然，并不是说外在动机并不重要。对我们大部分人来说，开始的动机总是外在的。然而，如果一个人厌恶自己的工作，天下所有的钱加在一起也未必能让他把这份工作做好。超过某一点后，外在动机就会失去效果，还可能反弹。但在工作上的愉悦感却可能提供无限的动机。因而戴明认为：“人会把工作做好，是因为人对它有一份自傲，一种职业感，热爱他的工作，有自尊心。”

那么，一个管理者从“为员工制定目标、监督其工作、评估绩效并将结果排队”等工作中解放出来后，戴明认为，他的工作不是对人作裁判，而是判定谁需要特殊帮助并提供这些帮助。他不应该去区分平均值以上和以下的，而是要积极地找到问题的原因并消除它。一个领导者（管理者）能够以消除合作障碍和消除对工作乐趣的障碍来培养合作，还应致力于解放人的创造力和培养其下属不断发展。

二、对日本企业绩效管理的反思

日本企业的绩效管理模式曾经在20世纪80年代成为世界经济和管理界学习的楷模，但是在环境剧烈变动的今天，它不仅未能持续其繁荣兴盛，反而一蹶不振。于是越来越多的人开始对日本企业的绩效管理进行反思。

1. 绩效管理体系基础的缺陷

绩效管理体系的基础是职务分析。职务分析包括工作分析和工作评价两部分内容。职务分析作为这两部分的整体，是采用科学方法收集并分析工作信息，再按工作的性质、繁简、难易和所需资格条件，分别予以分类与评定，并在此基础上形成职务说明书。最终的职务说明书就是绩效管理的立足点和根基，离开了职务说明书，一切形式的绩效管理都只能是空谈，乏味而且没有说服力。

在这一点上，日本企业的职务分析普遍表现得模糊和非常不清晰。究其原因，还是受到日本文化的影响。日本人强调合作，与个人才能相比，他们更重视协作和技术的作用。这一点体现在日本企业的管理过程中，就表现为公司强调集体观念，要求部门的工作大家都来做，每个员工的工作划分不细，很多岗位的职责划分模糊，甚至存在明显的重叠和交叉。缺陷是非常明显的：如果对一件事每个人都要负责的话，实际上就都不需要负责任，一旦出现问题是无法找到责任人的，因为职责没有细分到个人。

2. 绩效管理体制僵化

日本企业绩效管理模式僵化，存在着局限性。例如，在人事制度方面，企业实行终身雇佣制，虽有利于员工的稳定和长期发展，但却妨碍了员工能力的充分发挥和竞争，不利于大规模的技术创新。

日本企业在工资制度上实行年功序列制，这是一种把“资历工资”和“能力工资”结合起来的工资制度。员工从进厂起每长一岁，工资就增加相应的固定额。年龄的大小和连续工龄的长短不仅是决定工资高低的重要因素，还是决定职务晋升的重要依据。正因为如此，尽管日本企业中有绩效管理体系，但年功序列制的存在，使得员工的绩效不能充分反映在薪酬、晋升等激励上，无法起到激发员工热情、提高自身绩效的作用。

3. 警惕绩效主义

德鲁克认为，绩效管理的本质是目标管理，这在管理实践中的确带来了效率的提升，但后来在日本却演变成普遍的指标管理，即绩效主义。

2007 年 1 月，日本《文艺春秋》刊发了一篇文章《绩效主义毁了索尼》，作者是索尼公司前常务董事天外伺朗，他以亲历和感受描述了索尼公司实施绩效主义前后的巨大反差：“激情集团”消失了，“挑战精神”消失了，“团队精神”消失了，创新先锋沦为落伍者。

由此可见，在实际的应用中，管理者应当警惕这种片面的绩效主义，使绩效管理真正发挥其作用，达到管理和激励的目的。

本章小结

作为组织战略框架之下的项目，其绩效管理既从属于组织的绩效管理，是组织绩效管理的一个有机组成部分，但也有不同于组织绩效管理之处，具有自身的特色。

了解绩效管理的前提是对绩效这一概念的界定。绩效的定义并非固定不变，而是随着组织的规模、性质、战略目标、发展阶段及员工工作性质等的不同而各异。由于组织绩效管理理论的大部分适用于项目，因此本章用一定的篇幅介绍绩效管理，以便为我们理解项目绩效管理，以及项目绩效管理在整个组织绩效中的地位与作用有深刻的认识。绩效管理是依据主管与员工之间达成的协议来实施的一个动态的沟通过程。它通常被定义为系统地对一个组织或员工所具有的价值进行评价，并给予奖惩，以促进系统自身价值的实现。绩效管理是一个系统，其注重的并不是考核和分数，更不纠缠于员工过往的得失，而是着眼于员工绩效的改进与提高。绩效考核只是绩效管理中的一个环节与组成部分。

项目中的绩效管理是指在有限的时间、财力、物力和人力下，达到一定的目标。因此在项目中，对于绩效的界定和一般的绩效有所不同。管理者只有在明确界定项目的绩效前提下，进一步明确个人绩效和团队绩效，才能开始绩效管理的过程。

然而对于项目来说，绩效考核在绩效管理中的地位更加重要。考虑到项目的一次性、临时性、目标性，项目的绩效管理活动也是非重复性的，需要根据不同项目设计具体的绩效考核，因此本章的重点放在绩效考核上。通过对完整的绩效考核体系的学习和了解，管理者可以清晰的思路，在绩效目标的指导下，设计项目绩效考核体系，并在理论指导下实施。

关于绩效的作用莫衷一是，对于绩效管理的适用性与绩效考核的利弊，我们也需要有清醒的认识。我们既要重视绩效管理的作用，同时，需要了解并非很多西方发达国家的组织都采用绩效管理的模式，实施绩效管理需要一定条件与要求，不可以简单地拿来。同时，需要清楚地知道绩效考核并不是解决组织和项目中存在问题的灵丹妙药，单纯地运用绩效考核会带来很大的弊端。正如戴明所说，以测量或观察而定义的任何特性、状态或状况，并没有所谓的真值，只要改变测量或者观察的程序，就会产生新的数字。组织中的很多问题根源于组织，而非员工，只从员工身上寻找问题症结的做法既不利于组织自身的改进与提高，也不利于员工绩效的改进与提高。

本章分享了戴明的管理思想后，反思日本的绩效管理实践，提出在运用绩效管理过程中，打好绩效管理体系的基础，防止绩效管理体制的僵化，同时警惕绩效主义的片面性，才能有效地发挥绩效管理的作用，不致于陷入各种误区。

本章思考题

1. 什么是项目绩效？
2. 如何对项目绩效进行管理？
3. 简要说明绩效管理与绩效考核的区别。
4. 人们常说“过犹不及”，这个成语对绩效管理有何启示？

本章案例

绩效主义毁了索尼

因实行绩效主义，职工逐渐失去工作热情。在这种情况下是无法产生“激情集团”的……公司为统计业绩，花费了大量的精力和时间，而在真正的工作上却敷衍了事，出现了本末倒置的倾向。

2006年索尼公司迎来了创业60年。过去它像钻石一样晶莹璀璨，而今却变得满身污垢、暗淡无光。因笔记本电脑锂电池着火事故，世界上使用索尼产锂电池的约960万台笔记本电脑被召回，估计更换电池的费用将达510亿日元。

PS3游戏机曾被视为索尼的“救星”，在上市当天就销售一空。但因为关键部件批量生产的速度跟不上，索尼被迫控制整机的生产数量。PS3是尖端产品，生产成本也很高，据说卖一台索尼就亏3.5万日元。索尼的销售部门预计，2007年3月进行年度结算时，游戏机部门的经营亏损将达2000亿日元。

多数人觉察到索尼不正常恐怕是在2003年春天。当时据索尼公布，一个季度就出现约1000亿日元的亏损。市场上甚至出现了“索尼冲击”，索尼公司股票连续两天跌停。坦率地说，作为索尼的旧员工，我当时也感到震惊。但回过头来仔细想想，从发生“索尼冲击”的两年前开始，公司内的气氛就已经不正常了，身心疲惫的职工急剧增加。回想起来，索尼是在长期内不知不觉慢慢地退化的。

“激情集团”消失了

我是1964年以设计人员的身份进入索尼的。因半导体收音机和录音机的普及，索尼那时实现了奇迹般的发展。当时企业的规模还不是很大，但是“索尼神话”受到了社会的普遍关注。从进入公司到2006年离开公司，我在索尼愉快地送走了40年的岁月。

伟大的创业者井深大的影响为什么如今在索尼荡然无存了呢？索尼的辉煌时代与今天有什么区别呢？

首先，“激情集团”不存在了。所谓“激情集团”，是指我参与开发CD技术时期，公司那些不知疲倦、全身心投入开发的集体。在创业初期，这样的“激情集团”接连开发出了具有独创性的产品。索尼当初之所以能做到这一点，是因为有井深大的领导。

井深大最让人佩服的一点是，他能点燃技术开发人员心中之火，让他们变成为技术献身的“狂人”。在刚刚进入公司时，我曾和井深大进行激烈争论。井深大对新人并不是采取高压态度，他尊重我的意见。为了不辜负他对我的信任，我当年也同样潜心于研发工作。比我进公司更早，也受到井深大影响的那些人，在井深大退出第一线后的很长一段时间，仍以井深大的作风影响着全公司。当这些人不在了，索尼也就开始逐渐衰败。

从事技术开发的团体进入开发的忘我状态时，就成了“激情集团”。要进入这种状态，其中最重要的条件就是“基于自发的动机”的行动。比如“想通过自己的努力开发机器人”，就是一种发自自身的冲动。

与此相反就是“外部的动机”，比如想赚钱、升职或出名，即想得到来自外部回报的心理状态。如果没有发自内心的热情，而是出于“想赚钱或升职”的世俗动机，那是无法成为“开发狂人”的。

“挑战精神”消失了

今天的索尼职工好像没有了自发的动机。为什么呢？我认为是因为实行了绩效主义。绩效主义就是：“业务成果和金钱报酬直接挂钩，职工是为了拿到更多报酬而努力工作。”如果外在的动机增强，那么自发的动机就会受到抑制。

如果总是说“你努力干我就给你加工资”，那么以工作为乐趣这种内在的意识就会受到抑制。从1995年左右开始，索尼公司逐渐实行绩效主义，成立了专门机构，制定非常详细的评价标准，并根据对每个人的评价确定报酬。

但是井深大的想法与绩效主义恰恰相反，他有一句口头禅：“工作的报酬是工作。”如果你干了件受到好评的工作，下次你还可以再干更好的工作。在井深大的时代，许多人为追求工作的乐趣而埋头苦干。

但是，因实行绩效主义，职工逐渐失去工作热情。在这种情况下是无法产生“激情集团”的。为衡量业绩，首先必须把各种工作量化。但是工作是无法简单量化的。公司为统计业绩，花费了大量的精力和时间，而在真正的工作上却敷衍了事，出现了本末倒置的倾向。

因为要考核业绩，几乎所有人都提出容易实现的低目标，可以说索尼精神的核心即“挑战精神”消失了。因实行绩效主义，索尼公司内追求眼前利益的风气蔓延。这样一来，短期内难见效益的工作，比如产品质量检验以及“老化处理”工序都受到轻视。

“老化处理”是保证电池质量的工序之一。电池制造出来之后不能立刻出厂，需要放置一段时间，再通过检查剔出不合格产品。这就是“老化处理”。至于“老化处理”程序上的问题是否是上面提到的锂电池着火事故的直接原因，现在尚无法下结论。但我想指出的是，不管是什么样的企业，只要实行绩效主义，一些扎实细致的工作就容易被忽视。

索尼公司不仅对每个人进行考核，还对每个业务部门进行经济考核，由此决定整个业务部门的报酬。最后导致的结果是，业务部门相互拆台，都想方设法从公司的整体利益中为本部门多捞取好处。

团队精神消失了

2004年2月底，我在美国见到了“涌流理论”的代表人物奇凯岑特米哈伊教授，并聆听了他的讲演。讲演一开始，大屏幕上放映的一段话是我自进入索尼公司以来多次读过的，只不过被译成了英文。

“建立公司的目的：建设理想的工厂，在这个工厂里，应该有自由、豁达、愉快的气氛，让每个认真工作的技术人员最大限度地发挥技能。”这正是索尼公司的创立宗旨。索尼公司失去活力，就是因为实行了绩效主义。

没有想到，我是在绩效主义的发源地美国，聆听用索尼的创建宗旨来否定绩效主义的“涌流理论”。这使我深受触动。绩效主义企图把人的能力量化，以此做出客观、公正的评价。但我认为事实上做不到。它的最大弊端是搞坏了公司内的气氛。上司不把部下当有感情的人看待，而是一切都看指标、用“评价的目光”审视部下。

过去在一些日本企业，即便部下做得有点出格，上司也不那么苛求，工作失败了也敢于为部下承担责任。另一方面，尽管部下在喝酒的时候说上司的坏话，但在实际工作中仍非常支持上司。后来强化了管理，实行了看上去很合理的评价制度。于是大家都极力逃避责任。这样一来就不可能有团队精神。

创新先锋沦为落伍者

不单索尼，现在许多公司都花费大量人力物力引进评价体制。但这些企业的业绩似乎都在下滑。索尼公司是最早引进美国式合理主义经营理论的企业之一。而公司创始人井深大的经营理念谈不上所谓“合理”。1968 年 10 月上市的单枪三束彩色显像管电视机的开发，就是最有代表性的例子。

当时索尼在电视机的市场竞争中处于劣势，几乎到了破产的边缘。即便如此，井深大仍坚持独自开发单枪三束彩色显像管电视机。这种彩色电视机画质好，一上市就大受好评。其后 30 年，这种电视机的销售一直是索尼公司的主要收入来源。

但是，“干别人不干的事情”这种追求独自开发的精神，恐怕不符合今天只看收益的企业管理理论。索尼当时如果采用和其他公司一样的技术，立刻就可以在市场上销售自己的产品，当初也许就不会有破产的担心了。

投入巨额费用和很多时间进行的技术开发取得成功后，为了制造产品，还需要有更大规模的设备投资，亦需要招募新员工。但是，从长期角度看，索尼公司积累了技术，培养了技术人员。此外，人们都认为“索尼是追求独特技术的公司”，大大提升了索尼的品牌形象。

更重要的是，这种独自开发能给索尼员工带来荣誉感，他们都为自己是“最尖端企业的一员”而感到骄傲。单枪三束彩色显像管电视机之所以能长期成为索尼公司的收入来源，是因为技术开发人员怀着荣誉感和极大热情，不断对技术进行改良。

具有讽刺意味的是，因单枪三束彩色显像管电视机获得成功而沾沾自喜的索尼，却在液晶和等离子薄型电视机的开发方面落后了。实际上，井深大曾说过：“我们必须自己开发出让单枪三束彩色显像管成为落伍产品的新技术。”包括我自己在内的索尼公司高管都没有铭记井深大的话。

如今，索尼采取了极为“合理的”经营方针。不是自己开发新技术，而是同三星公司合作，建立了液晶显示屏制造公司。由这家合资公司提供零部件生产的液晶电视机“BRAVIA”非常畅销，从而使索尼公司暂时摆脱了困境。但对于我这个熟悉索尼成长史的人来说，总不免有一种怀旧感，因为索尼现在在基础开发能力方面，与井深大时代相比存在很大差距。今天的索尼为避免危机采取了临时抱佛脚的做法。

高层主管是关键

今天的索尼与井深大时代的最大区别是什么呢？那就是在“自豪感”方面的差别。当年创始人井深大和公司员工都有一种自信心：努力争先，创造历史。

当时索尼并不在意其他公司在开发什么产品。某大家电公司的产品曾被嘲讽为“照猫画虎”，今天索尼也开始照猫画虎了。一味地左顾右盼，无法走在时代的前头。

在我开发“爱宝”机器狗的时候，索尼的实力已经开始衰落了，公司不得不采取冒险一搏的做法，但是出现亏损后，又遭到公司内部的批评，结果不得不后退。

今天的索尼已经没有了向新目标挑战的“体力”，同时也失去了把新技术拿出来让社会检验的胆识。在导致索尼受挫的几个因素中，公司最高领导人的态度是其中最根本的原因。

在索尼充满活力、蓬勃发展的时期，公司内流行这样的说法：“如果你真的有了新点子，来。”也就是说那就背着上司把它搞出来，与其口头上说说，不如拿出真东西来更直接。但是如果上司总是以冷漠的、“评价的眼光”来看自己，恐怕没有人愿意背着上司干事情，那是自找麻烦。如果人们没有自己受到信任的意识，也就不会向新的更高的目标发起挑战了。在过去，有些索尼员工根本不畏惧上司的权威，上司也欣赏和信任这样的部下。

所以，能否让职工热情焕发，关键要看最高领导人的姿态。索尼当年之所以取得被视为“神话”的业绩，也正是因为有井深大。但是，井深大的经营理念没有系统化，也没有被继承下来。也许是因为井深大当时并没有意识到自已经营理念的重要性。

我尝试着把井深大等前辈的经营理念系统化、文字化，出版了《经营革命》一书。在这本书中，我把井深大等人的经营称为“长老型经营”。所谓“长老”，是指德高望重的人。德高望重者为公司的最高领导人，整个集团会拧成一股绳，充满斗志地向目标迈进。

在今天的日本企业中，患抑郁症等疾病的人越来越多。这是因为公司内有不称职的上司，推行的是不负责任的合理主义经营方式，给职工带来了苦恼。

不论是在什么时代，也不论是在哪个国家，企业都应该注重员工的主观能动性。这也正是索尼在创立公司的宗旨中强调的“自由，豁达，愉快”。

过去人们都把索尼称为“21世纪型企业”。具有讽刺意味的是，进入21世纪后，索尼反而退化成了“20世纪型企业”。我殷切希望索尼能重现往日辉煌。

资料来源：天外伺郎：《绩效主义毁了索尼》《中国企业家》2007年第21期，原文刊登于日本《文艺春秋》2007年1月刊，作者为索尼前常务董事天外伺郎。

思考：

为何绩效主义会害了索尼？

第三章 管理学激励理论

领导的目的不只是找出人们过去的失败，而且还要消除失败的原因，让员工花更少的时间就可以把工作做得更好。

——戴明

我们提供与其他公司一样的工资和福利，但是我们的成本更低，这是因为我们产生的效率更高，而高生产率是通过我们干劲冲天的员工实现的。我们具有完全相同的设备，差别在于，当飞机被拖到舱门口的时候，我们的员工是跑着迎上去的。

——美国西南航空公司主席赫伯·凯莱特（Herb Kelleher）

引例

山花煤矿奖金分配风波的启示

山花煤矿是一个年产120万吨原煤的中型矿井。该矿现有职工5136人，其中管理干部458人，占全矿职工的8.9%。1990年全矿职工在矿井领导的带领下，团结一心，努力奋斗，取得了生产和安全的大丰收。特别是在安全生产方面，100万吨原煤生产死亡率降到了2人以下，一跃跻身于同行业的先进行列。至此，上级主管部门特拨下15万元奖金，奖励该矿在安全与生产中做出贡献的广大干部和职工。

矿领导经过集体讨论，其实主要是听从袁矿长的意见，将奖金按照贡献及责任大小分五个档次，矿长550元，副矿长500元，科长400元，一般管理人员200元，工人5元。

奖金发下后全矿显得风平浪静，但几天后矿里的安全事故就接连不断地发生：先是运输区运转队的人车跳轨，接着三采区割煤机电机被烧，随后就是开拓区冒顶两人受伤。袁矿长坐不住了，亲自组织带领工作组到各工队追查事故起因。其真实原因是，工人觉得“我们拿的安全奖少，没那份安全责任，干部拿的奖金多，让他们干吧。”还有一些工人说：“老子受伤，就是为了不让当官的拿安全奖。”一段时间内，矿里的安全事故仍在不断发生，最终矿行政虽然采取了一些措施，进行了多方面的调整，总算把安全事故压下去了，但是山花矿区从前那种人人讲安全、个个守规程的景象不见了。

资料来源：张德主编：《人力资源开发与管理》，清华大学出版社 2001 年版，内容有所删减。

山花煤矿为何会出现这种情况呢？根本原因在于激励失当。作为一名管理者，采取有效的激励措施是其面临的非常重要的任务。对此，管理学激励理论与经济学激励理论为我们提供了很好的理论指导。

激励理论总体框架

人们对激励问题的研究是从两个不同的思路展开的：一是在经验总结和科学归纳的基础上形成管理学激励理论；二是在人的理性假设基础上，通过严密的逻辑推理和数学模型得到的经济学激励理论（如图 3－1 所示）。

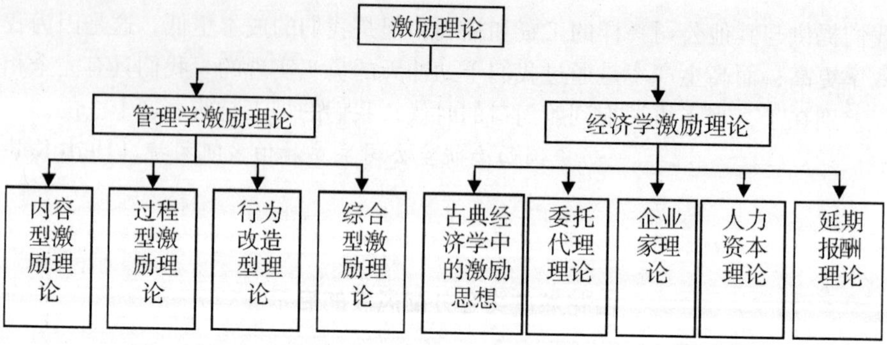

图 3－1　激励理论总体框架

管理学激励的研究对象可以划分为两类：一类是人的心理需要和动机，另一类是人的心理过程相互作用的动态系统。前者强调了在激励过程中要结合人的个体差异，因为他们有不同的心理需要和动机；后者则告诫我们，激励需根据对象和阶段的不同而有不同的侧重点，不能将其看成一个不变的系统。进一步，管理学激励理论可细分为内容型、过程型、行为改造型和综合型激励理论（如图 3－2 所示）。

管理学激励理论

- 内容型激励理论
  - a. 需要层次理论　（马斯洛）人的需要分为生理、安全、社交、尊重和自我实现的需要等五个层次
  - b. 双因素理论　（赫茨伯格）激励因素和保健因素的作用是不同的
  - c. ERG 理论　（奥尔德弗）人的需要可分为存在、关系和成长三类
  - d. 成就需要理论　（麦克利兰）人的高级需要可分为权力、归属和成就三类
- 过程型激励理论
  - a. 期望理论　（弗鲁姆）激励力＝效价×期望值
  - b. 公平理论　（亚当斯）（结果/投入）监督者 </=/>（结果/投入）参照者
  - c. 目标设置理论
- 行为改造型理论
  - a. 强化理论　（斯金纳）强化分为正强化、惩罚、负强化和自然消退
  - b. 归因理论　（韦纳）成功和失败归于努力、能力、任务难度和机遇；（凯利）人的行为归结为观察者和被观察者的特点及情景
  - c. 挫折理论　分析挫折的表现、产生的原因及应付方法
- 综合型激励理论
  - a. 勒温场动力理论
  - b. 波特—劳勒综合激励模型
  - c. 罗伯特・豪斯激励综合模式
- 新进展
  - a. 自我决定理论

图 3－2　管理学激励理论

第一节　内容型激励理论

内容型激励理论研究人的心理需要与行为动机间的关系，着重对激励因素的具体内容进行研究。其代表理论有：马斯洛（A. H. Maslow）的需要层次理论（Hierarchy of Needs）、赫茨伯格（F. Herzberg）的双因素理论（Two Factor Theory）、奥尔德弗（Clayton P. Alderfer）的 ERG 理论（ERG Theory）以及麦克利兰（D. C. McClelland）的成就需要理论（Needs for Achievement）。

一、需要层次理论

美国著名人本主义心理学家马斯洛认为，人的一切行为都是由需要引起的，他在 1943 年出版的《人类动机理论》一书中提出了著名的需要层次论。① 马斯洛把人的需要归纳为五大类，并按照它们发生的先后次序分为五个等级：生理需要、安全需要、社交需要、尊重需要和自我实现需要。

① A. H. Maslow. A Theory of Human Motivation. *Psychological Review*, July 1943: 370－396.

（一）理论内容①

（1）生理需要。指维持人生存的需要，包括人的衣、食、住、行等方面。生理需要是人最基本的需要。如果一个人同时有食物、安全、爱情、尊重等需要时，其最强烈的需要一定是食物的需要。而当食物等人类最基本的需要得到满足，即达到足以维持生命的程度之后，其他需要才能成为新的激励因素。生理需要在所有的需要中是最优先的。

（2）安全需要。包括人身安全、财产安全和职业稳定等方面的需要。人身安全需要是人要求避免疾病和工伤事故等人身伤害；财产安全需要是指要求避免财产损失；职业稳定需要是指免受失业威胁。实际上，在现实生活中，每个人都有获得安全感、稳定感的欲望。一般来说，当生理需要得到基本满足之后，新的需要就会凸显出来。

（3）社交需要。指人对于友谊、爱情和归属的需要。马斯洛认为，当生理需要和安全需要得到满足之后，人们便希望得到友谊和爱情，希望得到集体的接纳和帮助。此时，个人将前所未有地、强烈地感受到朋友、情人或妻子/丈夫和孩子不在身边的寂寞。他将产生与人广泛交往的欲望。换言之，他要在群体中找到一个位置，且将竭尽全力达到这个目的。

（4）尊重需要。指受到人尊重和自尊的需要。人一方面希望得到名誉、地位和声望等，希望受到他人的尊重和承认；另一方面也希望自己具有实力、自由、独立性等，感到自己存在的价值，从而产生自尊心、自信心。在这两方面，后者以前者为基础，否则便形同孤芳自赏，难以持久。这类需要很难得到完全的满足，然而它一旦成为人的内心渴望，便会成为持久的推动力。在现实社会中，所有的人都有一种需要或欲望，要求对自己有一种坚定的、基础稳固的并且通常是高度的评价，要求保持自尊和自重，并得到别人的尊敬。

（5）自我实现需要②。指人希望从事与自己能力相称的工作，使自己潜在的能力得到充分发挥，成为自己久已向往的人物。人都需要从事自己所希望的事业，并从事业的成功中得到内心的满足。自我实现需要是马斯洛需要层次理论中最高层次的需要，它的产生有赖于生理需要、安全需要、社交需要和尊重需要的满足。马斯洛把这些需要都得到满足的人称为基本满足的人。由此，可以期望这种人拥有最充分的（最健康的）创造力。

---

① A. H. Maslow. A Theory of Human Motivation. *Psychological Review*, July 1943.

② 自我实现首先是库特戈尔斯坦创造出来的，在此它用来表示一种更具体且范围更窄的含义，指的是一种自我完成的欲望。即：人们有一种要使其潜在的本质得以现实化的意向，这种意向可以描述为，人们要求越来越真实地体现自己的欲望，尽可能实现自己的欲望。

需要层次理论指出，这五种需要及其满足方式如图 3－3 所示，像阶梯一样从低到高，按层次逐级上升，最基本的生理需要和安全需要满足后，高层次的需要才能依次出现和满足。而实际上每个人的需要并不一定是严格按此顺序由低到高发展的。

马斯洛还指出，人在每个时期都可能存在多种需要，但其中必有一种需要占支配地位。即当某一较高层次的需要出现并占据支配地位之后，其较低层次的需要会退居次要地位，但它并不就此消失，而是继续存在，只不过其对行为的影响力减弱而已。此外，如果一个人的优势需要长期得不到满足，则会引起一系列无理行为或个性缺陷。因此，了解人的“优势需要”并设法满足它，会产生最大的激励。

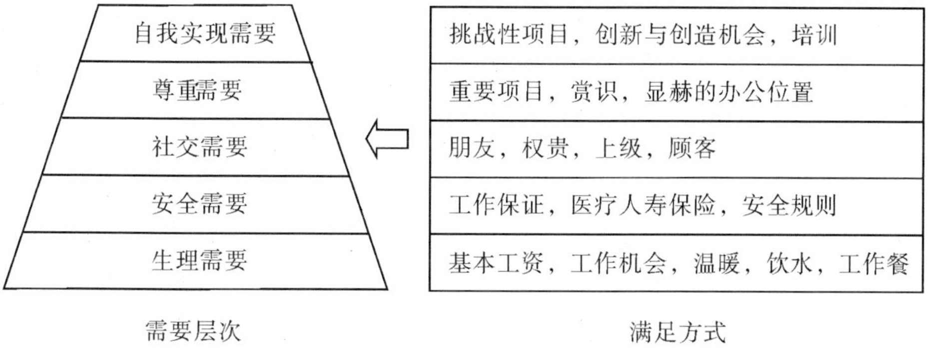

图 3－3　需要层次和满足方式

（二）对管理实践的启示

（1）正确认识员工需要的多层次性，并努力将本组织的管理方式、管理条件同员工的各层次需要联系起来。

1）生理需要是最基本的需要。管理者应注意，如果员工还在为生理需求奔忙时，他们真正关心的问题就与其工作无关，因为他们在为报酬工作，主要关心收入、福利、舒适度等。因此，增加工资、改善劳动条件、给予更多的业余时间和休息、提高福利待遇等都是非常有效的激励手段。

2）如果员工的安全需要非常强烈，管理者在处理问题时就应多参照常规，少标新立异，避免冒险，这样员工将循规蹈矩地完成工作。而项目团队往往是临时组建的，项目结束后又会解散，因此团队成员的需求与职能组织的员工有所不同：稳定的工作显得不再那么重要，相反他们更需要学习机会、提升自身价值，因为这样会使他们在以后的工作中获得收益。

3）对于项目中可替代性较强的员工而言，金钱的需求固然强烈，心理的落寞与生理的压抑也与之相伴。此时，社交需要就变得比较强烈，管理者应适时地在工作中提供建立温馨和谐人际关系的机会，组织开展有益的体育比赛、摄影展览、集体聚会等业余文体活动。

4）项目组织的临时性与变动性决定了其成员很少能得到传统意义上的晋升，但他们需要对其专业技能和价值的认同，这些认同和尊重是他们参与其他项目时的能力证明。因此，管理者应特别注意有尊重需要的员工，采取公开奖励和表扬的方式以提高员工对工作的自豪感。例如，布置工作时强调工作的艰巨性以及成功所需要的高技巧等；颁发荣誉奖章，在公司刊物上刊发表扬文章，公布优秀员工光荣榜，给家人寄贺信，等等。

5）自我实现需要占支配地位的人，受到较强的内在激励，他们在工作中运用最富于创造性和建设性的技巧。重视这种需要的管理者会认识到，无论哪种工作都可以进行创新，创造性并非管理人员独有，而是每个人都期望拥有的。为了使工作有意义，强调自我实现的管理者，会在设计工作时考虑运用适应复杂情况的策略，给身怀绝技的人委派特别任务以使其施展才华，或者在设计工作程序和制定执行计划时为员工留有余地。

（2）马斯洛需要层次理论指出，人在每一个时期都有一种需要占主导地位，其他需要则暂时处于从属地位。这就要求管理者要在科学分析的基础上，找到受时代、环境及个人影响的优势需要。具体而言，在项目的不同时期，员工的需求不同，管理者应据此对员工的需求做出科学的分析，进而有针对性地进行激励。

（3）马斯洛把需要分为低级需要（物质需要）和高级需要（精神需要）。物质主要满足人的外在需要，所以是有限的；精神主要满足人的内在需要，因而是无限的。这为企业管理指明了调动员工积极性的工作方向和内容。在管理实践中，要分清需要的不同性质，从物质和精神两方面去满足员工的需要。

（4）需要层次理论表明，当某层次的需要基本得到满足时，这一需要就会失去激励作用。要激励员工就必须满足其更高层次的需要。管理者要时刻了解和掌握员工需要的变化。

（三）理论思考

（1）马斯洛的需要层次理论认为，稳定性不仅是满足人类的基本需要，也是培养员工责任感与奉献精神的先决条件。一些有影响的人力资源管理学家甚至认为，职业的稳定性是通用的最好的人力资源管理实践之一。[①] 显然，这样的理想不可能适用于项目型组织环境。你认可这种说法吗？请说明理由。

（2）已经满足的需要不再是激励因素，但满足了个人的需要，并不代表达到了

① Pfeffer. *The human equation: Building profits by putting people first*. Boston: Harvard Business School Press, 1998.

组织的目标，理论和组织实际是否矛盾了？

（3）马斯洛的理论始终缺乏实证支持，同时一些学者也相继对该理论提出了质疑。如奥尔德弗曾指出“人们也可能同时由一个以上层次的需要激励着，并且如果生活环境发生了变化，也可能转向较低层次的需要”；弗朗西斯科则认为在国际化的背景下，特定文化的环境因素和价值观，都会影响各种类型需要的重要性及其排序。由此看来，需要层次理论的普遍适用性不高。你是如何看待这一问题的？

（4）颜回的境界，即“一箪食，一瓢饮，在陋巷，人不堪其忧，回也不改其乐”，是否是对马斯洛理论的否定？能否用孔子所谓“君子喻于义，小人喻于利”予以解释？

（5）马斯洛的理论饱受批判，却流传甚广，其原因是什么？

【案例】

李英的困惑

李英已快40岁了。回首这二十几年的工作经历，为自己早年艰苦而又自强不息的日子感叹不已。想当初，自己无稳定的工作就结了婚，妻子是一个孤女，有父母留下的一栋虽然面积不小但很破旧的平房。妻子在待业之中，两人常为生计发愁。后来，李英在某企业找到了一份固定的工作，并很快被提拔为工段长，接着又成为车间主任，进而升为生产部长。他记得那段日子对他和公司来说，都是极其重要的转折。他玩命地为公司工作，很为自己是其中的一分子而感到自豪。他的付出也带来了丰厚的回报，工资收入相当可观。更重要的是，他在不断的提拔、升职中得到了权力和地位，妻子也为他的工作而自豪。

有段时间他也沾沾自喜过，可现在细细想来，觉得自己并没有什么成就，心里老是空落落的。他现在是企业生产的总指挥官，可看着企业一年比一年不景气，他很想在开发新产品方面为企业做出更大的贡献，可他在研究开发和销售方面并没有什么权力。他多次给领导提议能否变革组织结构，使中层单位能统筹考虑产品的生产、销售及研发问题，以增强企业的活力和创新力。可领导一直没想法。

他想换个单位，换个职务不要太高，但能真正发挥自己潜能的地方。可自己都步入中年了，“跳槽”又谈何容易呢？

资料来源：（美）弗雷德·鲁森斯著：《组织行为学》，王垒等译，人民邮电出版社2003年版，第199页。

思考：

运用马斯洛需要层次理论分析李英在个人成长历程中获得个人需要满足的情况，

以及目前产生困惑的主要原因。分析你所在企业不同年龄段员工的不同需要及应如何实施激励。

二、双因素理论

双因素理论又称为激励—保健因素理论，美国心理学家赫茨伯格于1959年提出。

（一）理论内容①

双因素理论认为使员工不满的因素与满意的因素不同。满意的对立面不是不满，不满的对立面也不是满意。满意与不满并非同一尺度的两端，而是不同的两个尺度（如图3－4所示）。

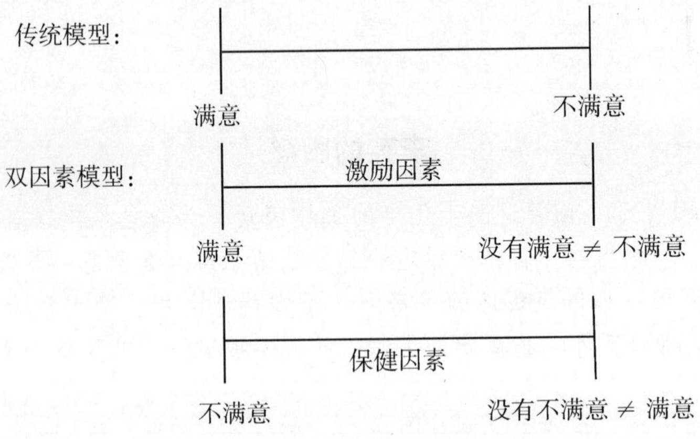

图3－4 传统模型与双因素模型比较

（1）使员工不满意的因素，主要是由工作本身以外的因素引起的。如公司政策、管理措施、监督、人际关系、物质工作条件、工资、福利、工作安全等，这些因素称为保健因素，它起预防作用而不是治疗作用。保健因素不能直接起激励员工的作用，但能防止员工产生不满情绪。当保健因素得到改善后，员工的不满情绪会消失，然而并不能产生积极的后果。

（2）使员工感到满意的因素，主要是由工作本身引起的。如工作富有成就感、工作成绩得到承认、工作本身富有挑战性、职务上的责任感、个人发展的可能性等，这些因素称为激励因素。激励因素是影响工作效率、促使员工不断进取的内在因素，能够极大地激发员工的热情和积极性；而缺乏这些因素时，员工也不会产生很大的

① Herzberg，Mausner & Snyderman. *The Motivation to Work.* New York：John Wiley & Sons，Inc.，1959：113－119.

不满。

（3）双因素理论强调，不是所有的需要得到满足都能激励起人的积极性，只有那些属于激励因素的需要得到满足时，人的积极性才能最大程度地被激发出来。如果缺乏激励因素，并不会引起很大的不满。而缺乏保健因素，将会引起很大的不满，但是完备的保健因素并不一定能够激发强烈的动机。赫茨伯格还明确指出，在缺乏保健因素的情况下，激励因素的作用也不大。

（二）对管理实践的启示

1. 注意满足保健因素

赫茨伯格告诉我们，不同需要的激励效果是不一样的。我们要善于区分管理实践中存在的两类因素，对保健因素要给予基本的满足，防止消极情绪，消除员工的不满。

2. 针对不同层次的员工，正确识别与挑选激励因素

对项目中不可替代的员工即核心员工而言，要抓住工作成就感、工作挑战性、职务责任感等与工作本身有关的激励因素，有针对性地进行激励。对于可替代性比较强的员工而言，保健因素在某种程度上同样可以起到激励作用，但是对他们也不可单纯地运用保健因素进行激励，适当地采用一些激励因素有时也可以收到事半功倍之效。注重不同层次员工需求的差异，激励的方法也应随之变化。

3. 管理者必须充分注意工作本身对员工的价值和激励作用

传统的激励方式往往只注重工资、奖金和工作条件等外在因素，这些因素对项目中的核心员工而言，作用有限甚至难以见效。双因素理论克服了上述不足，赫茨伯格将工资、奖金和工作条件等因素归为保健因素并对此提供了解释，强调管理者要从工作本身对其进行激励。例如，充分了解员工的兴趣爱好，尽量将员工安排在他喜欢的工作岗位上；在工作设计上尽量丰富工作内容，增加趣味性和挑战性；等等。

4. 辩证运用保健因素与激励因素

双因素理论的实质是，激励因素与保健因素在激励员工方面扮演了不同的角色，两者缺一不可。保健因素是基础，如果只是强调对员工的激励，甚至有“既要马儿跑得好，又要马儿不吃草”的思想，不愿意在保健因素上有所投入，只思量如何在激励因素上做工夫，一定不会收到应有的激励效果。同样，把员工视为单纯追求金钱的经济动物，错把保健因素当成激励因素，认为有钱能使鬼推磨，同样不可能得到预期结果。只有将保健因素与激励因素合理区分，并综合运用，才能事半功倍。

5. 用“工作丰富化”取代“工作扩大化”，设计具有吸引力的工作

“工作扩大化”是通过扩大工作范围和责任来增加员工满意度的一种激励方式，但其在实际操作中遇到层层困难与阻力。对项目而言，组织结构的扁平化使得晋升越来越困难，对于很多工作努力且富有上进心的员工而言，“工作丰富化”能让其负责

挑战性的工作、取得更大的成就、得到人们的承认，通过提升自我价值与再就业能力来调动工作积极性，提高员工满意度，进而提高工作效率，达到组织与员工的双赢。

（三）理论思考

（1）赫茨伯格的双因素理论同马斯洛的需要层次论有何区别和联系？

（2）许多行为科学家认为，不论是有关工作环境的因素或工作内容的因素，都可能产生激励作用，而不仅是使员工感到满足，这取决于环境和员工心理方面的许多条件。你如何看待这一说法？

（3）双因素理论产生的时代背景是什么？为什么从20世纪以来该理论经历了几次“冷落—追捧”的跌宕起伏？

（4）项目中员工保健因素、激励因素与常规组织中的员工有何区别与联系？为什么？

【案例】

国企改革的怪现象：减少福利是得是失？

加入WTO后，国有企业改革的着力点之一是消除企业的政策性负担，通过剥离国有企业的各种战略性和社会性政策负担，扭转其不利的竞争地位，硬化国有企业的预算约束。于是提出了各种住房、医疗、子女教育等实物形式的福利，作为劳动力再生产的必要补偿，应当以货币化形式纳入职工个人的工资管理渠道，同时健全社会保障制度以保证员工的福利。

然而正当国有企业在不断地减少、取消职工福利时，民营企业都在关心职工的福利问题，很多跨国企业都是福利一流的企业，他们除了提供交通补助费、免费工作午餐等基金补助型福利，还提供生活服务型福利以及家庭支持计划与员工援助计划等，如托儿所、养老院、子女教育补助、内部优惠商品、心理咨询和法律顾问等。有很多企业建起享有公司补贴的员工饭堂、内部医务室，鼓励员工在公司就餐、看病，这一举动给公司带来的好处是不言而喻的，不仅方便了员工，促进了员工之间的交往，也保证了就餐卫生，减少缺勤与请假情况。事实上，这些福利项目不一定能够起到激励员工的作用，但能避免员工出现不满意。相反，如果这些需要得不到满足，员工就会产生不满意。

企业福利性薪酬的直接目标不是提高员工个人的工作绩效，而是希望以此为手段达到吸引、保留和凝聚员工，提高企业整体和长期绩效水平的目的。换言之，企业的福利是保健因素，而不是激励因素，这正是双因素理论在实践中的应用。管理者在实践中要分清保健因素和激励因素，同时避免激励因素转化为保健因素，失去激励作用。

思考：

根据双因素理论，企业应该怎样设计员工的福利?

三、ERG 理论

马斯洛提出的需要层次理论因其直观性和简易性而极具吸引力，得到了实际管理者的认可。然而该理论是凭借直觉推演出来的假说，始终缺乏实证资料的支持，因此，奥尔德弗提出了 ERG 理论（ERG Theory）。

（一）理论内容[1]

美国学者奥尔德弗在马斯洛需要层次理论的基础上，进行了更接近实际经验的研究，提出一种新的人本主义需要理论，认为人存在三种核心需要，即生存（Existence）需要、关系（Relatedness）需要和成长（Growth）需要，因而被称为 ERG 理论。

生存需要与人们基本的物质生存有关，包括马斯洛提出的生理需要和安全需要。第二种需要是关系需要，即人们对于保持重要的人际关系的要求。这种社会和地位需要的满足是在与其他需要相互作用中达成的，与马斯洛的社交需要和自尊需要分类中的外在部分是相对应的。最后，奥尔德弗把成长发展的需要独立出来，它表示个人谋求发展的内在愿望，包括马斯洛自尊需要分类中的内在部分和自我实现需要所包含的特征。

除了用三种需要替代五种需要外，与马斯洛需要层次理论不同的是，奥尔德弗的 ERG 理论还表明：人在同一时间可能不止一种需要起作用；如果较高层次需要的满足受到抑制，那么人们对较低层次需要的渴望就会变得更加强烈。马斯洛的需要层次是一种刚性的阶梯式上升结构，即认为较低层次的需要必须在较高层次需要满足之前得到充分的满足，二者具有不可逆性。相反，ERG 理论并不认为各类需要层次是刚性结构，即使一个人的生存和关系需要尚未得到完全满足，他仍然可能为了成长需要而工作，这三种需要可以同时起作用。与马斯洛需要层次理论类似，ERG 理论认为较低层次的需要满足之后，会引发对更高层次需要的愿望。

此外，ERG 理论还提出“受挫—回归”思想。马斯洛认为当某一层次需要尚未得到满足时，他可能会停留在这一需要层次上，直到获得满足为止。相反，ERG 理论则认为当某一更高等级的需要层次受挫时，作为替代，某一较低层次的需要可能会有所增加。也就是说，如果个体满足成长需要的努力不断遭受挫折，那么关系需要就

---

[1] Clayton P. Alderfer. *Existence, Relatedness, and Growth: Human Needs in Organizational Settings.* New York: Free Press, 1972.

会取而代之成为激励动力，其与同事之间和谐关系的重要性就会显现，因而那些导致个体成长需要挫折的行为（如完成日常工作）对于其满足关系需要就会变得有意义。当个体满足关系需要的努力也遭受挫折时，人们就会通过暴饮暴食、沉溺于酒精或药品以满足其生存需要。“受挫—回归”的观点基于如下理论假设：生存、关系与成长需要共处于同一连续体，其中，生存需要最具体，成长需要则最抽象。奥尔德弗进一步提出，当较抽象的需要未被满足时，人们就会转而寻求较具体需要的满足，挫折将导致退化（如图3-5所示）。

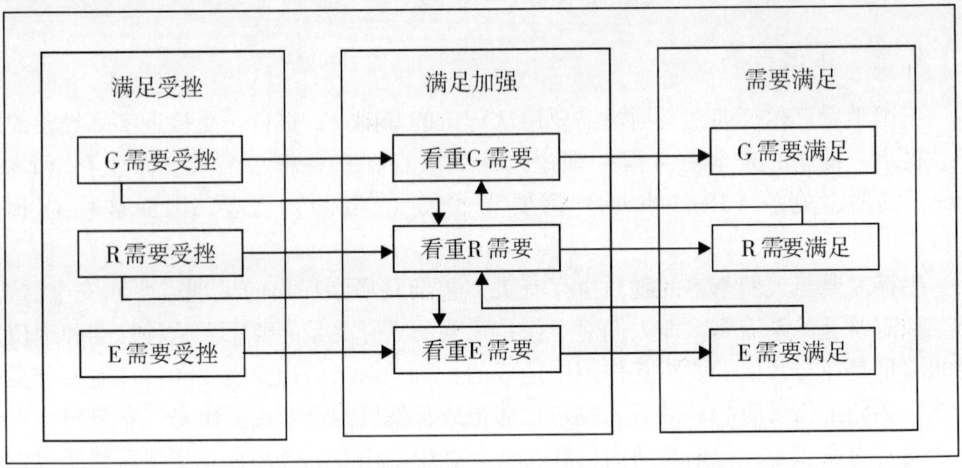

图3-5　ERG理论的“受挫—回归”示意图

马斯洛的需要层次理论与ERG理论都为探析员工激励的心理机制提供了有效的途径。虽然关于需要的确切分类迄今尚无定论，但是上述理论均表明满足需要是激励的重要组成部分。ERG理论克服了马斯洛需要层次理论的局限，避免了将各种需要概念化地纳入某个层次的缺陷，认为任何一种需要在任何一个时刻获得满足都可以产生积极的作用，更符合实际。企业管理者应当正确运用ERG理论，最大限度地发挥激励作用。尽管生存、关系、成长理论尚未被研究完全证实，但是与马斯洛的需要层次五分说相比，若干研究结果更倾向于支持需要层次三分说。也有部分管理者质疑ERG理论的普遍适用性，认为它并不能说明激励员工的内在动因。

（二）对管理实践的启示

1. 重视高层次需要的满足

一般而言，低层次需要容易得到满足，因此大多数人的生理需要和安全需要已不成问题（当然这并不意味着忽视基础性工作）。对高层次需要的满足将会产生更持久的激励。尤其是在知识经济时代，员工素质提高后，对高层次的需要更为迫切。作为企业或者管理者，应尽可能地满足人们交往及成长、发展的需要。尤其对于参与项目的员工而言，可以采取措施增加其与外界的接触，创造活泼和谐的群体气氛；允许某些非正式组织的存在；鼓励员工间交朋友，增强员工对企业的归属感；允许员工参与决策，表彰先进典范；为员工提供进修、培训的机会，给有创造力和贡献的员工晋升、晋级和提薪。

2. 了解不同员工的需要

人们对于生存、关系和成长的需求，因文化层次、年龄和职位层次个体方面的差异而不同。管理者要根据员工需要设计激励策略，以满足其最迫切的需要，达到最佳的激励效果。

3. 要注意需要的转化

ERG 理论不仅体现了“满足—上升”这一顺序，也说明“挫折—倒退”这一转化。即需要不仅会由低向高上升，也可能逐层由高向低下降，甚至还会出现跳跃。管理者要防止需要反弹，并依据需要转化原理分析员工行为变化的原因，找到解决员工受挫的办法，避免员工出现后退性行为。

4. 根据员工特点设置适当目标

ERG 理论对工作激励的贡献在于提出当员工高层次的需求受到阻滞时，激励他们的其他可能途径，同时提醒我们应根据客户对项目的要求挑选适合的员工。项目管理与一般企业管理最大的不同是，客户经常要参与到项目的设计及产出的交付中，满足客户所需的知识、技能和能力的组合需要不断地变化，因此对员工尤其是核心员工的学习能力要求很高。如果项目团队中有不符合项目需要的员工，不仅不利于项目高目标、高标准的设置，也很容易让其产生挫折感，进而产生退却、害怕或消极心理，无法达到激励目的，更何谈实现预期目标。当然，即便对于符合项目要求的员工，也应设立适当的标准，若组织目标设置过高，非员工能力所及，员工也会因达不到目标而产生“挫折—回归”现象。

此外，ERG 理论的内涵为管理者在具体应用中提供了一个重要视角，即当下属的成长需要因工作关系或资源匮乏而遭受挫折时，管理者应修正员工行为，使之转向满足关系需要或生存需要。

（三）理论思考

（1）ERG 理论与马斯洛需要层次理论、双因素理论有何联系和区别？

（2）与马斯洛和赫茨伯格的理论相比，ERG 理论有何进步之处？

（3）项目的利益相关者运用这一理论是否合适？为什么？

【案例】

如何激励不同的下属？

你负责一个小部门，一共有三个手下——汤姆、迪克和哈里。这个部门取得成功的关键是尽可能使员工得到激励。下面是对这三个员工的简单介绍：

汤姆是一个很难描述的员工，他缺勤的水平远远高于其他员工。他非常关注自己的家庭，包括妻子和三个小孩，并且认为家庭是整个生活的核心。对汤姆的最恰当的描述是他是嬉皮士时代的人，他持有那个时代的文化价值观。因此，公司提供给他的一切东西对于他的激励作用是非常小的。他认为工作只是满足家庭基本经济需要的一种途径。总体而言，他是个敬业的员工，但希望他完成额外的工作是不可能的。他具备一定的魅力，对待同事也很友好，但是对公司并不卖力，只是做好份内的事，达到最低的绩效标准。

迪克在许多方面与汤姆相反。相同的是，他也讨人喜欢，但是他能很好地遵守公司的规章制度，有很高的忠诚度。问题在于他不能独立完成工作。虽然能出色地完成分配给他的任务，但是当让他独立完成工作时就缺乏创造性。相对来说，他是一个比较害羞的人，当与部门外的员工交往时缺乏必要的自信。这些都对他的绩效产生了影响。

哈里与迪克恰好相反，他是个很自信的家伙。他为了金钱而工作，会为了更高的工资而跳槽。他非常努力地为公司工作，同时也期望公司能够给予应有的报酬，所以他并不介意一周工作60个小时。如果公司没有给他涨工资，他就会无情地辞职，哪怕他的工资已经很高。他的前一份工作的主管认为，尽管哈里工作非常出色，但他的个性使得他不得不被炒，他无时无刻不在追逐薪水和福利，永远都得不到满足。

资料来源：（美）弗雷德·鲁森斯著：《组织行为学》，王垒等译，人民邮电出版社2003年版，第199—200页。

思考：

使用ERG理论，说明对每个下属而言，占据主导地位的需求是什么？作为部门主管的你，如何最大程度地激励下属？

四、成就需要理论

美国著名心理学家戴维·C. 麦克利兰（David C. McClelland，1969）从20世纪40—50年代起就开始对人的需求和动机进行研究，提出了著名的成就需要理论，又称“三种需要理论”，并得出了一系列重要的研究结论。

（一）理论内容①②③

麦克利兰提出了人的多种需要理论，他认为个体在工作情境中有三种重要的动机或需要。

1. 成就需要（Need for Achievement）：争取成功，希望做得最好的需要

麦克利兰发现，高成就者与其他人的区别在于：他们总想把事情做得更好。追求的是个人成就感而不是成功之后的奖赏。当高成就需要者感觉一项任务的成功可能性是50%时，表现最为出色。他们不喜欢成功可能性非常低的工作，那种带有偶然性的成功机会无法满足他们的成功需要；同样，他们也不喜欢成功可能性很大的工作，因为对于他们的自身能力不具有挑战性。他们喜欢设定通过自身努力才能达到的奋斗目标。

高成就需要的人具有以下主要特征：①有个人承担责任、寻求答案的需要；②寻求挑战，趋向于寻求难度适中的目标，即：既有风险，但又是现实的、能达到的目标；③需要具体的实时的反馈；④对工作热诚，执著于所从事的工作。

2. 权力需要（Need for Power）：影响或控制他人且不受他人控制的需要

权力需要是指影响和控制别人的一种愿望或驱动力。不同人对权力的渴望程度也有所不同。权力需要较高的人喜欢具有竞争性和能体现较高地位的场合或情境，他们也会追求出色的成绩，但不像高成就需要的人那样是为了个人的成就感，而是为了获得地位和权力，或使自己与已具有的权力和地位相称。权力需要是管理成功的基本要素之一。

高权力需要的人具有以下主要特征：①寻求领导者的地位，要求取得、行使并保持权力或影响他人；②好争辩，直率，健谈，头脑冷静并善于提出要求；③乐于同他人竞争，使他人服从自己的支配。

3. 归属需要（Need for Affiliation）：建立友好亲密的人际关系的需要

归属需要就是寻求被他人喜爱和接纳的一种愿望。高归属需要的人更倾向于与他人进行交往，这种交往会给他带来愉悦。他们渴望友谊，喜欢合作而不是竞争的工作环境，期望彼此之间的沟通与理解，对环境中的人际关系更为敏感。归属需要也表现为对失去某些亲密关系的恐惧和对人际冲突的回避。归属需要是保持社会交往和人际关系和谐的重要条件。

高归属需要的人具有以下主要特征：①寻求建立并保持和他人的友谊和亲密的感

---

① David. C. McClelland. *The Achieving Society*. New York：Van Nostrand Reinhold，1961.

② David. C. McClelland. *Power. The Inner Experience*. New York：Irvington，1975.

③（美）斯蒂芬·P. 罗宾斯、蒂莫西·A. 贾奇著：《组织行为学》（第10版），李原、孙健敏译，中国人民大学出版社2005年版，第178—179页。

情关系；②希望获得他人对自己的好感；③乐于参加各种社交活动以寻求朋友；④乐于帮助和安慰危难中的伙伴。

（二）对管理实践的启示

麦克利兰的成就需要理论比较适合项目中核心员工或者称为知识型员工的激励。

（1）不同岗位以及同一岗位在组织发展的不同阶段，或者处于不同发展阶段的组织，人员需求特征是不同的。因此，测量和评价员工的动机体系特征对于组织和项目的人员招聘、配置及人岗匹配具有重要的意义。

（2）员工的需求不同，其激励方式也各异。了解员工的需要与动机有助于组织与项目管理建立合理的激励机制。

（3）麦克利兰认为动机是可以训练和激发的，因此成就需要可以通过培养来提高。他还认为，具有高成就需要的人对于企业和国家都有重要的作用：企业拥有这样的人越多，发展就越快，越能取得经济效益；国家拥有这样的人越多，就越兴旺发达。所以无论是国家还是企业都要注意发现、培训有成就需要的人，包括宣传如何向高成就需要的人那样思考、谈话和行动；鼓励为自己设立一个有一定难度但经过努力后可以实现的目标；帮助其提高理性认识，并树立对自我的正确认识；通过相互之间的情感和经验交流，形成团结互助的气氛。

随后麦克利兰与其合作者戴维·H. 伯恩汉姆写了一篇题为《权力是重要的激励因素》的文章，着重讨论了不同类型的管理者，也具有一定的启示意义。文章认为，在制度型管理者、亲和型管理者和个人权利型管理者中，制度型管理者对公司最有利，他们有着高的权力动机、低的归属动机和很强的克制力，愿意为所在组织的利益而牺牲部分个人利益。①

（4）在组建项目团队时需要考虑将不同需求的人员科学有效地组合。一方面满足不同需求人员的互补增值问题，另一方面减少团队中的冲突与摩擦。如果一个项目团队中都是高权力需要、低成就需要的人，那么勾心斗角、争权夺利则不可避免，内耗增加，更何谈提高效率。当然，团队中如果都是高成就需要、低权力需要的人也不行，人人都埋头苦干，沉醉于取得成就，团队岂不成为一盘散沙？同理，团队中拥有较多高归属需要的人也不合适，否则人人重视搞好关系，谁来努力工作与指挥协调？

（三）理论思考

（1）成就需要理论有何优点与不足，它对于我们把握核心员工的高层次需要有何意义？

---

①（美）史蒂文·克尔编：《薪酬与激励——〈哈佛商业评论〉20年最佳文章精选》，机械工业出版社2005年版，第44—53页。

（2）用成就需要理论分析项目中的员工和管理者的需要情况，并思考：该理论的实用性怎样？与前文提到的其他激励理论相比，该理论的特点是什么？

（3）成就需要理论对我们在项目团队的人员配备方面有何指导意义？

【案例】

格兰仕中高层管理者的激励体系

格兰仕首先看重员工对企业的感情投入，认为只有员工发自内心的认同企业的理念、对企业有感情，才能自觉地迸发出热情、为企业着想。

中高层管理者是企业的核心队伍，关系到企业战略执行的效率和效果，他们往往也是企业在激励中予以重视的对象。格兰仕同样对这支骨干队伍高度重视，但并没有一味地采用高薪的方式，因为他们认为金钱的激励作用是递减的，管理者需要对企业有感情投入和职业道德，不能有短期套利和从个人私利出发的心态。

所以格兰仕更强调用工作本身的意义和挑战、未来发展空间、良好信任的工作氛围来激励中高层管理者。格兰仕的岗位设置相当精简，每个工作岗位的职责范围很宽，这既给员工提供了一个大的舞台，可以尽情发挥自己的才干，同时也给了他们压力与责任。在格兰仕，没有人要求你加班，但是加班是很经常的，也是自觉的，因为公司要的不是工作时间和形式，而是工作的实效。同时这也是公平的赛马机制，众多的管理者在各自的岗位上，谁能更出色地完成工作，谁就能脱颖而出。格兰仕为员工描绘了美好的发展远景，这也意味着给有才能的人提供了足够的发展空间，这大大激励着富有事业心、长远抱负的管理者们。

在平时，格兰仕对管理者工作的业绩和表现进行考核，只发几千元的月度工资，而把激励的重点放在财务年度上。他们将格兰仕的整体业绩表现、盈利状况和管理者的薪酬结合起来，共同参与剩余价值分配，从而形成长期的利益共同体。他们采取年终奖、配送干股、参与资本股的方式，递进式地激励优秀的管理者。目前已有50多名中高层管理者拥有格兰仕的股份（资本股），有70多名管理者拥有干股，这构成了格兰仕在各条战线上与公司利益高度一致的中坚力量。

资料来源：梁环宇：《格兰仕的激励体系》，http://www.mie168.com/human-resource/2005-02/12483.htm，2009-01-17。

思考：

如何使用成就需要理论来分析格兰仕公司激励体系的成功之处。

五、四大内容型激励理论的比较

四种内容型激励理论强调了诸如需要、激励因素与保健因素以及成就动机等基本的激励概念，图3-6表明了这四种理论的相互关系。

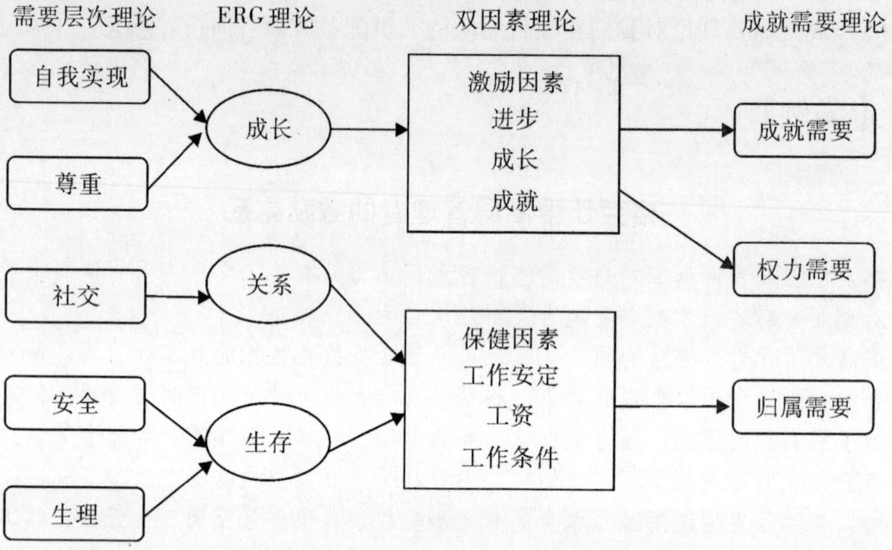

图3-6　内容型激励理论的相互关系

ERG理论将马斯洛的需要层次理论作为理论基础，因而两者之间具有相似性：自我实现需要与尊重需要构成了成长需要；社交需要与关系需要相似；安全需要与生理需要则构成了生存需要的基础。两者的主要区别在于：需要层次理论提出了基于“满足—上升”原则的静态需要体系，而ERG理论提出了基于“受挫—回归”原则的三种需要分类。

双因素理论源于上述两个需要理论。如果需要层次理论中的生理、安全与社交需要获得满足，则保健因素的需要获得满足；同时，如果ERG理论中生存与关系需要的满足未遭受挫折，则保健因素的需要亦获得满足。而激励因素则注重与工作本身以及满足个体更高层次的需要或成长需要。

成就需要理论不承认个体低层次的需要，如果个体满足了工作中的保健因素，则归属需要也获得了满足。如果工作本身具有挑战性以及为个体的发展提供了机遇，那么就会产生激励作用，上述条件的满足将引导个体实现其成就需要。

内容型激励理论阐述了引发激励过程的特定相关因素，却未阐明人们选择某一特定行为以实现其目标的原因何在，而这正是过程型激励理论所要解决的问题。

第二节　过程型激励理论

过程型激励理论着重研究人从动机的产生到采取行动的心理过程。最有代表性的是弗鲁姆（V. H. Vroom）的期望理论（Expectancy Theory，又称为效价—期望理论）、亚当斯（J. S. Adams）的公平理论（Equity Theory）以及爱德温·洛克（Edwin A. Locke）的目标设置理论（Goal Setting Theory of Motivation）。理论研究表明：根据人们的行为动机以及目标设置，将个人需要、期望与工作目标结合起来，能够充分调动员工的主动性，激发其创造性。

一、期望理论

维克托·H. 弗鲁姆提出的期望理论是一种通过考察人们的努力行为与其所获得的最终奖酬之间的因果关系来说明激励过程，并选择合适的行为达到最终奖酬目标的理论。这种理论认为，当人们有需要，又有满足这个需要的可能时，其积极性才高。①

（一）理论内容

期望理论试图回答这样两个问题：①什么产生激励；②什么产生绩效。

1. 期望理论公式

弗鲁姆认为，激励水平是由期望值和目标效价决定的。用公式可以表示为：

$$M = E \times V，即激励 = 期望值 \times 效价$$

M：激励力量，即直接推动或使人们采取某一行动的内驱力，指调动一个人的积极性、激发出人的潜力的强度。

V：目标效价，指达成目标后对于满足个人需要的价值的大小，它反映个人对某一成果或奖酬的重视与渴望程度。

E：期望值，是指根据以往的经验进行的主观判断，它表示达成目标并能导致某种结果的概率，是个人对某一行为导致特定成果的可能性或概率的估计与判断。

从这个公式可以看出，只有当期望值（Expectancy）和效价（Valence）都高时，激励程度（Motivation）才会高，这两个因素若有一个低，整个激励程度必定是低的。用矩阵的方式简单分析三变量间的关系，如表 3－1 所示。

表 3－1　激励和期望值与效价的关系

期望值＼效价	高	中	低
高	高	较高	低
中	较高	中	低
低	低	低	很低

① V. H. Vroom. *Work and Motivation*. New York：John Wiley，1964.

在原有基本观点的基础上，弗鲁姆又作了进一步分析，他认为作为激励手段的目标有两个层次：第一层次目标是工作标准或劳动定额；第二层次目标是达到工作标准后所能得到的奖酬。因此，期望值也有两层含义：一是达到工作标准可能性的大小；二是达到工作标准后得到奖酬的可能性大小。作为员工，一般是把实现第一层目标当作实现第二层目标的工具或手段。于是，弗鲁姆又提出了第三个影响因素：工具性或关联性（Instrumentality），即只有当工作绩效与奖酬紧密关联时，目标才有激励作用，员工才会有积极性。所以，期望理论在西方被简称为“VIE 理论”。期望公式发展为：

$$激励（M）=效价（V）\times期望（E）\times工具（I）$$

需要补充的一点是，工具性是指员工对于一旦完成任务就可以获得报酬的信念，即员工认为任务的完成是否必然带来某种报酬的获取。在这里，员工做出另外一个主观判断：组织重视员工绩效并会时常给予奖励。工具性数值的有效范围在 0 到 1 之间。例如，如果员工发现升职通常是以绩效数据为基础的，工具性的估计值就会高；反之，如果这种决策的基础是模糊不清的，或者员工怀疑管理者有偏袒，那么就会产生低的工具性估计值。

2. 期望模式

如何使激发力量达到最高值，弗鲁姆提出了期望模式：

个人努力 ⟶ 个人绩效 ⟶ 组织奖励 ⟶ 个人目标

在这个期望模式中有四个因素，需要兼顾三方面的关系。

努力—绩效关系：人总是希望通过一定的努力达到某种绩效水平，如果个人主观认为达到目标的概率很高，就会有信心，并激发出很强的工作力量。

绩效—奖励关系：人总是希望达到一定绩效水平后能够得到奖励（精神的和物质的），如果他认为达到绩效后能得到合理的奖励，就可能产生工作热情。

奖励—个人目标关系：人总是希望自己所获得的奖励能满足个人某方面的需要，然而对各种需要要求得到满足的程度不同，因此对于不同的人即使采用同一种奖励，其效果也不同。

期望理论的关键是了解个人目标以及努力与绩效、绩效与奖励、奖励与个人目标的关系。作为一个权变模型，期望理论认识到，不存在一种普遍适用的原则能够解释所有人的激励机制。另外，一个人的需要并不能保证他认为高绩效必然带来这些需要的满足。

（二）对管理实践的启示

弗鲁姆的期望理论不仅重视期望值、效价、工具性等主观因素对个体激励的影响，而且还强调工作绩效、奖励等客观因素所发挥的作用，比较全面地解释了激励过程，具有较强的综合性和适用性。这一理论对于如何更好地调动员工积极性有着重要的启发和借鉴意义。

1. 帮助员工树立信心

树立信心包括两方面：一是员工对自己能够实现工作目标的信心，即自我效能感，这是员工投入努力的基础；二是员工对获得组织奖励的信心。其中，员工自我信心的确立是激励的前提。一般而言，项目团队是临时组建的，管理者需要迅速走近员工，了解员工，在此基础上才能促使员工客观地认识自身的能力与潜力，帮助其树立信心。这对那些曾经遭受过挫折的员工尤为重要。

员工对获得组织奖励的信心主要表现在两个方面：一是员工对组织信守承诺的信心，主要来自他们对组织奖励员工的历史经验，以及基于这种经验对组织奖励所形成的价值判断；二是员工相信组织能够识别员工需求，并据此提供其期望得到的奖励。因此，树立员工对组织以及组织奖励有效性的信任，也是激励员工非常重要的条件。项目人员的临时性特征决定了项目管理者取信于员工的重要性与艰巨性，一方面需要一套科学可信的激励制度，另一方面需要有“威信”的管理者，即在以往的项目中奖励员工的表现是令人信任的。

2. 科学地设置目标，更好地调动员工的积极性

根据期望理论，人之所以努力工作，是因为他认为通过自身努力可达到某种对其有足够价值的结果。因此，设置目标必须遵循以下两个原则：

（1）目标难度的适中性。目标既非高不可攀，又非唾手可得。没有任何难度或难度不高的目标对员工而言没有悬念，很难产生激励；难度太大则会使员工信心尽失，丧失斗志。

（2）目标对员工的效价。员工作为实现目标的主体，其需要、偏好和态度等个性特点决定了对实现目标的奖励持何种态度，这就要求管理者因员工的不同需求制定不同的奖励计划；在激励方式的选取上，要选择员工感兴趣、评价高，即效价大的项目或方式。

3. 引导合理的期望值，调动员工积极性

项目管理的最大特点是其全新性与变动性，如何引导员工对目标实现的可能性做出切合实际的判断，是项目管理者需要认真对待的问题。期望值是人的主观估计，并不一定等于事实。如果人们对某项工作的期望值过低，就会缺少积极性；如果估计过高，无法实现，又必然遭受挫折和打击。由于期望值受到员工个体特征和环境的影响，因此，引导合理的期望值，一方面需要改善组织的软环境与硬环境，另一方面需要加强员工培训，创造和维护团结互助、良性竞争的工作氛围。

4. 恰当地运用奖励，更好地调动员工积极性

员工在付出努力的同时，也希望得到奖励，即在帮助组织达成目标的同时也能实现个人目标。恰如其分地运用奖励，能进一步激发员工的工作热情，因此企业管理者应充分认识和发挥奖励的作用，在实际管理工作中注意奖励的针对性、奖励的制度性和奖励的灵活性。

（三）理论思考

（1）期望理论更多地关注绩效变量，在员工的缺勤率和流动率方面提供了相对有力的解释。但是期望理论假定员工的决策自主权很少受到限制，这与实际情况不符。由此看来，期望理论是否对所有工作行为都具有很强的解释力呢？

（2）期望理论能否合理地解释你的工作激励过程？

（3）运用期望理论，并结合你的管理实际，谈谈公司在激励中遇到的瓶颈。

【案例】

新老总的领导风格

蓝天技术开发公司由于在一开始就瞄准成长的国际市场，在国内率先开发出某高技术含量的产品，其销售额得到了超常规的增长，公司的发展速度十分惊人。然而，在竞争对手如林的今天，该公司和许多高科技公司一样，也面临着来自国内外大公司的激烈竞争。当公司经济出现困境时，公司董事会聘请了一位新的常务经理欧阳健负责公司全面工作。而原先的那个自由派风格的董事长仍然留任。欧阳健来自一家办事古板的老牌企业，他照章办事，与蓝天技术开发公司的风格相去甚远。公司管理人员对他的态度是：看看这家伙能呆多久！看来，一场潜在的"危机"迟早会爆发。

第一次"危机"发生在常务经理欧阳健首次召开的高层管理会议上。会议定于上午九点开始，可有一个人姗姗来迟，直到九点半才到达会议室。欧阳健厉声道："我再重申一次，本公司所有的日常例会要准时开始，谁做不到，我就请他走人。从现在开始一切事情由我负责。你们应该忘掉老一套，从今以后，就是我和你们一起干了。"到下午四点，竟然有两名高层主管提出辞职。

此后蓝天公司发生了一系列重大变化。由于公司各部门没有明确的工作职责、目标和工作程序，欧阳健首先颁布了几项指令性规定，使已有的工作有章可循。他还三番五次地告诫公司副经理徐钢，公司一切重大事务向下传达之前必须先由他审批，他抱怨下面的研究、设计、生产和销售等部门之间互相扯皮，踢皮球，结果使蓝天公司一直没能形成统一的战略。

欧阳健在详细审查了公司人员工资制度后，决定将全体高层主管的工资削减10%，这引起公司一些高层主管向他提出辞职。

研究部主任这样认为："我不喜欢这里的一切，但我不想马上走，因为这里的工作对我来说太有挑战性了。"

生产部经理也是个不满欧阳健做法的人，可他的一番话颇令人惊讶："我不能说我很喜欢欧阳健，不过至少他给我那个部门设立的目标我能够达到。当我们圆满完成任务时，欧阳健是第一个感谢我们干得棒的人。”

采购部经理牢骚满腹，他说：“欧阳健要我把原料成本削减20%，他一方面拿着一根胡萝卜来引诱我，说假如我能做到的话就给我丰厚的奖励；另一方面则威胁说如果我做不到，他将另请高明。但干这个活简直就不可能，欧阳健这种‘大棒加胡萝卜’的做法是没有市场的。从现在起，我另谋出路。”

但欧阳健对被人称为“爱哭的孩子”的销售部胡经理的态度则让人刮目相看。以前，销售部胡经理每天都到欧阳健的办公室去抱怨和指责其他部门。欧阳健对付他很有一套，让他在门外静等半小时，见了他对其抱怨也充耳不闻，而是一针见血地谈公司在销售上存在的问题。过不了多久，大家惊奇地发现胡经理开始更多地跑基层而不是欧阳健的办公室了。

随着时间的流逝，蓝天公司在欧阳健的领导下恢复了元气。欧阳健也渐渐地放松控制，开始让设计和研究部门更放手地去干事。然而，对生产和采购部门，他仍然勒紧缰绳。蓝天公司内再也听不到关于欧阳健去留的流言蜚语了。大家这样评价他：欧阳健不是那种对这里的情况很了解的人，但他对各项业务的决策无懈可击，而且确实使我们走出了低谷，公司也开始走向辉煌。

资料来源：《新老总的领导风格》，中国人力资源网，http://blog.hr.com.cn/index.php/538734/viewspace-44774.html，2011-07-11。

思考：

生产部经理愿意留下跟着欧阳健干，而采购部经理却想离职，请用期望理论对其原因进行分析。

二、公平理论

公平理论又称社会比较理论，是美国行为科学家约翰·斯塔希·亚当斯于20世纪60年代提出的一种激励理论。[①] 它是研究人的动机和知觉关系的一种激励理论，侧重于研究工资报酬分配的合理性、公平性及其对员工的影响。

（一）理论内容[②③]

公平理论认为每个人不仅关心由于工作努力所得到的绝对报酬，而且还关心自己的报酬与他人的报酬之间的关系，并对自己的付出与所得和他人的付出与所得之间的

① J. S. Adams. Toward an understanding of inequity. *Journal of Abnormal and Social Psychology*, 1963, 67: 422-436.

② J. S. Adams. *Inequity in social exchange*. New York: Academic Press, 1965. 267-299.

③ J. S. Adams. Toward an understanding of inequity. *Journal of Abnormal and Social Psychology*, 1963, 67: 422-436.

关系作出判断。具体来讲，即以对工作的付出，如努力程度、工作经验、教育程度及能力水平等为根据，比较其所得，如薪金、晋升、认可等因素。如果当事人与他人进行比较后，感觉到公平则相安无事；如果感到不公平，就会产生一种恢复公平的愿望，并采取行动纠正这种情况，其结果可能会降低或提高生产率、改善或降低产出质量、提高或降低缺勤率和自动离职率。若甲以乙为参考进行比较，其过程如图 3－7 所示。

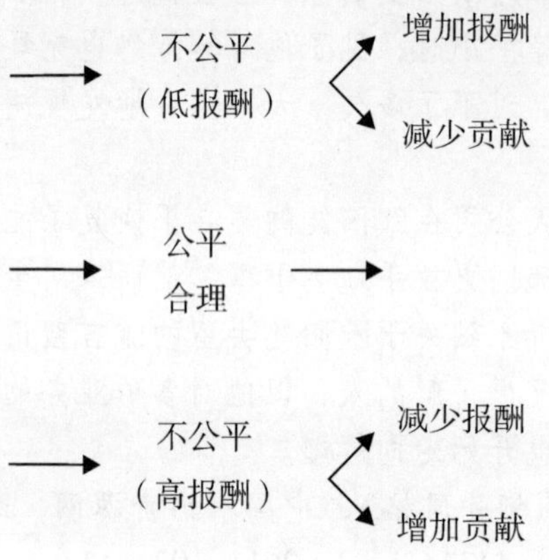

图 3－7 公平理论

其中：Q 表示个人所得报酬的主观感觉；I 表示个人所作贡献的主观感觉。公平理论从动机与感觉关系这一角度出发，揭示了一种普遍的心理现象。事实证明，“公平”与“不公平”的现象与人们相应的感觉，不仅能决定一个人的行为，而且对企业甚至对社会都有很大的影响。公平理论促使管理者不断重新评价他们对员工支付报酬的那些基本准则，今天被认为是公平的，到了明天或许就是不公平的。

调查和试验结果表明，不公平感的产生，绝大多数是由于经过比较认为自己的报酬过低；但在少数情况下，也会由于认为自己的报酬过高而产生。

亚当斯的研究表明，当一个人产生较强的不公平感时，可能会采取以下五种措施中的一种或几种：①通过自我解释（如曲解自己或别人的收支比率），主观上造成一种公平的假象，以便自我安慰；②选择另一比较基准（如另一员工或自己历史上的另一时期），以便获得主观上的公平感；③采取行动改变别的员工的收支比率，如要求领导降低别人的报酬或增加别人的劳动投入等；④采取行动改变自己的收支比率，如要求领导给自己增加报酬或减少劳动收入等；⑤发牢骚，讲怪话，消极怠工，制造矛盾或另谋他就。

（二）对管理实践的启示

（1）员工对组织报酬公平的感知主要取决于其对组织的信任，组织获得员工对自己的信任是激励的前提。

（2）员工如何评价组织报酬的公平性也取决于其个性特点，如负向情感的员工总是倾向于高估自己的奉献、低估自己的所得，而低估他人的贡献、高估他人的所得，从而产生强烈的不公平感，组织很难取悦这类员工。更糟糕的是，其不公平感导致的态度（如抱怨）或行为（如怠工、缺勤等）上的消极表现，都会通过社会信息加工方式对其他员工的积极性产生负面影响。

（3）影响员工公平感不是报酬的绝对值，而是相对值。管理者在薪酬激励时应力求公平，尽量使员工的努力与其所得相匹配。尽管有主观判断的误差，也不致造成严重的不公平感。

（4）公平是一种主观感受，因此一方面要在组织内部倡导公平、公开、公正的管理氛围；另一方面要在激励过程中注意对员工公平心理的积极引导，防止负面作用，使其认识到绝对的公平是不存在的，不要盲目攀比，也不要按酬付劳，因为按酬付劳会在公平问题上造成恶性循环，损人而不利己，造成双输的结果。

（5）在信息不对称、公平计算因子等变量存在差异的情况下，企业需要借助规章制度的力量，尽量保持信息公开，同时加强与员工的沟通，以增强其对过程公平的感知。

（6）公平理论在薪酬制度方面表现为三种公平形式①：内部公平、外部公平和员工人际公平，这也是组织进行薪酬设计的基本指导原则。员工对于企业的不满主要表现为这三方面。

1）内部公平。保证内部公平应该进行基本的工作分析和职位评估，依据各种工作对组织整体目标实现的相对贡献大小支付报酬。完成某项工作所需要的知识和技能越多，得到的报酬应越多；从事某项工作所处的环境越恶劣，得到的报酬也应越高；某项工作对实现组织整体目标的贡献越大，得到的报酬也应越多。

2）外部公平。保证外部公平的方法主要是获取外部市场薪酬调查数据。通过各种调研方法搜集市场上竞争对手薪酬水平的信息，通过对这些信息的比较分析来确定本企业员工的薪酬水平，以判断公司的整体薪酬水平与外部市场相比的整体竞争力如何。

3）员工人际公平。员工薪酬的一部分应该与公司、部门或个人绩效结合起来，体现绩效水平。要保证个人公平，首先是量才而用，并为有才能者创造脱颖而出的机会。此外，还需要事先说明规则，建立制度契约或心理契约，使双方都明白各自的权利和义务。

（7）在内部公平、外部公平与人际公平之间保持平衡的关键是充分考虑市场因

---

① 薪酬理论也称之为3P-M模式（3P指pay for position、pay for performance、pay for person，M指market），分别代表：为职位付薪，为绩效付薪，为个人能力付薪，结合市场薪酬数据付薪。

素的影响。在这个信息传播速度极快的时代，员工的公平感与积极性越来越多地受外部环境尤其是竞争对手的影响。竞争对手对其员工的激励手段与方法很快就会触动本组织员工对其所受待遇的感知，进而影响他们对工作的态度与行为。标杆比较与标杆学习应该成为组织设计激励机制的主要方法。

（8）在项目管理中，引导项目成员从一个较长的时间范围内看待公平问题尤为重要，因为不同项目的难易程度与利润优厚程度不同。其中有偶然因素，如项目组在刚刚结束某个项目后恰逢另一项目启动；也有必然因素，如组织为了整体利益往往从事某些不赢利甚至亏损的项目。后者一般是组织出于整体战略的考虑，通常也是必要的，但会对项目成员以及项目管理者产生较大的消极影响。组织有必要让他们明白：项目组以及项目成员可能在某个或者某些项目中受到“不公平”的待遇，但在其他项目中也可能会享有特别丰厚的“回报”，即从一个较长的时期看，组织对待项目成员是公平的。

（三）理论思考

（1）员工应怎样处理相互矛盾的信号和公平信号？如当工会指出某个群体的收入过高而管理层认为这样有利于改善工作时，员工如何评价其是否公平？

（2）员工怎样定义投入和产出？他们怎样综合和权衡其投入与产出，以得出是否公平的结果？这些因素何时变化？又怎样随时间变化？

（3）组织在保持人际公平时，常常会遇到这样的困扰：同样的职位，同样的能力，但是工资却相差甚远，你如何用公平理论来诠释？

【案例】

联想的薪酬就这样和国际接轨？

自联想收购 IBM 的 PC 业务后，一家中国企业如何设计一种兼顾本土和国际行情的国际薪酬体系，一直受到人们关注。如今，杨元庆 2175 万港元的高薪再一次把公众视线聚集到联想集团的薪酬问题上。

“这样的收入在美国也不算低了，但我们内部员工的工资却比美国低多了。”一位不愿透露姓名的联想集团员工说。联想集团虽然从收购 IBM PC 时就进行了薪酬的国际化调整，员工薪酬体系也发生了相应变化，但与国际化接轨的目标还没有实现。

联想收购 IBM PC 后，对国内员工的基本薪酬和福利都有所调整和补充，如增加年金、养老金，补充医疗保险。而对国际员工，基本薪酬不降，但在激励上更兼顾挑战性和可实现性。

不久前，联想集团正式对外发布了其“企业年金”计划，成为国内第一家推出

“企业年金”计划的企业。在联想集团主管人力资源的副总裁乔健看来，“企业年金”计划不过是联想并购 IBM PC 之后多项薪酬调整计划中的一项。但比起高管薪酬的国际化速度，员工薪酬还是落后了许多。

员工薪酬国际化需要软着陆

联想认为，国际化不是一蹴而就的事情。联想收购 IBM PC 后，薪酬制度一直是个令人关注的话题，毕竟双方的收入落差太大。据了解，联想的策略是原 IBM 员工薪酬在 3 年内（至 2008 年）不变。据原 IBM 员工透露：以基本工资计（不加奖金、员工福利与员工期权），IBM 员工七倍于联想员工。

显然，要想实现公平，三年之内，联想必须完成两件事：一是制订一套完整的薪酬方案，这套方案既需要满足联想员工，也需满足原 IBM 员工；二是让联想集团现在两极分化的工资体系向新的薪酬方案平稳过渡。

联想集团表示，公司一直在努力，员工薪酬一体化的目标正在一步步实现。一位在联想工作多年的人力资源经理表示，薪酬国际化需要一个缓慢过程，联想采取的是“软着陆”方式，逐步过渡，达成中国员工与海外员工的薪酬政策和结构的一致性。目前，联想集团内部员工的薪酬两极分化相当严重。

为联想集团制定全新薪酬体系的是韬睿咨询公司，其咨询师柴敏表示：薪酬国际化确实不能操之过急，“联想的薪酬可分为两部分：一是临时措施，在并购整合这一特殊期间的保留计划中体现；另一个就是在未来，全公司统一的薪酬系统。两套薪酬体系有一个过渡期。”

乔健也表示，收购前需要确认的是薪酬不会成为并购的风险因素，收购完成后需要确认的是新的薪酬体系需要哪些技术细节实现。而这些技术细节包括两方面：一是薪酬体系本身的技术细节，二是两套薪酬体系平稳过渡的技术细节。

这些细节的实现都需要员工的配合，因此联想对与员工的沟通面谈非常重视。每次方案出来后，人力资源部门会就该方案与各个团队成员沟通，同时还以电子版等各种形式通知员工本人，并给员工一页纸的任务书，由员工本人签字确认，从而保证员工能够明确了解自己当前所做的任务与所得到奖金之间的关系。

乔健透露，联想薪酬调整的大方向是，在原联想薪酬体系上（或对原联想员工），增加固定工资比例，降低可变薪酬比例；在原 IBM 工资的体系上（或对原 IBM 员工），降低固定工资比例，增加可变工资比例。同时，逐步上调联想员工整体收入。最终，所有联想员工实现薪酬一体化。

资料来源：张一君：《联想的薪酬就这样和国际接轨》，中国人力资源开发网，http://www.chinahrd.net/zhi_sk/jt_page.asp?articleid=107589，2006-07-30。

思考：

结合公平理论，分析联想在其并购后应该如何改革薪酬体系以适应发展。

三、目标设置理论

美国马里兰大学管理学兼心理学教授爱德温·洛克于1990年提出目标设置理论。

（一）理论内容[①]

目标设置理论将目标定义为在一段特定时间内的对象或行为目标。该理论系统地分析了目标的功能及目标设置影响工作绩效的机制，探讨了影响目标发挥作用的各种因素，提出个人设定的目标是外部刺激影响个体工作绩效的中介变量。该理论的观点是：具体的目标会提高工作成绩；另外，困难的目标一旦被人们接受，将会比容易的目标导致更高的绩效。[②]

1. 目标的特征

首先是目标的难度。工业心理学特别重视目标难度与工作绩效之间的关系。如果目标难度处于中等水平，个体的努力程度达到最高水平；相反，如果目标的难度处于极高或极低水平，个体的努力程度将达到最低水平。

其次是目标的明确性。明确的目标能够提高工作绩效。相反，类似于“尽力做好”等不明确的目标则会导致员工的可接受绩效水平范围较大，较难提高工作绩效。

2. 目标的功能或作用机制

目标影响工作绩效的机制，或者说目标的功能包括以下四个方面：[③]

（1）目标具有导向功能，引导个体的注意力和意志努力指向与目标有关的活动。

（2）目标具有激活能量的功能。

（3）目标具有维持功能。如果允许员工自主决定用多长时间来完成某一任务，那么在难度更高的目标条件下，他们付出意志努力的时间将更长。

（4）目标具有唤醒功能。目标使与任务有关的知识及策略被唤醒、发现或使用，从而间接地影响个体的行动。[④]

---

① E. A. Locke & G. P. Latham. *A theory of goal setting and task performance.* Englewood Cliffs, N. J.: Prentice Hall, 1990.

② （美）斯蒂芬·P. 罗宾斯、玛丽·A. 库尔特著：《管理学》（第9版），孙建敏、黄卫伟等译，中国人民大学出版社2008年版，第442页。

③ 《目标设定理论与人力资源管理》，百度文库，http://wenku. baidu. com/view/ef382f8fcc22bcd126ff0cd7. html，2011－08－19。

④ 具体表现为：第一，人们在面对任务目标时会自动地运用先前已掌握了的有关知识及技能。第二，如果仅仅使用自动化了的技能还无法达到目标，人们就会从先前在相关情境下已用过的各种技能中抽取某些技能运用于当前情境中。第三，如果任务目标是人们从未接触过的，那么人们会有意识地发展出一些有助于达到该目标的策略。第四，自我效能感更强的人更容易发展出有效的任务策略。第五，当人们面对复杂任务时，与设定明确的高水平绩效的目标相比，鼓励人们尽量“做到最好”会使人们发展出更好的策略。第六，如果人们接受过关于如何发展适当策略的训练，那么当个人被指定了具体的高水平绩效目标时，就更有可能运用这些策略，绩效水平也必然提高。

3. 目标设置理论中的权变因素

影响目标—绩效关系的因素主要有：目标承诺、反馈信息、自我效能和民族文化。[①]

首先，目标设置理论的前提条件是个体对目标的承诺，假定个体既不会降低目标也不会放弃目标。如果目标是公开的、个体是内控类型、目标是自我设定而非分派而来的，这种承诺最有可能发生。

其次，如果可以获得反馈以了解在实现目标的过程中自己的工作水平如何，人们会干得更好，因为反馈有助于他们了解自己所做的与想做的之间是否有差异。反馈可以指导行为。

再次，自我效能感水平越高，个体越自信能够完成任务。[②] 因此在困难的情境中，低自我效能者更可能减少甚至放弃他们的努力，而高自我效能者会加倍努力迎接挑战。

最后，目标设置理论受到文化的限制。它假定下属具备合理的独立性（在权力差距上得分不太高），管理者和员工会寻求具有挑战性的目标（在不确定性规避上得分低），无论管理者还是下属都十分看重工作绩效（在生活的数量上得分高），因此在美国和加拿大等国家，该理论容易为人们所接受。但在其他国家，不应该预期目标设置必然提高员工的绩效。

（二）对管理实践的启示[③]

该理论揭示了有意识的目标与任务绩效之间的关系，对个体在组织中完成既定任务时的绩效表现做出解释、预测和控制，从而为组织或项目管理者提供有效信息。

1. 合理设置目标，提供及时反馈，适度激励员工

与模糊的、没有挑战性的、复杂程度较高的，也未被员工所接受的目标相比，具有挑战性的、可以实现的且为员工接受的目标能够带来更高的绩效。有人对通宵达旦玩游戏者不理解，但当自己去玩时，也往往废寝忘食，原因何在？游戏机上电脑程序是按照由简到繁、由易到难的原则编制的，那种操作者稍有努力则进、不努力则退的若得若失感，对操作者最有吸引力。游戏机的事例说明了激励标准适度性问题。保持了这个度，就能使激励对象乐此不疲；反之，如果激励对象的行为太容易达到被奖励和被处罚的界限，那么这套激励方法就会使激励对象失去兴趣，达不到激励的目的。

当然，太难实现的目标造成过度的压力，会使员工的绩效适得其反。管理者在激

---

① （美）斯蒂芬·P. 罗宾斯、玛丽·A. 库尔特著：《管理学》（第9版），孙建敏、黄卫伟等译，中国人民大学出版社2008年版，第442—443页。

② 自我效能感指个体对自己能否完成任务的信念。

③ E. A. Locke & G. P. Latham. Building a Practically Useful Theory of Goal Setting and Task Motivation：A 35 - Year Odyssey. *American Psychologist*，2002，9：705 - 17.

励员工时，期望不能太低，也不可过分，这就需要管理者把握适度的原则。为避免过高期望而走入激励误区，管理者应注意以下四点：①可以对员工有所期望，但不得过度；②配合员工的能力设置目标，可以使其做些稍有困难的事情，即“跳一跳即可够得着”；③员工达到了目标，要及时激励；④达不到目标，应给予鼓励和指导，使其产生信心，在加压与降压之间构建平衡。

由此可见，对于一些持续时间长，难度大的项目而言，管理人员需要将任务进行合理分割，设置具体的、具有挑战性且可接受的目标，以提高员工的积极性，并在工作过程中不断地根据员工的表现提供客观、及时的反馈信息，使员工及时调整努力程度和方向。

2. 必要时让员工参与工作目标的设置

员工在参与目标设置的过程中能得到充分的尊重和认可，一方面有助于提高目标的可接受性，另一方面员工更愿意为实现目标而付出努力。

3. 促进工作中的自我调节

对于很多项目而言，监管的成本不仅耗费巨大而且不现实，提高员工自我管理与自我调节的能力就成为项目顺利、高效推进的关键。自我调节是指使用认知过程来调节自己的行为，其关键变量之一是目标设置。在工作中，管理者通过培训员工，让其设置对工作绩效有利的目标，对工作环境中不利于这一目标的因素进行调控，从而促使员工进行自我调节、自我管理，主动实现组织目标，而不依赖于管理者的监督。

（三）理论思考

（1）目标设置理论和目标管理有何区别和联系？

（2）回顾以往的成长历程，你觉得目标在其中起到何种作用？

【案例】

日本索尼公司实施目标激励的成效

企业人才只有在科学的目标的诱引下，才能做有用功，发光发热，体现聪明才智。不过，盛田昭夫觉得，纯粹的科学家可能不适合企业，或者适合研究院。

盛田昭夫曾说起RCA公司的例子。RCA公司曾经开发过一种具备电容系统的影碟机，但由于目标偏离市场，脱离实际，结果血本无归。这并非设计上的不足，也不是技术的落后，更不是广告宣传不到位。盛田昭夫认为这完全属于管理决策上的失误，导致目标偏离。主管者如果没法从技术的角度了解一个产品的可行性，那么结局就不妙。所以，一个专业主管如果总是换行业、调岗位，是件很危险的事，这可能会越来越陌生于所管的工作。就算长期涉猎某一行业，也不能说有十分把握，当然比起那些不稳定的主管来，还是要熟悉情况得多。

为了更充分有效地调动每一位人才的大小才能，索尼公司在确立较大目标的同时，也希望每一位主管、开发人员乃至每个员工，都能够找到自己的近期目标，从内部创业，在岗位上革新，把多层次的创意发挥到每一个具体环节。

像索尼这么大的公司，分门别类可以划出诸多不同的领域和工种，如电视机小组、录像机小组等。公司规定，不管哪个部门或个人提出创造性的建议，都可上报高级主管，经过确认为有效的，就积极鼓励他们继续搞下去，当做自己的近期目标去不断努力，公司也将大力支持。

一般来说，索尼公司希望每一项大小创意都能和现实紧密挂钩，但当有些创意还比较超前、提出者十分感兴趣时，索尼公司也会大度成全。

公司曾经有一个年轻研究人员，发明了一种电脑显示系统，他的创意是将来把这一系统用在电脑和平面电视显像器上。公司经过仔细研讨，对这一创意首先予以肯定，但认为离实际应用时间还比较长，所以不宜投入大量的资金和时间开发。但这位年轻研究人员对自己的创意和研究成果割舍不下，一定要继续下去，公司也没办法。最后，公司专门为他筹措了一定的经费，他自己也弄了一些，另起炉灶，组建了一家个人公司。公司很不愿意失去这么一位能干肯干、心中有目标的人才，但尊重他个人的选择，公司也只好如他所愿了。

不管怎样，索尼公司还是很欣赏这种有创意、有目标的青年。他能把自己的发明及时告知公司，对公司本身也是一种信任。

索尼公司有这么一种传统，当部门里哪一个人获得新发明或新创意时，整个部门都为他高兴，而且其他人也感到很振奋。这也从另一个侧面体现了“一荣俱荣，一损俱损”的索尼企业文化精神。

所以，员工们有感于同事的创意，会更加努力寻找自己的目标，争取在自己的岗位上有所提高、有所创新。这就迫使每一个员工去进一步熟悉自己的领域，和同行、和对手相比较，找出差距，发挥余热，提高自己的观察能力和实际操作水平。那些敢想敢干的员工，心里也就没有顾虑，只有动力。在生产、制作、开发的过程中，就会主动多个心眼，加上自己的理解和创意，在别人没有做过的事情上试一试身手。

同时，高层主管也经常深入基层，了解进程，总结经验和教训，并不断提出和修改新的目标方案，以使目标更科学、更完善。这样也调动了大家的聪明才智，集思广益，“众人拾柴火焰高”，整个公司拧成一根绳，专闯未知领域，去超越同行，去领导国内乃至世界的开发新潮流，做一名称职的世界“先锋霸主”。

资料来源：《索尼公司的激励机制》，http://www.hrdm.net/practice/0115.Html，2009－01－16。

思考：

结合目标设置理论分析，索尼公司实施的目标激励取得成效的关键。

第三节 行为改造型理论

行为改造型理论被认为是激励目的理论，激励的目的是要改造和修正人们的行为方式。具有代表性的有强化理论（Reinforcement Theory）、归因理论（Attribution Theory）和挫折理论（Frustration Theory）。

一、强化理论

强化理论由美国心理学家和行为科学家斯金纳、赫西、布兰查德等人提出。他们在心理学上属于极端的行为主义者，其目标在于预测和控制人的行为，而不去推测人的内部心理过程和状态。[①]

（一）理论内容[②]

斯金纳提出了"操作条件反射"理论，即人或动物为了达到某种目的，会采取一定的行为作用于环境，当这种行为的后果对他有利时，这种行为就会在以后重复出现；当这种行为的后果对他不利时，这种行为就会减弱或消失。人们可以用这种正强化或负强化的办法来影响行为的后果，从而修正其行为，这就是强化理论，也叫做行为修正理论。

所谓强化，其最基本的形式是对一种行为的肯定或否定的后果（报酬或惩罚），在一定程度上会决定这种行为在今后是否会重复发生。强化的主要功能，就是按照人的心理过程和行为规律，对其行为予以导向，并加以规范、修正、限制和改造。它对行为的影响，是通过行为的后果反馈给行为主体这种间接方式来实现的。人们可根据反馈的信息，主动适应环境刺激，不断地调整自己的行为。

强化理论的基本观点是：人的行为受到正强化时，趋向于重复发生；受到负强化时，趋向于减少发生；当激励人们按一定的要求和方式去工作以达到预定目的时，奖励往往比惩罚有效；反馈是强化的一种重要方式，应该让人们通过某种形式或途径及时了解行为的结果；为使某种行为得到加强，奖赏应在行为发生后尽快提供，延缓奖

---

① （美）斯蒂芬·P. 罗宾斯：《组织行为学》，中国人民大学出版社 2005 年版，第 183 页。B. F. Skinner, *Contingencies of Reinforcement*. East Norwalk, C. T.: Appleton-Century-Crofts, 1971.

② B. F. Skinner, *Science and human behavior*. New York: The Macmillan Company, 1953: 59 – 90. B. F. Skinner, *Verbal behavior*. New York: Appleton-Century-Crofts, 1957.

赏会降低强化作用。

强化包括正强化、负强化、惩罚和自然消退四种类型。

（1）正强化，又称积极强化。当人们采取某种行为时，能从他人那里得到令其感到愉悦的结果，这种结果反过来又成为推进人们趋向或重复此种行为的力量。例如，企业用某种具有吸引力的结果（如奖金、休假、晋级、认可或表扬等），以表示对员工进行安全生产行为的肯定，从而增强员工进一步遵守安全规程，进行安全生产的行为。

（2）负强化，又称消极强化，指对某种不符合要求的、会引起不愉快后果的行为加以否定，可减少或消除令人不愉快的处境，从而增大符合要求的行为重复出现的可能性。例如，企业安全管理人员告知工人如果不遵守安全规程，就要受到批评，甚至得不到安全奖励，于是工人为了避免此种不期望的结果，认真按操作规程进行安全作业。

（3）惩罚是在消极行为发生后，以某种带有强制性、威慑性的手段（如批评、行政处分、经济处罚等）给人带来不愉快的结果，或者取消现有的令人愉快和满意的条件，以表示对某种不符合要求的行为的否定。

（4）自然消退，又称忽视，是指对原先可接受的某种行为强化的撤销。由于在一定时间内不予强化，此行为将自然下降并逐渐消退。例如，企业曾对员工加班加点完成生产定额给予奖酬，后经研究认为这样不利于员工的身体健康和企业的长远利益，因此不再给予奖酬，从而使加班加点的员工逐渐减少。

如上所述，正强化是用于加强所期望的个人行为；负强化、惩罚和自然消退是为了减少和消除不期望发生的行为。这四种类型的强化相互联系、相互补充，构成了强化的体系，并成为一种制约或影响人的行为的特殊环境因素。

（二）对管理实践的启示

（1）要因人制宜，根据对象的不同采用不同的强化措施。由于人的个性特征及需要层次不尽相同，不同的强化机制和强化物所产生的效应会因人而异。如有的人更重视物质奖励，有的人更重视精神奖励，应区分情况，采用不同的强化措施，并随着强化对象和环境的变化而相应调整。

（2）设定明确、具体可行的目标。首先要设立一个明确的、鼓舞人心而又切实可行的目标，只有目标明确而具体时，才能进行衡量和采取适当的强化措施。同时，还要将目标进行分解，分成许多小目标，完成每个小目标时都及时给予强化，这样不仅有利于整体目标的实现，而且通过不断的激励可增强员工信心。

（3）利用及时反馈增强强化效果。要取得最好的激励效果，就应该在行为发生后尽快采取适当的强化方法。一个人在实施了某种行为以后，即使是主管表示“注意到这种行为”的简单反馈，也能起到正强化的作用。如果主管对此不予注意，这种行为重复发生的可能性就会减小以至消失。

（4）正强化更有效。在强化手段的运用上，应以正强化为主；必要时也要对坏的行为予以惩罚，做到奖惩结合。但是采用负强化和惩罚时一定要慎重。

正强化可以培养员工，提高其自信心。一个人的成长、成功离不开鼓励，鼓励就是给员工机会锻炼及证明自己的能力。在鼓励的作用下，员工可以认识到自己的潜力，不断发展各种能力，成为生活中的成功者。正强化还可以唤起员工乐于工作的激情。在企业中设置鼓舞人心的安全生产目标，就是一种正强化方法，但要注意企业整体目标与员工个人目标、最终目标和阶段目标等的结合，并对有明显绩效或做出贡献的人给予及时的物质和精神奖励（强化物），以求充分发挥强化作用。而负强化应用得当也能促进安全生产，反之则会带来消极影响，如使人不愉快，产生悲观、恐惧等心理反应，甚至出现对抗性消极行为。因此在运用负强化和惩罚时，应尊重事实，讲究方式方法，处罚依据准确公正，尽量消除其副作用。

（5）注意强化的时效性。时间对于强化效果有较大的影响。一般而言，及时强化可提高员工行为的强化反应程度，但须注意，这并不意味着随时都要进行强化。不定期的非预料的间断性强化，往往能取得更好的效果。因此在管理实践中，适时性是奖励的一个重要原则。适时奖励才能取得预期的效果。

（6）强化理论对培训者的行为提出了具体要求。首先，培训者应该帮助受训者明确培训的积极效用，包括：参加培训可以习得一种简单有趣的工作方法；能够结识一些日后能够为其提供帮助的人；有助于增强个体的知识和技能水平；有助于提高日后被晋升的机率；等等。其次，在培训过程中，要注重给予受训者积极、及时的反馈意见，帮助其保持正确的行为，去除不良习惯。

（三）理论思考

（1）根据强化理论，惩罚作为一种典型的强化手段，目的不在于惩罚，而在于减少不利于组织的行为，增加有利于组织的行为。在具体管理实际中如何运用惩罚进行有效管理？

（2）负强化、惩罚与自然消退有何区别？分别适应何种情形？

（3）20世纪80年代以来，不少学者对行为改造理论提出新的要求，希望将环境设计技术与道德抑制结合起来，使激励的方式多样化。在具体的项目管理实践中，你认为环境设计与道德抑制哪种方式更有效？为什么？

【案例】

艾默瑞金属箱

艾默瑞公司出于经济考虑，希望工人尽量使用运输专用的金属箱。当管理人员询问工人搬运的货物中有多少是用金属箱时，工人的回答一律是90%，但事实上比例仅有45%。为了鼓励员工使用集装箱，管理层建立了反馈和积极强化方案。每个装运工接受指导并记录他每天的装运量，每天结束工作后由工人自行计算金属箱使用率，并据此发放奖励。结果，该制度实施的第一天，金属箱的使用率猛增到90%，并一直保持该水平。据公司称，这项措施在3年中为公司节省了200万美元。

资料来源：（美）斯蒂芬·P. 罗宾斯：《组织行为学精要》（第7版），机械工业出版社2003年版。

思考：

试用强化理论解释该措施的有效性。

二、归因理论

美国心理学家海德（F. Heider，1958）早在1958年就提出了归因理论[①]，在此基础上，凯利（H. H. Kelly，1967）提出了三维归因理论[②]，韦纳（Bernard Weiner，1974）提出了成败归因理论。其中以韦纳的理论对当前实践的借鉴意义最大，本书重点予以介绍。

（一）理论内容[③]

成败归因理论可被看做最能反映认知观点的一派，其指导原则和基本假设是：寻求理解是行为的基本动因。韦纳认为，能力、努力、任务难度和运气是人们在解释成功或失败时知觉到的四种主要原因，并将这四种主要原因分为控制点、稳定性、可控性三个维度。根据控制点维度，可将原因分成内部和外部；根据稳定性维度，可将原因分为稳定和不稳定；根据可控性维度，则可将原因分为可控的和不可控的。其中，

① 归因理论最初由海德在《人际关系心理》中提出，因此海德是归因理论的创始人。他指出人的行为的原因可分为内部原因和外部原因。内部原因是指存在于行为者本身的因素；外部原因是指行为者周围环境中的因素。

② 1967年，美国社会心理学家凯利发表《社会心理学的归因理论》，提出三维归因理论，也称炻度理论，对海德的归因理论进行了一次扩充和发展。至此之后，归因理论引起学界的广泛关注。

③ B. Weiner. *Achievement motivation and attribution theory.* Morristown, N. J.: General Learning Press, 1974.

能力和努力是两种描述个人特征的“内在原因”，是个人可以控制的；任务难度和运气则是表示环境因素的“外在原因”，是个人较难控制的；能力和任务难度又属于稳定的因素；努力程度和运气好坏则是不稳定因素。不同的归因倾向会使人对成功和失败产生不同的情感体验和情感反应，并由此影响个体对未来结果的预期和努力。这一关系可用图3－8表示。

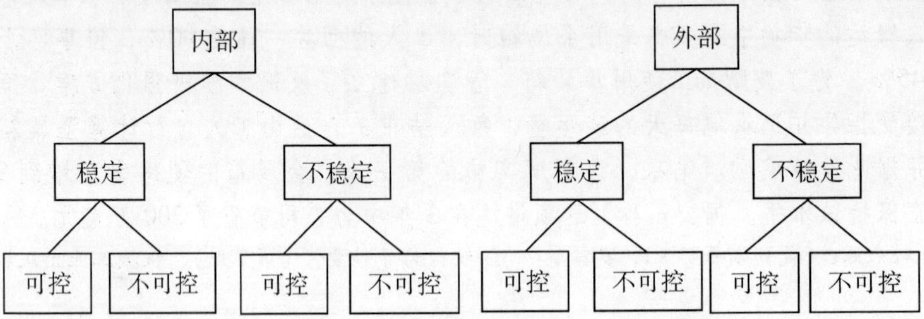

图3－8　韦纳归因理论的三维度八因素示意图

韦纳认为，每一维度对动机都有重要的影响。

在控制点维度上，如果将成功归因于内部因素，会产生自豪感，从而动机提高；归因于外部因素，则会产生侥幸心理。将失败归因于内部因素，会产生羞愧感；归因于外部因素，则会产生愤怒感。

在稳定性维度上，如果将成功归因于稳定因素，会产生自豪感，从而动机提高；归因于不稳定因素，则会产生侥幸心理。将失败归因于稳定因素，将会产生绝望感；将失败归因于不稳定因素，则会生气。

在可控性维度上，如果将成功归因于可控因素，则会积极争取成功；归因于不可控因素，则不会产生多大的动力。将失败归因于可控因素，会继续努力；归因于不可控因素，则会绝望。

由此可见，将失败归因于内部、稳定、不可控性会产生无助感，反之亦然。

韦纳通过一系列研究，得出归因的一些最基本结论：

(1) 个人将成功归因于能力和努力等内部因素时，会感到骄傲、满意、信心十足，若归因于任务容易和运气好等外部原因，产生的满意感则较少。相反，如果一个人将失败归因于缺乏能力或努力，则会产生羞愧和内疚，若归因于任务太难或运气不好时，产生的羞愧则较少。归因于努力与归因于能力相比，无论成功或失败，均会产生更强烈的情绪体验。努力而成功，体会到愉快；不努力而失败，体验到羞愧。因此，努力而失败也应受到鼓励。

(2) 在付出同样努力时，能力低的应得到更多的奖励。

(3) 能力低而努力的人受到最高评价，能力高而不努力的人受到最低评价。因此，韦纳总是强调内部、稳定和可控性的维度。

（二）对管理实践的启示

（1）心理健康。人们对许多问题的看法明显地取决于他们对消极事件的解释，而不在于消极事件本身。因此，如何解释消极事件与心理健康有着密切的关系。归因训练对心理健康是有帮助的，其中一个办法是引导个体改变对失败归因的知觉，把稳定的、内在的原因改变为外在的、不稳定的原因。

（2）绩效评价。在绩效评价中，归因会起到一些作用：影响管理者对下属的评定、绩效反馈，对下属不良绩效原因的结论以及为纠正不良绩效所采取的措施。因此，管理者要正确归因，客观地评价员工的表现，才能使员工认识到自身的不足，改进绩效。

（3）冲突。在组织中，对稀有资源的竞争，为权力或影响力进行斗争，长期的不满，对岗位的刻板偏见，等等，都可能引起个体间或群体间的冲突。在影响冲突的多种因素中，归因起着重要作用。而在组织情景中，冲突的形成和发展也在很大程度上取决于当事人的归因。如一个影响因素“身不由己”是指从事某种引起对方不满、具有冲突性质的行动个体把这种行动归因于自己不可控的原因。如果对方相信行动是身不由己的，则其愤怒或报复倾向就会减弱。相反，如果对方不以为然，那么“身不由己”策略就会增加冲突。

（三）理论思考

（1）归因理论在解释组织行为方面有什么意义？
（2）对不同的事物，在不同阶段，你的归因模式是怎样的？有无改变？为什么？
（3）请归纳你的上级和下属的归因模式以及你与他们相处的策略。

【案例】

先灵—葆雅公司：营销绩效管理中的冲突

作为先灵—葆雅公司（Schering-Plough）最好的销售员之一，在工作了35年之后，弗瑞德·马奥瑞诺（Fred Maiorino）被老板瑞德解雇了。解雇信中说明他是因为无法完成公司的销售目标、工作过于缓慢、无法拜访关键医生，并且无法改进其业绩而被解雇的。他的职位将会被一个24岁的新职员所取代。但是，弗瑞德认为他的年龄才是被解雇的真正原因，他认为先灵—葆雅公司创造了一种对年老销售代表们存在歧视的评价和激励机制。

弗瑞德在过去的35年里是一位十分出色的销售员，在竞争激烈的药品行业这一个动态的组织环境下，他取得的成绩和在医药界的地位是坚固的。但是1989年瑞德成为弗瑞德的新老板后，却给了他有史以来最低的半年表现评价——“好”。

管理层瑞德的努力

瑞德1989年上任后开始实施一套衡量销售代表业绩表现的新体系，运用BARS来评价员工的全面表现。与以前通常使用的销售配额体系不同，销售员们现在通过两种基本不同的方式核定业绩：一是数量目标；二是销售员的行为评定，主要以代表销售员有效或无效行为的重要事件为基准。发现弗瑞德前几个月业绩不好后，瑞德对其进行书面鼓励和指导。随后又发现弗瑞德工作迟缓，于是才暗中观察了解到弗瑞德经常违反公司规定，即8：30销售代表要离开家的政策。除此，瑞德还发现了一些“鲸鱼”医生不在弗瑞德的关键客户中，于是认为他没有能力在自己的工作区域内选定合适的医生。

弗瑞德为自己辩护

他开工的时间推迟有自己的原因，瑞德先前鼓励销售人员养成灵活的工作习惯，可以有完全的自由来计划自己的访问时间，只要保持一天的工作量即可。于是他灵活地安排自己的时间，却被监视和打报告。1989年公司宣布了对年老职员的自愿退休计划，弗瑞德拒绝接受，碰巧瑞德就开始收集他区域管理能力低下的证据了。他的销售业绩很好，却只得到“好”的评价。这一切让弗瑞德感到不公平。于是弗瑞德把先灵—葆雅公司以年龄歧视告上了法庭。

资料来源：（美）保罗·F. 布勒、兰德尔·S. 斯库勒著：《组织变革中的人力资源管理案例》（第6版），刘洪敏、徐春艳、石庆芳等译，人民邮电出版社2004年版，第193—204页。

思考：

利用归因理论分析，管理者瑞德和员工弗瑞德为何对工作绩效持不同的说法？如果当初对弗瑞德继续激励，或者采取其他方式考察其绩效，能否更好地解决这一冲突呢？

三、挫折理论

挫折是指个人在某种动机的推动下所要达到的目标受到阻碍，因无法克服而产生的紧张状态与情绪反应。挫折理论主要揭示人的动机行为受阻而未能满足需要时的心理状态，以及由此导致的行为表现，力求采取措施将消极性行为转化为积极性的、建设性的行为。

（一）理论内容[①②③]

1. 挫折产生的原因

引起挫折的原因包括内部和外部两方面。内部原因主要为个人生理和心理因素两种，如身体素质不佳、个人能力有限、认识事物有偏差、性格缺陷以及个人动机冲突等；外部原因主要为自然和社会环境因素两种，如天灾人祸、生老病死、企业组织管理方式引起的冲突、人际关系不协调、人岗不匹配、管理方式不当、工作安排不合理以及工作条件不良等。然而，感受挫折的程度因人而异，与其抱负水平和容忍力有关。归根结底，挫折的形成是由于人的认知与外界刺激因素相互作用失调所致。

2. 挫折的影响

对于同样的挫折情境，不同的人会有不同的感受；引起某人挫折的情境，不一定会引起他人的挫折。其主要原因是由于人的挫折容忍力[④]不同。对于同一个人来说，对不同的挫折，其容忍力也不相同，如有人能容忍生活上的挫折，却无法承受工作中的挫折，有人则恰恰相反。挫折容忍力与人的生理、社会经验、抱负、对目标的期望以及个性特征等有关。

挫折对人的影响具有两面性：一方面，挫折可增加个体的心理承受能力，使人猛醒，汲取教训，改变目标或策略，从逆境中重新奋起；另一方面，挫折也可使人们处于不良的心理状态中，出现负向情绪反应，并采取消极的防卫方式来对付挫折情境，从而导致不安全的行为反应，如不安、焦虑、愤怒、攻击、幻想、偏执等。在企业管理中，有的人由于安全生产中的某些失误，受到领导批评或扣发奖金，若其挫折容忍力小，可能发泄不满情绪，甚至采取攻击性行动。在攻击无效时，又可能暂时将愤怒情绪压抑，对安全生产采取冷漠的态度，得过且过。人受挫折后也可能产生一些远期影响，如丧失自尊心、自信心，自暴自弃，精神颓废，一蹶不振，等等。

3. 受挫者的行为表现

根据不同人的心理特点，受到挫折后的行为表现主要有两大类：一是采取积极进取态度，即采取减轻挫折和满足需要的积极适应态度；二是采取消极甚至对抗态度，如攻击、倒退、固执和妥协等。这些消极表现往往以综合的形式出现。

（1）攻击[⑤]。挫折—攻击假说认为，挫折可能引起人的攻击行为。挫折是否引发

---

① （美）Dennis Coon 著：《心理学导论》（第 9 版），郑钢等译，中国轻工业出版社 2004 年版，第 511—513 页。

② 张春兴：《心理学》，东华书局 1977 年版，第 502—511 页。

③ 朱永新：《人力资源管理心理学》，华东师范大学出版社 2003 年版，第 356—364 页。

④ 所谓挫折容忍力，是指人受到挫折时免于行为失常的能力，也就是经得起挫折的能力，它在一定程度上反应了人对环境的适应能力。

⑤ 林传鼎、陈舒永、张厚粲：《心理学词典》，江西科学技术出版社 1986 年版，第 340—341 页。

攻击行为取决于受挫折驱力的强弱、受挫折驱力的范围、以前所遭受挫折的频率、随着攻击反应而可能受到惩罚的程度等四种因素。由于挫折而引起的攻击行为可能直接指向阻碍人们达到目标的人或物，因此可能产生对人的嘲笑漫骂，甚至动手打人。如果由于种种原因不能直接攻击阻碍自己达到目标的对象，就可能把攻击目标指向某种其他代替物，即所谓的“替罪羊”。挫折与攻击之间并没有必然的因果联系，攻击只是人们在遭受挫折时的表现形式之一，而非唯一形式。

（2）倒退。有时也称为“退化”或“回归”。挫折—倒退假说（frustration-regression hypothesis）指人们在受到挫折以后表现出一种与自己年龄不相称的幼稚行为，如倒退到幼年时期的习惯和行为表现，有时也表现为采取幼稚简单的方式以解决因挫折而产生的问题。有些心理学家认为，疑病症就是倒退的一种表现形式，患者以为自己有“病”就可以得到别人的帮助，甚至可以像儿童依赖父母一样依赖别人。如一个领导因自身受到某种挫折而对下级大发脾气，或为一点小事而暴跳如雷，粗暴地对待别人，这些都是回归性行为。倒退的另一种表现形式是受暗示性，受暗示性高的人在受到挫折后常表现为盲目地相信别人，盲从地执行某个人的指示。

企业中的倒退现象表现为不能控制自己的情绪，盲目地追随某个领导人，缺乏责任心，无理取闹，毫无理由的担心，轻信谣言，等等。管理者也会表现出倒退的迹象，如在受到挫折后不愿承担责任，难以作出简单的决策，敏感性降低，不能区别合理与不合理的要求，盲目忠实于某个人或某个组织，等等，这一切都是倒退的表现。

（3）固执。固执通常指被迫重复某种无效的动作，尽管这样做并无任何结果，但仍要继续这种动作。表面上看，固执与正常习惯非常相似，但当设法改变固执和正常习惯时，则会看出它们之间的明显区别。如果习惯的行为不能满足人的需要，或者受到惩罚时，会改变这种习惯。相反，固执行为在这种情况下不仅不会改变，而且会更加强烈。

因此，在企业管理中，使用惩罚对人可能有两种完全不同的效果。它可能成为挫折的起因，从而产生具有强制性特点的固执行为；也有可能成为改变不良习惯的手段。正因为惩罚有这两种截然不同的效果，所以在使用时要特别谨慎，否则可能事与愿违。

此外，当员工受到挫折后往往会抵制经济或技术上的变革。他们会执拗地认为老一套的办法是最好的，甚至找出各种理由为其抵制行为辩解。一般来讲，挫折情境较少的企业，员工士气较高。

（4）妥协。人在受到挫折时会产生心理或情绪的紧张状态，称之为“应激状态”。由于长期处于过度应激状态会引起各种疾病，因此人们往往采取妥协性的措施以减轻应激状态。具体表现为文饰、投射、反向和表同四种形式。文饰指想出各种理由原谅自己或为自己的失败辩解；投射指把自己所做的错事或不良表现诿过于别人，从中减轻自己的内疚、不安和焦虑；反向指受到挫折之后，为了掩盖自己内心的憎恨和敌视，努力压制自己的感情，做出违反自己意愿和情感的行为；表同是把别人具有的、自己羡慕的品质加到自己身上。

（二）对管理实践的启示[①]

（1）正确地、辩证地看待挫折。挫折有两个特性，即客观性和两面性。我们要正确地、辩证地对待挫折，适当的挫折对于目标达成不但无害而且有益，主要是因人而异、因事而异。

（2）要善于发现不正常的迹象，加强组织与个人的信息沟通，及早了解情况并加以解决，防患于未然。

（3）正确对待挫折。首先要发展建设性的、积极的挫折反应，减少破坏性的、消极的挫折反应。其次，从企业管理的角度看，挫折与组织采取的管理方式有关。管理方式得当可以减少矛盾，即使产生挫折也比较容易解决；管理方式不当则会激化矛盾，不仅容易产生挫折，而且挫折较难解决。所以管理者要善于从挫折的征兆中找出真实的原因，采取种种诱导措施，增加建设性的行为，消除破坏性的行为。这些措施具体包括：

1）对受挫员工的行为采取理解与包容的态度。管理者应对组织成员受挫后的行为有深刻的理解和同情，要把受挫折的人看成是需要帮助的人。管理者要伸出热情之手，帮助他们恢复心理平衡，创造解决问题的气氛，切忌对员工的遭遇不理不睬。

2）改变情景。在企业中要对管理者进行人际关系的训练，以减少甚至避免员工受挫折的情境，并尽力提供条件使员工少受挫折。

3）创造让员工表达情感的情境，适当宣泄。这是一种精神发泄方法，旨在创造一种情境，使受挫折者可以自由地表达他们受压抑的情感。因为人们处于挫折情境时，会以紧张的情绪反应代替理智行为，所以只有通过创造情境，使员工的紧张情绪发泄出来，才能使员工恢复理智状态，正常地工作。

（三）理论思考

（1）“挫折—攻击”假说是否过于片面？挫折总是会引起攻击行为吗？

（2）如果管理者对有才能但是比较张狂的手下采取“多给其苦头吃”的办法，其结果会怎样？为什么？

（3）与同学们分享在成长道路上挫折和成功给予你的影响。

---

① 俞文钊：《人力资源管理心理学》，上海教育出版社 2005 年版，第 426—435 页。

【案例】

挫折激励

《西游记》中唐僧师徒四人历尽艰难前往西天取经，最终的目的是经书吗？如果是这样的话，何不让孙悟空翻几个跟斗直接到西天把经书带回来给师父，这样唐僧可以用更多的时间去传经颂典，普渡众生。实际上它告诉人们：为了寻找、追求、实现一个美好的理想和目标，为了完成一项伟大的事业，必然会遇上或多或少、或大或小、各种各样的困难和挫折，必须顽强地战胜这些困难，克服这些挫折。这种精神是面对挫折的理智表现：继续努力，一个人在通向目标的道路上，虽遇到了某些障碍，但并不心灰气馁，而是继续努力，经过反复努力，克服重重困难，直到最后达到目标，战胜挫折。

激励离不开挫折，怎样有效利用挫折来激励员工是一门艺术。管理者进行挫折激励的目的，就是要求下属遇到挫折以后以积极的态度面对，检查自我、完善自我，利用受挫折者的防卫机制，促其升华。

美国玫琳凯化妆品公司初建时只有九个人，20多年后的今天，该公司已经发展成为拥有20万名员工的国际性大公司。它的创办人兼董事长玛丽·凯被人们称为“美国企业界最成功的人士之一”。玛丽·凯一直严格地遵循着这样一个基本原则：无论批评员工什么事情，必须找出一点值得表扬的事情留在批评之前和批评之后说，而绝不可只批评不表扬。她说：“批评应对事不对人。在批评员工前，要先设法表扬一番；在批评后，再设法表扬一番。总之，应力争用一种友好的气氛开始和结束谈话。”

有一次，她的一名女秘书调离别处，接任的是一位刚刚毕业的女大学生。新来的女大学生打字时总是不注意标点符号，令玛丽·凯很苦恼。有一天，玛丽·凯对她说：“你今天穿了这样一套漂亮的衣服，更显示了你的美丽大方。”

那位女秘书突然听到老板的称赞，受宠若惊。玛丽·凯于是接着说：“尤其是你这排纽扣，点缀得恰到好处。所以我要告诉你，文章中的标点符号，就如同衣服上的扣子一样，注意了它的作用，文章才会易懂并条理清楚。你很聪明，相信你以后一定会更加注意这方面的！”

从那以后，那个女孩做事明显地变得有条理了，也不再那么马虎。一个月后，她的工作基本上能令玛丽·凯满意了。

例如，某企业老板鉴于给大客户提供的产品质量合格率下降的情况，找到生产部门的相关负责人谈话，内容如下：以前产品质量合格率都在98.7%以上，而且公司以你为榜样。但是，近来大客户的三个大订单，都只有80%的合格率，这种合格率将使客户抛弃我们。这些客户虽然现在只占我们10%的销售额，但在未来的半年之内，可能会增加到30%，甚至成为公司整个销售额的半壁江山。因此，如果这些客户抓不住的话，两年以后，公司的整体销售额可能只能维持在今天的状况，而且没有其他的新的客户来。所以，我希望你回去好好检讨一下，为什么质量合格率会这么低。我相信，以你从前的那种精神和作风狠抓质量，合格率一定会上升的。

资料来源：胡八一：《从佛祖批评孙悟空看挫折激励》，中国人力资源开发网，http://www.chinahrd.net/zhi_sk/jt_page.asp?articleid=148798，2008-10-27。

思考：

在管理实践中，如何运用挫折理论，引导员工面对挫折时采取理智的应对方式呢？

四、三种行为改造型激励理论的比较

强化理论强调人的行为因外部环境的刺激而调节，也因外部环境的刺激而控制。强化是指通过不断改变环境的刺激因素来达到增强、减弱或消除某种行为的过程。

归因理论强调通过对行为的分析和研究，解释成功和失败，找到引发人们某种行为的原因，然后调整自己的行为。

挫折理论则主要揭示人的动机行为受阻而未能满足需要时的心理状态，并由此而导致的行为表现，力求采取措施将消极性行为转化为积极性、建设性行为。

第四节　综合型激励理论

将各种激励理论分开来看，似乎都是独立的。事实上，这些理论的许多观点彼此互补且相辅相成。有些管理学者便试图将其加以整合，提出了综合激励理论。综合型激励理论试图将内外因素结合起来对激励问题给出概括性的解释，而不仅仅就其中的某一方面展开研究，并说明了激励力量的大小取决于诸多激励因素共同作用的状况。它可以帮助我们更清晰地理解不同理论间互相配合的关系，从而更有效地了解激励的全貌。代表性的综合型激励理论有库尔特·勒温（Kurt Lewin）[①]的场动力理论（Field Theory），波特－劳勒（Lyman Porter-Edward Lawler）的综合激励理论（Integration Perspectives on Motivation）以及罗伯特·豪斯（Robert House）的综合激励理论。

---

① 美国著名社会心理学家，长期研究群体对个人思想行为和倾向的影响，群体间相互影响的效果以及大众传媒对群体的影响等问题。他在著作中提出了向量、场动力、拓扑心理学和生活空间等许多新概念，形成了独创的心理学理论。群体动力学和场论是他对心理学理论的杰出贡献，因此在西方赢得了很高的社会声誉，将他与S. 弗洛伊德、B. 斯金纳等人相提并论，以赞扬他的开拓与创新精神。

一、勒温场动力理论

（一）理论内容

库尔特·勒温（1890—1947）的场动力理论认为，人是一个场（Field），其心理活动是在一种心理场或生活空间里发生的。个人行为的方向和向量取决于环境刺激和个人内部动力。

勒温的场动力理论是用以下函数关系来表述的：

$$B=f(P\cdot E)$$

其中，B 为个人行为的方向和向量，P 为个人的内部动力，E 为环境刺激。

勒温提出的场动力是由人和环境构成的生活空间，其中，环境是包括准物理、准社会和准概念的事实（空间要素、人和环境），但是这些事实只有在被人感知、与人的需要和意向结合时，才起环境的作用。他指出，由于心理需求和意向的作用，使生活空间产生了场的动力，叫引力或斥力。

勒温把外界环境比喻为导火线，而人的需要是一种内部驱动力。人的行为决定于内部系统需要的张力与外界引线之间的相互关系。如果内部需要不强烈，那么再“强烈”的引线也没有多大意义。反之，若内部需要很强烈，则微弱的导火线也会引起强烈的反响。

（二）对管理实践的启示

根据勒温的场动力理论，员工的工作绩效不仅与个人的能力和素质有关，也与其所处的环境（即他的“场”）密切相关。如果员工处于一个不适合的环境中，如人—组织不匹配，人际关系恶劣，待遇不公平，领导作风专断，不尊重知识和人才，则很难发挥其聪明才智，也很难取得应有的成绩。相反，如果员工处于适合自己的环境，则会激发工作激情，全身心地投入工作中，致力于提高工作绩效。因此，管理者要使员工的行为方向与组织目标一致，就要从工作环境刺激和个人的内在动机上去激励员工，致力于创造公平、支持性的工作环境，建设优秀的企业文化，打造一个有利于员工发挥才能的“场”。

（三）理论思考

（1）勒温的场动力理论作为一种综合激励理论，比起单一的激励理论，有何进步之处？

（2）勒温的场动力理论对公司的管理实践有何启发？为什么？

（3）勒温的场动力理论与归因理论有无矛盾之处？为什么？

【案例】

"咖啡馆账单"实验

勒温在柏林的时候做了一个著名的"咖啡馆账单"实验，以此来说明场动力的观点。他发现他和学生经常去的一家咖啡馆的侍者，在顾客没有买单的时候能够准确地记住所有顾客的面孔及所要过的食物，而顾客一旦买单，他便不能记住顾客及所要过的食物。这个实验证明要完成某个特殊任务的意图构建了一种心理学的紧张，当这个意图中的任务被完成了，这种紧张就释放了，如果这个任务被中断了，紧张就没有得到释放，未完成的行为就将比一个完成了的任务被记住的时间更长。这与弗洛伊德的观点非常相似，只不过弗洛伊德是通过解释做梦的行为来阐述这一原理的，而这个实验及解释成为场动力理论的一种应用。

二、波特－劳勒的激励理论

波特－劳勒综合激励理论是美国行为科学家莱曼·W. 波特和爱德华·E. 劳勒于1968年在《管理态度和成绩》一书中提出的，在20世纪60年代和70年代成为较有影响的理论。[①]

（一）理论内容[②③]

波特和劳勒在弗鲁姆期望理论的基础上，概括和发展了过程型激励理论和内容型激励理论，成功地提出一个整合期望模型（The Integrated Expectancy Model），将我们目前所知的大部分激励理论整合为一个模型，同时考虑了需要理论、公平理论和期望理论以及工作特性模型等，如图3－9所示。

这个模型的前提条件是动机不能等同于满意度或绩效，它们之间的关系与传统的观点大相径庭，如图3－10所示。他们指出，努力并不能直接导致绩效，而是需要能力、特质和角色知觉的中介作用。当员工的工作绩效良好并因此知觉到获得的奖酬时，也会产生较高的满意感。

---

① （美）斯蒂芬·P. 罗宾斯：《组织行为学》，中国人民大学出版社1997年版，第178—180页。

② Lyman W. Porter & Edward E. Lawler. Managerial attitudes and performance. Homewood, IL.: Richard D. Irwin Inc., 1968.

③ （美）弗雷德·鲁森斯著：《组织行为学》，王垒等译，人民邮电出版社2003年版，第187—188页。

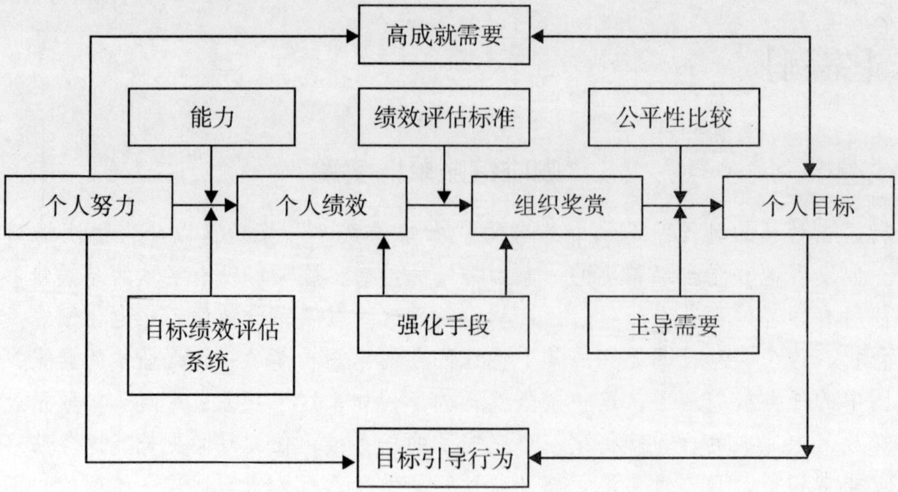

图3－9　波特－劳勒模型（综合激励模型）

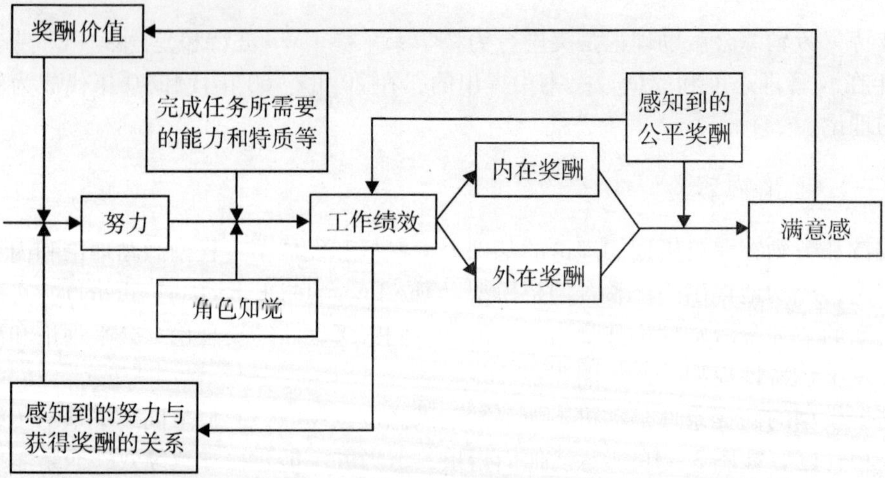

图3－10　波特－劳勒动机模型（员工动机、满意度和绩效的关系）

（1）努力指个人所受到的激励强度和由此而产生的对工作付出的力量或消耗的能量。它相当于弗鲁姆期望理论中的激励力。努力程度一方面取决于个人对报酬价值的主观评价，另一方面还取决于个人可能获得报酬的期望概率。

（2）工作绩效指工作表现和取得的实际成果。它不仅决定于个人的努力程度，还决定于个人的工作能力和对所承担角色的理解力，即个人对在某项工作中应发挥作用的理解力。由于个人在这些方面存在差异，因而即使付出了同等的努力，其工作绩效也不会相同。如果由于个人的努力，取得了预期的工作成果，通过信息反馈，就会提高其对此目标的期望概率，进而提高该目标对个人的激励力。

（3）奖酬是由工作成果而来。它分为内在奖酬和外在奖酬，前者指工作本身产生的奖酬，即尊重、自我实现等需要，后者指工作本身以外的如工资、工作条件、职业保障等需要的满足。内在奖酬和外在奖酬与个人对奖酬的公平感结合在一起，影响着个人的满意感。其中，公平感又受个人对工作成果自我评价的影响。

（4）满意感是个人的一种内在的认知状态，表明个人在实现了预期的目标和报酬时所获得的满意感。当个人从现实目标和报酬中得到满足时，就会提高对此目标所得报酬的评价，进而又会提高此项目标对个人的激励力。

上述模式把工作绩效同满意感直接联系起来，指出工作绩效将导致满足。这就要求企业管理者在设定工作目标时，首先，要正确估计不同员工的满意水平，使工作成果所得的报酬与其满意水平相适应，以加强满足与工作成果的联系，激起员工对工作成果的期望，从而达到管理的预期目的。如果员工的满足同工作成果的联系减弱了，就会使他们对工作成果的期望减弱或消失，努力程度下降。其次，为使员工的满足同工作成果一致起来，在设定工作目标时，还要正确估计其实现的条件，使之通过努力能够达到预期的工作成果。否则，如果目标难以实现，便达不到预期的工作成果，员工因而得不到满足，就会感到失望而不愿努力。

（二）对管理实践的启示①

波特－劳勒的综合激励理论在20世纪60—70年代是非常有影响的激励理论，在今天看来仍有相当的现实意义。它告诉我们，不要以为设置了激励目标、采取了激励手段，就一定能获得所需的行动和努力，并使员工满意。要形成激励→努力→绩效→奖励→满足并从满足回馈努力这样的良性循环，取决于奖励内容、奖惩制度、组织分工、目标导向行动的设置、管理水平、考核的公正性、领导作风及个人心理期望等多种综合性因素。在管理实践中应注意：

（1）确定哪些奖励被员工认为是有价值的。管理者应该采取一定的方法来了解员工对奖酬效价的评价，对不同的员工采取不同的奖酬发放，并且根据员工奖酬效价的改变而改变奖酬内容，做到有的放矢。

（2）确定期望的绩效是什么。管理者应该针对员工的实际情况确定对员工所应该达到的绩效的期待，并制订衡量标准。

（3）确信这样的绩效是可以达到的。组织对员工的绩效期望必须建立在可达到的基础上，否则会对员工失去激励作用且打击员工的积极性。

（4）将有价值的奖励与绩效联系起来。管理者应该把自己希望得到的绩效水平

① （美）弗雷德·鲁森斯著：《组织行为学》，王垒等译，人民邮电出版社2003年版，第187—188页。

与员工所得到的奖酬结合起来，以最大限度地发挥激励作用。

(5) 管理者要善于从全局的观点来引导员工的行为，及时了解和解决对期望的行为与组织中其他因素的冲突问题，以产生较高的激励作用。

（三）理论思考

(1) 波特－劳勒的综合激励理论与其他激励理论相比，有什么进步之处？

(2) 波特－劳勒的综合激励理论是不是完美无缺的？有哪些地方可以再改进？

(3) 如果请你在管理实践中运用该理论，应该从何处入手？为什么？

【案例】

A公司的激励难题

近年来发展迅速的某外贸公司，迎来了一位新老总。新官上任三把火，新老总在公司众多政策上都做了很大的改革。

在外贸公司中，外销员是领子和袖口最白的白领，甚至都染上点黄色，有人称之为金领，其工资也最高，几乎成了所有外贸人的理想岗位。因为外销员的主要任务就是和老外签合同拿单子，没有单子就谈不上制单、报关、报检与跟单，它是整个业务的龙头。事实上，“金领”并不是这么容易做的。平时工作强度和工作压力大，加班频繁。

从创立至今，A外贸公司一直没有专门的人事部，人事工作归行政部，工资结构和水平依市场而定，薪酬是业务部门（销售部和市场部）采用“底薪＋提成”，非业务部门（采购部、设计部、样品部、行政部等）采取年底双薪，没有任何奖金。因此非业务部门的员工工作积极性不高。加之受2008年金融危机的影响，公司的整体业绩下滑超过10%，如何进行绩效考核和工资结构方面的改革以调动大家的积极性，成为组织亟待解决的问题。

在此情况下，公司请来台湾的一家咨询公司，推行每个员工的工资都采用基本工资＋月度奖金＋季度奖金＋年度奖金的薪酬改革方案，获得年度奖金的条件是整个公司的业绩必须比上一年增长30%。对此大家议论纷纷，非业务部门的员工谁也没有信心能做到30%的增长率，更别说持续12个月了。在他们看来，公司的增长只能靠外销员拿单，没有单，他们再努力也无济于事，外销员成为大家是否能拿到年度奖金的关键，业绩跟他们的努力没有多大关系。对于外销员来说，要获得年度奖金，业绩增长必须达到40%。虽然2009年经济回暖，但是30%的增长率也很难实现。不仅如此，即便外销员把业务做到令其他人受惠的30%，自己却得不到任何奖励。在此情况下，公司业务能力最强的外销员小王辞职不干了。小王一走，其他外销员也纷纷提出辞职，工作任务都落到了留下的员工身上，大家感觉压力更大了，都在琢磨着另谋出路。

资料来源：根据真实事件编写。

思考：

用综合激励理论分析该公司薪酬体系存在的问题，并试建立一个科学的综合激励模型。

三、罗伯特·豪斯的综合激励理论

（一）理论内容

罗伯特·豪斯综合期望理论与双因素理论，提出了综合激励模式，试图把内、外激励因素都归纳进去。其代表性的公式是：

$$M = V_{it} + E_{ia}\ (V_{ia} + E_{ej}V_{ej})$$

公式中：

M 为某项工作激励水平的高低，即动力的大小。

V_{it}为该项活动本身所提供的内在奖酬效价，它所引起的内在激励不计任务完成与否及其结果如何，故不包括期望值大小的因素，也可以说期望值最大是1。

E_{ia}为对进行该项活动能否达到完成任务的期望值，即主观上对完成任务可能性的估计。进行这种活动时，人们要考虑自己完成任务的能力，以及客观上存在的困难，等等。

V_{ia}为对完成任务的效价。

$E_{ej}V_{ej}$为一系列双变量的总和。E_{ej}代表任务完成能否导致获得某项外在奖酬的期望值；V_{ej}代表该项外在奖酬的效价。在估计 E_{ej}时，人们考虑完成任务后，有多大把握得到相应的外酬，如加薪、升级和表扬。

公式中下标的意思是：i 为内在的；e 为外在的；t 为任务本身的；a 为完成；j 为外在奖酬的效价。

如果我们把公式中的括号破除，将 E_{ia}乘入，则公式右端则变为以下三项：

（1）V_{it}代表工作任务本身的效价，即工作对工作者本人有用性的大小。只要做某种工作就感到有很大的乐趣，很有意义，那么完成工作任务的期望值就为1，即完成任务的主观概率是100%。因此，这一项也代表做这件工作本身的内激励。

（2）E_{ia}，V_{ia}代表任务的完成所起的内激励作用。

（3）E_{ia}，E_{ej}，V_{ei}代表各种外在奖酬所起的激励效果之和，其中，引入两项期望值是因为前者是对完成任务可能性的估计，后者则仅是对完成任务与获得奖酬相联系的可靠性的估计。

总之，前两项属于内在激励，第三项属于外在激励。三者之和代表了内、外激励的综合效果。此公式简要地阐明了影响激励的所有因素及其相互关系，提供了预见人们对某项活动积极性的线索。

（二）对管理实践的启示①

该模式对于分析激发工作动机的复杂性和提高激励水平具有参考价值。

1. 外在激励

外在激励来源于工作任务完成后的种种外在奖酬，由 E_{ia}，E_{ej} 及 V_{ei} 构成。提高 E_{ia}（完成任务的内在期望概率）的有效方法有三种：一是有计划地对员工加以培训，提高其完成工作任务的能力；二是为员工创造完成任务的良好条件，帮助他们克服工作中所遭遇的困难；三是重视对工作效果的及时反馈，以便迅速采取纠正措施。提高 E_{ej}（获得外在报酬的期望值）的途径主要是认真执行按绩效付酬的原则，奖惩分明，处事公正，建立起信誉。提高 V_{ei}（获得外在报酬的效价）的途径相当复杂。鉴于每个人的需要、爱好和重视程度不同，因而应针对个人的不同需要安排切合实际的奖酬。

2. 内在激励

内在激励主要来源于工作本身及工作任务的完成所直接带来的满足感，由 V_{it}，V_{ia} 及 E_{ia} 组成。V_{it}（活动本身所提供的内在奖酬效价），V_{ia}（完成任务的效价）的提高主要依赖于适当改变工作的某些特性，主要途径是扩大和丰富工作内容，赋予员工更多的责任、权限和挑战性；尽量减少和避免工作任务的不明确，使员工清楚了解自己任务的性质、内容和应负的责任；使工作本身能为人们提供更多的交往机会，以满足其社交的需要；尽可能做到专业对口或适合自己的特长，使人们对工作有兴趣。

外在激励是短暂的，内在激励才是持久的。因此，以内在激励为主，适当采取外在激励，将两者结合起来才能产生强有力的激励作用，才能提高激励水平。

（三）理论思考

（1）比较波特－劳勒的综合激励理论和罗伯特·豪斯综合激励理论的异同。

（2）你在管理实践中会运用何种激励理论，为什么？

① 黄维德、刘燕、徐群编著：《组织行为学》，清华大学出版社 2005 年版，第 73—76 页。

【案例】

新人风波

在广州某汽车零配件有限公司（外商独资）中，设计开发技术人员的收入在同行业中属于中等水平，但因为公司的福利好，工作氛围也较好，还有出国培训的机会，所以人员流动不是很大。在广东地区，欧美汽车零配厂不是很多，而且这些公司的技术人员对新的质量体系比较熟悉，外语水平也很好，所以他们很受其他汽车公司或同行业外资公司的青睐，时不时有猎头到这家公司挖人。

2005 年，公司业务发展迅速。随着规模的扩大，急需招聘一批新的技术人员。该外资公司喜欢有一定工作经验、外语水平较好的人员（即便不是同行业的），而不愿招聘应届毕业生。由于工资水平不断上升，所以在招聘时，必须给应聘者等同甚至高于原有水平的工资才能吸引到足够的人才，而且人事部也想来个“鲶鱼效应”。但是结果却出乎意外。

当这批领“高工资”的新人进入公司，立即引起众多老员工的不满。很多老员工在这家公司服务多年，有些甚至可以说是“开国元老”。他们进公司时的工资水平远没有现在高，虽然每年都在加薪。尤其当他们了解到新入职的员工在经验、对公司产品的了解程度以及能力方面还不一定高于自己，而其工资却与自己一样甚至高于自己时，更是激愤异常。有几个技术骨干到部门经理和人事部去讨说法，或以辞工相威胁。但中国公司对工资的调控是受欧洲总部控制的，并且人事部认为，如果给这些骨干加工资，必然会造成连锁反应，公司里其他员工是否也要调薪？这样岂不是造成了人力成本的突然上升。因此人事部不同意给老员工调薪，只许诺明年的加薪幅度比今年会稍微提高。

在未得到调薪，只得到他们并不信以为真的加薪幅度许诺的情况下，好多老员工立即动手找工作、辞职。虽然当时的老板和部门经理极力挽留，多次与这些技术骨干单独谈话，但是，他们觉得上司只是在画饼充饥，描绘一个美好蓝图，而且这些上司（法国人）的任期也很快结束，谁会相信口头的诺言在一年多后肯定会实现呢。此时，外部强烈的拉力（新公司提供差不多高一倍的工资），加上内部巨大的推力（很多同事相继辞工，工作氛围非常压抑），很多技术骨干本着“此地不留爷，自有留爷处”的悲壮想法，毅然跳槽走人。

随着大量技术人员的流失，公司的开发和生产遭到了重创，好多问题在老员工走了一年多还没理顺。在开发部，甚至来公司一两年的也算是老员工。

在迫不得已的情形下，欧洲总部和中方人事部最终妥协，提高老员工工资，提供更好的福利和培训机会，而且加大新老员工的工资差距。最后，这场新人风波才逐渐平息。

很多辞职的员工离开公司一年多了，跟以前同事的联系仍然十分密切，而且非常关心公司的现状，得知在其走后工资涨了，福利也改善了，心中很是感慨，前人闹革命，后人享太平。其实，这些辞工的员工表示，当时他们很有"其实不想走，其实我想留"的心情。

资料来源：根据中山大学管理学院2007级MPM班龚同学提供的案例改编。

思考：

1. 在此案例中，激励因素与保健因素发生了变化，老员工的期望、效价也发生了变化，请用豪斯的理论分析之。

2. 如果不给老员工涨工资，又想留住他们，除了谈话、许诺之外，还有没有其他办法？

第五节 管理学激励理论的新进展

随着管理学的发展，20世纪80年代德西和莱恩（Deci & Ryan）提出的自我决定理论（Self-Determination Theory，简称SDT）[①] 备受理论界和实践界的关注。该理论关注人类行为在多大程度上是自愿的或自我决定的，强调自我在动机过程中的能动作用，重视个体的主动性与社会情境之间的辩证关系，[②] 为激励员工提供了新的视角。

一、理论内容

自我决定理论经过30多年的发展，形成了四个主要部分，即基本需要理论（Basic Psychological Needs Theory）、认知评价理论（Cognitive Evaluation Theory）、有机整合理论（Organism Integration Theory）及因果定向理论（Causality orientation theory）。

（一）基本需要理论

基本需要理论指出个体会主动追求三种心理需要的满足，即自主需要（autonomy）、能力需要（competence）和关系需要（relatedness），个体的行为是由这些心理需要所推动的。其中，自主性是指当面对某种外部事件产生的压力时，个体进行自主选择的程度，[③] 是个体在充分认识个人需要和环境信息的基础上，对行为作出的自由

① 郭桂梅、段兴民：《员工—组织关系、内在动机与员工创造性——中国企业的实证研究》，《管理评论》，2008年总第20（3）期，第18页。

② E. L. Deci & R. M. Ryan. *Intrinsic Motivation and Self-determination in Human Behavior.* New York：Plenum，1985：1－2，23－27，38－43，89－91.

③ R. M. Ryan & E. L. Deci. Self-relation and the Problem of Human Autonomy：Does Psychology Need Choice，Self－Determination，andWill?. *Journal of personality.* 2006，74：1557－1586.

选择；能力需要指个体控制环境的需要；归属需要是个体需要来自周围环境或他人的关爱、理解、支持，体验到归属感。这三种需要的满足是心理幸福感和成就动机的首要因素，也是外部动机内化的关键，决定了个体行为目标的指向和持续性。①

基本心理需要理论是自我决定理论的重要组成部分，也是认知评价理论、有机整合理论和因果定向理论分析和逻辑推演的前提和基础。

被业界誉为"互联网革命最伟大的思考者"、"新文化最敏锐的观察者"的美国学者克莱·舍基（Clay Shirky）在《未来是湿的——无组织的组织力量》一书中，用"为什么人们愿意为维基做贡献"，从侧面说明了人类先天的心理需要。

> 不久以前，我看到维基百科上关于科赫雪花的条目，它属于一组叫做"分形（fractal）"的数学图形，文章包含了一幅动画显示雪花构造的不同阶段，旁边有文字如下："科赫雪花是一个无限构造的有限表达，从一个三角形开始，以一系列的四条线段形成三角形的'凸'，递归式地取代三角形的每条线段。每次增加了新的三角形（一次迭代），图形的周长则增加到4/3倍，由此随迭代的次数逸入无限。因而科赫雪花的边界长度是无限的，而面积有限。"
>
> 描述是正确的，但读起来有些别扭。我将它改写为："构造一个科赫雪花从正三角形入手，将每一边中间1/3长的线段以一对线段取代，使之成为一个等边的'凸'。对结果图形的每一条线段做同样的替代，至于无穷。每次迭代后，图形的周长增长4/3倍。科赫雪花即这样无数次迭代的结果，因而它长度无限，而面积有限。"改写后的段落描述了同一图形，但比之前的表述容易理解。
>
> 我为什么要这样做？我的日常生活与分形的研究没有一点关系，此外，改进这篇文章不是为我自己而是为以后的读者。心理学上的自省总是件棘手的事，但我知道至少有三个原因让我改写了那段描述。第一个原因是有机会锻炼一下没有用过的脑力。我在20世纪80年代的大学物理课程里学过分形，能记得不少关于科赫雪花的东西，因此说一点有用的话（不论多么有限），都令我感到欣喜。第二个原因是虚荣心。改变世界上的某件事，留下自己的印记，以获得到此一游式的愉悦。在能力范围内做出有意义的贡献，对于维基百科自发的劳动分工来说，这种欲望正是它的驱动力的一部分。第三个原因则是想要做一件好事。非财务动机在生活中到处都有。百科全书是那种只有付了钱才能得到的东西，然而维基百科并不向用户收费，也不向内

---

① E. L. Deci & R. M. Ryan. The "what" and "why" of Goal Pursuits: Human Needs and the Self-determination of Behavior. *Psychological Inquiry*, 2000, 11: 227-228, 234-238.

容提交者支付报酬。维基的天才，以及群体行动总体上出现的变化，都部分地基于以非财务性动机促成具有全球性意义的事件的能力。

在克莱·舍基看来，维基百科的成功是个性化动机与协同生产共同作用的结果，使得不采用商业模式，维基百科还能成长得如此之快；没有分工管理，维基百科也不会被胡言乱语充斥；没有报酬，人们仍然愿意为维基百科做事情。而这些个性化动机，一方面存在自我选择决定成为内容贡献者的人们的自发性；一方面是他们的能力，或者添加新的文字，或者编辑现有文章，或者加上供参考的其他文章或外部资源，或者更正错别字和语法错误。

资料来源：根据（美）克莱·舍基著：《未来是湿的——无组织的组织力量》，胡泳、沈满琳译，中国人民大学出版社2009年版，第69—89页整理。

（二）认知评价理论[①]

认知评价理论根据来源将动机分为内在动机（intrinsic motivation）和外在动机（extrinsic motivation）[②]，并认为社会情境因素对内在动机的影响是通过个体对事件的认知评价而实现的。当外部事件使个体知觉到对活动的胜任感（能力需要），当个体的行为是自我决定的（自主需要），当个体处于具有安全感和归属感的环境时（关系需要），都会表现出更多的内在动机行为。但是对某种工作结果进行外部奖励时，那种因喜欢做这种工作而产生的内在激励作用便会降低，因为这会使人们感到他们不是自觉的人，而是为了外部因素而工作，为了奖励而工作，觉得自己丧失了对自身行为的控制。认知评价理论解释了为什么在组织中对出色的工作绩效进行奖励有时反而会使工作动机降低。[③] 人们把这种规律称为德西效应。

在此基础上，认知评价理论进一步对社会情境因素进行了划分，将奖励、报酬等外部事件划分为三类：信息性的、控制性的以及去动机的。信息性的事件通过满足三种心理需要，包括积极的反馈、使个体自我决定、胜任所从事的活动，可以增强其内在动机水平；控制性的事件迫使个体依特定方式思考行动，提高了个体对外部因果关系知觉，降低了自主性，从而降低个体内在动机；而去动机事件使个体产生无胜任能力的感觉，削弱了内在动机。

---

① E. L. Deci. *Intrinsic Motivation.* New York：Plenum Press，1975，129—159.

② 其中，内在动机是由活动本身产生的快乐和满足引起的，不需要外在条件的参与，包括社会帮助、友好关系和人格成长；外在动机是由活动外部因素引起的，个体在外界的要求与外力的作用下产生的行为，如经济奋斗、名誉追求和生理吸引。

③ Koestner Deci & Ryan. A Meta-analytic Review of Experiments Examining the Effects of Extrinsic Rewards on Intrinsic Motivation，*Psychological Bulletin*，1999，125：627 –668.

心理学家马克·兰博等人在1973年对一群3—5岁大的孩子进行了一次实验。一组孩子只要用毡头笔画画，就会得到一条“干得棒”的缎带；另外一组孩子会不定时地收到同样的奖励；第三组孩子则不给奖励。所有的孩子都用同样的画笔画画，而且绘画对于学龄前孩子来说是非常受欢迎的活动。这之后，研究人员让所有这些孩子再进行自由游戏的阶段，结果发现，之前每次用毡头笔画画都会得到奖励的孩子明显比其他人用毡头笔画画的几率要小。研究者因此认为，期望的奖励会损害人们之前对一些很有意思的活动的内部动机。

不仅是对于儿童，心理学家伍德·德西在1999年前后进行的一系列研究显示，物质奖励对内部动机的消解同样也发生在成人身上，特别是在不管任务做的是好是坏都有奖励的情况下。德西请大学生做被试者，在实验室里解有趣的智力难题，测试表明该难题是由内在动机推动的。实验分为三个阶段：第一阶段，所有的被试都无奖励；第二阶段，将被试分为两组，实验组的被试完成一个难题可得到1美元的报酬，而控制组的被试跟第一阶段相同，无报酬；第三阶段，为休息时间，被试可以在原地自由活动，并把他们是否继续去解题作为喜爱这项活动的程度指标。实验组（奖励组）被试在第二阶段确实十分努力，而在第三阶段继续解题的人数很少，表明兴趣与努力的程度在减弱，而控制组（无奖励组）被试有更多人花更多的休息时间在继续解题，表明兴趣与努力的程度在增强。

（三）有机整合理论

有机整合理论假定人们天生具有整合经验的倾向，即个体能够将某些社会规则、价值等整合为自我的一部分，据此提出“内化”的概念。① 通过内化，个体可以将外在动机逐步整合为内在动机，但由于自我决定程度不同，个体的外在动机可划分四种不同类型：外部调节（external regulation）、内摄调节（introjected regulation）、认同调节（identified regulation）以及整合调节（integrated regulation）。外部调节指人们做出某种行为的目的是为了得到期望的结果，其行为完全受外部事件的控制；如果外部事件消失了，那么行为也将不存在；是外在动机最具控制的形式。内摄调节是个体接受某种规律或价值观，对自己行为进行调节的过程，这种调节与自尊相伴。认同调节把这些规律或价值观作为自己的一部分来加以吸收，个体更多地体会到自己是行为的主人，而非义务或压力使然。整合调节是将这种价值观与自我的其他方面整合为一体，

① 内化指个体试图将社会赞许的价值观、规则、态度、要求转化为个体认同的价值，进而整合为个体的自我成分。

使自我处于和谐状态。由于整合调节是由对任务结果的关注所推动的，仍不同于内在动机，后者由活动的内在兴趣所推动。

外部调节和内摄调节常被看做受控性动机（Controlled Motivation），会削弱内部动机（如只有上级在时我才会努力工作）；而内部动机和比较内化的外部动机（包括认同调节和整合调节）被称作自主性动机（Autonomous Motivation），指个体受对活动本身的兴趣所激励（如即使上级不在我也会努力工作）。[1] 两者的区别成为自我决定理论的重要特点[2]（如图 3 - 11 所示）。需要说明的一点是，根据自我决定程度将外在动机进行划分，并不意味着外在动机本质上是一个这样发展的连续体，个体也不一定要经历每一个调节的阶段，他们只是有可能处在这一连续体的某一点上进行调节。

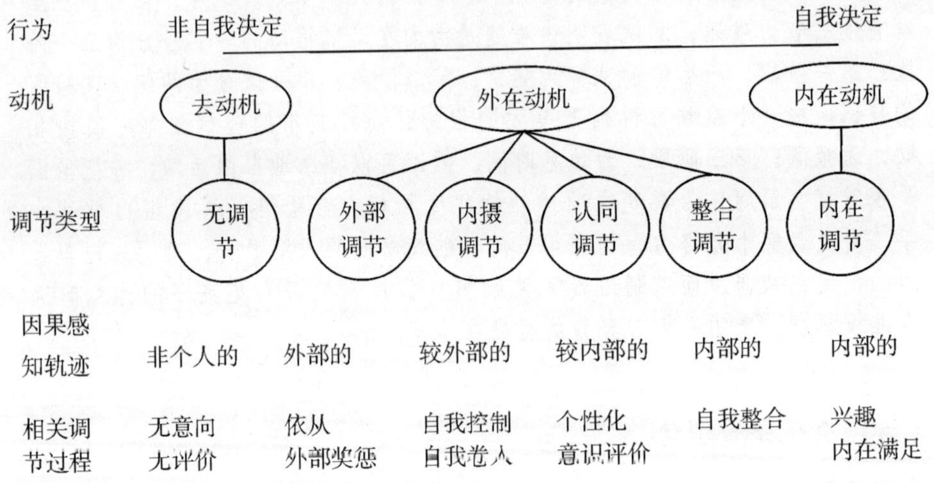

图 3 - 11 自我决定连续体

资料来源：R. M. Ryan & E. L. Deci. Self-determination Theory and the Facilitation of Intrinsic Motivation, Social Development, and Well-Being. *American Psyehologist*. 2000, 55: 68 - 78.

此外，有机整合理论进一步阐述了促进外在动机内化的因素，即个体在活动中所体验到的心理需要的满足程度。个体在活动中体验到的归属感（关系需要）对促进内化十分重要；支持胜任感（能力需要）的环境促进外部动机的内化；当个体感觉到自主支持（自主需要）时才会出现自主调节。胜任感与归属感并不足以维持内在

① 郭桂梅、段兴民：《自我决定理论及其在组织行为领域的应用分析》，《经济管理》2008 年第 6 期，第 24—29 页。

② 孙岚、秦启文、张永红：《工作动机理论新进展——自我决定理论》，《西南交通大学学报（社会科学版）》2008 年总第 9（6）期，第 75—80 页。

动机，只有当人们同时体验到胜任、归属与自主时才能够促进内在动机与活力。

外部调节示例：部分高校实施早读制度，有一部分大学生内心抗拒，但为了避免受到来自校方的纪律处罚仍按要求参加自习。

内摄调节示例：有人捡到东西主动归还失主，是因为害怕受到良心的谴责；某些学生刻苦学习，并不是因为他们觉得学习很重要，而仅仅是为了向他人表明自己的能力。Perl 对此有个很生动的比喻：吃了东西但没有消化。在内摄调节中，人们是为了逃避内疚和焦虑的折磨或是为了证明自己的能力而采取行动。

认同调节示例：一个对英语不感兴趣的学生由于意识到学习英语非常重要，就会非常努力地去背诵英语单词。

整合调节示例：员工爱岗敬业，在不受监督的情况下仍然努力工作。

（四）因果定向理论

因果定向理论认为个体具有对有利于自我决定的环境进行定向的发展倾向。一般而言，在个体身上存在着三种水平的因果定向，分别是自主定向（autonomy oriented）、控制定向（control oriented）和非个人定向（impersonally oriented）。自主定向反映了一个经历社会情景的普遍趋向是自主支持和自我决定；高自主性倾向的个体趋于表现更好的自我，寻求兴趣和挑战性行为，对自己的行为更负责；当环境不具有反应性而且难以改变时，他会去迁就环境并与之融合，调整自己的行为直至环境有所反应。控制定向反映了控制和被控制的趋向；高控制性倾向的个体倾向于寻找并选择控制性的环境，依赖奖励或控制因素影响，做他人要求的事情而不是自己想要做的事情。非个人定向反映了无动机的趋向；高非个人定向的个体倾向于无动机行为，行为墨守成规，认为行为和产出是相互独立的，并且外来的和内在的力量均不可控，面对生活的挑战有不胜任感。自我决定理论认为每个人都存在这三种倾向，只是程度不同，导致了相应的人格差异。

【案例】

你的影响圈有多大

我曾经在一家公司干过好几年。公司老板精明强干，常独断专行，总是把别人当作“听差的”，好像他们根本没有判断力。所以他周围的人几乎都对他敬而远之。他们聚在走廊里，互相诉说着对他的不满。他们的讨论情绪激愤，总是拿总裁的弱点为自己开脱责任。

“你无法想象这次发生了什么，”某个人会说，“前几天他去了我的那个部门，我把一切都安排好了，可是他一来就发表不同意见，我几个月来的努力一下全泡汤了。我不知道我该如何继续为他工作，他要多久才会退休啊?”“他才59岁，”另外某个人会回答说，“你觉得你还能再熬6年吗?”

可是管理团队中有一位的工作却非常积极主动，而不是感情用事。他对总裁的缺点并非视而不见，但他不横加指责，反而尽力做出补救。当总裁的领导方法有问题时，他会保护好部下，使问题显得不那么严重。他会发现总裁的优点：他的远见、才干和创造力。工作中，他同样也被当成是听差的，但他总是超额完成任务。他会提前想到总裁的要求，他会对总裁的工作要领心领神会，所以在汇报情况的同时，他还会给出自己的分析，并对此提出建议。

有一天，当我以顾问的身份和总裁坐在一起时，他说：“史蒂芬，我真是无法相信这个人所做的一切。他不仅给我汇报了我需要的情况，而且还提供了额外的信息，而这些额外的信息正是我们所需要的。”“他的建议与分析是一致的，而他的分析又与数据是一致的。他真了不起！这块儿业务根本用不着我操心，我真的很轻松。”

下次开会时，所有管理人员还是被命令“去做这个”、“去做那个”……只有一个人例外。这个人得到的对待是：“你的意见如何?”他的影响圈扩大了。

这件事在公司内部引起了不小的轰动。那些消极被动的管理人员聚在走廊里，对这位积极主动的人开始了恶意攻击。因此，这些管理人员会把主要精力放在寻找更多信息、更多攻击、更多意见上，证明自己为什么不用承担责任。而由于这个人的不懈努力，他在人们中的影响圈也一点一点扩大，到最后，公司里谁要采取重大行为都会经过他的参与和认可，包括总裁在内。

资料来源：（美）柯维著：《与成功有约：全面造就自己》，顾淑馨译，生活·读书·新知三联书店1996年版。

思考：

请用因果定向理论解释这位管理人员和其他管理人员的不同。

二、对管理实践的启示

自我决定理论在管理领域中的应用主要体现在如何激发员工的工作动机上。

1. 合理利用奖励①

在薪资专家中长期流行着这样的说法：工资或其他外部报酬成为有效激励因素的前提是，它们必须根据个人的绩效而变。但认知评价理论专家会说，这只能降低一个人对从事这项工作所产生的内部满足，为了避免内部动机降低，个体的工资水平不应

① E. L. Deci. *Intrinsic Motivation*. New York：Plenum，1975：207－236.

随工作绩效的变化而变化。学者埃尔菲·艾恩也认为激励失败的最不可等闲视之的原因是：管理人员越是让其员工去考虑工作完成得好能赢得什么，他们对工作越没有兴趣。①

在具体的管理实践中，可以将内部激励和外部激励有机地结合在一起。外部奖励因素是手段，是激励员工努力工作的基础，内部奖励是目的，是激励员工努力工作的动力，两者缺一不可。在实际运用中，管理者要根据目标适度地运用外在激励。如果管理者为了激励员工从事特别的一次性任务，而不关心他是否出于内在动机而努力，那外在报酬是最佳的选择。除此之外，管理人员还要提供内在奖励，即让工作充满乐趣，提供认可，支持员工的成长与发展。那些可以控制自己的工作且拥有选择权的员工，更容易被工作激励，对雇主也更加忠诚。

2. 满足员工的基本心理需要，促进外在动机内在化

外部动机向内部动机转化是通过内化的方式进行的。内化是一个过程，通过这个过程，个体将来自外部环境的要求（控制）转化为内在的需求（自我决定）。在内化过程中，员工的三种基本心理需要是否得到满足起关键作用。② 因此，管理者需要营造可以满足员工自主、能力和关系需要的工作环境，促进外部动机内在化。由于员工有自主需要，需要合理设计工作，包括工作的挑战性、工作的自由度、工作内容的选择以及工作反馈等内容；通过培训与发展、绩效提升以及创建学习型组织等能力培养满足员工的能力需要；对于员工的关系需要，则可以通过领导的肯定、同事的关爱和下属的支持来满足。③

3. 善于识别工作动机的差异

对一些以工作为快乐，以工作为享受的员工来说，外在奖励确实会降低内在的动机；对为生存奔波的员工而言，只有当外部的奖励达到一定程度之后才会出现认知评价理论所说的现象；对一些仅仅把工作当做职业的员工来说，外部奖励与内部奖励都很重要。同样，由于员工的因果定向存在不同，他们或积极适应环境改造环境，或消极顺应环境、墨守成规。因此，管理者必须认真区分不同员工激励因素的差异，以及同一员工在不同时期激励因素的不同，根据其因果定向的倾向，提供恰当的组织支持，更好地激发其工作积极性。

三、理论思考

（1）认知评价理论强调外在奖酬对内在激励的负面作用，反对将酬劳与绩效完全挂钩。该理论适用于什么样的工作？你是否有过外在激励因素对内在动机降低的

---

① （美）埃尔菲·艾恩著：《奖励的惩罚》，程寅、艾斐译，上海三联书店2006年版，第29页。

② 刘丽虹、李爱梅：《动机的自我决定理论及其在管理领域的应用》，《科技管理研究》，2010年第15期，第115—119页。

③ 罗霞、陈维政：《自我决定理论与积极组织管理》，《商业经济与管理》2010年第9期，第39—43页。

经历?

（2）举例说明在你的职业生涯中，外在动机如何内化为内在动机。

（3）判断你自身的因果定向倾向。这种倾向给你的职业生涯带来什么样的影响?

（4）美国著名管理学家哈罗德·孔茨等人曾形象地把激励称为“胡萝卜”与“大棒”，但是心理学家哈利·莱维森则认为这一模式背后的无意识假设是人们在和一头受人控制和操纵的驴在打交道，基于此提出了“公驴谬论”。① 自我决定理论是不是对“胡萝卜加大棒理”论的否定?

（5）有人说管理者的责任主要是“提供员工追求充实生活的工作环境”。试结合自我决定理论解释这句话的含义。

【案例】

为何奖励不起作用?

2003 年新年后的一天，外贸局的王局长坐在办公室里，审阅着财务科刚送来的财务收支情况报表。面对 A 办事处四年来业务收入的大起大落，王局长心情沉重，陷入了沉思。

A 办事处是外贸局下属的一个办事处，共有 5 名工作人员，其中一名中年人担任办事处主任，另外 4 名均为年轻人。2000 年初王局长到外贸局走马上任，他点燃的头一把火就是搞业务创收，给各下属部门分别制订创收目标，实施目标管理。A 办事处虽然人不多，但业务收入却在全局中占有举足轻重的地位，而且潜力巨大。同时，王局长还承诺，如果 A 办事处 2001 年业务收入能维持 150 万元，将继续提取 3% 的年终奖。王局长本来希望通过奖励的实施来进一步调动 A 办事处员工的积极性，争取 2001 年业务收入再创新高，最低目标也要保持 2000 年的水平。

但奇怪的是，奖励实施后，A 办事处人员积极性却骤然下降，有人开始自满，有人觉得不公平，开始闹情绪、不合作。

结果，2001 年 A 办事处在外界环境没有明显变化的情况下，业务收入直线下滑到 105 万元，没有完成任务指标。王局长对此非常恼火，对 A 办事处下达指令，若 2002 年业务收入不能恢复到 120 万元，就撤换办事处主任和其他工作人员。但令人遗憾的是，2002 年 A 办事处的收入再次令王局长失望，全年收入仅 85 万元。这种结局让王局长百思不得其解。

① （美）史蒂文·克尔编：《薪酬与激励——〈哈佛商业评论〉20 年最佳文章精选》，边婧、钱晓强、张烨译，机械工业出版社 2005 年版，第 1—10 页。

思考：

为何会出现这种局面？如果你是王局长，该如何激发员工的工作积极性？试用本节所学习的理论解释之。

本章小结

管理学激励理论是在心理学和组织行为学的研究基础上形成的，它以问题研究为导向，以管理环境为依托，以人的需要为基础，侧重对一般人性的分析；其基本原理是：个体由自身需要引起内部紧张感，产生行为动机，并进行行为选择，进而实现个体目标，满足需要，之后又产生新的需要，引起新的动机和行为，如此循环往复。激励的方法是通过目标、奖励、参与等方式影响个体的行为选择和结果反馈，从而使个体行为在实现自身目标的同时实现组织目标。按照研究的侧重及与行为关系的不同，管理激励理论可以划分为内容型、过程型、行为改造型和综合型四大类型。

内容型激励理论以人的心理需要和动机为主要研究对象，目的是通过满足个体的需要激发相应的行为动机，使其为组织目标服务。缺点在于无法解决满足员工需要而激发出的行为与组织目标不一致的矛盾。其代表理论主要有马斯洛的需要层次理论、奥尔德弗的 ERG 理论、赫兹伯格的双因素理论和麦克利兰的成就需要理论等。

过程型激励理论重点研究从人行为动机的产生到目标行为的选择等一系列心理过程，目的是通过对员工的目标行为选择过程施加纠偏影响，使员工在能够满足自身需要的行为中选择组织预期的行为。但是无法解决有效的、良好的、组织期望的个人行为的递延性和反复性问题。该理论包括弗鲁姆的期望理论、亚当斯的公平理论、洛克的目标设置理论等。

行为改造型激励理论解决了过程型激励理论的问题，方法是通过一些影响行为发生的强化物来刺激出有利于组织的行为，并使行为尽可能递延、反复出现。具有代表性的是强化理论、归因理论和挫折理论。

综合型激励理论主要是对上述几类激励理论进行整合，综合考虑内外激励因素，系统地描述激励的全过程，以期对人的行为做出更为全面合理的解释，克服单个激励理论的片面性。代表性理论有勒温的场动力理论、波特—劳勒和罗伯特·豪斯的综合激励理论。[①] 但是这些理论过于复杂，运用频率不高。

20 世纪 80 年代提出的自我决定理论，强调自我在动机过程中的能动作用，为激励员工提供了新的视角。该理论指出，通过满足人类先天的三种需要——自主需要、能力需要和关系需要，能达到激发员工内在动机的目的。这一过程受到社会情境与个

---

① 童毅华：《西方管理激励理论述评》，《理论观察》2004 年第 4 期，第 71—72 页。

人因果定向倾向的影响。

从根本上说，管理学激励理论以对人的心理特征和以此为基础的行为特征为出发点，而人的心理需要很难观察、评估和测量，同时，心理特征以及由心理引起的行为特征也会因人、因事、因时而异，处于动态变化之中，各种激励方法实施的可重复性差，因而难以把握。此外，随着人们对激励条件的适应，任何激励因素都可能变成保健因素，致使组织资源的稀缺性和激励因素的刚性之间存在着严重的冲突，使得管理激励难以持久。因此，激励往往被认为是管理艺术和领导艺术的范畴。管理学激励理论较少关注员工潜在能力的可塑造性，而仅关注员工努力程度，忽略个人努力与个人能力之间的相互促进作用。事实上，激励的目的不仅限于提高员工努力程度，从长远来看，也应该综合考虑员工的能力塑造。随着管理研究的深入发展，新的激励理论必然会出现，弥补现有理论的不足，甚至取代那些不适用于时代发展的理论，进一步完善激励理论体系。

本章思考题

1. 对比内容型、过程型、行为改造型和综合型激励理论。
2. 在管理实践中，最常用的理论有哪些？为什么这些理论相比其他更受青睐？
3. 管理学激励理论既有其贡献，也存在不足，试阐释之。
4. 回顾本章内容，这些理论对你有何启发？

本章案例

佳能总裁御手洗富士夫坚持终身雇佣制

1997年，御手洗富士夫晋升为佳能公司CEO，标志着佳能进入了转型期。

上任之初，御手洗富士夫借鉴美国控制成本现金流至上的经验，在许多制造领域大刀阔斧地削减成本。但是他并未通盘接受硅谷文化，拒绝指派外部董事，理由是他们对公司贡献太小，但他授权审计人员严格监督主管。

终身雇佣制是否应该继续保持，是长期困扰日本企业的一个难题。御手洗晋升为CEO后采取记点调薪的方法，鼓励员工打拼业绩，坚定地保持了终身雇佣制。御手洗在终身雇佣制上的态度，让佳能公司在业绩上取得了成功。现在日本众多的企业不得不重新开始审视终身雇佣制。御手洗富士夫认为，在终身雇佣制下，人与人之间能产生信任，员工个人的成长与企业的发展壮大重叠在了一起，从而酿造热爱企业的精神，同时通过对职工的技术以及管理培训，运用公平竞争的政策，使员工得到相应的回报。

一个制造企业，需要不断地开发新产品，而一种技术的培育、一个新产品的开发，总要花上十年八年时间，回收生产销售成本也要用几年，这个链条很长很长，不用终身雇佣制的话，工程师的工作、生活将很不稳定，他没法把精力全部投入研究开发中去。终身雇佣制的最大好处就是能把教育成果积累下来。日本企业不像美国企业那样靠不断地变换员工来强化组织，而是通过对员工的彻底教育来强化组织。

御手洗富士夫认为企业的生产内容需要不断调整，因为生产内容的调整而让一部分职工失去工作是很不应该的。佳能的做法是，不断地开拓新的生产领域，通过对职工的技术培训，让他们进入新的工作岗位继续工作下去。企业有责任做到在不裁员的前提下，实现生产内容的转换。

佳能在御手洗富士夫的带领下坚定地保持了终身雇佣制，并在从1995年到2004年的10年间使纯利润翻了近6倍。

资料来源：白益民、袁璐：《日本尽是“爱国贼”(3)：御手洗富士夫》，http://cn.explore.ne.jp/news/article.php?id=2743，2009-08-13。

思考：

御手洗富士夫保持终身雇佣制给我们什么启示？

第四章　经济学激励理论

民，利之则来，害之则去。民之从利也，如水之走下，于四方无择也。故欲来民者，先起其利，虽不召而民自至。设其所恶，虽召之而民不来也。

——《管子·形势解第六十四》

引例

国民收入倍增计划造就日本黄金时代

1960 年，日本池田内阁宣布实施“国民收入倍增计划”，在这个人口数字达到美国一半的国家发起了一场消费者革命，并成为了日本经济起飞的基础和转折点。

20 世纪 50 年代可以被认为是日本 60 年代经济高速增长的准备和过渡阶段。资源从生产力相对低下的部门转移到生产力更高的部门，通过国外技术的进口加快了发展的脚步。1953 年，日本国民生产总值已经超过了“二战”前的水平。

但与此同时，日本社会并未就此稳定。1960 年，日美就《共同合作和安保条约》签署了补充修订协议，引发了东京大规模的街头抗议。此外，当时日本的劳资关系也十分紧张，产品积压，失业率增加。此时任首相的池田勇人启动了为期 10 年的“国民收入倍增计划”。池田勇人认为，日本的经济增长率很快就可以稳定在年均增长 7% 左右。在此基础上，日本应当在 1970 年把国民生产总值从 398 亿美元增加到 720 亿美元。

不过，在当时的贸易支付差额和产能限制的情况下，许多人，包括很多著名的经济学家都对日本政府设定 7% 的经济增长目标表示反对，认为这可能加重通货膨胀的压力。普通的日本人一开始也并不相信这一计划。他们认为，虽然从表面上看，人们的收入翻一番是有可能的，但是通货膨胀会抵消名义上的收入增长。令日本民众惊讶的是，这一计划超过了预期，在短短 7 年内就使日本人的收入翻了一倍。

关于国民收入倍增计划取得成功的原因，日本学者中村指出，20 世纪 60 年代日本经济增长的主要来源并不是出口，而是投资。从1952年到1970年，日本私人投资的数字增长超过10倍。

可以说，直到国民收入倍增计划开始实施，对于经济将继续增长的信心才真正传递给了日本消费者。工资上涨，而生活开支增加速度低于通货膨胀速度，消费热潮随之出现。与之相应的，过去以出口为主的日本制造企业也开始为国内市场进行生产。

他山之石，可以攻玉。如果劳动者的工资水平没有随着GDP的增长比例而增长，社会生产力与消费水平的巨大反差就会阻碍经济的可持续发展。反之，只有工人和农民收入倍增才能解决国家经济中内需不足、产能过剩问题。

资料来源：《国民收入倍增计划造就日本“黄金时代”》，《新京报》，http://news.china.com/zh_cn/finance/11009723/20070319/13995884_1.html，2011-04-24。

本章主要介绍经济学中的激励理论。从以亚当·斯密等为代表的古典经济学激励思想开始，介绍以罗斯和莫里斯等为代表的委托代理理论，以马克思、马歇尔和熊彼特等为代表的企业家理论，以舒尔茨和贝克尔为代表的人力资本理论和拉齐尔的延期报酬理论等。上述理论从不同视角对激励理论进行了较为详尽的阐述。

第一节 古典经济学中的激励思想

古典经济学中的激励思想，主要体现在工资理论方面。威廉·配第（William Petty）主张最低工资，而约翰·穆勒（John Mill）反对规定最低工资，亚当·斯密（Adam Smith）在强调薪酬等物质激励的同时，关注到了精神激励的重要性。马克思继承了古典经济学中的工资激励思想并加以丰富完善，从阶级的角度出发突出了工资的历史和道德因素，明确区分名义工资和实际工资。马克斯·韦伯（Max Weber）则更加突出激励的精神价值，强调对以劳动为天职的员工而言，精神激励的作用尤为突出。

一、最低工资理论

（一）理论内容

最低工资理论由西方古典经济学家威廉·配第最早提出，后经魁奈和李嘉图等人得到进一步发展。最低工资理论认为：工资作为劳动力的价格，和其他商品一样，也有一个自然的市场水平——最低生活资料的价值，是让劳动者大体上能够生活下去并不增不减地延续其后代所必需的价格，或者说工人的工资等于其最低生活费用。如果低于这个水平，工人的最低生活就无法维持，从而使资本家也失去了继续生产财富的基础。因此，最低工资水平不仅是工人维持生存的基本保证，也是雇主生产经营的必要条件。

按照最低工资理论，劳动工资也不是一成不变的。随着社会的进步，“劳动的自然价格总有上涨的趋势，原因是规定其自然价格的一种主要商品由于生产困难加大而有涨价的趋势……劳动的市场价格是根据供求比例的自然作用实际支付的价格……劳动的市场价格具有符合自然价格的倾向”①。

（二）对管理实践的启示

最低工资理论对项目管理颇有启发。根据这一理论，工人的最低工资不取决于企业和雇主的主观意愿，而是市场竞争的必然。如果工资水平下降到不足以维持员工的生存，必然导致劳动力再生产下降，即劳动力的供给减少。所以，不少政府相继制定了最低工资保障法律，保护劳动力的供给和实施政府的宏观调控。在项目管理中，在对核心员工制定有竞争力工资的同时，实行普通员工的工资不低于最低工资的薪酬制度，才能维持他们起码的生存，保护劳动力的供给，维护项目的正常运作。

（三）理论思考

（1）最低工资理论与需要层次理论、双因素理论以及 ERG 理论有何联系？
（2）最低工资理论对我们在项目团队人员激励方面的指导意义如何？
（3）最低工资理论是否已经过时了？

二、工资基金理论

（一）理论内容

工资基金理论的主要提倡者是约翰·穆勒，其主要观点有：

1. 资本是工资的决定性因素

工资是资本的一个组成部分，其与机器、设备、原材料等投入一起组成资本总额。在一定的时期内，对一个国家而言，工资支出是一个相对固定的量，这一相对固定量即为工资基金总量的大小。

2. 在工资基金一定的情况下，从长期来看，工人的工资水平取决于工人人数的多少

根据工资基金理论，在国家总工资规模和水平确定的情况下，工人和企业组织之间工资的变动是此消彼长的关系，即一部分工人或企业工资的增加是以另一部分工人或企业工资减少为代价的。工人人数多，工资就低；工人人数少，工资就高。同样，如果用于劳动者报酬的部分多了，工资的增长就会影响资本的增长，进而影响生产的

① （英）李嘉图著：《政治经济学及赋税原理》，郭大力等译，商务印书馆 1962 年版，第 77—78 页。

发展，使下一个生产周期的资本和工资减少。因此，若雇佣劳动者的就业总基金没有增加，或者劳动力市场的劳动力供给量不减少，工资总额就不可能增加；用来支付劳动力的资金不减少，或者领取工资的劳动力人数不增加，工人的工资水平也不会下降。

3. 约翰·穆勒还批评了那些通过规定最低工资率、由政府给穷人补贴来提高工人的工资的办法

约翰·穆勒认为这些办法不仅不能从根本上解决问题，还会鼓励贫民的生育、增加社会的就业压力。于是他提出改善工人生活的两条主要办法：一是普及国民教育，让劳动者具备文明和道德的基本常识，懂得个人的水平低下与过度生育不可分；二是政府资助对外殖民，给年轻人提供去海外发展的机会和条件。①

约翰·穆勒的工资基金理论可以说是古典主义工资理论的基础，阐述了工资增长和劳动生产率的关系。相对于最低工资理论而言，它具有较多的合理成分，能够解释随着经济社会的发展，随着资本的增长，工资也具有增长趋势。但是该理论也存在较多的缺陷，受到许多经济学家的批评。

（二）对管理实践的启示

从威廉·配第等人的最低工资理论和约翰·穆勒的工资基金理论可以看出，早期企业的激励手段主要以工资为主。尽管这些理论都有局限性，但其作为现代工资理论的基础，仍给项目管理带来了一定的指导意义。现阶段，项目管理中的激励手段主要是以工资为主，不过随着时代的发展，还应当结合多种方式给予员工全方位的激励，以获得更好的激励效果。

（三）理论思考

（1）工资基金理论认为“在一定的时期内，工资支出是一个相对固定的量”，因此“工人人数多，工资就低”，你同意这种观点吗？请说明理由。

（2）工资基金理论有何不足之处？试指出这些不足。

（3）工资基金理论对你有何启发？

三、亚当·斯密的工资理论与激励思想

（一）亚当·斯密的工资理论

亚当·斯密是最早对工资进行分析和研究的经济学家之一。他不仅阐述了工资的

---

① 参见（英）穆勒著，赵荣潜等译《政治经济学原理》第二编第12章“论补偿低工资的一般方法”，商务印书馆1995年版，第403—410页。

含义、工资水平，而且界定了影响工资的因素，并说明了工资差异的不同表现。

1. 工资的含义

斯密认为，在土地私有和资本积累尚未出现的原始状态下，全部劳动生产物就是劳动的自然报酬或自然工资。[①] 当土地私有和资本积累出现以后，全部劳动生产物就要与资本家和土地所有者共分，劳动的工资这时只能是劳动生产物的一部分，应该等于劳动的自然价格。

2. 工资水平

在仔细研究工资水平的基础上，斯密最早提出了工资的最低标准、平均工资。如："劳动工资有一定的标准，在相当长的期间内，即使最低级劳动者的普通工资，也不能减到这一定标准之下。"[②] 这一最低标准是符合一般人道标准的最低工资。又如："在每一个社会及其邻近地区，各种用途的劳动的工资，……都有一种普通率或平均率"[③]，这种普通率或平均率即是平均工资。此外，斯密通过对比英格兰和北美各地的劳动工资发现："最高的劳动工资不在最富的国家出现，却在最繁荣，即最快变得富裕的国家出现。"[④]

3. 影响工资的因素

斯密将影响工资的因素分为内部、外部和法律因素三种。内部因素指劳动量；外部因素则表现在微观（对劳动的需求，生活必需品和便利品的价格[⑤]）、中观（行业因素，新行业的工资大都高于旧行业[⑥]）和宏观（国民财富增加的快慢即资本积累的速度）三方面。此外，斯密还指出，法律因素对工资的影响至关重要，因为"要靠劳动生活的人，必须能维持他们的基本消费，而且在大多数场合，还必须稍微超过这个标准，否则他们无法赡养家庭，传宗接代，社会也就发展不起来，工人没有积极性，那么资本家也无法获利，因此工资的多少一定会有个法律规定"[⑦]。

4. 工资差异

在《国富论》里，斯密总结了工资差异的五个表现[⑧]：劳动工资因业务有难易、有污洁、有尊卑而不同；劳动工资因业务学习有难易、学费有多寡而不相同；劳动工资因业务安定不安定而不相同；劳动工资因劳动者所须负担的责任的大小而不相同；劳动工资随着取得资格可能性的大小而不相同。

---

① （英）亚当·斯密：《国民财富的性质和原因的研究（上卷）》，商务印书馆 1974 年版，第 58 页。
② 同上书，第 62 页。
③ 同上书，第 49—50 页。
④ 同上书，第 63—64 页。
⑤ 同上书，第 62 页。
⑥ 同上书，第 107—108 页。
⑦ 同上书，第 62 页。
⑧ 同上书，第 59—60 页。

（二）亚当·斯密的激励思想

1. 分享利益[①]

斯密关于分享利益的论述贯穿《国富论》，他看到激励与收益分配的两难冲突问题，敏锐地观察出在农场主占有较多收益的情况下佃户缺乏劳动积极性的状况。在当时的佃农制下，佃户是没有积极性拿出哪怕是收益中很小的一部分投入土地中，因为地主不费任何劳动就拿走了土地收成的一半。农夫会有积极性用农场主所提供的工具获得尽可能多的收成，而决不会有积极性把自己所拥有的农具用于这种生产。斯密认为，激励佃户的办法是佃户必须和地主共同分享收益。[②]

2. 劳动工资不课税

斯密认为在多数情况下，对高级官吏的报酬可以征税，但是对劳动工资不宜课税。因为劳动者工资受劳动需求和食物平均价格的影响，假如劳动需求与食物价格不变，征收劳动工资税必使劳动工资上升到稍高于税额的水平。假如劳动需求减少、征收劳动工资税不会使工资相应提高，反而会使就业减少，制造品价格上升。

3. 高工资激励

斯密反对低工资，主张高工资。“需要靠劳动过活的人，其工资至少需足够维持其生活。在大多数场合，工资还得稍稍超过足够维持生活的程度，否则劳动者不能赡养家室而传宗接代。”[③]“各种佣人、劳动者和职工，在任何大政治社会中都占最大部分。社会最大部分成员境遇的改善，决不能视为对社会全体不利。有大部分成员陷于贫困悲惨状态的社会，决不能说是繁荣幸福的社会。”[④]“充足的劳动报酬，鼓励普通人民增殖，因而鼓励他们勤勉……丰富的生活资料，使劳动者体力增进，而生活改善和晚景优裕的愉快希望，使他们愈加努力。所以，高工资地方的劳动者总是比低工资地方的活泼、勤勉和敏捷。”[⑤]

4. 社会地位的高低与工资的高低呈反比

（1）给社会地位不高的有特殊才能的人高工资。斯密分析：“世上有几种非常适意而优美的才能，若能取得，定能博得某种赞赏，但若用这才能来谋利，世人就会根据意见或偏见认为是公开出卖灵魂。因此，为谋利而运用此种才能的人，所得金钱，不但须补偿他学习这种技能所花的时间、工夫和费用，还须补偿他以此谋生而招致的名声上的损失。俳优、歌剧唱角、歌剧舞蹈家等所以有非常大的报酬，乃是起因于这

① 转引自（法）让-雅克·拉丰（Jean-Jacques Laffont）、大卫·马赫蒂摩（David Martimort）著：《激励理论——委托—代理模型》（第一卷），中国人民大学出版社2002年版，第1—16页。

② （英）亚当·斯密：《国民财富的性质和原因的研究（上卷）》，商务印书馆1974年版，第350—362页。

③ 同上书，第62页。

④ 同上书，第72页。

⑤ 同上书，第75页。

两个原则：才能罕有而美好；由于运用这才能而蒙受的名声上的损失。我们在一方面鄙视其人格，在另一方面却又对其才能给予非常优厚的报酬，这乍看起来，似乎很不合理。其实，正因为我们鄙视他们的人格，所以要厚酬他们的才能。假若世人对于这些职业的意见或偏见一旦改变，他们的金钱报酬很快就会减少。因为更多的人要从事这些职业，而竞争势必使他们劳动的价格很快降低。这类才能虽不是一般才能，但绝不像世人所想象的那么稀罕。完全具有这种才能而不屑用以图利谋生的人，实不在少数。”①

（2）给予社会地位高的人员低工资。根据斯密的观点，应当给予社会地位高的人员低工资，“审判官是一个有名誉的官职，报酬再少，想干的人依旧多。比审判官职位较低的治安推事，论工作是异常麻烦的，论报酬大抵毫无所得，然而大多数的乡绅，却唯恐弄不到手。大大小小的一切司法人员的薪俸以及司法行政的一切费用，即使处理不很经济，亦不过占国家全部费用的极小部分。这情况不限于哪一国，各文明国家都是如此。”②

5．工资是勤勉和诚实的奖励

斯密认为，“劳动工资，是勤勉的奖励。勤勉像人类其他品质一样，越受奖励越发勤奋”③。“一般来说，从商业和制造业所赚的工资，比从任何其他方面赚得的工资高，结果人们就变得更诚实。人们如有可能从正当的、勤劳的途径赚得更好的衣食，谁愿意冒险干拦路抢劫等勾当呢？”④

（三）对管理实践的启示

1．工资最重要的功能就是激励

工资必须能维持工人的基本消费，并能繁衍后代，他们的工作才有积极性。反之，员工的非正常流动、怠工、高消耗、低品质以及效率低下便会司空见惯。

2．较高的工资可以起到更好的激励作用

工人们仅靠最低工资只能维持生存。一般而言，薪酬越高，激励作用越大。

3．高工资不仅对个人和团队有利，对整个社会都有利

高工资除了可以有效维持个人及其家庭的生存，维系团队的运行以外，对整个社会也非常有利。高工资可以提高员工的道德水准，使得他们工作更加勤勉和诚实，团队更有吸引力和凝聚力。同时可以促进消费，保持产销两旺，供求平衡以及社会发展

---

① （英）亚当·斯密：《国民财富的性质和原因的研究（上卷）》，郭大力、王亚南译，商务印书馆1974年版，第99页。

② 同上书，第280页。

③ 同上书，第75页。

④ （英）坎南编：《亚当·斯密关于法律警察岁人及军备的演讲》，陈福生等译，商务印书馆1962年版，第173页。

和谐有序。

4. 激励不仅仅局限于货币报酬，非货币报酬也非常重要

设计薪酬制度时，要充分考虑非货币报酬，即能够被员工认为是有价值的、能够给予他们以某种补偿并激励他们更积极地投入工作的非直接货币报酬，如企业安排的休假、培训学习、职业生涯辅导、员工辅助计划以及工作的丰富感和成就感等。这些非货币报酬同样可以对员工产生较大的激励作用。

（四）理论思考

（1）针对激励思想在经济学中的发展，法国经济学家让－雅克·拉丰在其巨著《激励理论——委托代理模型》中开宗明义地指出：在经济史中，劳动分工与交易的出现带来了激励问题。他认为在西方经济学鼻祖亚当·斯密的著述中就已经包含了激励思想。激励问题是所有关于组织理论的一个重要的课题。[①]你认为在斯密的激励思想中，最具有前瞻意义的是什么？请说明理由。

（2）斯密的激励思想对项目管理有何启发？

四、马克思的工资理论

马克思从自己创立的新世界观出发，继承和发展了古典经济学家亚当·斯密等人的理论，建立了全面的工资理论。

（一）理论内容

1. 工资的含义

马克思工资理论的贡献在于他区分了劳动和劳动力，透过工资的表面现象，揭露出资本主义工资的实质：在资本家与雇佣工人的买卖关系中，工资表现为劳动的价值或价格，只是劳动力价值或价格的转化形式。在现代资本主义经济中，工资的本质已经表现出了由劳动力的价格或价值的转化形式向人力资本价格的转化形式演进的发展趋势。

2. 工资的决定因素

马克思认为工资主要取决于两个重要因素：

（1）社会必要劳动时间。马克思认为，工资是劳动力价值或价格的转化形式，工资首先决定于劳动力这种特殊商品的价值，“劳动力的价值也是由生产从而再生产这种特殊物品所必需的劳动时间决定的”，也就是说，工资由生产和再生产劳动者的社会必要劳动时间决定的。劳动者的工资可以还原为维持劳动者的劳动能力和繁育后

---

① （法）让—雅克·拉丰（Jean-Jacques Laffont）、大卫·马赫蒂摩（David Martimort）：《激励理论——委托代理模型》（第一卷），中国人民大学出版社2002年版，第1—16页。

代所必需的各种生活资料的费用，具体包括：①维持劳动者本人生存所需生活资料的费用；②劳动者繁育后代所需的生活资料的费用；③劳动者必要的培训费用。马克思认为，以上三个方面的费用构成了工人生存“必不可少的需要”。

（2）工资的历史和道德因素。突出强调工资的历史和道德因素，是马克思对斯密等古典经济学工资理论的一大发展。劳动力商品不是普通商品，其价值或工资的决定有一个不同于普通商品的最大特点，即包含着历史和道德的因素。工资作为工人生存“必不可少的需要”，其决定过程决不仅仅是一个单纯的技术过程，而且也是一个社会历史过程。

马克思在《资本论》中描述了当时社会各界舆论对资本主义给工人造成的伤害所表现的担忧和道德谴责。这些道德批判限制了资本家对工人无止境的盘剥，客观上有利于压缩过长的劳动时间，恢复劳动能力，提高劳动效率。在资本主义发展过程中，生产力的发展和社会文化道德水平的提高使工人工资作为“必不可少的需要”的范围不断扩大，工人阶级的生存状况不断得到改善，并多少分享了技术进步和生产力发展带来的成果，在一定程度上缓和了工人阶级的相对贫困状态。

3. 工资的基本形式

工资有两种形式：计时工资和计件工资。计时工资是根据工人的劳动时间支付的工资。计件工资是根据工人生产的产品数量或所完成的工作量支付的工资。计件工资是计时工资的转化形式，正如计时工资是劳动力的价值或价格的转化形式一样。在实行计件工资的情况下，似乎工人出卖的使用价值不是他劳动力的职能（即活的劳动），而是已经物化在产品中的劳动，似乎这种劳动的价格不是像计时工资那样，由劳动力的日价值/一定小时数的工作日来决定，而是由生产者的工作效率来决定的。但事实上，计件工资与计时工资本质相同。

此外，马克思还分析了工资的另外两种形式：名义工资和实际工资。名义工资即货币工资，是指工人出卖劳动力所得到的货币数量；实际工资，是指工人用货币工资实际买到的各类生活资料和服务的数量。名义工资和实际工资有着密切的联系，在其他条件不变的情况下，两者的变动是一致的，即名义工资越高，实际工资也就越高，反之亦然。但两者也常常不一致，即名义工资虽然不变，甚至提高，而实际工资却可能降低。这是因为，实际工资的水平不仅取决于货币工资的高低，还取决于物价的高低。当名义工资不变，物价上涨，或者名义工资的提高赶不上物价的上涨速度时，实际工资就会下降。

4. 资本主义工资的变动趋势是

（1）名义工资一般呈上升趋势。

（2）实际工资有时提高，有时降低，但从长期来看，仍呈现出提高的趋势。

不过，实际工资的提高并不意味着工人受剥削程度的减轻。在劳动生产率提高比实际工资提高更快的情况下，剩余价值率不断提高，剥削程度进一步加重。

明确区分名义工资和实际工资并揭示资本主义工资的变动趋势，是马克思对斯密等古典经济学工资理论的又一大发展。

5. 血汗工资制度

工业革命后，欧洲各国普遍实行了对个人超经济剥削的血汗工资制度。它有多种形式，最具代表性的有“泰罗制”和“福特制”。其后又有多个变种，如美国的“康脱制”和“赫尔斯制”、英国的“罗文制”、法国的“贝多制”等。这些工资既有不人道的一面，也有科学的成分。列宁曾经辩证地指出：“资本主义在这方面的最新发明——泰罗制——也同资本主义其他一切进步的东西一样，有两个方面，一方面是资产阶级剥削的最巧妙的残酷手段，另一方面是一系列的最丰富的科学成就，即按科学来分析人在劳动中的机械动作，省去多余的笨拙的动作，制定最精确的工作方法，实行最完善的计算和监督等等。”①

（二）对管理实践的启示

（1）企业主对工人无止境的盘剥，不利于他们恢复劳动能力、提高劳动效率。马克思的工资理论给予项目管理者这样的启示，即无论项目结果如何，其成员所获得的薪酬都不应仅仅与项目结果挂钩，还应与市场接轨，并可以满足其基本需要。不能无止境地榨取员工的血汗工资，否则项目成员的劳动生产率必然下降，甚至因此离开，进而影响项目的顺利完成。

（2）真正对员工起激励作用的是实际工资。项目负责人不能满足于项目成员名义工资的提高，更要看实际工资的波动；特别是在通货膨胀严重的时期，名义工资虽高，扣减通货膨胀条件下货币贬值、物价上涨等因素，实际工资可能是下降的。

（3）设计合理的薪酬制度，制订最精确的工作方法，实行最完善的计算和监督。

（4）让劳动者不要为工资所累，自由而又全面发展。建立完善的培训学习机制，关爱员工，造福员工，尽最大努力满足员工的物质、精神文化生活需求。

（三）理论思考

（1）如何理解马克思的工资理论？

（2）项目团队中工资的决定因素是什么？

（3）“血汗工资制度”是否适合项目管理？为什么？

五、工资精神价值理论

工资精神价值理论的主要提倡者是德国著名政治经济学家和社会学家马克斯·韦

① 《列宁选集》（第3卷），中共中央马克思恩格斯列宁斯大林著作编译局译，人民出版社1972年版，第511页。

伯。韦伯所处的时代，发达国家工人的处境有所改善，生存问题基本解决或正在解决，激励的精神因素凸显出来。他认为激励不仅受物质因素影响，更主要的是受精神（特别是宗教）因素的影响，激励不能仅靠提高工资等物质因素，还应结合精神因素。此外，韦伯还提出了岗位工资制及其建立的重要性。

（一）理论内容

1. 高工资（计件工资）不能起到激励作用

韦伯在其著作《新教伦理与资本主义精神》中曾列举了一个有趣的例子①："雇主一次又一次地作出这样的尝试，一再提高劳动者的计件工价，从而给劳动者机会来挣取对他们而言是很高的工资，以鼓励他们提高自己的效率。但是，雇主却常常遇到一个奇特的困难，其发生频率之高令人惊讶，即提高计件工价常常招致这样的后果：在同一时间内做完的活儿不是多了，而是少了，因为劳动者对工价提高的反应不是增多而是减少其工作量。"②

韦伯通过这个例子说明人并非"天生"希望多多地挣钱，只是希望像他已经习惯的那样生活，挣得为此目的必需挣到的那么多钱。韦伯看到，"近代资本主义扩张的动力首先并不是用于资本主义活动的资本额的来源问题"，更重要的是一种突破传统主义的精神动力的来源问题，而这种精神动力的来源与发展，就是韦伯在这本书中所主要探讨的"资本主义精神与新教伦理之间的关系"。如果不在人们的思想与习惯方面有所作为，想单纯运用高工资激励劳动者提高效率是要处处碰壁的。

2. 低工资不可能产生高效率

有人认为，高工资不能起到激励作用，那就降低工资，以此增加利润。针对此，韦伯认为通过低工资增加劳动的物质结果的办法是浅薄的。原因很简单，低工资带来低效率。韦伯提出了著名的论断：低工资绝对不与廉价劳动等同。他指出低工资的三大问题：优汰劣胜、不合乎生产的实际情况及与新教伦理的精神相悖。

资本主义从开始起步，就一再地采取减少工资的方法，而低工资"甚至意味着不适者生存"③。所谓"不适者生存"，是指由低工资造成的低效率、低技能、低教育程度以及低身体素质的劳动者，因其对低工资条件的适应而淘汰高效率、高技能、

---

① 例如，某个人按每英亩1马克的价钱一天收割了2.5英亩地，从而挣得2.5马克。现在，工价提高到每收割1英亩得1.25马克。本来他可以轻而易举地收割3英亩地，从而挣得3.75马克。但他并不这样做；他只收割2英亩地，这样他仍然可以挣得他已经习惯得到的2.5马克。挣得多一些并不比挣得少一些来得那样诱人。他并不问：如果我尽力去做，那么我一天能挣多少钱呢？他却这样问：我要做多少活儿，才能挣到以前挣的2.5马克来打发传统的需求呢？这里所说的是传统主义的一个例子。

② （德）马克斯·韦伯：《新教伦理与资本主义精神》，生活·读书·新知三联书店1987年版。

③ 同上。

高教育程度以及高身体素质的劳动者，因为后者必须要有高工资来维持。[①] 当生产需要熟练劳动，需要使用易于损坏的机器，需要高度的专注和创新精神时，低工资的方法就必定要失败。[②] 对于虔诚的上帝的子民来说，他们视劳动为天职，兢兢业业，尽心尽力，不会计较工资的高低；对于雇工来说，增添上帝荣耀的理性辛劳就是要节制、态度认真和工作勤勉。

3. 精神激励的力量

韦伯认为，工作积极性不能单凭低工资或高工资等物质手段刺激，还要靠精神手段——长期而艰苦的宗教教育和培训，物质激励和精神激励结合使用，才能起到好的效果。

"人们时常听说，并且调查统计也证实了，这些人往往有最好的经济教育机会，集中精神的能力，以及绝对重要的忠于职守的责任感，这些与严格计算高收入可能性的经济观，与极大地提高了效率的自制力和节俭心最经常地结合在一起。这就为对资本主义来说是必不可少的那种以劳动为自身目的和视劳动为天职的观念提供了最有利的基础：在宗教教育的背景下最有可能战胜传统主义。"[③] "由宗教信仰和宗教活动所产生的心理约束力的影响，这些影响转而指导日常行为并制约个人行动。而这种约束力在很大程度上则是从它们背后的各种宗教思想的特点中衍生出来的。"[④] 一旦树立上述宗教信仰，劳动即为天职，激励主要靠宗教信仰即精神的力量，工资就不会放在重要位置，高工资还是低工资的问题就不那么重要。

4. 岗位工资——韦伯的官僚组织模式

韦伯在官僚组织模式中，给员工设计的是岗位工资制。一方面，进行专业分工与技术训练，对成员进行合理分工并明确每人的工作范围及权责，并不断通过技术培训来提高工作效率。另一方面，在成员的工资及升迁上，按职位支付薪金，并建立奖惩与升迁制度，使成员安心工作，培养其事业心。韦伯认为，在官僚组织实施岗位工资制，不但可使组织体现出高度的理性化，而且其成员的工作行为也能达到预期效果，组织目标也能顺利实现。

相比斯密等经济学家，韦伯更加强调精神因素对激励的作用，特别是宗教因素，这也是其理论的最大贡献。

（二）对管理实践的启示

（1）较高的工资未必能起到更好的激励作用，特别是对于一些有着自身价值追

① 冯钢：《关于低工资的社会学思考》，《浙江社会科学》2005年第6期，第143—150页。

② （德）马克斯·韦伯：《新教伦理与资本主义精神》，于晓、陈维纲等译，生活·读书·新知三联书店1987年版，第43—44页。

③ 同上书，第45页。

④ 同上书，第73页。

求和精神追求的员工而言。项目管理中要特别注意物质激励与精神激励之于不同价值观个体的差异，建立适合不同价值观个体的激励模式。

（2）组织的发展要靠工资激励，个人可以通过工资激励实现从“自利”到“利他”的转变。但是激励不能完全依赖低工资，低工资不等于廉价劳动，低工资不可能产生高效率。

（3）组织应当建立一个完整的、有效的激励机制，基于此引导和约束成员，使其将个人利益与组织利益相结合。在考虑项目人员的工资时，除了要关注项目成本，还应从组织的获利情况、人员的工作性质以及社会的消费水平等方面考虑，给予员工合理的薪酬，使其能够为项目的发展付出劳动。

（4）劳动不仅是谋生和发展的手段，而且必须被当做一种绝对的自身目的，对员工最好的激励是将其自身追求与组织的愿景相结合，最大限度将个人目标与组织目标协调一致。

（三）理论思考

（1）结合你的自身经历谈谈对韦伯激励理论的认识。

（2）如何看待韦伯的劳动天职思想？

（3）韦伯的激励思想对我们加强项目管理有什么启发？

【案例】

福特汽车公司的工资改革

在第一次世界大战前，美国劳工处于极不稳定的状态，工人的困苦日益增加而失业率很高。技术工人的每小时工资可能低至15美分。在这种背景下的福特公司，职工的离职率很高，以致在1912年为了保持1万个工人，必须雇用6万个工人。詹姆斯·卡鲁斯（James Couzens）是当时公司的总经理，他说服亨利·福特，于1913年末宣布保证付给其每一个员工5美元一天的工资——是当时标准的2到3倍。

并不是所有的人都可以享受5美元的日薪，如果你不符合下列条件，那么无论你多么努力，多么有成效，都不可能获此待遇，只能享受2.38美元的标准工资：

1. 同家人生活在一起的已婚者，并乐意照顾家庭。

2. 如果你是年龄22岁以上的单身，那么你要为人节俭。

3. 如果你是22岁以下，有近亲或血亲要你帮助，那么你也可以享受。

这不是“做秀式”的规定。福特为此专门成立了一个社会部，走访应聘者的表现与家庭情况，很少有人做得了假。

在实行新工资以后，离职率几乎趋于零。它所节约下来的金额是如此之大，以至于在以后几年中，虽然所有的材料成本都急剧上升，福特公司还是能以较低的价格制造销售T型汽车并获得更多利润，从而占据了市场统治地位。

问题：

1. 福特公司的工资改革与韦伯的理论有无冲突之处？为什么？
2. 你怎样评价福特公司的工资改革？

第二节　委托代理理论

委托代理理论是制度经济学契约理论的主要内容之一，是20世纪60年代末70年代初一些经济学家深入研究企业内部信息不对称和激励问题发展起来的。该理论认为委托代理关系是产生激励问题的根本原因，因此其中心任务是研究在利益相冲突和信息不对称的环境下，委托人如何设计最优契约激励代理人，以罗斯（Ross）、莫里斯（Mirrlees）、格罗斯曼（Grossman）、霍姆斯特姆（Holmstrom）和哈特（Hart）等人为代表。

一、理论内容

委托代理关系存在于一切组织之中。“如果当事人双方，其中代理人一方代表委托人一方的利益行使某些决策权，则代理关系就随之产生。”[①]在委托代理的关系当中，由于委托人与代理人的效用函数不一样，委托人追求的是自己的财富更大，而代理人追求自己的工资津贴收入、奢侈消费和闲暇时间最大化，这必然导致两者的利益冲突。在没有有效的制度安排下，代理人的行为很可能最终损害委托人的利益。

委托代理关系中存在信息不对称现象，信息不对称可以从两个角度划分：一是不对称发生的时间，一是不对称信息的内容。从不对称发生的时间看，不对称性可能发生在当事人签约之前，也可能在签约之后，分别称为事前不对称和事后不对称。研究事前不对称信息博弈的模型称为逆向选择模型，研究事后不对称信息的模型称为道德风险模型。从不对称信息的内容看，可能是某些参与人的行动，也可能是其知识。前者主要表现为契约后委托人面临着代理人不努力工作的道德风险，后者表现为委托人不完全了解代理人，选出的代理人不一定是优秀和合适的。

为了解决与代理人的利益冲突，委托人一般采取两种方式：一是通过设计有效的正向激励方案，推动代理人主动以委托人的效用函数为自身的效用函数；一是通过各种约束来使代理人的效用函数不至于偏离委托人效用函数太多。两种方式均涉及企业

① Ross. S. The economic theory of agency: the principal's problem. *American economic review*, 1973, 63: 134－139.

内部激励机制的设计，而企业内部的制度激励又可分为三个层次来考虑：其一是所有者与经营者之间的委托代理的激励；其二，作为“主代理者”的管理者应制订何种规章制度来激励组织中的核心技术人员；其三，作为企业中一般人力资本产权所有者的一般员工的股权激励。其实质是，如何使组织中成员的努力与报酬高度正相关，并通过各种长期激励方式使之追求个人预期利益最大化的自利行为结果与给定的组织目标相一致。①

二、对管理实践的启示

由于存在委托代理关系，因此如何对代理人进行有效的激励就成为委托人面临的难题。委托代理理论正是研究如何有效地激励代理人，具体表现为：②

1. 在人才甄选和激励时注意逆向选择和道德风险问题

经济学激励理论中的委托代理模型，逻辑分析起点是交易双方之间的信息不对称问题。主要归为两类：逆向选择和道德风险。在人才甄选和激励层面上，逆向选择意味着选出来的并不一定是最优秀或最合适的人；而道德风险则表现为选出来的人不努力工作。

问题解决的思路是：其一，建立一个好的遴选机制，目的是选出合适的代理人，方法是在代理人之间形成竞争；其二，建立一个好的激励机制，目的是使代理人持续努力并符合委托人的目标。其中，激励机制应满足两个原则：参与约束原则和激励相容约束原则。参与约束原则，是指代理人参与工作所得净收益必须不低于不工作也能得到的收益。激励相容约束原则，是指代理人让委托人最满意的努力程度也是给他自己带来最大净收益的努力程度。根据激励相容约束原则，如果要代理人积极努力工作，委托人就需要将风险及其收入分解，由代理人分担一部分。

2. 激励代理人达成组织目标

委托代理理论指出，有两种类型的激励驱使代理人达成企业的目标。第一种激励是外部的劳动力市场。如果劳动力市场完善，就能提供求职者先前的工作表现记录，该记录帮助求职者或阻碍求职者继续就业。因此，在完善的劳动力市场上，个人受到激励为现在的企业工作，以便将来能得到自己理想的工作。如果企业不能盈利，导致代理人的就业合同终止，代理人被降级、开除或替换，这些都将影响其未来的就业。同样，如果记录的信息包括代理人的升职、奖励，则将增加其未来的就业机会。因此，完善的外部劳动力市场的存在就将代理人和委托人连在一起，使他们认同利润至上的目标。然而，劳动力市场的完善程度差异很大，求职者工作表现记录在很多劳动

① 苏东斌、钟若愚：《激励——高技术中收入分配考察》，北京大学出版社 2003 年版，第 196 页。

② （美）托马斯·J. 伯格曼（Thomas J. Bergmann）、维达·古尔比纳斯·斯卡佩罗（Vida Gulbinas Scarpello）著：《薪酬决策》（第 4 版），何蓉等译，中信出版社 2004 年版，第 67—68 页。

力市场上是不存在的。第二种激励是薪酬。通过开发和运用薪酬计划，能够实现使代理人和委托人目标一致的目的。相对于劳动力市场激励，薪酬激励的效用更大，因为委托人可以控制薪酬。

3. 委托人与代理人的目标和利益一致

委托代理问题主要是实现委托人的目标和利益与其企业高层管理者（称为首要代理人）的目标和利益的一致。然而，经济学家认为，必须同时考虑所有员工（二级代理人）和所有者的目标和利益的一致，且高层管理者有责任为其他员工设计薪酬计划。由于劳动力和薪酬的交换是通过明确的或隐含的合同而建立的，合同中有可能规定企业承担重要的交易成本，所以理论家认为委托人和代理人之间的任何可能的薪酬协议必须坚持以公平原则（程序和政策）来设计和分配薪酬。因此，他们更进一步认为分配薪酬所遵循的公平原则决定了薪酬结果的公正，并且能够激励员工朝所有者的生产目标努力。

三、理论思考

（1）有组织行为专家批判说，委托代理理论的实质是管理者的自我诺言实现。你如何看待这一批判？请说明理由。

（2）委托代理理论认为代理人存在道德风险问题，你认为委托人存在这一问题么？单向的道德风险模型会对组织产生什么样的影响？

（3）企业中存在着多层的委托代理关系（所有者与经营者，经营者与员工）。除了上述提到的启示外，你认为委托代理理论对于二级代理（经营者与员工）问题有何启发？

【案例】

从委托代理问题看“国美之争”

国美之争从黄陈正式决裂并公开化开始，便引起社会各界的普遍关注。国美控制权之争之所以能让那么多原本对资本市场、公司治理和企业管理等专业性问题毫无兴趣、亦不具备基本知识的普通中国人如此牵肠挂肚，甚至义愤填膺，原因很多，其中家族企业引入职业经理人产生的委托代理问题是非常重要的原因之一。

在黄光裕出事前，黄陈双方合作愉快，在黄出事后不久就出现了陈晓的“黄在中国的政治生命已经结束”的话语。

陈晓方面认为：“真正的原因是他（黄光裕）的个人需求、控制公司，将企业变成他个人意愿实现的地方，变成工具。所以真正的焦点是黄想用其意志控制公司，而管理层认为我们应该以全体股东利益最大化为目标，而不是以单一股东意志来决定公司的命运，这是矛盾的焦点和真实的原因。”

黄光裕方面认为：“陈晓利用大股东的信任，受托担任国美董事局主席。此后他联手贝恩资本，和他们签订了极为苛刻的融资协议；接着，又笼络了某些高管人员，意图控制整个公司；他不顾国美的任何历史和感情，不顾一切地推行‘去黄光裕化’。”

陈晓的支持者认为，陈晓的确是黄光裕亲手推上董事局主席（起先是公司总裁）这个位子的，但一旦他坐在了这个位子上，他就不再只是大股东利益的代言人，而应当代表公司。换言之，代表全体股东的利益，因为国美是一家上市公众公司。而黄光裕所谋求的已对国美的长远发展及大多数股东的利益构成了损害。在这种情况下，职业经理人肩负的委托代理责任恰恰要求他坚决抵制“老板”的不正当要求，维护其他大多数股东的利益。

有学者认为，既然的确是黄光裕使陈晓当上国美董事局主席的，那么他要求陈晓服从他的公司发展战略，按他的意思去经营管理公司，而如果后者不从则要求罢免他，都是没什么不妥的。而陈晓作为职业经理人，他公开表达出来的对“忠诚”的理解也是无可指摘的——职业经理人的忠诚对象不应该是一个（或许多个）具体的股东，而是他与股东们签署的具有法律效用的契约。忠于人，还是忠于契约，这是检验一个社会是否已经实现法治的试金石。

由是观之，无论是作为创始股东和大股东的黄光裕一方，还是作为公司管理层代表的陈晓一方，各自在职业经理人的委托代理责任这个问题上所执的主张，应该说都没有什么明显说不过去的地方——黄光裕有充分的权利做他之前做的那些事情，陈晓也有充分的权利予以拒绝。至于双方的主张之所以会如此剑拔弩张、水火不容，并不是因为其中有哪一方是对的，而另一方是错的，只是因为各自立足的利益不同而已——这不是一个是非黑白的问题，而是一个立场角度的问题。

资料来源：陈季冰：《国美控制权之争中的伦理变奏（一）》，http://news.163.com/10/1025/14/6JRJUJ5C00012Q9L.html，2010-10-25。

思考：

1. 用委托代理理论分析国美出现控制权之争的原因。
2. 在现代企业制度下，如何解决委托代理关系中的道德风险问题？如何利用激励与约束手段保证局面不失控？
3. 家族企业在引进职业经理人时，如何解决可能出现的委托代理问题？

第三节　企业家理论

企业家理论主要研究企业家的含义、企业家在企业发展中的职能作用和必备素质。企业家是商品经济发展的产物，商品经济越是发展，企业家的社会地位越是重要。

一、理论内容[①]

从古典经济学诞生以来，经济学家就深入研究企业家理论，从不同角度提出了各自独特的见解。对企业家理论研究最深入、最全面以及影响最大的当数马克思（Karl Marx）、马歇尔（Alfred Marshall）和熊彼特（Joseph Alois Schumpeter）。马克思从科学性和阶级性统一的角度，而马歇尔和熊彼特则更多是从科学性的角度。其中，马歇尔强调企业家的风险意识，熊彼特强调企业家的创新精神。三位学者的研究成果构成了比较全面的企业家理论。

企业家是人格化的资本[②]，通过竞争而致富，并只承认竞争的权威。根据马克思的研究，“作为资本家，他只是人格化的资本。他的灵魂就是资本的灵魂。而资本只有一种生活本能，这就是不断增殖自身，获取剩余价值。”[③] 企业家可以为了追求暴利，不惜铤而走险甚至死亡。

企业家具有资本家的权威，履行管理职责。马克思认为，企业家“执行着一切应由执行职能的资本家自己担任的现实职能”[④]。现代化生产需要管理，“一旦从属于资本的劳动成为协作劳动，这种管理、监督和调节的职能就成为资本的职能。这种管理的职能作为资本的特殊职能取得了特殊的性质”[⑤]。客观上要求工人们的行动必须服从“资本家的权威”[⑥]。马歇尔也非常重视监督。他认为企业家从事经营管理，应当把所需的资本和劳动力结合起来，做出完整的一般计划，同时要加强对企业运作的各个环节的监督，做好过程控制。

企业家要善于捕捉交易机会，解决市场的非均衡状态。马歇尔认为，生产活动是根据需求恰当地调整供给的过程，且市场也是不完全竞争市场，不均衡状态是市场的普遍现象。企业家将企业家的才能用于对其他物质要素所进行的配置和组合只是在延续和维持其原有的均衡状态。作为内生变量，企业家的经营管理才能修正市场的非均衡状态，解决由于信息不完全所造成的市场非均衡问题。

企业家实现生产要素的新组合。熊彼特认为，企业家比我们原来所指的企业家在内涵和外延上既要窄又要宽。[⑦] 传统意义上的企业家仅仅是企业生产经营的负责人，

---

① 段文斌：《西方企业家理论述评》，《经济学动态》1997年第6期，第59—63页。

② （德）卡尔·马克思：《资本论》（第一卷），人民出版社1953年版。

③ （德）卡尔·马克思：《资本论》（第一卷），人民出版社1953年版，第260页。

④ 同上书，第368页。

⑤ 同上书，第369页。

⑥ 同上书，第368页。

⑦ （美）约瑟夫·熊彼特：《经济发展理论》，商务印书馆1990年版，第83页。

这在熊彼特看来是远远不够的。一个经营管理者只有当他实际上实现“新组合”时才是一个企业家。企业家的工作是“创造性的破坏”，很大程度上是颠覆传统，难度和阻力非常之大。这就要求企业家具备很高的预测能力、组织能力、沟通能力和风险规避能力。

与马歇尔关于企业家应当承担风险的观点相反，熊彼特认为企业家不应承担风险。这是因为企业家进行创新活动所需要的资本是由那些成功的企业家所形成的资本家阶层，即资本市场提供的。企业家可以从资本市场获取他们需要的任意数量的资本，因而资本并不构成其成为企业家的约束条件。与此相对应，由于资本的外来性，风险也由资本所有者承担，企业家并不承担风险。

企业家成功的关键主要来源于其高超的经营管理能力与企业家素质，包括精通业务[①]、节俭[②]、精通资本运作[③]以及独特的管理才能等。

二、对管理实践的启示

由于管理者负责整个项目的运行，需要对一切涉及组织的生产要素进行组织协调和优化配置，因此，具备企业家素质，具有强烈的创新意识和企业家精神的管理者能够高效地实现项目目标。

（1）管理者需要具备及时发现在投入和产出的相对关系中潜在的更有价值的机会，并充分利用这一机会的能力；需要精通业务和资本运作并秉承节俭美德；应该遵守项目运行规律，根据供求关系及时调整生产经营活动，并通过竞争致富。

（2）不均衡是市场的普遍现象，管理者对资源的重新配置是在修正市场的非均衡状态，根据需求恰当地调整供给。

（3）管理者要勇于承担和化解风险。不确定性是世界的常态，管理者需要面对市场的不确定性，大胆决策并承担风险。

（4）管理者应该具有创新意识与行动，跳出固有的思维模式，与时俱进，用发展的目光看问题。管理者要重视多层次的创新，积极主动地在诸多方面寻找创新的机会，以取得项目的长足发展。

（5）不论管理者是否拥有项目的财产所有权，都必须对项目实际拥有的财产享有直接占有权、使用权和处置权，在此基础上才能自主开展活动，完成项目管理任务。

（6）管理者要通过建立有效的激励机制，使个人利益与项目团队的利益有机结合，实现项目利益最大化。

---

① （美）约瑟夫·熊彼特：《经济发展理论》，何畏等译，商务印书馆1990年版，第219页。
② （德）卡尔·马克思：《资本论》（第三卷），人民出版社1953年版，第99页。
③ （德）卡尔·马克思：《资本论》（第一卷），人民出版社1953年版，第679页。

三、理论思考

（1）如何理解企业家理论与管理万能论[①]及管理象征论[②]的区别与联系？

（2）企业家理论显示企业家的根本特征是创新。在实际中如何处理组织存在的稳定与继承的需求？

（3）企业家理论对做好项目管理有何启示？

【案例】

李嘉诚诠释企业家精神

"节俭只是对自己"

李嘉诚说过："节俭只是对自己，不是对别人吝啬。"有一次取汽车钥匙的时候，李嘉诚不小心将一枚两元的硬币掉了，硬币滚到了汽车底下。当时，他估计如果汽车开走，硬币就会掉进沟渠里无法取出，于是就蹲下去准备捡拾。这时，正好旁边一位印度保安员看到这一幕，立刻上前帮李嘉诚把硬币捡了起来。李嘉诚取回硬币，然后给了他 100 元作为酬谢。所有人对此都感到很不理解，用 100 元换两元，如此有生意头脑的李嘉诚怎么会做这种亏本的事情呢？李嘉诚对此的解释是："若我不捡这两元硬币，让它滚到沟渠，这两元便会在世上消失；而 100 元给了值班人员，值班人员便可拿它去用。我觉得钱可以用，但不可以浪费。"他戴的是廉价的日本表，居住的是三十几年前的房子。大家都认为"成功非侥幸，勤俭与才能"最能体现他的成功秘诀。

经历忧患，令人审慎

1943 年，李嘉诚的父亲李云经病逝。为了养活母亲和三个弟妹，李嘉诚被迫辍学走上社会谋生。他找到了一份茶楼跑堂的工作。1945 年 8 月，日本投降。李嘉诚被调入高升街的一间钟表店当店员，学会了钟表装配修理技术。1947 年，李嘉诚因不愿长期寄人篱下，便到一家五金厂当推销员。1948 年，由于勤奋好学、精明能干，不到 20 岁的他便升任塑料花厂的总经理。1950 年，李嘉诚把握时机，用平时省吃俭用积蓄的 7000 美元在筲箕湾创办了自己的塑胶厂，他将它命名为"长江塑胶厂"。2006 年 2 月 24 日，李嘉诚在出席新加坡管理大学"李嘉诚图书馆"开幕典礼时演讲

① 管理万能论认为：不论环境条件如何，管理者对组织的成败负有直接的责任。当组织运行不良时，由管理者承担责任；当组织运行良好时，管理者得到荣誉。

② 管理象征论认为：管理者对管理成果的影响是十分有限的。因为存在着大量管理者无法控制的因素，组织的成败在很大程度上归因于这些无法控制的因素，管理者真正能够影响的是象征性的成果。

道：经验是人生无价之宝，尤其是从艰苦忧患中成长的一代，因为我们可以理所当然地反思过去，并且更能坦然表达自己对未来的冀望，虽然我并不肯定资政阁下是否同意我这说法，我认为忧患并不一定带来智慧，但却会扩大人的体验，令我们审慎克制。因为考验式的经历，令我们能超越既定观念和偏见的束缚。苦难的生活，是我人生的最好锻炼，尤其是做推销员，使我学会了不少东西，明白了不少事理。所有这些，是我今天用10亿、100亿也买不来的。

宏观视野，了解细节

“按照我个人的经验来讲，做生意、决定一件大事的时候，一定要有宏观的想法。你要看看业务在今天、在未来的前景怎么样，竞争对手的情况怎么样，然后作出决定。但是每天做的事情一定要微观，那就是要非常仔细地看你做的事有什么问题，世界有什么变化。因为世界是在不断变化的，所以你平常认为的行业和经验是非常好的，但是人家只要接近一点，迈进一点，在360度之间你可能就违规了一两度，这就是微观的。价廉物美、物超所值，就是说你做什么事都希望你的东西是最好的、超值的，但是你的成本却是非常低的，这样的话你就会成功。”

据李嘉诚身边的工作人员称，李嘉诚对自己业务的每一项细节都非常熟悉，这和他几十年养成的良好的生活工作习惯密切相关。在他看来，能够将失败的细节因素考量清楚，就可以了解到一个公司、一个机构的弱点在哪里，更清楚地了解细节，这样做是要能在事先防御危机的发生。从另一个层面来讲，也是为了更好的成功，这也是知而后行的道理。“现金流、公司负债的百分比是我一贯最注重的环节，是任何公司的重要健康指针。”

珍惜时间：利用好每一分钟

熟悉李嘉诚的人都知道他有三快：腿快、嘴快、读报快。李嘉诚读报快是出了名的。每天早晨，李嘉诚都能在办公桌上收到一份当天的全球新闻列表，根据题目，他选择自己希望完整阅读的文章，由专员翻译。通常，这些关于全球经济、行业变迁的报道，是启发李嘉诚思考的入口。李嘉诚告诉员工：“我看报纸通常只浏览标题，不会轻易地一条一条去读内容。”李嘉诚认为，如果所有报纸都从头看到尾的话，太浪费时间了。如今八十多岁的李嘉诚，走起路来依然健步如飞。就是因为李嘉诚的高节奏，迅速地将对手甩在后面，才确立自己的行业领导地位。李嘉诚珍惜时间还表现在他说话从来不会拐弯抹角，而是直接切入主题。在李嘉诚看来，一名合格的商人就应该具有视时间如生命的精神。李嘉诚时常告诉自己的员工，要充分利用日常的每一分钟，即使一分一秒也不要白白地浪费掉。

网络媒体上传播着李嘉诚的工作习惯，其中最为著名的细节是他的作息时间：不论几点睡觉，一定在清晨5：59闹铃响后起床。随后，他听新闻，打一个半小时高尔夫。李嘉诚并未接受过高尔夫专业训练，姿势算不上标准，但成绩通常不错。他认为，重点是打每一球时都保持冷静，有规划。

资料来源：根据李玉舒：《李嘉诚如是说：中国教父级企业家的商道智慧与管理真经》，中国经济出版社2010年版，第171—181页整理。

思考：

关于李嘉诚的书籍可谓汗牛充栋。请结合企业家理论和相关书籍分析其成功的原因。

第四节　人力资本理论

人力资本是指存在于人体之中的具有经济价值的知识、技能和体力（健康状况）等质量因素之和。相比起物质和货币等硬资本，人力资本有更大的增值空间。微观上，它具有的创新性、创造性能帮助企业更有效地进行配置资源，提高企业市场应变能力；宏观上，它是现代经济增长的主要因素，是一种有效率的经济，是社会进步的决定性因素。这一理论的主要代表人物有西奥多·W. 舒尔茨（Theodore W. Schultz）、雅各布·明塞尔（Jacob Mincer）和加里·S. 贝克尔（Cary S. Becker）。

一、理论内容

人力资本的概念由西奥多·W. 舒尔茨首次提出，他测算出人力资本投资中最重要的教育投资对美国1929—1957年间的经济增长的贡献，发现其比例高达33%。[①]当然，人力资本的取得不是无代价的，需要对其进行投资，如卫生保健设施和服务，包括影响人的预期寿命、体力和耐力、精力和活动的全部开支；在职培训，包括由商社组织的旧式学徒制；正规的初等、中等和高等教育；非商社组织的成人教育计划，特别是农业方面的校外学习计划；劳动力流动。[②] 这些人力资本投资形式之间有许多差异，如前四项是增加一个人所掌握的人力资本存量，而最后一项则涉及人力资本的优化配置。

明塞尔进一步证实，由于个人所接受的正规教育、在职培训和工作中的经验积累不同，决定了其形成的人力资本不同，进而导致了收入的差异。这一理论也被用于解释劳动力供给问题，尤其是妇女劳动力供给的行为，即工资增长的替代效应（用劳动代替闲暇）大于收入效应（收入增加时增加闲暇减少劳动）会提高妇女参加工作的概率。此外，明塞尔还研究了工资差别与工作转换之间的关系，证明男性与女性工

---

① （美）西奥多·W. 舒尔茨：《论人力资本投资》，吴珠华等译，北京经济学院出版社1990年版，第52—53页。

② （美）西奥多·W. 舒尔茨：《人力资本投资——教育和研究的作用》，蒋斌等译，商务印书馆1990年版，第22—23页。

资差别不是由于性别歧视，而是由于妇女在生育期间工作中断，由工作经验积累减少而引起的人力资本增加慢于男性。

贝克尔将人力资本分为通用性人力资本（general capital），如计算机基础知识、外语及文史经管知识等，和专用性人力资本（specific capital），指专用于某一特定企业，并且在特定企业中使用能够不断增值的人力资本。企业和员工对于不同人力资本的投资行为存在差异，企业更青睐专用人力资本培训，而员工则更倾向于通用人力资本培训。其实，在现实中更多的可能是一项培训中既包含通用人力资本也包含专用人力资本，是“可转移人力资本（transferable capital）”，即一种知识或技能，对行业内其他企业也具有价值，但对其他企业的价值不如对当前企业的价值大。

从总体上看，西方人力资本理论的产生及发展，使人在物质生产中的决定性作用得到复归。人力资本理论重新证明了人，特别是具有专业知识和技术的高质量的人是推动经济增长和经济发展的真正动力。这一理论也带来资本理论、增长理论和收入分配理论革命性的变化，并成为建立有效激励机制的理论基础之一。

二、对管理实践的启示

（1）由于人力资本的主体是人，其随着人员的流动而流动，所以管理者需要建立科学的激励机制，充分调动员工的主动性与热情，并建立与维持良好的组织环境，留住人才。

（2）重视员工的培训与再教育。人力资本作为一种资源，具有稀缺性和可变性。稀缺性是指一个人所能获得人力资本及其维持的时间是有限的，人力资本的形成和增值需要投入劳动、金钱和时间等。增值水平越高的人力资本，稀缺性就越大。可变性是指人力资本既可以因投资和社会需求的变化而增值，也可能因各种原因产生消耗、闲置和贬值。因此，企业要投入成本进行维护，促使人力资本不断保值增值。同时，根据人力资本的不同适用范围及管理的实际需要，进行通用性人力资本和专用性人力资本的培训。企业在专用人力资本方面的投资，可提高员工的工作技能，为企业创造更高的价值，并且员工对当前企业的价值远远大于对其他企业，少有“为他人做嫁衣裳”的风险。通用性人力资本的投入，是对员工个人综合素质的培养，也是对其个人发展的一种激励，同样不容忽视。

（3）薪酬要足以补偿员工的人力资本投入。高级技术人员和高级管理人员是需要重点关注的对象。双高人才是通过大量人力资本投资才形成的稀缺资源，在设计他们的工资水平时，要考虑在尽可能短的时间内，使他们的收入不但能抵补学习成本，而且能够获得一定的收益。只有如此，他们的薪酬才具市场竞争力，才能有效地激励其创造性地工作，进而从整体上提高人力资本的利用效率，形成促进良好的人力资本投资的机制。[①]

（4）注重分析和判断劳动者身上的哪些知识、技能是企业发展所需要的，在制定人力资源规划时，将这些关键的知识、技能作为企业人才需求的重要指标。同样，在员工开发中，重视对关键知识、技能的培训和开发，提高员工的专业知识与技能水平，即提高人力资本存量，促进企业健康高效的发展。

三、理论思考

（1）人力资本理论有无局限性？其在企业人力资源管理应用中可能存在什么问题？

（2）人力资源和人力资本有何联系与区别？

（3）通用人力资本与专用人力资本对组织与员工分别意味着什么？

（4）人力资本理论与企业家理论有无矛盾之处？

【案例】

通用培训还是专用培训？

A 公司是一间成长中的企业，由于业务完成的效率高、质量好，因此顾客盈门，项目应接不暇。经过销售人员的不懈努力，A 公司最近又接到了知名企业 B 集团的一个项目。B 集团需要 A 公司帮其从国外引进一套新的生产线并安装调试直至能够顺利投产。如果这项工作能够顺利完成，A 公司不仅能从中获得极为可观的利润，而且凭借 B 集团在业内的声望，一方面能给 A 公司带来更好的声誉，另一方面有利于其日后的扩展和壮大。于是，A 公司对此极为重视，马上任命业务水平出色又有管理经验的张伟作为项目经理，负责整个项目团队的组建、安排、管理以及项目的具体计划和实施。

接到任命，张伟也是激动万分，他知道此项目的成功意义非同寻常，不管是于公还是于私。于是他认真地研究项目合同，仔细了解 B 集团的每个要求，把项目的各个目标刨得清清楚楚。可是，现在张伟却遇到了大麻烦。

首先是项目人员的甄选。张伟想要在公司选拔一批业务能力出色的人员组成“精锐部队”。可是，公司好几个项目都在同时进行，一时间想要抽调出这样数量的人员似乎不可能。张伟私下联系了一些其他项目组的人员，他们也知道该项目的成功对自己发展的好处，而且还听说参加这个项目就有机会到某知名高校管理技能培训班学习，所以他们纷纷表示，要是张伟能说服他们现在的项目经理，自己随时可以加

① 康士勇：《工资理论与工资管理》，中国劳动社会保障出版社 2006 年版，第 25—27 页。

入。但问题是，没有一个项目经理愿意放走自己的得力干将。张伟万分着急，只好跑去找管理层协调，费了好大力气才勉强要来一些业务能手。

问题好像解决了，但是张伟还没来得及喘口气，新的问题又接踵而至。原因是，这条生产线的引进在国内尚属首次，无论是安装、调试和操作，国内的人员都缺乏经验，而且引进后的说明书也是外文的，很多业务人员的外语程度并不算特别高，所以在阅读理解方面存在一定的难度。如果聘请翻译，他们又未必能理解其中的技术，万一弄错了步骤或者技术术语，后果不堪设想。除此之外，要做这个项目，可能还要进行三项一般性培训如管理技能等，以及两项专业性培训。这么一来，时间和费用就摆在那儿了。

张伟将培训之事跟上级领导做了汇报。因为 B 集团的合同严格地规定了成本控制和监督条款，以及必须要见到每阶段的成果才会支付该阶段的费用，这意味着 A 公司在项目的前期只能先垫付相关费用，而且对于这类一般性的技能培训，还得记在 A 公司自己的账上。另外，要是公司给员工支付了这些一般性培训的费用，万一员工没干几天就跳槽了，那不是花自己的钱给他人做嫁衣嘛！于是管理层认为，那些针对该项目的专业性培训可以进行，但是一般性培训就算了，以后看看情况再说。

项目组成员听到这个决定也非常失望：自己辛辛苦苦为公司打拼，到头来公司连培训充电的机会都不肯给；至于那些针对这个项目的专业性培训，耗时又长难度又大，而且还不知道啃不啃的下来；即便项目成功进行，通过专业性培训获得的技能对自己工作和成长未必有用；要是万一这个项目砸了，而自己又退出了原来的项目，两头不到岸，那不是亏大了?! 于是，项目组里的成员都闹着想要退出这个项目，回到原来的项目组。

思考：

1. 你如何看待 A 公司项目组面临的困境？
2. 从人力资本角度来看，A 公司应不应当支持培训？如果应当，那么需要进行何种类别的培训？通用性的还是专用性的，还是两者皆需要？
3. 如何给张伟提供建议，帮助其顺利解决这个难题？

第五节 延期报酬理论

如何激励晋升无望的员工？如何激励即将退休的员工？人事管理经济学家拉齐尔构筑的延期报酬理论（Delayed payments 或 Deferred compensations）至少是部分地提供了答案。

一、理论内容

延期报酬理论可以简单地表述为：针对那些在组织中失去晋升希望，或者职业生涯即将结束而变得消极的员工，如果组织实行在其职业初期支付低于其所值的工资，而在职业末期支付高于其所值的工资，等于年轻员工在其职业生涯初期将其工资的部分借给企业，等其年老时企业再还本付息，那么员工就变成债权人，员工与企业就形成了利益共同体。通过此方式工资曲线变得陡峭了。只要员工能够利用资本市场的支持在年轻时进行消费，同时企业保证在员工年老时支付原定工资，陡峭的工资曲线就没有什么成本。①

（一）延期报酬理论曲线

如图 4－1 所示，假设员工在工作中可以选择努力也可以选择偷懒。员工努力带来的产出为 V，偷懒则产出 V'。由于偷懒导致低水平的产量，所以曲线 V' 低于曲线 V。*Alt* 表示员工使用时间的替代方式，这里把它看做闲暇对于员工的价值。如果员工得到工资 V，他们将选择在时间 T 点退休，因为 T 是员工的边际产出（或报酬）与其闲暇价值相等的时刻。

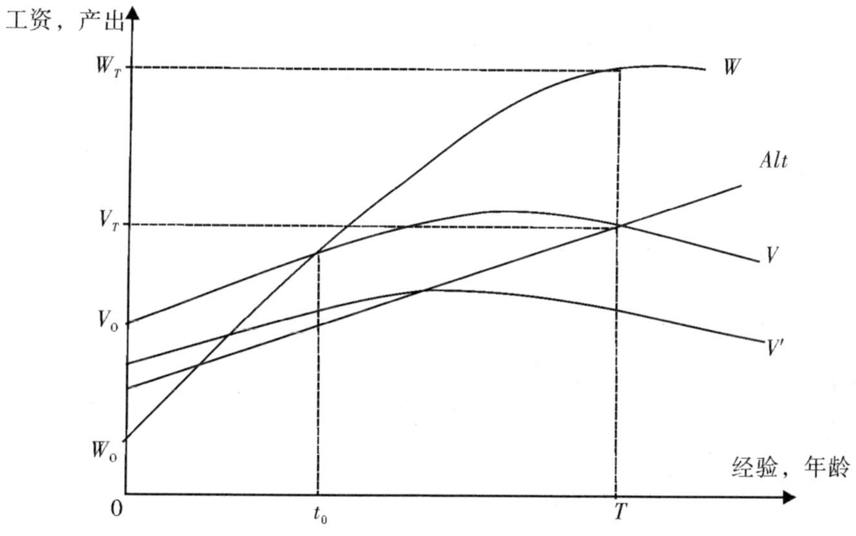

图 4－1　延期报酬理论曲线图

---

① （美）爱德华·拉齐尔著：《人事管理经济学》，刘昕译，生活·读书·新知三联书店、北京大学出版社 2000 年版，第 281—296 页。

考虑这样两种报酬合同曲线，即图中的 W 和 V，其中 W 和 V 都是时间 t 的函数，可写成 $W(t)$ 与 $V(t)$。从 0 到 T 时间内，W 的报酬现值与 V 的报酬现值是相等的。即：

$$\int_0^T W(t)e^{-rt}dt = \int_0^T V(t)e^{-rt}dt$$

其中 r 为利率。公式意味着员工选择合同 W 或 V 的所得是无差异的。

如果按合同 V 支付，员工在退休前夕可选择努力也可选择偷懒。如果偷懒，最坏的结果是被辞退，则损失工资 V_T，但获得闲暇价值 V_T。因此他将会选择偷懒，因为他不会损失什么。即便被辞退，也可以从闲暇中补回其工资的损失。如果按合同 W 支付，结果就会不同。员工在退休前夕，当然也可以选择偷懒，但他知道若偷懒而被辞退，将失去工资 W_T，虽然可以获得闲暇价值 V_T，但 W_T 远大于 V_T，使他认识到被辞退的损失是明显的，于是他有动力努力工作到 T 时刻。实际上，工资曲线 W 越陡峭，偷懒的愿望就越小。

在职业初期，雇主支付低于劳动力边际产量的工资率给员工，而在末期支付高于劳动力边际产量的工资率给员工，实际上相当于雇主先扣留员工的一部分收入，在以后逐渐还给员工；或者在职业初期员工借钱给雇主，在职业末期雇主还钱给员工。与严格按边际产出支付报酬的合同 V 相比，延期报酬合同对员工更具激励性，尤其是在防止员工退休前的机会主义行为方面作用显著。该理论实际上强调的是：对员工的激励应该放在整个职业生涯范围内来考虑，使其在全部的职业生涯内得到激励。20 世纪 90 年代中期以来，大量的学者检验了这个理论，得到的结果是肯定的。

（二）延期报酬面临的问题

延期报酬模型虽然具有理论上的生命力，但是要深入认识它需要考虑更多的问题。

1. 员工面临的风险

员工在合同 W 下面临更大的风险，包括企业赖账和倒闭。当员工接受 W 工资曲线时面临的问题是工资中相当大一部分被企业占用了，企业希望在 t_0 处把员工开除，因为从 t_0 这一点起企业就要开始支付高于员工所值的报酬。即使企业的声誉良好，也可能因为经济形势恶化而倒闭，导致无法履行偿还工资的诺言。因此陡峭的年龄—工资报酬曲线通常在上升阶段或稳定阶段且已经建立起良好声誉的老企业中实施。

2. 企业面临的风险

陡峭年龄—工资报酬曲线的一个问题是它扭曲了工作—闲暇的决策，特别是年老员工，他们会希望工作更长的时间，即在 T 点以后继续工作。由于工资超过他们的闲暇价值，继续工作是有好处的，但是此举对企业并不可取。强制退休，或者促进员工自愿退休的其他方案，是工资增长快于产量增长的工资曲线（W 曲线）的重要补充。

二、对管理实践的启示

1. 在测算产出的成本很高或合作非常重要的情况下，运用延期报酬合同是有价值的

当员工的产出很容易衡量时，可以根据产出确定其报酬（如计件工资）。产量本身就可以激励员工，因此没有必要使用其他激励手段。而当员工的产出不易测算时，如管理职位和需耗费很长时间才能实现目标的职位，向上倾斜的工资曲线可能成为最有价值的激励因素，因为雇主有充足的时间考察员工的业绩，员工也会因不努力而付出沉重的代价。实施延期报酬的组织常包含某种随机的安排，如偶尔检查员工绩效，并对优秀者重奖，对劣绩者重罚。[①] 惩罚十分严厉的原因是工作难以测量和监督，在这种情况下，给员工以激励的是开除的威胁，而不是开除本身。

如果合作很重要，就不能使用竞赛型奖励，更好的办法是用向上倾斜的年龄—工资报酬曲线。该曲线建立在绝对绩效而非相对绩效的基础上，因此对每个员工，企业都盈亏相抵，没有必要为保持预算平衡而解雇任何人。该曲线假设员工从时间零点一直工作到时间 T，因此员工间也不必相互争斗，企业不会失去员工间的合作。

2. 采取延期报酬可以激励员工，并培养其忠诚感

因为延期报酬将员工的命运与企业的命运联系在一起，而且资历越深的员工越是不愿离开组织，因为离开的成本太高了。

三、理论思考

（1）员工选择 W 曲线会面临公司倒闭、赖账或者在将来离开企业等风险。那么延期报酬合同适合在什么样的企业中实施呢？

（2）延期报酬能否从根本上解决 59 岁现象？为什么？

（3）延期报酬理论适用于项目团队中哪些人员的激励？为什么？

【案例】

日本和美国企业的工资结构对比

日本的工资结构经常被人提及，其年龄—工资报酬曲线比美国的更陡峭。对此，一种解释是日本员工比美国员工借更多的钱给自己的企业。这跟另一件事实是吻合的，即日本员工劳动报酬中来自利润分享的部分要多于美国员工。但利润分享实质上是一种股票安排。一旦员工卷入利润分享，他们的所得就与企业业绩息息相关，企业

① 董志强：《延期报酬理论及其在我国的应用》，《管理学前沿》2008 年第 11 期，第 19—22 页。

利润分享者就是股票持有者。进一步来看，日本企业还倾向于持有其他企业的股份。这表示单个企业手中的证券在某种程度上多样化了，因为它是由多种股票组成的。当证券价格上涨时，特定员工所在企业的财富也增加了。这名员工可以通过高工资分得这笔回报的一部分。日本员工并不是通过工资拿走这笔钱，然后通过独立股票交易经纪人进行私人投资，而是在他们年轻时拿低工资，由企业拿走员工所值和所得之间的差额去投资。这些钱一部分流入员工们自己所在的企业，另一部分用于购买其他企业的股票。年老员工的工资报酬取决于企业的经营状况，而后者又取决于这家企业的业绩及其持有的股票所代表的其他企业的业绩。大型的日本企业一方面是雇主，一方面又是自己员工的股票交易经纪人。

美国企业较少运用利润分享，他们的年龄—工资报酬曲线也更为平缓。这意味着员工财富中只有较小一部分是由雇主直接投资的。企业把员工应得报酬的一部分付给员工，员工们拿到钱既可用于消费，又可用于投资，他们觉得怎样合适就怎么办。然而，工资报酬中也的确有一部分作为员工购买的"债券"而被留下来，等员工年老时再还给员工。这样才能刺激员工按照 V 水平而不是 V' 水平生产。

资料来源：(美) 爱德华·拉齐尔著：《人事管理经济学》，刘昕译，生活·读书·新知三联书店、北京大学出版社2000年版，第285页。

思考：

1. 日本和美国企业的工资结构存在哪些不同？你认为哪种工资结构更具有借鉴意义？

2. 试分析日本和美国企业工资结构存在不同的背后的原因。

本章小结

对许多经济学家而言，经济学在很大程度上已经成为研究激励问题的学科：努力工作的激励，提高产品质量的激励，投资和储蓄的激励，等等。如何设计制度（或机制）为经济主体提供正当的激励已成为当代经济学的核心问题之一。

但熊彼特在他具有里程碑意义的《经济分析史》中只字未提激励问题。法国经济学家让—雅克·拉丰认为，熊彼特的疏忽或许可以归因于当时的经济学主要研究经济中的价值理论，为此新古典主义特别强调了市场中个人的理性行为假设。从最低工资理论、工资基金理论、斯密的工资理论到马克思的工资理论，这些早期经济学激励理论均从经济人假设出发，基于资本主义早期工人工资普遍较低的事实，比较强调物质利益特别是工资的激励作用。而韦伯的激励理论则独树一帜，更加强调精神激励的力量。

以罗斯和莫里斯等为代表的委托代理理论，提出所有权和控制权分离的命题，突破了传统的企业利润最大化的假说，开创了从激励角度研究企业之先河，奠定了现代企业理论基础。

以马克思、马歇尔和熊彼特为代表的企业家理论强调作为所有市场经济活动中心的企业家的重要作用。以实现新组合为基本职能的人称为企业家，企业家的本质是创新，企业家的劳动是一种高级的、复杂的劳动。从人力资源角度看，企业家是特殊的人力资本。企业家在现代企业中拥有不同于一般人力资源的权、责、利。企业家应当具有非凡的企业家素养和管理能力，他们精明强干、稳重可靠、经营有方，敢于创新和承担风险，能拼会赢，善于通过竞争致富，是激励的主体。

以舒尔茨和贝克尔等为代表的人力资本理论则消弭了员工和老板的对立，把他们统统归为人力资本的所有者。贝克尔等认为决定组织前途的并不是空间、土地、自然资源，而是人力资本。因此，要重视人力资源规划与开发，加强员工的培训与再教育，薪酬要足以补偿对人力资本的投入，非此不能产生激励作用。

拉齐尔的延期报酬理论更有针对性，主要针对一些在组织中失去晋升希望，或者职业生涯即将结束而产生消极行为的员工。激励他们的最好办法，就是在其职业初期支付低于其所值的工资，而在职业末期支付高于其所值的工资。

管理学激励理论和经济学激励理论虽然视角不同，表现为研究基础即人性假设不同、研究内容不同、所得结论不同，但是它们的研究殊途同归：都以人为研究主体，以提高员工的积极性，为达到组织发展做出更大的贡献为根本目的。

本章思考题

1. 经济学激励理论包括哪些内容？
2. 经济学激励理论对项目激励有何启示？
3. 试比较管理学和经济学激励理论，它们有何异同？

本章案例

大羿射箭——（晋）苻郎《苻子》

夏王使羿射于方尺之皮，径寸之的。乃命羿曰："子射之，中，则赏子以万金之费；不中，则削子以千邑之地。"

羿容无定色，气战于胸中，乃援弓而射之，不中，更射之，又不中。

夏王谓傅弥仁曰："斯羿也，发无不中！而与之赏罚，则不中的者，何也？"

傅弥仁曰："若羿也，喜惧为之灾，万金为之患矣。人能遗其喜惧，去其万金，则天下之人皆不愧于羿矣。"

思考：

1. 在案例中，为何夏王对羿的激励失效？

2. 古语说重赏之下必有勇夫，与该案例所展示的内涵是否矛盾？为什么？

3. 回顾你的职业生涯，对你产生激励的主要因素是什么？这些因素是固定不变的还是不断发展变化的？

第五章　了解项目成员

你不能把自己的喜好强加给员工。

即使你喜欢果酱，在钓鱼的时候，仍然不能用果酱作为鱼饵；而在这个时候，即使你讨厌蚯蚓，也得用它，因为你是在钓鱼。

——（美）卡耐基

引例

人和人就是不一样

1971 年，F. 苏珊妮·珍妮斯（F. Suzanne Jenniches）只是一个高中的生物学教师。1975 年她以助理测试工程师的身份加入了威斯汀豪斯电子系统公司，如今她已经是该组织中民用系统事业部的总经理了。珍妮斯本人关于员工队伍个体差异与行为方面的主张，显示出她对于该领域颇具洞察力，这也是她之所以成功的主要原因。

“我相信个体间存在的差异对个体行为的影响作用，这正是我对此投入很高热情的原因，我很重视群体在协调一致工作时表现出的个体的建议、个体的技能、个体的人格特点等，有不同经历和背景的人们，都具有他们各自的特长和从不同角度看待问题的能力，这是极其重要的。”

“我并不喜欢总说‘是’的人，而且也不喜欢那些循规蹈矩、互相恭维的群体中的人。当然，首要的是我们必须有一个共同的目标或方式。如果我们能够从不同的角度以不同的方式朝着共同的目标努力，我们就能更好地实现它。”

珍妮斯女士常常细心地不断鼓励不同个体间的协作共事，以及他们间开放的交流和沟通，目的是为了激发个体差异的存在。“我们寻找了一些有不同社会和学科背景的人，并试图将他们混杂在一起。比如在一群喋喋不休的人中间，混入一些不善于言语的人；在一群专攻软件和质检的工程师中加入一些搞电子的人，那势必造成一种充满活力，但又极其混乱和无序的氛围。我们允许员工在这种混杂的群体中，各抒己见，畅所欲言。这将有利于相互尊重意识和团队精神的营造。”

如何激励员工既取决于管理者关于人性的假设，也取决于员工之间的差异。世界上没有完全相同的两片树叶，同样也没有完全相同的两个人，组织中的每个人都是独特的个体。为了取得成功，管理者必须认识到这些差异的存在并努力理解他们。个体差异（individual difference）是指能够区别人与人之间不同的那些特征，[①] 其在心理学已是被普遍接受的事实。这种差异不仅是因为其所选择和预测的事件有差异，而且因为对相同事件的解释或预测有不同的方式。组织要想取得良好的激励效果，必须了解员工之间存在的个体差异，以及造成这些差异的原因。

员工间的差异不仅表现在诸如性别、年龄、婚姻状况以及工作年限等人口统计学特征方面，而且体现在员工能力、认知、需求及态度等方面。组织若能够正确认识员工差异，并进行适当的管理，本身就是对员工的激励。项目激励作为组织激励的一个分支，有其特殊性（如项目完成以后成员各自回到原先的岗位），但两者之间更多的是共性。在考虑项目激励时，我们关注的同样是基于个体差异而设置满足不同需求的激励措施，因此了解个体差异是必要和必需的。

第一节　人性假设

“人性假设”是对人本质的根本看法。在管理实践中，如何对企业中的个体实施有效的激励，首先是以对人的认识为基础的。正如麦格雷戈所说：“每项管理决策与措施，都是依据有关人性与其行为的假设。”薛恩认为：“这种假设在很大程度上决定了组织对于刺激物、奖酬和其他的个人事务的决策。”“作为管理者，能否很好地完成工作，是与其所持假说在何种程度上与经验事实统一起来有很大关系的。”[②]

一、中国的人性假设

不同于西方管理心理学的各种人性理论，中国传统的人性假设是关于人之初性本善还是性本恶的探讨。

（一）性本善的人性假设

性本善是战国时期孟子提出的一种人性论。孟子认为，性善可以通过每一个人都具有的普遍的心理活动加以验证。如“恻隐之心，人皆有之”[③]；“人皆有不忍人之

① （美）理查德·L. 达夫特、雷蒙德·A. 诺伊著：《组织行为学》，杨宇、于维佳译，机械工业出版社2004年版，第65页。

② （美）爱德加·薛恩著：《组织心理学》，余凯成、李校怀、何威译，经济管理出版社1987年版，第60—62页。

③ 孟子：《孟子·告子上》，世界书局1939年版第六章。

心”[①]；“人之所不学而能者，其良能也；所不虑而知者，其良知也。孩提之童，无不知爱其亲者，及其长也，无不知敬其兄也。”[②]

孟子把道德规范概括为四种，即仁、义、礼、智；同时把人伦关系概括为五种，即父子有亲，君臣有义，夫妇有别，长幼有序，朋友有信。这些理论的出发点均是性善论。“性善论”成为“仁政说”的理论基础，宋代张栻、陆九渊，明末清初的陈确、黄宗羲和王夫之都是赞同性善论的代表人物。

（二）性本恶的人性假设

性本恶是战国末期法家早期思想家荀子提出的一种人性论。他认为人的本性是恶的，善良只是后天人为的结果，是一种假象。如“今人之性，生而有好利焉，顺是，故争生而辞让亡焉。”“人之性恶，其善者伪也。”“饥而欲饱，寒而欲暖，劳而欲休，贪而欲足，此食色之性，人猿无别也……”[③]

荀子认为人的本性生来是恶的，强调道德教育的必要性，即作为社会活动的组织者有必要运用礼义对一般老百姓进行正确的引导和教化，使之向善、从善和为善，从而把相关事务管理好。性恶论应用在管理中，主要是提倡用严厉的奖惩来约束员工。韩非子、李斯等人把荀子的“性恶论”推到了极端，形成了法家“法治”的理论基础。

（三）性无善无恶的人性假设

战国时期思想家、哲学家和辩论家告子，反对人性善与恶的说法，提出性无善无恶的命题。他认为善恶不是天生的，而是后天培育的结果。他把人性比作流水：“性犹湍水也，决诸东方则东流，决诸西方则西流。人性之无分于善不善也，犹水之无分于东西也。”“‘性无善无不善也。’或曰：‘性可以为善，可以为不善；是故文武兴，则民好善；幽厉兴，则民好暴’。”在中国思想史上，宋代苏轼和清代廖燕等都持有相近的观点。

（四）性有善有恶的人性假设

“性有善有恶”论是中国东汉时期唯物主义哲学家王充关于人性的学说。此观点源于战国时期的世硕。汉代董仲舒也认为人性有善有恶，天有阴有阳，人性有贪有仁。王充认为，性有善有恶，人性或善或恶，本性不可移易的人极少，大多数人是可善可恶或善恶混论，称之为“中人”。他说：“夫中人之性，在所习焉。习善而为善，

① 孟子：《孟子·公孙丑上》，世界书局1939年版第六章。
② 孟子：《孟子·尽心上》，世界书局1939年版第十五章。
③ 荀子：《荀子·性恶》，上海书店1986年版，第1—3页。

习恶而为恶也。”他强调环境教育对人性的决定作用，举例说：“蓬生麻间，不扶自直，白纱入缁，不练自黑”，“夫人之性，犹蓬纱也，在所渐染而善恶变矣。”性有善有恶的论点成为后代扬雄、韩愈和司马光等人“性善恶混论”的滥觞。①

二、西方人性假设

薛恩（E. H. Schein）于1965年将西方学者关于人性方面的观点归为三类，即理性经济人假设、社会人假设和自我实现人假设，并在此基础上提出了自己的复杂人假设。

（一）理性经济人假设

理性经济人是指人的一举一动，都是为了使自己的利益变得最大，人们各自追求自己的利益。关于人性是理性的和经济的说法，归根到底，是从享乐主义哲学衍生出来的。亚当·斯密的经济学说也是以对人性的类似假设为基础，把“经济人”和“利己心”看做一切经济现象和经济过程的本源。理性经济人假设的具体内容为：

（1）员工基本上都是受经济性刺激物的激励，不管是什么事，只要能向他们提供最大的经济收益，他们就会去干。

（2）因为经济性刺激物又是在组织的控制之下，所以员工们的本质是一种被动的因素，要受组织的左右、驱使和控制。

（3）感情按其定义来说，是非理性的，因此必须加以防范，以免干扰了人们对自己利害的、理性的权衡。

（4）组织能够而且必须按照能中和并控制住人们感情的方式来设计，因此也就是要控制人们的那些无法预计的品质。

这几条假设中隐含了麦格雷戈著名的X理论：②

（1）人生来就是懒惰的，因此必须由外界的刺激物加以激励。

（2）人们天生的目标就是跟组织背道而驰的，因此他们必须由外界的力量来控制，才能保证他们为组织的目标而工作。

（3）由于人们具有非理性的感情，因此他们基本上是不能够自我约束和自我控制的。

（4）不过，人大体上可划分为两类，一类人符合上述假设，而另一类人则是能够自律和自制的，并且不那么受他们感情的摆布。因此必须把管理其他一切人的责任授予后面一类人。

传统的组织结构、管理政策、措施和计划都反映了上述假设。通行的激励措施一

---

① 张德：《组织行为学》（第3版），高等教育出版社2008年版，第45页。

② Douglas McGregor. *The Human Side of Enterprise*. New York：McGraw-Hill Book Co.，1960：33－34.

是靠金钱刺激，二是靠严厉惩罚。组织一方面用经济性奖酬来购买员工的劳务和服从，另一方面有义务通过一套权力与控制系统来保护它自己和员工，使之免受人性中非理性因素的损害。于是权威就必然存在于被指派的职位上，并希望员工能服从占据了权威职务的人，而不管这个人的能力或个性如何。在管理实践中有不少企业采用X理论而卓有成效的案例。例如，丰田公司美国市场运营部副总裁鲍勃·麦格克雷（Bob Mccurry）就是X理论的追随着，他激励员工拼命工作，并实施“鞭策”式体制。在竞争激烈的市场中，这种做法使丰田产品的市场占有份额得到了大幅度的提高。

（二）社会人假设

社会人性是指人们有被自己的同事所接受和喜爱的需要，这种需要可能比管理部门提供的经济性刺激物更为重要。随着社会的发展，工作变得更为复杂，组织间的竞争也日益激烈，企业的管理当局不得不越来越倚重员工的判断力、创造力和忠诚心。大量研究的结果也证实，组织成员的动机、需要与期望并不符合理性经济人的假设。乔治·埃尔顿·梅奥（G. E. Mayo）及其同事基于其著名的霍桑试验提出了关于社会人的假设，薛恩将其归纳为四点：

（1）社交需要是人类行为的基本激励因素，而人际关系则是形成人们身份感的基本因素。

（2）从工业革命中延续过来的机械化，其结果是使工作丧失了许多内在的意义，这些丧失的意义现在必须从工作中的社交关系里找回来。

（3）跟管理部门所采用的奖酬和控制的反应比起来，员工会更易于对同级同事们所组成的群体的社交因素做出反应。

（4）员工们对管理部门的反应能达到什么程度，当视主管者对下属的归属需要、被人接受的需要以及身份感的需要能满足到什么程度而定。

基于社会人性假设的管理方式与根据“理性经济人”的假设得出的管理方式完全不同。这种假设要求：①管理者不要把自己的注意力局限在要完成的任务上，而应更多注意为完成任务而工作的那些人的需要；②管理者应该关心的不仅是怎样对下级进行指导和监控，而且应该关心他们心理上的健康，尤其是他们对于能否被人接受的情感以及他们的归属感和身份感；③管理者应该把工作班组当做一种不可回避的现实而接受下来，并应考虑给予班组集体奖酬而不仅是给个人奖酬；④管理者的作用要从抓计划、组织与控制转到在下级员工与更上层领导之间充当中间人方面来，要倾听并力求理解下级的需要和感情，要对这些需要和感情表示关切和同情，更要在更上层领导面前支持下级的要求，响应他们的呼声。

（三）自我实现人性假设

自我实现人是指那种强调自主、挑战、个人成长以及充分发挥自己潜能与才智等高层次需要的人。麦格雷戈、阿吉里斯和马斯洛等发现现代工业中的许多工作已被分解得支离破碎，过分专业化不能使工人们以成熟高产的方式来发挥自己的潜力与技能，他们既不能利用自己的能力，又看不出所从事的工作与整个组织使命的关系，因此对工作变得冷淡，无动于衷。于是，一种关于人性新的且更为复杂的假设开始形成，其中以麦格雷戈的Y理论最具代表性：①

（1）工作中所耗费的体力与脑力实质上与玩、休息时所耗费的体力与脑力是一样的。一般人并非天生厌恶劳动。当依赖于可控制的条件时，工作可以成为满意的源泉（自然地从事工作），也可以成为惩罚的源泉（尽可能地避免工作）。

（2）外界控制与惩罚的威胁并不是导致员工为组织目标努力的唯一手段。人只要做出承诺去完成一项工作，他就会自我指挥、自我控制。

（3）对任务所作的承诺与完成任务后所得的回报成正比。例如，这类回报中最为显著的就是自我满足与自我实现的需要，这一回报的直接作用即产生献身于组织目标的努力。

（4）人一般都明白，在恰当的条件下，不仅仅是接受责任，而且要寻求责任。逃避责任、缺乏进取心、强调安全感，通常是后天经验的结果，并非人天生的本性。

（5）解决组织问题时，相对而言水平比较高的想象发明和创造的能力在员工中分布很广，而不是很窄。

（6）在现代工业社会的生活条件下，一般人的智力潜能只是部分得到了利用。

20世纪50年代初，麦格雷戈帮助宝洁公司设计了在美国佐治亚州的工厂。他在这家工厂配备了以Y理论模型为基础的自我管理团队，其经营业绩很快超过宝洁的其他公司，这个工厂成为宝洁公司中利润贡献最大的工厂之一，据说这个商业秘密一直被保守到20世纪90年代。当然，自我实现人性假设并不是放之四海皆准的。此假设在许多管理人员和专业技术人员的行为中得到验证，但对于许多在组织低层次的员工来说，他们可能并没有把工作置于“生活的主要乐趣”的首位。很明显，这一假设只适用于一部分人。从这种假设中推演出的关于权威及心理契约的含义是很深刻的。权威不再存在于某一特定的个人，甚至也不在某一特定的职位上，而是寓于工作任务自身。让人们能自己彻底解决一项问题的挑战，正是自我实现的核心。

---

① Douglas McGregor. *The Human Side of Enterprise.* New York：McGraw-Hill Book Co.，1960：47－48. 转引自（美）丹尼尔·A. 雷恩著：《管理思想的演变》，李柱流、赵睿等译，中国社会科学出版社2004年版，第480—481页。

理论的心理学实验

麦格雷戈教授提出X理论和Y理论之后，美国管理心理学家约翰·摩尔斯和杰伊·洛希进行了一项非常重要的实验。他们选了两个工厂（亚克龙和哈特福）和两个研究所（卡美和史托克顿）作为实验对象，其中一个工厂和一个研究所完全按照X理论进行严密的组织和监督管理；另外一个工厂和一个研究所则完全按照Y理论进行松弛的组织和参与管理。实验的结果让人吃惊：按X理论来管理，工厂的效率高而研究所的效率低；按Y理论来管理，工厂的效率低而研究所的效率高。

在这个试验中，X理论没有获胜，Y理论同样难以让人满意。

表5－1　X理论和Y理论的实验结果对比表

	任务易测定的工厂	任务难测定的研究所
X理论	效率高（亚克龙工厂）	效率低（卡美研究所）
Y理论	效率低（哈特福工厂）	效率高（史托克顿研究所）

由此他们得出结论：Y理论并不一定处处比X理论优越。这是因为员工素质各不相同，有的人富于主动性、责任感和创造才能，有的人则没有这些品质；工作内容也各不相同，有的是单调的重复性劳动，有的是丰富新奇的、富有创造性的劳动。因此，应根据不同的情况，决定采用X理论还是Y理论来管理。

资料来源：许芳：《组织行为学原理与实务》，清华大学出版社2007年版，第35—36页。

【案例】

SAS公司12年最佳雇主的秘密

2009年全球领先的商业分析软件供应商SAS再次入选《财富》杂志的年度美国最佳雇主100强行列，这已是SAS连续第12年入围此项评选。除了在最佳雇主评选结果名单上跃升9名达到第20名之外，在员工医疗保健、儿童保育和工作与生活平衡方面，SAS也被评为最佳公司之一。① 同时，全球领先的综合性人力资源外包和人力资源咨询公司翰威特发布了《翰威特2009年中国最佳雇主》榜单，一直以“家庭

① 100 Best Companies to work for. *Fortune*, 2009, 02.

式”企业文化著称的SAS大中华区问鼎本榜单第一名。①

SAS人力资源部副总裁Jenn Mann表示：“我们致力于在SAS营造一个鼓励创新的环境，同时允许员工保持工作与生活的平衡。创造一个良好的工作环境非常重要，因为这会让员工感到满意，进而有助于打造世界一流的产品，以及与我们的客户建立密切的关系。”

在鼓励员工平衡工作与生活方面，SAS一直是一个公认的创新公司。在SAS总部（美国北卡罗来纳州卡雷市）工作的员工享受着优越的工作环境（包括医疗保健和儿童保育，一个66000平方英尺的休闲和健身中心），以及针对员工健康的奖励计划。同时，还有工作分享计划、压缩工作周和远程办公，因此SAS员工对公司都异乎寻常的忠诚。SAS每年的新雇员工比例约为4%，而业内的这一数字却高达22%。这家领先的软件供应商没有裁员，2009年的自愿离职率为3%，SAS在许多方面都受益于较低的员工流动率，包括与客户的长期关系、知识保留和较低的招聘及培训成本。

大多数企业的管理实践都基于X理论，而SAS是基于Y理论的一个成功典范，认为员工是喜欢工作的，企业创造一个使人得以发挥才能的工作环境，员工只需要努力工作，就可发挥出员工的潜力。

思考：

SAS的最佳实践对于管理者运用人性假设理论有什么启发？

（四）复杂人性假设

美国行为学家薛恩提出了“复杂人”假设，他认为不仅人们的需要与潜在欲望是多种多样的，而且这些需要的模式也是随着年龄与发展阶段的变迁，随着所扮演角色的变化，随着所处境遇及人际关系的演变而不断变化的。② 同时期的美国管理心理学家约翰·摩尔斯（J. Morse）和杰伊·洛希（J. J. W. Lorscn）也提出“超Y理论”。他们的主张基本一致：

（1）人类的需要是分成许多类的，并且会随着人的发展阶段和整个生活处境的变化而变化。这些需要与动机对每一个人会根据变化不定的重要程度形成一定的等级层次，可是这种层次本身也是变化的，会因人而异，因情景而异，因时而异。

（2）由于需要与动机彼此作用并组成复杂的动机模式、价值观与目标，所以人们必须决定自己要在什么样的层次上理解人的激励。例如，金钱是能满足许多不同的需要的，哪怕是对某些人的自我实现需要，也要有金钱才能满足；但另一方面，社交

① 《谁是2009年“中国最佳雇主”》，《哈佛商业评论》2009年第4期。

② E. H. Schein. *Organizational Psychology*, 1980, Chapter 6.

动机或自我实现需要又可以用多种方式，以及在不同的发展阶段用不同的方式来满足。

（3）员工可以通过他们在组织中的经历，学得新的动机。这就意味着一个人在某一特定的事业生涯中或生活阶段上的总的动机模式和目标，乃是他的原始需要与他的组织经历之间一连串复杂交往作用的结果。

（4）每一个人在不同的组织中或是在同一组织内不同的下属部门中，可能会表现出不同的需要；一个在正式组织中受到冷遇的人，可能在工会中或是非正式工作群体中，找到自己的社交需要与自我实现需要的满足。如果工作职务本身包含有多样性的技巧要求，那么在不同的时间及对于不同的工作任务，就可能有众多的动机能够发挥作用。

（5）人们可以在许多不同类型动机的基础上，成为组织中生产率很高的一员，全心全意地参与到组织中。对个人来说，能否获得根本的满足，以及对组织来说，能否实现最大的效益，部分地取决于这种激励的性质。所要完成的工作任务的性质，该工人的能力和经验，以及他的同事们所创造的环境气氛，这些因素都相互作用而产生一定的工作模式与感情。例如，一位技术水平很高但积极性甚差的老师傅的工作效果和感到满足的程度，就很可能跟一位手艺很差但是热情高涨的工人一样。

（6）员工能否对多种互不相同的管理策略做出反应，取决于他们自己的动机和能力，也决定于工作的性质。即不存在在一切时间对所有人都能起作用的唯一正确的管理策略。①

经济人、社会人、自我实现人的假设，虽然都有其合理的一面，但并不适用于一切人。薛恩于是提出了“复杂人”的假设，他认为以前人们对人性的假设过于简单化和一般化。按照这一假设，管理者应该保持足够的灵活性，掌握高超的处理人际关系的技巧；在管理方法上，根据不同情况对不同的人采取不同的措施，即一切随时间、条件、地点和对象的变化而变化。他称这种管理模式为“权变模式”。

（五）马克思对人性的探讨②

马克思对人性表述的哲学基础来源于其对劳动的阐述，认为人性是自然属性、社会属性和意识属性的有机统一体，单纯具有任何一个子系统的属性都不能成为人。人的自然属性和社会属性，在人精神活动的参与下形成了与动物不同的人性。

马克思主义认为，人是从动物进化而来，是自然界长期发展的产物。人作为

---

① （美）爱德加·薛恩：《组织心理学》，余凯成译，经济管理出版社 1987 年版，第 116—118 页。

② 全球金融危机的爆发，使马克思主义学说成为一门显学，我们在此简要介绍马克思对人性的探讨。从古到今，我们一直把学问分为显学和隐学。显学通常是指与现实联系密切、引起社会广泛关注的学问；相反，隐学则是离现实较远、不那么为世人瞩目的学问。

"高级动物"，仍然具有自然属性。人的食欲、性欲和自我保存能力作为人的基本自然属性，从其起源看和动物具有相通性。如果没有这三种基本职能，人类就不能维持基本生命体的存在和繁衍后代。因此，人的自然属性是全部人性存在和发展的前提。

人的社会属性是指在社会性的生产实践中形成的人与人之间、社会集团与集团之间生存和发展的相互制约的社会特性。人的社会属性是人们在改造自然和社会实践中逐步发展和完善的，其中，后天的教育以及教育环境在人社会属性的形成中具有重要意义。① 人的社会属性主要表现在人对社会的依赖性、人在交往方面的社会性、社会生活中的道德性以及生产活动的合作性等方面。

严格地说，人的精神属性原本是其社会属性的一部分。以往的哲学家仅仅从人的理性来说明人与动物的不同，马克思主义经典作家则认为人与动物的不同在于其社会性的根源主要是人的理性思维在起作用。他们认为，离开人的精神属性，就无法解释在自然属性上人和动物的本质区别，也无法说明在社会属性上人与动物的本质区别。②"人的本质不是单个人所固有的抽象物，在其现实性上，它是一切社会关系的总和。"③ 这里指的是人在"社会关系"中表现出来的，即在人类内部人与人的比较中表现出的人的个体本质。在现实中，个人只有作为社会关系中的一个成员才能参与社会实践，改变客观世界。

三、中西方人性假设比较

中西方关于人性假设理论有很多相通之处，如西方的"理性经济人"假设接近于荀子的"性恶论"，"复杂人性"假设则接近于我国的"有善有恶论"，④但是也存在着众多的不同。

将中国的性善论和性恶论与西方人性假设进行比较。首先，假设提出的背景不同，性善论和性恶论的提出是为政治统治服务的，是采取"仁政"还是"法治"之争；而西方的人性假设是在研究企业的管理过程中提出的，是为了解决不同时期遇到的管理问题。其次，假设层次不同，不论是性善论还是性恶论，都将人性放在了道德的高度；而西方人性的假设更多是从行为层面来进行界定。最后，对待假设的态度不同。中国的人性假设不仅仅是管理的一个前提，更重要的是如何改造人性，即人性塑造的终点是"圣人"。而在西方行为科学理论中，人性假设只是必要的前提：在确定某种人性的假设之后，据此采取相应的管理措施，着重点在适应人性。尽管他们也在一定程度上注意到组织环境对人性的影响，但其注意力的重点却在如何改变组织环境

① 《马克思恩格斯选集》（第42卷），人民出版社1979年版，第24页。
② （德）马克思：《资本论》（第1卷），人民出版社1975年版，第202页。
③ 《马克思恩格斯选集》（第1卷），人民出版社第1版第56页。
④ 张德：《人力资源开发与管理》，清华大学出版社1997年版，第73—74页。

上，而人性不是一个很具弹性的因素。

管理者必须明白，人性观对组织管理有巨大的影响。管理者对员工持有的人性假设，决定其如何看待员工、如何确定与员工的关系、采用何种方式和策略进行管理，进而影响到组织的产出效率。

管理这门学科始终沿着人性假设这一内在逻辑有序地演化。我们在管理实践中只有深入把握人性这一核心问题才能提升管理绩效。面对复杂的人性和多变的环境，管理者必须致力于创造有利于人才发展的环境，进而吸引和留住人才。需要说明的是，管理必须符合社会文化背景才能有效。管理学家汤姆·彼得斯（Tom Peters）曾经指出，美国该不该学日本？可以学，但不能照搬，因为两国国情不同，两国隔了一道比太平洋还宽的鸿沟，美国应走出自己的成功之路。对中国来说也是如此：我们必须根据中国人的人性特点和特殊国情，对西方人性理论酌情借鉴。诚如戴明所说："外销一切，但就是不要外销美国式的管理，至少别外销到友邦。"①

第二节 个体认知

个体认知是指人认识外界事物的过程，即对作用于人的感觉器官的外界事物进行信息加工的过程。这是人最基本的心理过程。人脑接受外界输入的信息，经过头脑的加工处理，转换成内在的心理活动，进而支配人的行为，这个过程就是信息加工的过程，也就是认知过程。本节主要介绍个体认知的两个方面：知觉和学习。

一、知觉

知觉是个体为了对自己所在的环境赋予意义而组织和解释自己的感觉印象的过程。② 人们对不同事物有不同的知觉，对同一事物也会形成不同的知觉，从而做出不同的判断。而正是由于每个员工的知觉不同，才会对组织支持产生不同的看法。以下着重介绍影响知觉的因素、扭曲的知觉以及归因。

（一）影响知觉的因素

人的知觉并不是单纯的主观感知的过程，而是受到很多因素的影响。这些因素引起知觉的偏差和歪曲，如"风声鹤唳"、"草木皆兵"。影响知觉的因素主要从知觉者、知觉对象和知觉的情景三方面去考察。

1．知觉者的影响

知觉者是知觉行为的主体，由于其兴趣爱好、需要和动机不同，知识和经验各

---

① 苏伟伦主编：《戴明核心思想读本》，中国社会科学出版社 2003 年版，第 20 页。

② （美）斯蒂芬．P．罗宾斯著：《组织行为学》（第 12 版），孙建敏、李原等译，中国人民大学出版社 1997 年版，第 126 页。

异，同时对自我的认知不同，都会影响到知觉效果。这就会出现对自己不感兴趣的事物熟视无睹，“外行看热闹，内行看门道”等现象。具体到组织中，可能出现以下现象：组织为员工提供了较好的支持，但员工并不感兴趣或不需要，因此其不会通过努力工作来回报组织。此外，价值观、身体状况等因素对知觉者的知觉行为也会产生重要的影响和制约作用。

2. 知觉对象的影响

知觉对象分为两大类，自然物和人、群体、组织。知觉对象的属性、特征，如大小、形状、颜色等，以及刺激强度、运动状态、声音、温度、频次等都会影响到知觉。很多管理者都遇到了这样的难题，有些激励措施在刚开始执行的阶段起到了很好的效果，但随着时间的推移，同样的激励措施只是增加了成本，并未带来相应的高产出。作为知觉对象的激励措施出现的频率影响了员工的感受。

3. 情境因素的影响

情境因素是知觉发生时一切背景因素的总和，它通过影响人的感受性而改变知觉。对组织而言，国有企业、民营企业以及外资企业不同的制度为应聘者提供了知觉的背景。同样，组织文化和结构也为身在其中的员工提供了知觉的背景。可能一个细微的动作，如拍拍背，在特定的背景下都代表特定的信息和价值。

（二）扭曲的知觉

由于影响知觉的因素很复杂，经常造成知觉与客观实际不一致。同样由于在今天这样一个快节奏的世界里，人们整天被爆炸的信息和图像包围着，需要对自己所看到的一切做出快速判断并且几乎要同时做出回应。当个体对客观事物的认识，由于观察的角度不同，或得到的信息不全面、不充分时，就会使知觉产生错误的结果，这就是知觉的错觉现象。在组织管理活动中，容易出现的错觉形式主要有知觉防御、晕轮效应、首因效应、近因效应、刻板印象、对比效应和投射效应等。管理者需要正确认识错觉现象，避免产生此类错误，并注意员工的错觉可能对激励效果产生影响，进而采取相应的方法消除不良影响并改正错误。

1. 知觉防御（perceptual defense）

知觉防御是指人们对不利于自己的信息视而不见或加以歪曲，以达到防御的目的。即当知觉者发现被知觉对象与自己已有的定型模式不符合时，便会抹去那些与模式不相符的部分，从而对被观察对象加以歪曲。

假使装配厂进行合同谈判期间，就泄漏信息说，由于利润下降，该厂可能要永远倒闭。焦急的工人可能不听这信息，反而相信公司管理部门只是在散布谣言以便在工资谈判期间增加他们的影响。这种认为公司是为了增加影响的想法被工人作为真实的情况而接受，对公司情绪上强烈不满的反应是可以预料到的。[①]

知觉防御是一种回避欲求的知觉倾向。它既是对社会知觉的歪曲，又是一种有效的心理防护手段，其积极作用在于能够使人对刺激的冲击加以缓冲，以增加心理承受能力。但要真正解决问题，光靠回避、歪曲知觉对象是不行的，必须客观地修正自己的心理模式，使其与外部世界相适应。

2. 晕轮效应（halo effect）

晕轮效应最早由美国著名心理学家爱德华·李·桑戴克（Edward Lee Thorndike）于20世纪20年代提出。他认为，人们对人的认知和判断往往只从局部出发，扩散而得出整体印象，即常常以偏概全。一个人如果被标明是好的，他就会被一种积极肯定的光环笼罩，并被赋予一切都好的品质；如果一个人被标明是坏的，他就被一种消极否定的光环所笼罩，并被认为具有各种坏品质。这就好像刮风天气前夜月亮周围出现的圆环（月晕）。其实，圆环不过是月亮光的扩大化而已。据此，桑戴克为这一心理现象起了一个恰如其分的名称“晕轮效应”，也称作“光环作用”。[②]

> 美国心理学家凯利对麻省理工学院两个班的学生分别做了一个试验：上课前，实验者向学生宣布，临时请一位研究生来代课，并告知学生有关这位研究生的一些情况，其中向一个班的学生介绍说他具有热情、勤奋、务实、果断等品质，向另一个班的学生介绍时除将“热情”换成“冷漠”外其余各项都相同，而学生们并不知道这两种介绍间的差别。下课后，第一个班的学生与研究生一见如故，亲密交谈；另一个班的学生对他却敬而远之，冷淡回避。

通俗地说，晕轮效应就是以点盖面。人们在认识陌生的人或事物的过程中，通常从被评价的人或物所具有的某些特征或某个方面出发，泛化到其他一系列的特征或方面，也就是从已知的推及到未知的，从局部信息出发最终形成一个完整的印象。晕轮效应的极端化例子就是“爱屋及乌”。它对组织成员的绩效评估是十分不利的。

3. 首因效应（primacy effect）和近因效应（recency effect）

社会心理学家阿希（S. Asch）发现第一印象的形成取决于最先出现的中心性格的特点，他把这种机能效果叫做首因效应，并提出首因效应能改变后续刺激的意义。

---

① M. 斯梯尔史、何广扬：《从行为管理学的角度看知觉过程》，《心理科学进展》1986年第1期，第33—41页。

② K. R. Murphy & R. L. Anhalt. Is Halo a Property of the Rater, the Ratees, or the Specific Behaviors Observed?" *Journal of Applied Psychology*, June 1992: 494 – 500; K. R. Murphy, R. A. Jako & R. L. Anhalt, Nature and Consequences of Halo Error: A Critical Analysis, *Journal of Applied Psychology*, April 1993: 218 –25.

首因效应，也称为第一印象作用，或先入为主效应，是指个体在社会认知过程中，通过“第一印象”最先输入的信息对客体以后的认知产生的影响作用。第一印象作用最强，持续的时间也长，比以后得到的信息对于事物整个印象产生的作用更强。[①]

一位心理学家曾做过这样一个实验：他让两个学生都做对30道题中的一半，但是让学生A做对的题目尽量出现在前15题，而让学生B做对的题目尽量出现在后15道题，然后让一些被试对两个学生进行评价：谁更聪明一些？结果发现，多数被试都认为学生A更聪明。

近因效应是由卢钦斯（A. S. Luchins）于1957年提出的，指新出现的刺激物对印象形成的心理效果。新近获得的信息对个体的影响作用比以往获得的信息作用要大。也就是说最近、最后的印象，往往是最强烈的，可以冲淡在此之前产生的各种因素，这就是近因效应。近因效应不仅会对个人产生影响，而且对企业品牌也会造成一定的损害。

1982年，美国强生公司的“泰利诺”作为一种替代阿司匹林的新型止痛药占据了止痛药零售市场35.5%的份额，在竞争激烈的止痛药市场上独领风骚。而就在该年的9月底，灾难来临，美国芝加哥地区连续发生了7起因使用强生公司生产的含有剧毒氰化物的“泰利诺”止痛胶囊而中毒的事件。消息一经报道，强生公司形象一落千丈，人人纷纷躲避“泰利诺”。

首因效应与近因效应并不矛盾，只是侧重点有所不同。一般来讲，在知觉熟人时近因效应起较大作用，知觉陌生人时首因效应起较大作用。在实践中，管理者需要预防两种效应的消极影响，既不能“先入为主”，也不能枉顾过去，只看现在，而应该以联系发展的态度感知事物，把对人、事的每一次感知，都当做我们认知事物过程中的一个阶段。此外，要在一定条件下，发挥两种效应的积极作用。

4. 刻板印象（stereotype）

刻板印象是指人们把在头脑中形成的对某类知觉对象的形象固定下来，形成对某一类人或事物的比较固定、概括而笼统的看法。[②] 通常知觉者仅仅了解这个人所属的总体类型。[③]

---

① 詹启生、俞智慧：《首因效应与近因效应在不同情境下作用的比较》，《健康心理学杂志》2000年总第8（3）期，第251页。

② 徐凤姝、石秀印、费穗宇：《社会心理的认识与调控》，人民教育出版社1989年版，第111—112页。

③ J. L. Hilton & W. von. Hippel. Stereotypes In J. T. Spence, J. M. Darley & D. J. Foss (eds.). *Annual Review of Psychology*. Palo Alto, C. A.: Annual Rewiews Inc., 1996: 237-271.

在地域方面，人们有英国绅士、美国西部牛仔、原始生活中的非洲人、观念保守的东方人的印象；在职业方面，人们会自然想到教师的文质彬彬、医生的严谨或地质勘探队员的粗放等；在年龄方面，人们认为老年人比青年人更喜欢守旧。此外还有山东人的“耿直”，北京人的“神通”，东北人的“仗义”，上海人的“精明”，湖北人的“狡猾”（有“天上九头鸟，地下湖北佬”一说）等。

然而，由于每个人都是独特的，人的真实特性一般不同于刻板印象所包含的特性。[①]刻板印象有时是人们认识交往对象的一种捷径，可以使人迅速快捷地对认知对象做出判断。因为“物以类聚，人以群分”，处于大致相同的社会生活背景、经济和文化条件下的人容易产生许多共同特征，但是他们并不是完全相同的，总有个体差异，有时甚至差异很大，所以不能以这种刻板印象来看待所有同一类的人。[②]

5. 对比效应（Contrast Effect）

对比效应指人们在对他人的知觉过程中，将其与自己熟知或者最近接触到的人和事进行比较而得出结论的一种现象。在进行对比的过程中，参照点的不同水平会影响到知觉的效果，即个体与比自己优秀的人比较时会降低其自我评价水平，与比自己差的人比较时会提升其自我评价水平。[③] 例如，在进行绩效考评中，一名业绩不错的被考评者与本部门内绩效水平较高者相比并没有什么优势，但是与部门平均水平相比则要好很多。演艺人员常说的“不要在孩子和动物之后演出你的节目”讲的也是同样的道理。

将一样的两个灰色图形分别放在并排的白色和黑色的背景上，放在白色背景上的显得暗些，放在黑色背景上的显得亮些。又如一向言语严厉的教师，偶尔讲出几句柔和体贴的话，那么他这句话会令学生难忘。相反，向来宽厚的教师，有一天突然大发雷霆，当然也会令学生大吃一惊。

6. 投射效应

心理学研究发现，人们在日常生活中常常不自觉地把自己的心理特征（如个性、好恶、欲望、观念和情绪等）归属到别人身上，认为别人也具有同样的特征。心理学家称这种心理现象为“投射效应”。在人际知觉过程中，人们常常假设他人与自己

① （美）弗雷德·鲁森斯著：《组织行为学》（第9版），王垒等译，人民邮电出版社2003年版，第138页。

② 谢继红：《人际交往中的认知偏差简析》，《社会心理科学》2007年第3—4期，第99页。

③ Blanton H. Evaluating the self in the context of another: The three-selves model of social comparison assimilation and contrast. In G. Moskowitz (ed.). *Cognitive social psychology: The Princeton Symposium and the legacy and future of social cognition.* Mahwah, N. J.: Erlbaum, 2001: 75 - 88.

具有相同的特性、爱好或倾向等，常常认为别人理所当然地知道自己心中的想法。在具体的管理实践中，投射效应的一个例子是上级会对与自己志趣相投、态度价值观相近的下级做出较高的评价。

中国宋代著名学者苏东坡和佛印和尚是好朋友。一天，苏东坡去拜访佛印，两人相对而坐。苏东坡对佛印开玩笑说："我看见你是一堆狗屎。"佛印则微笑着说："我看见你是一尊金佛。"苏东坡觉得自己占了便宜，很是得意。回家以后，苏东坡对妹妹提起这件事。苏小妹说："哥哥你错了，佛家说'佛心自现'，你看别人是什么，就表示你看自己是什么。"

社会知觉理论告诉我们：在现实生活中，人们往往由于受到主客观条件的限制而不能全面地看待问题。尤其是看待别人时，受到各种偏见的影响而造成社会知觉的扭曲，进而对其行为做出错误的归因判断。了解错觉现象，对管理者有重要意义。因为管理者的社会知觉如何，直接关系到他们采用的管理方式。管理者应该先了解自己的知觉方式，绕开知觉误区；同时了解下属的知觉方式，选择合适的管理方法。只有这样才能达到良好的沟通，促进组织目标的实现。

【案例】

我们有多容易受骗

在爱达荷州秋季大型科学展览会上，一个来自鹰石中学的高中生的方案获得了一个一等奖。在他的方案里，他力劝人们签署一份要求严格控制或完全销毁一种叫"氢氧化物"的物质的文件。这有足够的理由，因为：

这种物质会造成流汗过多和呕吐。

它是酸雨的主要成份。

在气态时他会造成严重的烫伤。

吸入时它会要了你的命。

它是腐蚀的帮凶。

它会降低汽车的刹车效率。

人们在晚期癌症病人的毒瘤里发现了它。

他问了50个人是否支持禁止这种物质。43个人说他们支持，6个人没有表明态度，只有一个人知道这种物质就是水。

这个获奖方案的题目是"我们有多容易受骗"。

资料来源：《我们有多容易受骗》，《齐鲁晚报》2008年10月13日C14版。

（三）归因

除了形成印象，人们还要对各种行为探究原因，看它是由可控的内部原因还是不可控的外部原因造成。例如，一位员工早上上班迟到，上级若认为是睡过了头就是内部归因，若认为其实路上塞车则是外部归因。归因的原因主要取决于区别性、一致性和一贯性三个因素。

区别性是指个体是在众多场合中都表现出这种行为，还是仅在某种具体情境下表现这一行为。一致性是指不同个体对类似情景都做出相同的反应。一贯性则指某人的某种行为是否稳定而且持久。如图 5－1 所示，如果一名员工当前任务完成情况与他的总体工作水平或者其他类似任务的完成水平相同（低区别性），同时同样的任务，其他员工的工作水平总是与他的相差很大（低一致性），且他当前的业绩水平与其他时间的水平都是同样的（高一贯性），那么其管理者很可能认为他自己对这一业绩负有主要责任（内部归因）。

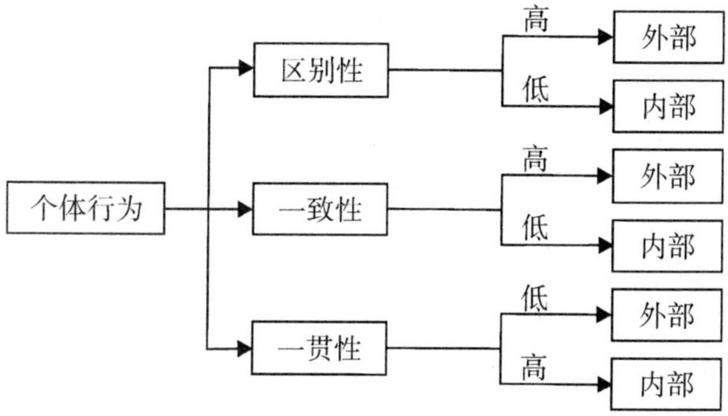

图 5－1　归因模式

资料来源：（美）斯蒂芬·P. 罗宾斯、玛丽·A. 库尔特著：《管理学》（第 9 版），孙建敏、黄卫伟等译，中国人民大学出版社 2008 年版，第 389 页。

归因同样会受到各种因素的影响而产生偏差与错误。主要的错误有两类，自我服务偏差和基本归因错误。一个人在对自己的行为进行评估时会出现自我服务偏差（self-serving bias）。人们倾向于将所取得的成功归因到自身内在的原因——他们自己的能力和努力，而将所遇到的失败归因到外部原因——运气不好或者任务难度太大。在对他人的绩效进行评估时，知觉者会得出相反的结论，即倾向于采用基本归因错误（fundamental attribution error），过高估计内在因素而过低估计外在因素对别人行为的影响。因此，如果别人失败了，知觉者就会对他本人进行过多的指责；如果别人成功了，知觉者就会对他进行过多的赞扬。①

在组织中，管理者和下属的归因矛盾很典型。例如，当工作进展不利时，管理者倾向于将问题归咎于下属的无能或糟糕的工作态度，而下属则抱怨外部环境的压力和困难，或老板的决策失当；当工作进展顺利时，老板认为自己能力强，决策英明，员工只是次要的外部因素，员工则认为是集体努力的结果，老板作用不大（但是这一结论受文化的影响。对韩国管理者的调查显示，他们不是把失败归因于群体成员身上，而是倾向于接受失败的责任，② 因为韩国是集体主义文化）。③ 这就告诉我们，需要采取措施减少归因偏差，从而减少各种方面的知觉冲突。具体的措施包括加强人际互动，深入沟通，构建开放的氛围以及建立信任的组织文化，等等。

我们希望管理者在认识到归因过程存在着缺陷的同时，能够进行自我矫正。即在得出结论之前收集尽可能详细的信息，并要求被观察者进行自我评估。这种措施应用于绩效管理中就是大家熟悉的360度绩效考核方法。

（四）知觉对管理实践的启示

知觉对组织的影响主要表现在两个层次：组织层次和员工个人层次。在组织层次，可以通过检查知觉，防止和克服知觉错误，使得组织聚焦于关键活动。管理大师德鲁克在其著作《21世纪的管理挑战》中讲述了一个出版公司的案例，该公司的管理者对他们的知觉进行检查并因此制定了成功战略。④

> 每一个出版商都知道，它大部分的业绩（60%）和几乎所有的利润，都是从已经出版一两年的再版书而来。但是出版商却很少用资源促销这些书，所有的重点都放到新书上。某家大出版商多年来一直无法让营销人员促销这些再版书，同时自己也不肯花钱促销。一位公司外部的董事问道："今天我们能不能用老方法来处理这些书呢？"当回答一致为否定时，她问："我们现在应该怎么办？"结果，他们把公司重组为两个不同单位，一个负责编辑出版和促销新书，另一则负责促销过去的旧书。两年内，这些旧书的销售量增长了三倍，而公司的利润则增加了一倍。

在个人层次，管理者对员工的知觉会影响到绩效评估。当然，用产量、销售额等

---

① （美）理查德·L. 达夫特、雷蒙德·A. 诺伊著：《组织行为学》，杨宇、于维佳译，机械工业出版社2004年版，第106页。

② R. M. Steers, S. J. Bischoff & L. H. Higgins. Cross-cultural management research. *Journal of Management Inquiry*, 1992：325－326.

③ 杨忠：《组织行为学：中国文化视角》，南京大学出版社2006年版，第26页。

④ （美）彼得·德鲁克：《21世纪的管理挑战》，生活·读书·新知三联书店2003年版，第99—100页。

指标可以客观评估绩效，但很多工作绩效很难有客观标准（如文秘及一些公关工作），只能靠主观评定。由于主观评定实际上靠人的知觉，这时管理者就有很大的裁定权。此外，对员工的评价还涉及工作表现及努力程度。这是因为有时对于一个企业来说，工作的努力精神在某种程度上比绩效更重要。例如，某员工技术熟练、生产效率高，但工作态度消极，纪律松懈，对企业的不良影响很大，这种破坏作用远非他创造的物质价值所能弥补。但是对工作努力程度的评估同样可能是十分主观的，也会有知觉扭曲，而且“工作表现差”的评价比“工作绩效差”的评价，更能影响一个员工的提升。因为后者是能力问题，而前者则是品质、态度问题。所以，管理者此时应非常慎重。

需要管理者注意的一点是，员工也会对管理者的种种行为产生知觉，进行归因。不论管理者对员工的评估多么客观公正，不论企业提供的薪资水平在同业中多高，都比不上员工在这方面的知觉产生的影响。如果员工认为评估不公平或薪资很低，则他们的行为恰如这些条件客观存在一样。员工是根据他们所看到的世界进行理解和解释的，其知觉存在失真的可能性。

【案例】

你知道么？办公室的设计影响人的知觉

办公室的设计，如灯光、颜色和家具以及其他物体的位置，会影响到客户、供应商、未来员工和参观者的知觉，也会以不同方式影响员工的行为。

办公室布局——谁挨着谁——会影响个体的知觉和组织最为看重的功效。例如，办公室依楼层设置，最高层管理者占据最高几层最理想的办公空间，以此类推，也传达出该组织看重地位的信息。甚至办公室家具的布置也会影响到对一个公司的知觉。例如，一项研究表明参观者根据接待处座椅的面对面排列还是相互间有合理的角度，会产生对一个组织非常不同的印象。把座椅放成面对面排列的组织比起用合理的角度布置来访者座椅被知觉为更“刻板”、“紧张”和“老谋深算”。参观了把座椅布置成合理角度的经理们都感觉该组织“热情”、“友好”且更为“平和”。参观者们宁愿与“热情友好”的公司做生意。

在组织中，人们知觉的东西有旗帜、公司标语以及表明每个员工有限自主权的组织结构表。人们更喜欢知觉一个展示因其出色表现而获得的成就证书、名誉奖章和奖品的组织。对工作场所的研究一致表明了花卉和植物增加了热情友好的知觉。艺术品通常是一个小技巧。在墙上挂一些艺术品通常有正面的效果，但一些图画内容可能会有反面影响。例如，一个总是招不到女性员工的公司发现，遍布公司大楼的男人骑在马背上的图画留给未来的女员工的知觉是一个冷淡、敌意、不友善的公司形象。

资料来源：D. 赫尔雷格尔、J. W. 斯洛克姆、R. W. 伍德曼著：《组织行为学（上册）》（第9版），余文钊、丁彪等译，华东师范大学出版社、汤姆森学习出版集团2001年版，第112页。

美感存折

在台湾年轻人中，新近兴起一股美学学习热潮，并把这一项学习形象叫做为自己存一本“美感存折”。

德国一份研究报告显示，重视外观设计的公司，利润的成长是一般公司的两倍；

韩国汉城国立大学调查发现，企业每投一美元在产品的美感上，销售就会增加19美元；

英国剑桥大学商学院招生委员会委员西蒙强调，要进剑桥商学院的精英学子，除了要有对成功旺盛的企图心与开阔的胸怀外，还必须具备一定的美的素养；

美国管理大师史蒂芬·柯维断言：功能的时代已经过去，未来将是一个技术与美感并行的时代……

没有一个人的生存与发展能与时代割裂开来，时常紧连职场。以前企业与企业主招聘员工时似乎只看工作能力，现在随着全球化与资讯透明化时代的到来，上市公司要面对股东，服务业要面对顾客，员工成了企业最直接的形象代表，具有一定的美的素养就变得极其重要，并直接成为了能力中的重要一环，竞争力中的必要一项。

资料来源：《深圳青年》2006年第17期，作者亚萍，http://qkzz.net/magazine/1006_219X/2006/17/449492.html。

二、学习

西方有一则寓言，说的是一个年轻人向一位年长的智者请教智慧的秘诀。年轻人问：“智慧从哪里来?”智者说：“正确的选择。”年轻人又问：“正确的选择从哪里来?”智者说：“经验。”年轻人进一步追问：“经验从哪里来?”智者说：“错误的选择。”由此可见，学习是增长知识，提高自己才干的方式。了解学习对于塑造员工个体良好的行为有重要意义。

（一）学习的定义

学习是指由于经验的结果而带来行为中出现的比较持久的变化。人类几乎所有的复杂行为都是学习得来的。本文所指的学习涵盖的范围较广，不仅包括知识、经验、习惯的改变，还包括行为、情感、态度的改变；既可以是外显的，也可以是潜在的变化。组织环境中的员工也在形成和改变着个体成员的行为，这同样是学习的表现。

（二）学习理论

对于学习的研究，形成了四大学习理论，即行为主义学习理论、认知学习理论、人本主义学习理论和社会学习理论。其中对管理最具启发意义的要算社会学习理论。

社会学习理论（Social Learning Theory）由美国心理学家班杜拉提出。他认为人类社会行为主要是通过观察或聆听发生在他人身上的事情而学习的。社会学习的关键在于榜样的影响力。榜样的影响包括以下四个过程：①注意过程——认识并注意到榜样的重要特点；②保持过程——个体对榜样活动的记忆程度；③动力复制过程——把“看的过程”转化成“做的过程”；④强化过程——积极的诱因或奖励，将会激发个体从事榜样行为。

（三）学习对管理实践的启示

学习理论对管理实践的启示有以下两点：通过奖励、管理员工学习，即将组织认可的行为和奖励联系在一起，促使组织希望的行为重复出现。具体可采取的措施有：正强化和负强化，旨在强化理想的反应，增加重复的可能性；惩罚和自然消退，旨在削弱不良行为，减少发生频率。管理学激励理论中的“行为改造型激励理论”中详细阐述了强化理论对管理实践的启示。需要注意的一点是，当组织口头提倡与实际奖励行为不一致时，管理者需要明白员工盯着的是组织的切实做法。

管理者应知道员工把他视为榜样。所谓“上行下效”讲的正是这个道理。如果作为管理者的你不是一个好榜样，那也就不用奇怪你的员工为什么会这么糟糕了。管理者不仅要独善其身，还需树立理想反应的榜样。即类似于组织在行业内外寻找其学习的“标杆”，员工的学习同样需要树立这样一个榜样，作为鞭策其快速前进的动力和压力。

【案例】

有位老板反对员工在周六加班，并制定了严格的制度禁止这一不利于组织长远发展的行为，但是效果甚微。他百思不得其解。有次和一位学者朋友吃饭，谈到了这一问题。朋友冷不丁问了一句：“那你周六在干什么？”“我在公司加班啊！”这位老板脱口而出。话一出口，茅塞顿开。

思考：

问题究竟出在哪里？请用社会学习理论解释。

第三节 个性心理特征

个性是指一个人总的精神面貌，它通过个人的生活道路而形成，反映了人与人之间差异的稳定性特征。个性心理特征是人多种心理特征的一种独特的组合，集中反映了一个人的精神面貌的稳定的类型特征，[①] 主要包括能力、气质和性格。

一、能力

人的能力各有不同，正所谓八仙过海，各显神通。为完成组织目标，管理者需要尽可能使个人能力和工作要求相匹配。

（一）能力的定义

能力（Ability）是个体能够成功完成工作中各项任务的可能性。它是对个体现在所能做的事情的一种评估[②]，基于个体的资质和学习经验[③]。

能力的种类很多，可以根据不同的标准对其进行分类。如三国时期的刘劭依据从现实政治与社会所观察到的情形，将各种秀异人物依其流派与志业分为十二类“流业”，即十二类主要的人才，也代表了十二类不同的才能，即清节家、法家、术家、国体、器能、臧否、伎俩、智意、文章、儒学、口辩、雄杰。[④]在管理活动中，人们通常将个体的能力分为一般能力与特殊能力[⑤]、心理能力和体质能力[⑥]。

（二）能力与智力（智慧、智能）

（1）1954年4月2日，爱因斯坦在一次讲学中说：“我在学校的学习成绩中等，按学校的标准，我算不上是个好学生。”

（2）1984年6月4日，诺贝尔获奖者的物理学家丁肇中在清华大学作演讲。在

---

① 黄希庭：《心理学导论》，人民教育出版社1991年版，第5—6页。

② （美）斯蒂芬·P. 罗宾斯、蒂莫西·A. 贾奇著：《组织行为学》（第12版），孙建敏、李原等译，中国人民大学出版社1997年版，第41页。

③ （美）理查德·L. 达夫特、雷蒙德·A. 诺伊著：《组织行为学》，杨宇、于维佳译，机械工业出版社2004年版，第70页。

④ 杨国枢、黄光国、杨中芳：《华人本土心理学》，重庆大学出版社2008年版，第150—153页。

⑤ 一般能力又称普通能力，指大多数活动所共同需要的基本能力，如思维能力、观察能力、语言能力、想象能力、记忆能力和操作能力，适用于广泛的活动范围。特殊能力又称专门能力，指为某项专门活动所必需的能力。它只在特殊活动领域内发生作用，是完成有关活动必需的能力。

⑥ 心理能力即从事那些如思考、推理和解决问题等心理活动所需要的能力，其构成包括七个经常被引用的维度：算术、言语理解、知觉速度、归纳推理、演绎推理、空间视知觉以及记忆力。体质能力则是对身体素质的要求，有九个基本维度：动力力量、躯干力量、静态力量、爆发力（力量因素）、广度灵活性、动力灵活性（灵活性因素）、躯体协调性、平衡性以及耐力（其他因素）。

回答学生提问时说了这样一句话："据我所知，在获得诺贝尔奖的九十多位物理学家中，还没有一位在学校里经常考第一，但是倒数第一的倒有几位。"

（3）1999 年 12 月 27 日，比尔·盖茨出席哈佛大学的募捐会。由于他曾在哈佛念书，但没有毕业，有个记者问他："你愿不愿意回到哈佛大学继续学习，拿到哈佛大学的毕业证书？"比尔·盖茨只是微微一笑，没有作答。

（4）2001 年 5 月 21 日，美国前任总统布什接受耶鲁的荣誉博士学位。当时他的学习成绩并不好，有人问他："你在学校的学习成绩不怎么样，你有何感想？"布什说："对那些取得优异成绩的毕业生，我对他们说——你们干得好！对那些成绩较差的人，我说——你们可以去当总统！"

能力和智力到底是什么关系，能力等于智商吗？高智商的人一定能够取得成功么？从上面的例子可以看出，答案显然是否定的。目前关于两者的关系有两种对立的观点，一种观点认为智力就是一般能力，智力测验基本上反映了人的一般能力；另一种观点认为智力不是人的一般能力，人们对智力所下的定义有误，故必须重新给智力下定义。尽管存在着争论，有关能力和智力的争论并未达成一致，但有一点是共同的，即承认每个人都是有差异的。

哈佛大学心理学家霍华德·加德纳（Howard Gardner）博士在 1983 年就通过自己的研究向人们揭示了人类多元化智慧中心理论，并指出人类至少有七个智慧中心。它们分别是：语文智慧、数理智慧、空间智慧、动觉智慧、音乐智慧、人际智慧和内省智慧。①

（1）语文智慧。一般来讲，每个人在成长中都至少要使用一种语文。有语文天分的人可以非常容易地掌握人类智慧中这种最独特的表现方式，他们擅长于用流畅的话语表达事情和看法、解释现象等。

（2）数理智慧。指对数字、逻辑关系、推理、计算、抽象思维等方面有独特的天赋。

（3）空间智慧。指对空间认识敏锐，对方向非常敏感，对距离判断准确，这是一项主要依赖视觉来认知外界的能力。很多著名画家、建筑设计师都具有这方面的天赋。

（4）动觉智慧。指擅长以肢体的灵活性与协调性来表达自己的思想及对世界的认识。很多运动员、舞蹈家都有这方面的天赋。

（5）音乐智慧。指一种天生的对声音的感应能力，对声音内容的辨别、记忆、编辑、演绎的先天素质。很多大音乐家拥有这方面的天赋。

（6）人际智慧。指对他人的动机、情绪、行为有特别敏锐的观察力、理解力，

① （美）托马思·阿姆斯壮（Thomas Armstrong）著：《人生的七大智慧》，罗吉台译，中国计划出版社 1997 年版，第 3—5 页。

容易与他人沟通相处并对他人造成影响的能力。很多政治家、外交家、企业家都是一流的人际大师。

(7) 内省智慧。指能够明察自己的情绪变化、需求、行为状态并能进行相应调整的能力。很多哲学家、思想家都拥有很高的内省智慧。[①]

在这七个智慧中心当中，“语文智慧”与“数理智慧”就是我们在学校教育中所关注的智商（IQ），“人际智慧”与“内省智慧”一直被教育界所疏忽，这两种智慧就是心理学与教育学上的情商（EQ）。加德纳在其著作《智力的重构：21世纪的多元智力》[②]中将“自然观察智力”（个体辨别环境——不仅是自然环境，还包括人造环境——的特征并加以分类和利用的能力）归入其创立的多元化智能理论。

“多元智能”认为真正的“能力”应表现为“能够成功地解决问题”，这是实践的能力观；它将自我认识和人际交往这样的道德修养内容列入了智能的范畴，从理论上实现了“智力”和“德力”的统一；还指出“人才”绝不仅指少数的精英，“能够成功地解决复杂问题的人”都是人才。“多元智能”理论带给我们新型的能力观、德力观和人才观。加德纳有一句名言：“每个孩子都是一个潜在的天才儿童，只是经常表现为不同的形式。”而这同样可以运用到组织的日常管理中。

（三）情绪智力

不论是员工还是管理者，在日常工作中总是带有情绪（emotion）。有些情绪对人的行为有一定的激发作用；有些情绪，尤其是在错误的时机中表现出来时则会降低员工的绩效。因此，管理者必须能敏锐地观察到员工的各种情绪并加以引导，这就需要有较高的情绪智力。情绪智力作为一种能力，引起了人们越来越多的关注。

介绍情绪智力之前，需要了解情绪。关于情绪的确切定义还没有获得一致意见，但大多数心理学家都同意，能够最好地描述情绪的一个词，是个体对某事有何感受(feel)。[③]情绪是一种强烈的情感，它直接指向人或物。[④]情绪不同于认知，因为它不是反映活动，而是人对反映内容的一种特殊态度，它具有独特的主观体验、外部表现并且总是伴随着特定的生理反应。[⑤]情绪是与理性思维对立的过程，通俗的说法是，情绪来自于“心”，而理性思维来自于“脑”。管理者可以改变员工的情绪来提高其

---

① （美）霍华德·加德纳著：《智能的结构》，兰金仁译，光明日报出版社1990年版，第277—281页。

② （美）霍华德·加德纳著：《智力的重构：21世纪的多元智力》，霍力岩、房阳洋译，中国轻工业出版社2004年版，第58—64页。

③ （美）弗雷德·鲁森斯著：《组织行为学》（第9版），王垒等译，人民邮电出版社2003年版，第211页。

④ （美）斯蒂芬·P. 罗宾斯、蒂莫西·A. 贾奇著：《组织行为学》（第12版），孙建敏、李原等译，中国人民大学出版社1997年版，第218页。

⑤ 黄希庭：《心理学导论》，人民教育出版社1991年版，第521页。

承受压力的能力，从而改善工作绩效，进而推动企业整体绩效的提高。

关于情绪智力的第一个综合性理论及定义，通常被认为应该归功于心理学家皮特·沙洛维（Peter Salovey）和约翰·梅耶（John Mayer）。在情绪理论及多元智力的基础上，他们这样定义情绪智力：社会智力的一个子系统，涉及监控自己以及他人的感受和情绪，辨别不同情绪并用这些信息来指导自己的思维和行动的能力。但是使这一概念备受关注的是丹尼尔·戈尔曼（Daniel Goleman）。心理学家、新闻记者丹尼尔·戈尔曼所著的畅销书《情绪智商》将情绪智力（Emotional Intelligence，简称 EI）定义为：觉察自己和他人的感受，进行自我激励，有效地管理自己以及他人关系中的情绪的能力。① 情绪智力有五个维度：②

（1）自我觉察。对自己的了解，认识当前的真实感觉。

（2）自我约束。控制自己的情绪以利于而不是阻碍手头的工作，摆脱负性情绪并回到解决问题的建设性轨道上。

（3）自我激励。坚持追求理想的目标，克服负性的情绪冲动，在实现目标后才感到满足。

（4）共情。能够敏感地觉察并理解他人的感受，能够感觉到他人的感受和需要。

（5）社交技能。辨别社交场合的能力，顺利地与他人互动，形成社交网络，能够引导他人的情绪和行为方式。

理解和掌握自己以及他人的情绪，对个人的有效性和人际关系至关重要。情绪智力显然与那些非常需要社会交往活动才会成功的工作尤其相关。最近对人力资源部经理的一项调查中提出了这样一个问题：员工的情商对于其升职究竟有多重要？40%的经理回答“非常重要”，还有16%的经理回答“比较重要”。针对工程师的研究结论是：情商而不是智商，带来了高绩效。针对空军招募者的研究发现：表现最为优异的招募者都显示出极高的情商。利用这些结论，美国空军部队修改了它的甄选标准。随之而来的调查发现高情商的人成功的几率比低情商的高 2.6 倍。然而，消极情绪有时也会有其优点。一些研究表明，消极情绪可能会促进关键性思想和不同意见的产生，特别是在有些时候，倒是那些处于消极情绪状态的管理者能够做出正确的判断。

国外很多企业在管理者招聘、甄选、工作配置等人力资源管理实践活动中都非常重视考察情绪智力因素，而且在各种类型的管理者培训和开发项目中也把情绪智力作为一项重要内容融入其中。

（四）灵商、逆商和时商

自从智商（Intelligence Quotient，简称 IQ）的概念提出以来，相继出现了情商

① Daniel Golemon, *Working with Emotional Intelligence*. New York: Bantam Books, 1998: 317.

② （美）弗雷德·鲁森斯著：《组织行为学》（第9版），王垒等译，人民邮电出版社 2003 年版，第 215 页。

（Emotional Quotient，简称 EQ）、灵商（Spiritual Intelligence Quotient，简称 SQ）、逆商（Adversity Quotient，简称 AQ）、时商（Time Quotient，简称 TQ）、德商（Moral Quotient，简称 MQ）、心商（Mental Quotient，简称 MQ）、胆商（Daring Quotient，简称 DQ）、财商（Fortune Quotient，简称 FQ）、志商（Will Quotient，简称 WQ）、健商（Health Quotient，简称 HQ）以及职商（Career Quotient，简称 CQ）等。但除了智商被学术界普遍接受外，其他各“商”之所以存在，均是因为它们与人类自身紧密相关，才不断被“挖掘”出来。以下简要介绍在管理实践中及理论界较有影响的几种。

英国人达纳·佐哈、伊恩·马歇尔夫妇于 20 世纪 90 年代提出灵商的概念。2001 年 8 月，夫妇俩合著的《灵商：人的终极智力》一书在中国出版，灵商开始为人们所认识。[①] 灵商是心灵智力，即灵感智商，就是对事物本质的灵感、顿悟能力和直觉思维能力。实际上，灵商是指一种智力潜能，属于潜意识的能量范畴。高灵商代表有正确的价值观，能分辨是非，甄别真伪。那些没有正确价值观指引、无法分辨是非黑白的人，其他方面的能力越强，对他人的危害也就越大。

逆商的全称是逆境商数、厄运商数，一般被译为挫折商或逆境商。1997 年，加拿大培训咨询专家保罗·斯托茨博士出版《挫折商：将障碍变成机会》一书，第一次正式提出此概念，用以测试人们将不利局面转化为有利条件的能力。2000 年，他又出版了《工作中的挫折商》。这两本书都成为探讨逆商对人们影响的重要著作。逆商理论，是把逆商值的高低作为衡量某个人在社会生活中忍受逆境、战胜逆境的素质标准。从某种意义上说，人们在社会中生活、工作或学习中都不可能总是一帆风顺，即使顺利，也只不过是主观与客观短暂的一时吻合。在大多数情况下，主客观还是不一致的。这时往往因期望值太高，以及客观现实与主观条件的差距，而感到不顺，即形成了某种逆境。一个意志坚强的人，来自社会、工作或学习的逆境压力，都需要承担下来。承受这种压力，首要的是培养忍受逆境的能力，其次是能把所谓的逆境看做一种机遇，找出扭转逆境的办法。

斯蒂文·霍尔在智商、情商和逆商的基础上提出了时商，指对待时间的态度和运用时间创造价值的能力。其《TQ 决定命运》一书告诉人们，仅仅学会一些时间管理方面的技巧（但那也是必须学会的东西）是不够的，因为人们并没有足够重视它——时间的飞逝。作者告诉我们，为什么要重视自身的 TQ 及如何去提升它，以轻松实现自己的工作目标或梦想。[②]

（五）能力的差异

由于遗传因素、环境因素、接受的教育和培训不同、经验不同、勤奋程度和爱好

① （英）达纳·佐哈、伊恩·马歇尔著：《灵商：人的终极智力》，上海人民出版社 2001 年版，第 2—10 页。

② （美）斯蒂文·霍尔：《TQ 决定命运》，湖北人民出版社 2004 年版，第 I 页；致读者。

不同，个体的能力带有明显的差异性。其表现在以下几方面。

（1）能力的类型差异。可以分为一般能力的类型差异和特殊能力的类型差异。前者主要表现在知觉、记忆和思维方面。后者主要指在完成同一活动可以通过不同能力的组合来保证。也就是说，在同一活动中，人们可以利用自己的优势能力组合，达到同样的活动目标或效果。

（2）能力发展水平的差异。主要表现在智力能力、体质能力与情绪智力上。例如，有些人的领导能力很强，而有些人的领导能力则相对较低。能力发展水平的高低，与特定目标或效果的达成有着密切关系。

（3）能力表现的早晚差异。个体能力的差异也可以表现在发展速度的快慢上，有些人在很小的时候就表现出非凡的一般能力和特殊能力，如我国唐朝文学家李贺，7 岁能作诗；王勃 6 岁善言辞，10 岁能赋，14 岁就成就千古名篇《滕王阁序》。[①] 然而，也有些人能力表现较晚，即"大器晚成"，如画家齐白石，青年时做木匠，30 岁才学画，40 岁显露才能。古今中外的少年早慧或大器晚成者不胜枚举。

（4）能力的性别差异。总体上，男性和女性的能力有无差异目前还没有一致的结论，但男性和女性在某些具体能力方面确实表现出较大差异。一般来说，男性的空间视知觉能力、计算能力优于女性，而女性在言语能力上优于男性。心理学研究表明，这些能力上的差异可能与男性和女性大脑的结构不同有关。

（六）能力对管理实践的启示

能力概念在组织活动中的应用，主要是考虑个体的能力与工作要求的匹配。这也是现代人力资源管理的基本原则。具体在应用中，可以考虑以下几个原则。

1. 能力阈限原则

管理心理学的研究成果证实，由于人与人之间存在着个别差异，因此对同一工作，不同的人会有不同的适应性，表现为由甲执行则事半功倍，由乙执行却事倍功半；而不同的工作，也要求具有不同个性心理特征的人来承担。在工作性质与人能力发展水平之间存在着一个镶嵌现象，即每一种工作都要求有一个能力阈限，既不能超过也不能低于一定的能力阈限。换句话说，执行某一种性质的工作，只需要恰如其分的某种能力发展水平。只有这样，才能使工作效率最大限度地发挥出来。产生这种心理功效的重要原因在于：能力水平过高的人从事一般性工作，往往会感到乏味，进而影响效率的提高；反之，一个能力或智力发展水平平庸的人去从事比较复杂或高难的工作任务，往往会感到力不从心，严重的还会感到团体压力，出现人格异常，甚至会导致非正常的死亡事件。所以在企业经营管理中，必须注意人与人之间客观上存在着的能力与倾向上的差异。

---

① 另说王勃 26 岁作《滕王阁序》。

2. 能力合理安排原则

就能力结构水平的高低而言，企业经营管理者应根据发展的不同水平，分配不同的工作，真正达到人尽其才、繁荣企业的目的。在怎样做好合理分配工作，使人尽其才的问题上，要注意四个方面：①同一个人不能适应所有部门的每一项工作；②接受同等教育程度的，能力水平也不一定相等；③具有同样能力的人，不一定适应同一种工作；④企业经营管理者应该根据员工能力发展的不同水平，实行不同的教育与训练。

3. 能力互补增值和协调优化原则

互补增值与协调优化是指组织充分发挥每个员工的能力特长，采用协调与优化的方法，扬长避短，聚集团体优势。人作为个体，不可能十全十美，而是各有其长处和短处；但作为群体，则可以通过人与人的相互结合，取长补短，形成最佳结构，发挥整体优势，实现个体不能达到的目标，这就是互补增值原理。在贯彻互补原则时，必须注意协调、优化。协调就是要保证群体能力结构与工作目标协调，与组织总任务协调，与技术装备、劳动条件以及内外生产环境协调。优化就是经过比较分析，选择最优方案。在组建员工群体时，有意识地应用互补增值原理，往往能事半功倍。

【案例】

动物学校

有一天，动物们决定设立学校，教育下一代应付未来的挑战。校方订定的课程包括飞行、跑步、游泳及爬树等本领，为方便管理，所有动物一律要修全部课程。

鸭子游泳技术一流，飞行课成绩也不错，可是跑步就无技可施。为了补救，只好课余加强练习，甚至放弃游泳课来练跑。到最后磨坏了脚掌，游泳成绩也变得平庸。校方可以接受平庸的成绩，只有鸭子自己深感不值。

兔子在跑步课上名列前茅，可是对游泳一筹莫展，甚至精神崩溃。

松鼠爬树最拿手，可是飞行课的老师一定要它自地面起飞，不准从树顶上降落，弄得它神经紧张，肌肉抽搐。最后爬树得丙，跑步更只有丁等。

老鹰是个问题儿童，必须严加管教。在爬树课上，它第一个到达树顶，可是坚持用最拿手的方式，不理会老师的要求。

到学期结束时，一条怪异的鳗鱼以高超的泳技，加上勉强能飞能跑能爬的成绩，反而获得平均最高分，还代表毕业班致词。

另一方面，地鼠为抗议学校未把掘土打洞列为必修课，而集体抵制。它们先把子女交给獾作学徒，然后与土拨鼠合作另设学校。

资料来源：（美）史蒂芬·柯维著：《高效能人士的七个习惯》（第8版），高新勇、王亦兵等译，中国青年出版社2008年版，第231页。

二、气质

苏联心理学家达维多娃曾用一个故事形象地描述了四种基本气质类型的人在同一情景中的不同行为表现。四个人上剧院看戏，但是同时迟到了。胆汁质的人和检票员争吵，企图闯入剧院。他辩解道，剧院的钟快了，他进去看戏不会影响别人，并且企图推开检票员闯入剧场。多血质的人立刻明白，检票员不会放他进入剧场，但是通过楼厅进场容易，就跑到楼上去了。粘液质的人看到检票员不让他进入剧场，就想：第一场不太精彩。我到小卖部等一会，幕间休息时再进去。抑郁质的人会说：我运气不好，偶尔看一场戏，就这样倒霉。接着就回家了。① 由此可见，不同气质的员工对组织的统一措施同样会采取不同的态度和行为。以下我们主要介绍气质的定义类型及其在管理中的应用。

（一）气质的定义

气质（Temperament）是人在进行心理活动时，或是在行为方式上，表现于强度、速度、稳定性、灵活性和指向性等动态性质方面的特征。气质主要受个体生物组织的制约。“江山易改，禀性难移”就说明了其与其他心理特征相比，有更强的稳定性。

气质具有天赋性、稳定性和一定的指向性。它与我们日常生活中提出的“脾气”和“秉性”有很相似的内容。气质并无好坏之分，只有心理特征和表现方式的区别。它并不表示一个人的智力和道德，不决定社会价值和成就，但是可以影响人的情感和行为，进而影响其活动效率和对环境的适应。在社会实际中，要注意气质与生活、工作的适应，扬长避短。

（二）气质的类型②③

对个体的气质类型进行分析的工作，从人类社会早期就已经开始。国内有三国时期魏人刘劭的《人物志》，认为五行、五体、五质、五德与五常有着密切的对应关系（见表5－2）；国外有5世纪古希腊医生希波克拉特（Hippocrates）的四种气质说，他认为人体内有四种体液，分别是血液、粘液、黄胆汁和黑胆汁，并根据体液在人体中的不同比例，将气质类型划分为多血质、胆汁质、粘液质和抑郁质（见表5－3）。之外还有气质的血型分类④，根据人的血型而划分为A型、B型、AB型和O型四种；

---

① 解春玲、龚平：《推心置腹》，汉语大词典出版社2001年版，第249页。

② 郑雪：《人格心理学》，暨南大学出版社2007年版，第111—141页。

③ （美）罗伯特·费尔德曼：《普通心理学》，人民邮电出版社2003年版，Section 10：personality。

④ 日本学者古川竹二（1927）认为A型气质的特点是温和、老实稳妥、多疑、怕羞、顺从、依赖他人、易冲动、受斥责就丧气；B型气质的特点是感觉灵敏，恬静、不怕羞、喜社交、好管事；AB型的气质特点是上述两者的混合型，外表像A，内心像B；O型气质的特点是志向坚强、好胜、霸道、不听指挥、喜欢指使别人、有胆识、不愿吃亏。

激素分类，根据人的某种内分泌腺特别发达而把人划分为甲状腺型、脑下垂体型、肾上腺型、副甲状腺型和性腺过分活动型五种；以及气质的体型分类；等等。

表 5－2 刘劭有关五行、五体、五质、五德、五常的对应关系之说

五 行	五 体	性情		五 常
		五 质	五 德	
木	骨	（骨直而柔）弘毅（仁之质）	温直而扰毅（木之德）	仁
金	筋	（筋劲而精）勇敢（义之决）	刚塞而弘毅（金之德）	义
火	气	（气清而朗）纹理（礼之本）	简畅而明砭（火之德）	礼
土	肌	（体端而实）贞固（信之基）	宽栗而柔立（土之德）	信
水	血	（色平而畅）通微（智之原）	愿恭而理敬（水之德）	智

资料来源：杨国枢、黄光国、杨中芳著：《华人本土心理学》，重庆大学出版社 2008 年版，第 144 页。

表 5－3 希波克拉特的气质类型表

气质类型	行为特点	管理对策	合适的职业
多血质	精力充沛、情绪发生快而强、语言动作急速而难以自制、内心外露率直热情、易怒、急躁、果敢	表扬为主防微杜渐	导游、推销员、节目主持人、演讲者、外事接待人员、演员、市场调查员、监督员等
胆汁质	活泼爱动、富于生气、情绪发生快而多变，表情丰富、思维言语动作敏捷、乐观、亲切、浮躁、轻率	肯定成绩避开锋芒	管理工作、外交工作、驾驶员、服装纺织业、餐饮服务业、医生、律师、运动员、冒险家、新闻记者、演员、军人、公安干警等
粘液质	沉着冷静、情绪发生慢而弱、思维言语动作迟缓，内心少外露、坚毅、执拗、淡漠	多给鼓励少批评	外科医生、法官、管理人员、出纳员、会计、播音员、话务员、调解员、教师、人力人事管理主管等
抑郁质	柔弱易倦，情绪发生慢而强、易感而富于自我体验，言语动作细小无力、胆小、忸怩、孤僻	经常鼓励多教方法	校对、打字、排版、检察员、雕刻工作、刺绣工作、保管员、机要秘书、艺术工作者、哲学家、科学家等

资料来源：古茂盛：《人格心理学》，中国医药科技出版社 2006 年版。

每种气质既有其积极的一面，也有其消极的一面。一方面，在任何一种气质类型的基础上，既可以发展良好的性格特征和优异的才能，也可以发展不良的性格特征和限制才能的发展。在整个人的个性系统中，气质化又具有从属意义，它渲染出人的性格和能力独特的色彩。另一方面，气质本身不决定一个人活动的社会价值和成就的高低，以及对社会贡献的大小。在对社会做出过巨大贡献的人中间，就有多种气质的人，如普希金是胆汁质，克雷洛夫是粘液质，柴可夫斯基是抑郁质，赫尔岑是多血质。可见，任何一种气质类型的人都可以发挥自己特有的才能，在特定的工作范围内，对社会做出自己的贡献。在人群中，典型的气质类型者较少，更多的是综合型。多血质和胆汁质的气质类型易形成外向性格；黏液质和抑郁质类型的人一般较文静和内向。管理者需要辨别员工的气质，从而区别对待。

（三）气质对管理实践的启示

气质作为个体典型的心理动力特征，由于先天遗传因素及后天生活环境的差异，不同个体之间在气质类型上存在着多种差异。这种差异会直接影响个体的心理和行为，从而使每个人的行为表现出独特的风格和特点。例如，有的人热情活泼，善于交际，表情丰富，行动敏捷；有的人则比较冷漠，不善言谈，行动迟缓，自我体验较为深刻。气质对实践活动虽然不起决定影响，但它具有一定的意义。气质不能影响活动的内容和方向，但影响活动的效率，并且当气质与良好的个性品质，尤其是道德品质、动机、信念、价值观等结合在一起时，其特有的价值就会表现出来。例如，胆汁质类型的青少年在健康思想的指导下，会形成热情、积极、勇敢、朝气蓬勃、有进取心的心理特征；在不良思想的影响下，则会形成任性、粗暴、爱发脾气和毫无自制力的心理特征。同样，管理者需要根据员工的气质类型，采取不同的方法和措施来激励员工。此外，管理者本人正确认识自己气质的优缺点，加强自身的行为修养，对做好管理工作也具有重要意义。

三、性格

播种一个思想，收获一个行动；播种一个行动，收获一个习惯；播种一个习惯，收获一个性格；播种一个性格，收获一个命运。与能力和气质相比，在人的个性心理特征中，性格影响人际关系和活动效果，具有更直接的社会意义。因为一个人的气质与工作成就没有必然关系，而一个人的能力存在大小，但若有良好的性格，则会尽自己最大的努力为社会做贡献。古希腊哲人赫拉克利特曾说："一个人的性格就是他的命运。"不同性格特征的人在处理同一件事情时会采取不同的方式，对组织绩效会产生不同的结果。因此，管理者在面对性格各异的员工时，需要区别对待。以下将介绍性格的基本知识，并将其与能力和气质进行对比。

（一）性格的定义

性格（Character）是个体对现实的稳定态度和与之相应的习惯化的行为方式。性格表现在人对现实的态度和行为方式中，指一个人稳定的、独特的个性特征。[①]

性格有复杂的结构，包括态度特征、情绪特征、意志特征和理智特征。[②] 性格的态度特征指一个人对待和处理各种社会关系，如社会、集体和他人，工作、生活和学习，劳动产品以及自己所表现出来的性格特征。情绪特征指在性格的强度、稳定性、持久性及主导心境所表现出来的性格特征。意志特征指意志的自觉性、自制力、坚定性、果断性等方面。理智特征指在感知、注意、记忆、思维、想象等认知过程中表现出来的性格特征。

性格的形成原因有特质论、环境论和情景论三种不同的观点。现在普遍接受的是：性格的形成不仅受到生理因素的影响，更受到社会环境的作用。前者包括遗传、体格、性别、器官发育水平等，后者则主要包括家庭、学校教育和社会文化。其中，家庭被称为“制造人类性格的工厂”。

（二）性格的理论

1. 性格的特质理论

对于性格的最初研究，是以特质理论开始的。它是影响现代性格研究的最主要理论思想之一。一般来说，特质的观点比较忽视情境对性格的直接影响作用，而更强调性格特征的稳定性和跨越情境的一致性特点。特质论的代表人物有奥尔波特、艾森克和卡特尔。在此简要介绍卡特尔的16种人格特质和大五人格特质。

（1）卡特尔的16种人格特质

卡特尔（Raymond Bernard Cattell）受化学元素周期表的启发，认为可以用因素分析法研究人格。他通过对人格特质的因素分析，提出了人格特质理论模型，并编制了“卡特尔16种人格因素调查表”（Sixteen Personality Factor Questionnaire，简称16PF），这一测验在国内外许多领域得到了广泛应用（详见附录B），如表5-4所示。

表5-4 卡特尔的16种人格特质

人格因素		低分者特征	高分者特征
A	乐群性	缄默，孤独，冷淡	乐群，外向，热情
B	聪慧性	思想迟钝，学习浅薄，抽象思考能力弱	聪明，富有才识，善于抽象思考

① 美国心理学界不常用“性格”一词，欧洲心理学文献中“性格”一词常等同于人格（personality）。大多数西方心理学家的“人格”概念一般指“气质”和“性格”而不包括“能力”。

② 许芳：《组织行为学原理与实务》，清华大学出版社2007年版，第75—76页。

续上表

	人格因素	低分者特征	高分者特征
C	情绪稳定性	情绪激动，易烦恼	情绪稳定而成熟，能面对现实
E	恃强性	谦逊，顺从，通融	支配，攻击，好强，固执
F	兴奋性	严肃，审慎，冷静，寡言	轻松兴奋，随遇而安
G	有恒性	苟且敷衍，缺乏奉公守法精神	有恒负责，做事尽职
H	敢为性	畏怯退缩，缺乏自信心	冒险敢为，少有顾虑
I	敏感性	理智，着重现实，自恃其力	敏感，感情用事
L	怀疑性	信赖随和，易与人相处	怀疑，刚愎，固执己见
M	幻想性	现实，合乎常规，力求妥善合理	幻想，狂放不羁，任性
N	世故性	坦白，直率，天真	精明能干，世故
O	忧虑性	安详，沉着，有自信心	忧虑抑郁，烦恼自扰
Q_1	激进性	保守，尊重传统观念与行为标准	自由，批评激进，不拘泥于现实
Q_2	独立性	依赖，随群附合	自立自强，当机立断
Q_3	自律性	矛盾冲突，不顾大体	知己知彼，自律严谨
Q_4	紧张性	心平气和，闲散宁静	紧张困扰，激动挣扎

（2）大五人格特质

塔佩斯等（Tupes & Christal）运用词汇学的方法，对卡特尔的特质进行再分析，发现了五个相对稳定的因素。此后，许多学者进一步证实了“五种特质”模型的合理性，形成了著名的大五因素模型（Big Five Factors Model）（如表5－5所示）。这五个因素是：外倾性（Extroversion）、随和性（Agreeableness）、责任心（Conscientiousness）、情绪的稳定性（Emotional Stability）以及经验的开放性（Openness to Experience）。这五个特质的起始字母构成“OCEAN”一词，代表了人格的海洋。目前，已经出现了“大五人格因素的测定量表”，“大五”很快形成了全球化应用的趋势，被称为人格心理学中的“一场静悄悄的革命”。

表5－5　大五模型

	描述对象	高维度的表现	低维度的表现
外倾性	个体对关系的舒适感程度	喜欢群居、善于社交和自我决断	封闭内向、胆小害羞和安静少语
随和性	个体服从别人的倾向性	合作、热情和信赖他人	冷淡、敌对和不受欢迎
责任心	个体的信誉	负责、有条不紊、值得信赖、持之以恒	容易精力分散、缺乏规划性、不可信赖
情绪的稳定性	个体承受压力的能力	平和、自信、安全	紧张、焦虑、失望、缺乏安全感
经验的开放性	个体在新奇方面的兴趣和热衷程度	富有创造性、凡事好奇、具有艺术的敏感性	保守、对熟悉的事物感到舒适和满足

资料来源：根据（美）斯蒂芬·P．罗宾斯著：《组织行为学》（第12版），孙建敏、李原等译．中国人民大学出版社1997年版，第95页整理。

大五人格特质有广泛的应用价值。人们发现，外倾性、情绪的稳定性和随和性与心理健康有关；外倾性和经验的开放性是职业心理的重要因素；责任心则与人事甄选有密切关系。然而，情绪稳定和工作绩效之间并不是正相关。冷静的、有把握的员工是更好的员工，这一点似乎合乎逻辑，但事实并非如此。也许因为情绪稳定型员工经常安于他们现有工作、不思改变，而情绪不稳定型员工却不是这样，所以才会导致这一事实。但是责任心这一维度，对各行各业的人员来说，可以预测其工作绩效。

2．性格的类型理论

对性格类型贡献较大的，当推瑞士精神病学家荣格（C．G．Jung），他把人的性格分为外倾和内倾两种，认为精神活动的根本力量是生命力，这种活动的力量若趋向于事物，便形成外倾型人格，若趋向于主观自身，便形成内倾型人格。以荣格的性格理论为基础，由美国的布里格斯（Katherine C. Briggs）和迈尔斯（Isabel Briggs Myers）母女共同开发的迈尔斯—布里格斯类型指标，即MBTI（Myers-Briggs Type Indicator），根据个体知觉和处理信息的不同方式，将人格分为16种类型。根据四个维度来分类：能量（内向I与外向E）、信息收集（感觉S与直觉N）、决策制订（思维T与情感F）和生活风格（判断J与知觉P）（如表5－6所示）。

MBTI如何帮助管理者呢？事实上，个性类型影响着人们相互交流和解决问题的方式。如果你的老板是一个凭直觉做事的人，而你是一个凭感觉做事的人，那么你就要会用不同的方式来收集信息。直觉者偏向于本能的反应，而感觉者倾向于事实。为了能与你的老板愉快共事，你不但要提供一个情境的事实，还要表达你的主观感受。此外，MBTI也用来帮助管理者使员工与他的工作相匹配，如要求与外人经常打交道的营销职位最好是由外向型性格的人来担任。

表5-6 MBTI四维度

从哪里获得精力	外向（E）	内向（I）
	对人友好的，相互作用的，先说后想，爱交际的	安静的，集中的，先想后说，沉思的
注意和收集何种信息	感觉（S）	直觉（N）
	实际的，详情的，具体实例的，特定具体的	一般性的，可能性的，理论型的，抽象的
如何评估和决策	思维（T）	情感（F）
	分析的，用头脑的，规则的，公正的	主观的，热心的，环境的，仁慈的
如何适应外部环境	判断（J）	知觉（P）
	结构性的，时间导向的，决策性的，有组织的	灵活的，结果开放的，探索性的，自发的

资料来源：（美）弗雷德·鲁森斯：《组织行为学》（第9版），王垒等译，人民邮电出版社2003年版。

3. 其他有关性格的见解①

除了性格特质和性格类型，研究者还识别了另外五个被证实是解释组织中个人行为最有力的特质。它们分别是控制点（locus of control）、马基雅维里主义（Machiavellianism）、自尊（self-esteem）、自我监控（self-monitoring）和冒险性（risk-taking propensity）。

（1）控制点。内控型的人相信他们掌握着自己的命运，而外控型的人则认为他们的生活受到外部力量的控制。研究表明，外控型的员工对自己的工作更不满意，对工作环境更为疏远，对工作参与程度更低。用通俗的话来讲，外控型的人更容易"怨天尤人"，他们会因自己不良的工作绩效而责备上司怀有偏见，责备周围的同事或者其他自己无法控制的因素。

（2）马基雅维里主义。高马基雅维里主义者讲求现实，对人保持着情感的距离，相信结果能替手段辩护，即为达目的可以不择手段。高马基雅维里者中会有好员工吗？答案取决于工作的类型，以及你在评估绩效时是否考虑道德涵义。对于那些需要谈判技能的工作或那些优异表现能带来丰厚收益的工作，高马基雅维里主义者会十分

① （美）斯蒂芬·P. 罗宾斯、玛丽·A. 库尔特著：《管理学》（第9版），孙建敏、黄卫伟等译，中国人民大学出版社2008年版，第382—383页。

出色；对于那些结果不能证明手段合理性或绩效缺乏绝对标准的工作，则很难预测高马基雅维里主义者的表现。

（3）自尊。指人们喜爱自己的程度。研究表明，高自尊者相信自己拥有工作成功所必需的大多数能力，他们往往更倾向于选择高冒险性和非传统性的工作。有关自尊的最普遍的发现是，低自尊者比高自尊者更容易受到外部影响。低自尊者需要从别人那儿得到积极的评价，因此他们更乐于寻求别人的认可，更倾向于认同他们所尊敬的人的信念和行为。从管理的角度看，低自尊者更注重取悦他人，因此很少会不受欢迎。很显然，自尊和工作满意也有关联，许多研究证实高自尊者比低自尊者更满意自己的工作。

（4）自我监控。指个体根据外部情境因素调整自己行为的能力。高自我监控者在根据外部环境调整自己行为方面表现出相当的适应力，低自我监控者不能改变自己的行为，倾向于在各种环境中都表现出自己真实的性格和态度。因此，在“他们是谁”和“他们做什么”之间存在着高度的一致性。研究表明，高自我监控者比低自我监控者更加关注他人的活动，更能适应环境。可以推断，高自我监控者在管理岗位上更容易成功，因为这一岗位要求个体扮演多重的甚至是互相矛盾的角色。高自我监控者能够在不同的观众面前呈现不同的“面孔”。

（5）冒险性。冒险性的高低影响着做决策所用的时间以及做决策之前需要的信息量。研究表明，高冒险性比低冒险性的管理者决策更为迅速，作选择时使用的信息量也更少，但两组决策的准确性是相当的。管理者可以将员工的冒险取向与具体工作要求相匹配。例如，对一名股票经纪人来说，高冒险性倾向可能会带来出色的业绩，这一类型的工作要求迅速做出决策；而对于从事审计活动的财会人员来说，这一个性特质可能会成为一个主要障碍，审计活动最好安排低冒险性者来从事。

4. 基于东方文化的性格研究

基于东方文化性格研究的代表人物主要有林语堂、明恩溥及田宗介。林语堂在《吾国与吾民》中说道：“如果我们回头看一看中华民族，并试着描绘其民族性，我们大致可以看到如下特点：稳健、单纯、酷爱自然、忍耐、消极避世、超脱圆滑、多生多育、勤劳、节俭、热爱家庭生活、和平主义、知足常乐、幽默滑稽、因循守旧和耽于声色。总的来讲，这些都是能让任何国家都增色不少的平凡而又伟大的品质。”

美国牧师明恩溥①在其曾引起极大反响的著作《中国人的素质》一书中列出的二十多条中国人的人格特质却是十分尖锐的：面子要紧、省吃俭用、辛勤劳作、恪守礼

① 明恩溥（Arthur H. Smith，1845—1932），美国公理会传教士。1872年来华，先后居住于天津、山东等地，兼任《字林西报》通讯员。1905年辞去教职，留居通州写作。著有多种关于中国的书籍，代表作是《中国人的素质》（*Chinese Characteristics*）。他在华生活近五十年，特别熟悉下层农民的生活，对中国较有感情，是最早建议美国政府退还中国庚子赔款的人，并获得了美国国会通过。本书首版于1899年。他对中国社会的研究深为鲁迅、潘光旦等学人所称道。

节、漠视时间、漠视精确、天性误解、拐弯抹角、柔顺固执、心智混乱、麻木不仁、轻蔑外国人、缺乏公共精神、因循守旧、漠视舒适方便、生命活力、遇事忍耐、知足常乐、孝行当先、仁慈行善、缺乏同情、社会风暴、共担责任与尊重律法、互相猜疑和言而无信。①

日本学者田宗介则根据莫里斯对人类生活方式的划分，将人的性格区分为13种：中庸型、达观型、慈爱型、享乐型、合作型、努力型、多彩型、安乐型、接受型、克己型、瞑想型、行动型和服务型。②

（三）性格对管理实践的启示

性格是组成一个人个性最鲜明、最重要的心理特征，在自身生理素质的基础上，经过长期的社会实践活动而逐步形成的。人们由于先天素质各不相同、所处的环境以及环境对其作用的不同，造就了个人独特的性格。性格差异的分析不仅可用于思想教育，还可用于人员甄选和行为预测等。③ 性格理论在管理中的重要作用见表5－7。

表5－7　霍兰德的人格类型与职业范例

类　　型	人格特点	职业典范
现实型（Realistic）——偏好需要技能、力量与协调性的身体活动	害羞、真诚、持久、稳定、顺从、实际	机械师、钻井操作工、装配线工人、农场主
探究型（Investigative）——偏好需要思考组织和理解的活动	分析、创造、好奇、独立	生物学家、经济学家、数学家、新闻记者
社会型（Social）——偏好能够帮助他人和开发他人潜能的活动	社交、友好、合作、理解	社会工作者、教师、咨询顾问、临床心理学家
常规型（Conventional）——偏好规范、有序、清楚明确的活动	顺从、高效、实际、缺乏想象力、缺乏灵活性	会计、业务经理、银行出纳员、档案管理员
企业型（Enterprising）——偏好有机会影响他人和获得权力的言语活动	自信、雄心进取、精力充沛支配他人	律师、房地产经纪人、公关专家、小企业经理
艺术型（Artistic）——偏好那些需要创造性表现的模糊朦胧且无规则可循的活动	富于想象力、无序、理想主义、情绪化、不实际	画家、音乐家、作家、室内装潢设计师

① （美）明恩溥著：《中国人的素质》，秦悦译，上海学林出版社2001年版，各章节概括。

② 转引自黄希庭《心理学导论》，人民教育出版社1991年版，第697页。

③ 在三国时，诸葛亮就总结了知人性伪的七种方法，即：问之以是非而观其志；穷之以辞辩而观其变；咨之以计谋而观其识；告之以祸难而观其勇；醉之以酒而观其信；临之以利而观其廉；期之以事而观其信。

1. 根据性格特点，达到人职匹配

管理者要了解和掌握员工的性格，明确其优势和劣势，这样企业就不会有无用之才；要注意员工的兴趣和爱好与从事的职业相适应，从而使他们感到满意愉悦，受到内在激励，提高工作效率。如外倾型性格，心胸开阔，易与人相处，好动不爱静，可让其从事推销、采购、社交和公关的工作；而内倾型性格，不善谈吐、做事细心、好静不爱动，可让其从事工程设计、财务会计和文书档案的工作。管理者还要在人才招聘的最初环节把“适才适岗”作为重要标准。霍兰德的研究结果为我们提供了一定参考（见表5-7）。

2. 根据员工性格特点，采取不同管理方法

人与人之间的性格差异，在为性格与职业匹配提供可能的同时，也增加了管理上的难度和复杂性。以管理方法而论，应针对不同性格采取不同的方法，利用各种可能挖掘个人的潜能和热情，调动工作积极性，充分发挥创造性。

3. 根据员工性格特点，遵循性格互补原则合理设计团队

组建工作团队，不仅要考虑成员的年龄、知识和专业结构，也要重视性格结构的合理性。组建团队时把不同性格类型的人有机组合在一起，易形成合力。团队既要有性格外向的人，决策时发言直率、大胆果断、干脆利索，也要有性格内向的人，决策时沉着冷静，思想成熟。

4. 创建尊重性格的组织文化

如前所述，性格是个体对现实的稳定态度和与之相应的习惯化的行为方式，即性格在员工成为组织一员之前就已经形成了。管理者需要认识到，改变一个人的性格是十分困难的，但是我们可以创造一种文化，在这种文化中，员工尊重性格之间存在的差异，并可以和谐相处。认识并有效地利用组织成员的个体差异，组织不仅可以保持和谐与稳定，还能富有生机与活力，从而实现人力资源的优化配置，最终建立起一个具有现代人文精神的高效组织。

【案例】

职场升迁的五大杀手

为什么很多人一心向上爬却很难得到职场升迁？什么是职场发展的最大绊脚石？德国企业咨询协会与《经济周刊》在向来自各咨询公司的500名决策人进行调查后，共同总结出了“五大职场杀手”规则。在调查中，这些决策者对自己眼中的“职场杀手”进行了评估。

“五大职场杀手”是：

1. 高估自身能力或缺乏批评能力（53.3%）；

2. 没能看清本企业的游戏规则（48.2%）；

3. 自我发展意识不强烈（44.2%）；

4. 对企业内的非正式人际关系知之甚少（38.3%）；

5. 个人目标不明确（31.8%）

另外，缺少发展潜力、在企业中犯错误，甚至家庭因素也会阻碍升迁。德国企业咨询协会的高级私人顾问建议，初入职场的雇员应制订一个现实的升迁策略。与此同时应该认识到，个人事业的发展进程不可能总是按照既定计划得到实现。即使当投入精力与工作成绩成正比时，也不能保证一定得到升迁。然而，员工越认同企业目标并为之努力，便越有可能实现自身的事业目标。

对升迁影响较小的因素有：

性格过于急躁（9.4%）；缺乏对企业外部人际关系的维护（11.2%）；对提拔自己的人毫无感激之情；不注意身体健康和情绪稳定（0%）。

资料来源：《职场升迁的五大杀手》，http://xk.cn.yahoo.com/articles/070510/1/7ao.html，2009-12-22。

四、性格与能力、气质的关系

能力、气质和性格属于个性心理特征，是一个人的精神面貌的稳定特征。气质是心理活动的动力性特征，能力是完成一定活动的必备的心理素质特征，性格则是个性心理特征中的核心部分。通过性格的整合，使个体的心理特征成为一个整体。

（一）性格与气质的关系

在日常生活中，人们对个体所表现出来的性格特征和气质特征很难区分，常常将两者混为一谈。其实，性格和气质是两种既相互联系，又有本质差别的个性心理特征。

（1）性格与气质的形成条件有很大区别。气质是以人的高级神经活动的类型为生理基础的，后天环境因素只能改变气质某些具体的表现形式，很难从本质上改变气质，即气质具有明显的天赋性。而性格则是以后天形成的暂时神经联系为生理基础的，它是在先天因素的基础上，在后天诸多因素的共同作用下，通过主体的实践活动逐步形成的。性格是一个人先天因素与后天因素的混合产物，具有明显的社会性。正因为如此，从社会意义上讲，气质没有好坏之分，而性格有好坏之分。

（2）由于气质较多地受生物因素制约，因此它变化较难、较慢；而性格是后天形成的，由生活实践决定，它也具有稳定的特点，但与气质相比其变化则容易一些、快一些。

（3）相同气质的人可以形成完全不同的性格，而不同气质的人也可以形成基本相同的性格。具体表现为：在性格的表现上涂有各自的气质特色。例如，同具勤劳性格品质，胆汁质者常常是情绪饱满、急切利索地去完成任务；多血质者往往兴高采烈，充满热情；粘液质者则可能是不动声色，从容不迫地工作；抑郁质者则经常表现出善于体察事物的细小变化，认真默默地对待工作。某种气质可以有力地促使某些性格特征的发展。例如，胆汁质者和多血质者由于神经过程兴奋强于抑制过程，因此他们比粘液质者容易形成果断性和勇敢性等特征；而粘液质神经过程以平衡、不灵活为特点，因此他比多血质者易形成谨慎特征。

除了上述区别，性格和气质还相互渗透，彼此制约。例如，气质特征可以影响周围环境以不同方式作用于自己的行为，从而间接影响人的性格形成；从一定程度上说，气质作为环境因素在调解环境和教育过程中也直接塑造着性格。

（二）性格与能力的关系

性格与能力的关系，主要是性格的形成需要以一定的能力为基础，且性格对能力的发展有重要影响，良好的性格可以弥补某些能力的欠缺。

(1) 性格与能力都是在人的统一发展中形成，在能力的逐步培养和锻炼过程中，性格也在逐步改变。例如，在培养一个人的观察能力这一过程中，如果他性格的理智特征受到影响，对外界的感知力可能变得快速或敏感；一个人在集体中的组织能力、协调能力的增强，也会对他的性格的态度特征产生影响，使他变得更加热情、活泼和关心集体。

(2) 能力的发展水平受性格特征的影响。仍然沿用上面的例子，如果被培养者的性格本身就在观察方面显得主动而深入细微，经过观察能力的专业化培训，他的观察能力的增强程度和增长速度比那些被动感知型的个体要快得多。

(3) 优良的性格特点往往能弥补某一方面的能力弱点。“勤能补拙”这句俗语就是一个很好的例证，说明了性格对能力发展的补偿作用。

总之，性格与气质、能力之间不是对立的，而是彼此关联、密不可分的。在运用个性心理特征时，不能仅考虑某一个方面而抛开三者的联系。管理者对此更要审慎处之，如在员工甄选与配置时，应仔细思考三者间的关联性，从各个侧面、各个角度挑选出最适合的人员。

【案例】

新西兰一家公司的研发总监手下有一名50岁的工程师，该工程师拥有两个工程学科的硕士学位。之前的20年中，他一直从事单人项目。总监很不情愿地把他安排到项目团队中。在独自工作了这么多年后，这位工程师除了相信他自己的结果外，不相信任何人的工作成果。他不愿意与团队中的其他成员合作，甚至把团队中另一位工程师给他的所有计算结果重新算了一遍。

为了解决问题，总监把这位工程师安排到了另一个项目上，让他负责管理两位不如他有经验的工程师。这位老工程师又一次试图自己完成所有的工作，即使这意味着他得加班而别人没有事情做。

最后，总监不得不承认，有些人就是无法与团队合作。总监又把这位工程师安排到只需要单人的项目上，在那里他能发挥他的技术能力。

3M 的前副总裁罗伯特·赫肖克描述到："有那么一些人，你不能把他们放到团队中。他们不善于团体活动，他们会分裂团队。我认为我们必须认识到这一点，而且确保这些人不成为团队的一部分。如果你需要他们的专业知识，你可以请他们来做团队的顾问，但是你永远、永远不要把这些人放到团队中。我想，另外一点是，我永远也不会剥夺任何人成为团队成员的机会，不管这个人是在什么层级上。我认为，经过合适的训练，任何层级的人都能拥有团队的概念。"

资料来源：（美）哈罗德·科兹纳著：《项目管理最佳实践方法》，杨慧敏、徐龙译，电子工业出版社 2007 年版，第 362 页。

思考：

个体间的差异是如何影响项目人员配置的，试结合本章的理论阐述之。

第四节　个性倾向性

个性倾向性是推动人进行活动的动力系统，是个性结构中最活跃的因素，决定着人对周围世界认识和态度的选择和趋向，决定人追求什么。① 本节主要介绍价值观、态度和动机。随着胜任力（即对绩效有促进作用的个性特征的集合）的理念在国际上被人们逐渐认同和接受，越来越多的企业开始在专业机构的帮助下建立了胜任力模型，用以指导选人、育人、用人和留人的工作，本节最后一部分简要介绍胜任力。

一、价值观

价值观（Values）是一种个性倾向，是个性结构中最稳定持久的因素，决定着人对周围世界认识和态度的选择和趋向，决定人追求什么。价值观不仅影响个人的行为，还影响着群体行为和整个组织行为。了解员工价值观是了解员工工作态度和动机的基础，对理解员工心理、预测其行为极其重要。

（一）价值观的定义

价值观代表了人们最基本的信念：从个人或社会的角度来看，某种具体的行为模

① 黄希庭：《心理学导论》，人民教育出版社 1991 年版，第 5—6 页。

式或存在的最终状态比与之相反的行为模式或存在状态更可取。[①] 价值观是指一个人对周围客观事物（包括人、物和事）的意义、重要性的总评价和总看法。价值观是相对稳定和持久的。职业价值观反映了人们对奖励、报酬、晋升、发展或职业中其他方面的不同偏好，它体现了一个人最想从工作中获得什么，在工作中最看重什么。

人的价值观是从出生开始，在家庭和社会的影响下，逐步形成的。一个人所处的社会生产方式及其经济地位，对其价值观的形成有决定性的影响。这对企业管理十分重要，因为企业成员在加入企业之前都有各自的经历，都带着形形色色的价值观进入企业。管理者往往需要通过了解他们的价值观，才能解释其行为，并作为对他们进行思想教育的依据。

（二）价值观的分类

罗克齐（Rokeach）将价值观划分为两类，第一种类型称为终极价值观（Terminal Values），指的是一种期望存在的终极状态，是一个人希望通过一生而实现的目标。另一种类型称为工具价值观（Instrumental Values），指的是偏爱的行为方式或实现终极价值观的手段。[②] 每一种类型有 18 项具体内容（如表 5－8 所示）。

表 5－8 终极价值观和工具价值观实例

终极价值观（值得努力的结果）	工具价值观（合适的行为）
舒适的生活（顺利的生活）	雄心勃勃（辛勤工作，奋发向上）
振奋的生活（刺激的、积极的生活）	心胸开阔（头脑开放）
成就感（不断的贡献）	能干（有能力、有效率）
和平的世界（没有冲突和战争）	欢乐（轻松愉快）
美丽的世界（艺术与自然之美）	清洁（卫生、整洁）
平等（手足之情、机会均等）	使人鼓舞（坚持自己的信念）
家庭安全（照顾自己所爱的人）	宽容（愿意谅解他人）
自由（独立、自由选择）	乐于助人（为他人的幸福安康着想）
幸福（满足）	正直（真挚、诚实）
内心的和谐（没有内在冲突）	富于想象（勇敢、有创造性）
成熟的爱（性和精神上的亲密）	独立（自力更生、自给自足）

① （美）斯蒂芬·P. 罗宾斯、蒂莫西·A. 贾奇著：《组织行为学》（第 12 版），孙建敏、李原等译，中国人民大学出版社 1997 年版，第 103 页。

② （美）斯蒂芬·P. 罗宾斯、蒂莫西·A. 贾奇著：《组织行为学》（第 12 版），孙建敏、李原等译，中国人民大学出版社 1997 年版，第 103 页。

续上表

终极价值观（值得努力的结果）	工具价值观（合适的行为）
国家的安全（免受攻击）	富有知识（智慧、善于思考）
快乐（享受的、闲暇的生活）	合乎逻辑（理性的、稳定的）
救世（得救的、永恒的生活）	博爱（充满感情的、温柔的）
自尊（自敬）	顺从（有责任感的、可敬的）
社会承认（尊重、赞赏）	礼貌（彬彬有礼的、有修养的）
真挚的友谊（亲密关系）	负责（可靠的、值得信赖的）
睿智（对生活有成熟的理解）	自控（自律、自我约束）

资料来源：Based on M. Rokeach. *The Nature of Human Values*. New York：The Free Press，1973.

此外，行为科学家格雷夫斯按照价值观表现形态的不同将其归纳概括为七个等级，分别是反应型、部落型、自我中心型、坚持己见型、玩弄权术型、社交中心型和存在主义型。①

（三）价值观对管理实践的启示

价值观是了解员工态度和动机的基础，同时也影响我们对人对事物的知觉、判断和行为。在同一客观条件下，对于同一事物，会产生不同的行为；在同一单位中，有人注重工作成就，有人看重金钱报酬，也有人重视地位权力，均是因为价值观不同。

古语有云：道不同，不相为谋。因此对组织来说，需要确保员工价值观和企业价值观的一致。如果员工的价值观与组织的价值观相匹配，那么他的工作绩效和满意程度可能更高。例如，一个非常看重想象力、独立性和自由的员工可能很难适应一个强调员工服从，采用官僚控制方式的组织。管理者可能对那些与组织相处融洽的员工更欣赏，评价更积极，提供更多的报酬；而如果员工感到自己适合组织的要求，他们可能更满意。由此看来，在招聘甄选新员工时，不仅需要了解其完成工作的能力经验等，还应考虑其价值体系是否与组织相适应。以价值观为基础的招聘，实际上是通过共同的信仰、期望和信任等组织文化内容来规范员工的行为，采用宗族式的控制，达到组织内部思想的统一、员工和组织目标最大范围的一致。

一个成功的经营管理者必须十分重视价值观的变化以及这些变化对经营管理和经济效益的影响。为此，一方面要使经营管理工作适应人普遍存在的价值观，另一方面又要树立和培植新的价值观。例如，"时间就是金钱"、"效率就是生命"、"信息就是资源"等价值观念一旦为更多的人所接受，就会大大推动企业经营管理工作和整个

① 如想了解具体内容，可登陆 http://wiki.mbalib.com/wiki/%E4%BB%B7%E5%80%BC%E8%A7%82。

经济工作的发展。

另外，组织目标、愿景和制度等的制订都需要考虑员工和群体的价值观，重视价值观的引导；组织还需要致力于组织文化建设，根据组织使命和任务，树立明确的组织价值观，去建立大家共同接受和认可的价值体系和制度体系，进而提高组织凝聚力。①

二、态度

三个工人在砌一面墙。有一个好管闲事的人过来问："你们在干什么?"

第一个工人爱理不理地说："没看见吗？我在砌墙。"

第二个工人抬头看了一眼好管闲事的人，说："我们在盖一幢楼房。"

第三个工人真诚而又自信地说："我们在建一座城市。"

十年后，第一个人在另一个工地上砌墙；第二个人坐在办公室画图纸，他成了工程师；第三个人呢，成了一家房地产公司的总裁，是前两个人的老板。

态度（Attitude）决定高度，仅仅十年的时间，三个人的命运就发生了截然不同的变化，是什么原因导致这样的结果？是态度！正如美国心理学家马斯洛所说：态度变，则行为变；行为变，则习惯变；习惯变，则命运变。态度是组织行为研究中重要的一部分，因为其对解释员工的行为非常重要，应用研究者利用态度进行行为的预测和管理。了解员工的态度，可以使管理者了解员工的需要，保证组织管理的有效性。

（一）态度的定义

态度是关于物体、人物和事件的评价性描述，这种评述可以是赞同的，也可以是反对的，反映了一个人对于某一对象的内心感受；② 是个体对人对事所持有的一种具有持久而又一致的心理和行为倾向。态度不是行为本身，只是一种心理和行为倾向，但是它常用来描述和解释人们的行为。态度不能直接观察，只能从个人所表现出来的语言及动作中去推测。它不是天生的，而是通过后天的学习获得，需要一段孕育过程。事实上，态度的形成与改变是同一发展过程中不同的两个方面，受到社会因素、个性因素和态度系统特性因素等主客观因素的制约。态度的形成强调某一态度的发生发展，而态度的改变则强调由旧的态度改变为新的态度。

态度具有认知、情感和行为三种成分。认知成分指个体对客体信息的理解和价值评价，如"我认为老板在工作中偏心"；情感成分指个体对客体的情感反应，如"我不喜欢我的老板"；行为成分指个体对事物的行为准备状态和行为反应倾向，如"我

① 张德：《组织行为学》（第3版），高等教育出版社2008年版，第59—60页。

② （美）斯蒂芬·P. 罗宾斯、蒂莫西·A. 贾奇著：《组织行为学》（第12版），孙建敏、李原等译，中国人民大学出版社1997年版，第67页。

打算调到另一部门”。

态度有三个特征。第一，态度是稳定的，除非发生什么事情导致态度的转变。第二，态度可以落在非常赞成到非常不赞成的连续体中的任何一点。第三，态度直接针对某个事物，是一个人对这个事物的情感和信念。①

（二）态度的功能和失调

态度有四大重要功能:②

1. 调节功能

态度通常有助于人们根据工作环境的变化进行调整。当员工享受良好的待遇时，他们容易对管理和组织形成一种积极的态度，反之亦然。员工们根据这些态度调整自己以适应工作环境，同时也把这些态度作为今后行为的基础。

2. 自我保护功能

态度能为行为找理由，能够保护自我。

3. 表现价值的功能

态度为人们提供了表现自我价值的基础。例如，一个非常相信工作规范的经理会向具体的个人或者实际工作表达态度，以此作为反映其价值的方式。

4. 知识功能

态度有助于提供参考的标准和框架，使得人们能够组织和解释周围的世界。对人、事和物体的态度会帮助个体了解发生了什么事情。

在现实生活中，个体经常会认识到自己的态度之间或者态度与行为之间存在着矛盾。根据这一现象，社会心理学家列昂·费斯廷格（Leon Festinger）于20世纪50年代末提出了认知失调理论（Cognitive Dissonance Theory）③。该理论致力于对态度和行为之间的联系做出解释。一般说来，人们都力求将认知中各种元素统一协调起来，但要做到这点有一定难度，因为认知元素间难免发生矛盾，呈现不协调状态。例如，某员工付出很大的努力想把生产搞好，但结果并不理想；某管理者多次与某员工谈话，帮助他解决存在的思想问题，非但没有达到目的，反而引起其反感；某经理制订了工作计划，因遇到一些意外的困难，未能完全实现；等等。这些不协调状态常常引起个体的心理紧张。

为了克服这种由认知失调引起的紧张，人们可以采取多种方法。但认知失调并不一定带来改变。费斯廷格指出个体减少失调的愿望由三个因素决定：造成失调的要素

---

① （美）弗雷德·鲁森斯著:《组织行为学》（第9版），王垒等译，人民邮电出版社2003年版，第156页。

② D. Katz. The Functional Approach to the Study of Attitude—Behavior Relations: A Meta - Analysis of Attitudinal Relevance and Topic, *Journal of Communication*, Winter 1993: 101 - 142.

③ L. Festinger. *A Theory of Cognitive Dissonance. Stanford*. C. A.: Stanford University Press, 1957.

的重要程度，个体相信自己受到这些要素控制的程度，以及个体在失调状态下的受益程度。一般讲，重要程度越低，自己的控制程度越低，受益程度越高，减少失调的压力越小。当个体决定消除认知不协调状态时，可采取的方法主要有：改变行为，使行为符合态度；改变态度，使其符合行为；引进新的认知元素，改变不协调状态。

虽然认知失调理论可以帮助管理者预测员工在态度和行为改变方面的倾向性，但是我国学者杨国枢认为认知失调理论可能并不适用于中国人，特别是传统的中国人。因为传统的中国人从小就懂得表现的言行是一回事，心里想的是另一回事，即使言行与心意严重脱节或矛盾，也能泰然自若、面不改色。更进一步，中国人视言行与心意不一致为正常，甚至认为是修养好或者识大体。①

（三）工作满意度、组织承诺和工作投入

一个人可以有几千种态度，但是管理者只需要把注意力集中在有限的、与工作相关的几种态度上。工作态度作为内在的心理动力，引发相应的工作行为。这些与工作有关的态度是员工对工作环境等方面或积极或消极的评价，包括工作满意度、工作参与、组织承诺、员工敬业度以及工作投入等。由于态度有认知、情感和行为三种成分，而有些学者认为工作满意度、组织承诺和工作投入分别代表的是员工情感层面、认知层面和行为层面的态度。因此我们主要讨论这三方面。

1. 工作满意度

随着“没有满意的员工，就没有满意的顾客”这一观点被越来越多的企业接受，工作满意度（Job Satisfaction）受到了企业普遍的关注。工作满意度源自对个体工作或工作经历评估的一种快乐或者积极的态度，表现在三个维度上：①它是对于工作情境的一种情绪反应，人们无法观察，只能推断得到；②它是由结果在多大程度上符合或者超出期望来决定的；③它代表几种相关的态度。② 工作本身、薪水、晋升机会、上级的管理以及同事是影响员工工作满意度的五个最重要的维度。③ 此外，还包括工作环境和个人心理特征等。

为什么很多企业重视员工的满意度呢？答案在于工作满意度与员工的生产率、离职率、缺勤率、工作场所不当行为和顾客满意度有着密切的关系。毫无疑问，组织期望有较高的员工满意度，尤其是当失业率较低并且员工很容易在别处另谋工作时。可以通过一些方法提高工作满意度，这对员工来说也是一种激励。例如，结合员工需求与组织目标，尽量满足员工需要；使员工参与决策，增强员工归属感；建立良好的沟

---

① 杨国枢、黄光国、杨中芳：《华人本土心理学》，重庆大学出版社 2008 年版，第 195 页。

② （美）弗雷德·鲁森斯著：《组织行为学》（第 9 版），王垒等译，人民邮电出版社 2003 年版，第 160 页。

③ P. C. Smith, L. M. Kendall & C. L. Hulin. *The Measurement of Satisfaction in Work and Retirement*. Chicago: Rand McNally, 1969.

通渠道，使其与管理者达成共识；重视员工培训；创造公平竞争的环境；使工作变得有趣；给予公平的报酬、福利和晋升的机会；从兴趣和机能的角度把人和工作匹配起来；设计工作使得员工兴奋和满意；等等。

2. 组织承诺

组织承诺（Organizational Commitment）是当代组织行为学中的一个概念。自20世纪70年代以来，对组织承诺的定义逐渐形成两种基本观点：一种是行为说，认为组织承诺是指员工为了不失去已有位置和多年投入所换来的福利待遇而不得不继续留在该企业内的一种承诺；另一种是态度说，认为组织承诺是个人对组织的一种态度或肯定性的内心倾向，是个人对某一特定组织感情上的依附和参与该组织的相对程度。事实上，组织承诺可以理解为员工与其组织之间的一种心理合同或联结纽带，即成员对组织的归属感和认同感。

由定义可知，影响组织承诺的因素来自个人和组织两方面。个人方面的因素如年龄、性别、成就动机、创造力、工作选择的意志性、公平性、知觉的责任以及工作投入等；组织方面的因素如工作压力、工作特征、组织结构、组织文化与气候以及领导与下属的关系等。

组织承诺作为一种重要的态度，影响着员工的工作绩效、离职意愿、离职行为、缺勤、怠工、工作动机、组织依附、工作表现及角色外行为等。与工作满意度相比，它是预测离职率更好的指标。① 由此可见，员工的组织承诺对企业来说是一笔宝贵的财富，不仅能够降低离职率、缺勤率，还可以提高忠诚度，甚至产生组织公民行为。对于管理者而言，了解员工的组织承诺对于制订政策和改进管理至关重要。沃森·怀亚特公司的一份对美国7500名员工的调查显示，拥有高承诺员工的公司三年内对股东的总体回报（112%）要远大于员工承诺水平低的公司（76%）。如何提高中国员工的组织承诺呢？首先，通过招聘甄选合适的员工。其次，通过内部晋升来培养组织承诺。例如，詹姆斯·柯林斯（James Collins）在《从优秀到卓越》中通过比较发现，大多数卓越公司的最高领导人都是一步一步从公司内部提升起来的。他们对组织有着超常的热爱，如杰克·韦尔奇。再次，通过宣传和培训来培养组织承诺。例如，迪斯尼公司培训新员工时，采用新的术语。如员工是“演员”，顾客是“贵宾”，群众是“观众”，职务是“角色”，职务说明是“剧本”，当班是“在舞台上”。这些术语使得员工接受了迪斯尼的理念，也使其成为真正的迪斯尼人。② 最后，还可以通过沟通和组织支持来培养组织承诺。通过让员工保持信息通畅、授予决策权、创造社区氛围、帮助他们完成工作所需的其他资源以及公平对待员工等，都可以让员工感受到

---

① （美）斯蒂芬·P. 罗宾斯、玛丽·A. 库尔特著：《管理学》（第9版），孙建敏、黄卫伟等译，中国人民大学出版社2008年版，第376—376页。

② 张德：《组织行为学》（第3版），高等教育出版社2008年版，第143—145页。

来自组织的支持，并增强其对组织的情感承诺。

3. 工作投入

随着积极心理学成为近年来西方心理学界一种新的研究取向，工作投入作为工作倦怠的积极对立面越来越引起学界的重视。学者们从不同角度出发给出了工作投入（Job/Work Engagement）的定义。目前最具权威的定义为"一种与工作相关的积极、完满的情绪与认知状态，这种状态具有持久性和弥散性的特点"①，包括活力（vigor）、奉献（dedication）和专注（absorption）三个维度。员工的工作投入受很多因素的影响，包括个体特质、工作情境以及与家庭相关的因素三类。其中，个体特质包括年龄、性别、婚姻状况、教育程度和工作年限等人口统计变量，以及相关心理状态、人格和气质、身份认同等人格特质两方面。工作情境因素包括领导风格、组织气候或工作特性等。

企业员工的工作态度是组织行为和人力资源管理研究者始终关注的焦点问题，而工作投入作为工作态度中的行为要素，是影响组织效能、员工工作动机及行为的主要因素。工作投入对组织的绩效有正面的影响，对个体的工作绩效和某些工作态度及行为变量，以及顾客满意度、生产力、利润率和单位总体绩效等组织结果变量均具有一定的影响。对组织而言，如何激励员工积极投入工作，从而对他们的实际工作行为及绩效产生正面的影响，进而提升整个团队和组织的效能，就显得格外重要。提高员工的工作投入可以从影响工作投入的因素着手，如创建信任的企业文化氛围，提供合理的薪酬福利，等等。

【案例】

态度与客户印象

美国西尔斯公司曾花费大量时间尝试找出员工工作态度和客户印象之间的联系。公司每年进行的员工态度调查表中有10个问题与员工的行为和员工满意度有关。例如，"我喜欢我做的工种"、"工作让我实现了成就感"和"我理解我们的企业战略"。统计结果发现，员工积极态度的增加会导致客户印象的上升，从而带来0.5个百分点的收入上升。

通过实施调查，西尔斯公司花费了大量的时间尝试提高员工的态度。公司已经设计并传达了学习路图，它能够通过视觉化的形式帮助员工了解公司的业务和行业的竞

① W. B. Schaufeli, M. Salanova & González-RomáV, et al. The measurement of engagement and burnout: A confirmative analytic approach. *Journal of Happiness Studies*, 2002, 3: 71－92.

争信息。西尔斯公司还创建了领导模型，与公司管理培训项目直接相关。该领导模型强调，要在西尔斯公司取得出色业绩，管理者需要对客户保持激情、领导绩效和培养员工以及重视他们的思想。尽管西尔斯公司面临着严峻的行业竞争，但是公司估计自行设计的员工—客户—利润模型已经使1997年的收入增加了2000亿美元。

资料来源：A. Rucci, S. Kirn & R. Quinn. *The employee-customer-profit chain at Sears.* Harvard Business Review, 1998: 82 - 87。

赢得母亲的忠诚与承诺

戴安·霍克心事重重地走进主管麦基的办公室准备辞职，她感到除了自己，家庭无法再将女儿交给其他人照顾。原来霍克夫妇最近卷入了一场官司。虽然他们在为自己九个月大的女儿招聘保姆的过程中小心翼翼，但是这名新雇佣的保姆还是严重地虐待了他们的女儿：她不仅打可怜的婴儿，扭她的腿，甚至粗暴地将毯子塞到她嘴里。霍克夫妇起初不愿意因起诉保姆而公开露面，但考虑到保护其他父母和孩子，还是提起了上诉。

麦基并没有同意她的辞职，反而对霍克说："在生活中你要承受如此压力，现在不是你做这个决定的时候。"麦基要求她匀出时间来处理家庭问题，并且保住了霍克的职位，允许在她感觉可以的时候回到岗位上。麦克—麦高的总裁拉夫伯格同意了这一安排。

这个案子持续了两年。这两年中霍克夫妇得到了他们最关键的支持：霍克的雇主，麦克—麦高公司。曾经她只有在女儿睡着的时候或者丈夫一星期休假的那天时才工作。现在她已经返回了工作岗位，成为一名永久的半职员工。最近，当有个焦虑的同事因为她的孩子被诊断为有发展障碍想辞职时，霍克告诉她："正如当初麦基告诉我——现在不是时候。"

霍克坚信所有公司都应该提供和她从雇主那儿受到的一样的支持。她说："那些帮助员工度过个人非常时期的雇主们最终会获益。"

资料来源：D. 赫尔雷格尔、J. W. 斯洛克姆、R. W. 伍德曼著：《组织行为学（上册）》（第9版），余文钊、丁彪等译，华东师范大学出版社、汤姆森学习出版集团2001年版。

思考：

如何提高员工的工作满意度、组织承诺和工作投入？

三、动机

动机（Motivation）是使个人引起行为的一种动力，并有维持行为与指示方向的作用。了解不同员工的不同工作动机，对采取有效的激励方式是十分必要的。

（一）动机的概念

与激励相同，动机一词最早应追溯到拉丁文 movere，意为“动起来”。[①] 动机是在需要刺激下直接推动人进行活动的内部动力，是为实现一定的目的激励人们行动的内在原因。它开始于个体生理或心理上的缺失，从而激发行为或者驱力使个体向着特定的目标而努力。[②] 事实上，人从事任何活动都有一定的原因，这个原因就是人的行为动机，其可以是有意识的，也可能是无意识的。它能产生一股动力，引起并强化人的行动，维持这种行动朝向一定目标。例如，工作动机是指人们从事工作的原因或力量，具体可能是挣钱、学技术、发挥才干或造福人类等。动机是个体的内在过程，而行为是这种内在过程的结果。

需要说明的是，在日常生活中经常会同时产生两个或两个以上的动机。假如这些动机无法同时获得满足，而且互相对立或排斥，其中某个动机获得满足，其他动机将受到阻碍，这称为动机的冲突。动机的冲突会形成进退两难、不能决定的心理状态，引起挫折，使人痛苦。

（二）引起动机的条件

内在条件和外在条件是引起动机的两个因素。内在条件就是需要，当个体在生理或心理上感觉不平衡时，需要就产生了。当需要的愿望很强烈、满足需要的对象存在时，才能引起动机。例如，求职需要学历，而且学历越高求职的难度就越小，所以为了能找到合适的工作，人们就需要一定层次的学历，这种需要会引起人们再学习、再深造的动机。外在条件就是能够引起个体动机并满足个体需要的外在刺激，称为诱因。例如，对于饥饿的人，食物是诱因；对于应届高中毕业生来说，考上名牌大学是诱因；对要求进步的员工来说，上级的奖励和组织层面上的晋升是诱因。诱因可能是物质的，也可能是精神的。内在条件需要和外在条件诱因是产生动机的主要因素。当个体需要强烈，又有诱因的条件下，就能引起动机并决定行为。

动机不同于需要。需要是人们对某种目标的渴求或欲望，主要和人们的主观愿望相联系。动机在需要的基础上产生，主要和人的行动相联系。即需要并不能直接产生行动，而必须先产生动机才能引起人的行动，动机是需要与行动之间必经的一个中间环节。动机虽然在需要的基础上产生，但并非所有的需要都能成为动机。而动机行动的结果，或是达到目标，产生新的需要，或是遭受挫折。

---

① （美）弗雷德·鲁森斯著：《组织行为学》（第9版），王垒等译，人民邮电出版社2003年版，第175页。

② （美）弗雷德·鲁森斯著：《组织行为学》（第9版），王垒等译，人民邮电出版社2003年版，第175页。

（三）动机的分类和功能

根据动机的起源，可分为生理性动机和社会性动机；根据动机内容的性质，可分为高尚和卑劣的动机；根据动机的影响范围和持续作用时间，可分为长远的、概括的动机和短暂的、具体的动机；根据动机对活动的驱动作用，可分为主导动机（优势动机）和次要动机（辅助动机）；根据引起动机的原因，可分为外在动机和内在动机。①

动机对个体活动的功能主要表现在以下三方面。

1．引发和始动性功能

没有动机，就不可能有行动，动机是人的行动动力。

2．方向和目标性功能

个性所产生的动机都有一定的方向和目的，他的行动总是按照这样的方向和目标去实现的。

3．强化和激励性功能

个性的动机对其行动还起着维持、强化和激励的作用，以使其最终达到目标。动机产生目标，目标总是促使、激励人们不断地进取，获得成功。一般来说，动机越明显、越强烈，这种强化和激励性功能也就越大。

管理者必须了解动机和行为之间的复杂关系，即同一动机可以引起多种不同的行为，同一行为可出自不同的动机，一种行为可能为多种动机所推动，合理的动机可能引起不合理甚至是错误的行为，错误的动机有时被外表积极的行为所掩盖。

（四）动机对管理实践的启示

动机可以是自发的，也可由外界引起。从外界引起的作用称为激励（motivation），激励是激发人的动机、调动人的工作积极性的过程。所以动机也可视为有意识或无意识地采取一种行为的理由；而激励便是引用外因，使行为向着目标进行的作用。

组织中员工的动机来源于个人需要和组织激励，完成目标后产生两种结果：既满足了个人的要求，同时也实现了组织的绩效，这是一个循环往复的过程（如图5－2所示）。

---

① 黄希庭：《心理学导论》，人民教育出版社1991年版，第200—202页。

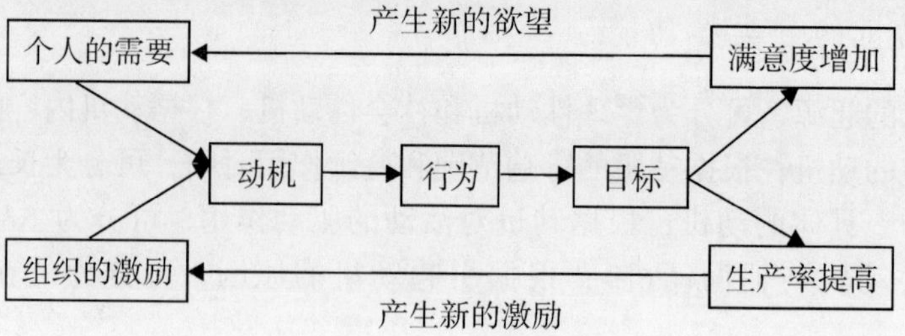

图 5－2 激励过程

资料来源：许芳：《组织行为学：原理与实务》，清华大学出版社 2007 年版，第 130 页。

管理者要对员工个体差异保持敏感，而花时间理解每个员工看重的内容也是很有必要的。因为这能使你因人而异地界定目标，使对员工的奖励更加符合他们的需求。

【案例】

聪明的犹太裁缝

有一个犹太裁缝勇敢地在一个反犹太街区开了一家裁缝店。为了把他赶出这个街区，每天都有一群年轻人跑到他的店门口向他大吼："犹太人！犹太人！"。

失眠了几个晚上以后，裁缝想出了一个办法。那群人再来他店门口时，他宣布，任何称他为"犹太人"的人都将得到一毛钱。

得到激励后，第二天这群人更加高兴地跑来大叫"犹太人！犹太人！"裁缝微笑着给了每个人五分硬币（他解释说今天只能付这么多）。这群年轻人还是很满意地离开了，毕竟五分钱也是钱。

接下来的几天，犹太裁缝就只给那群年轻人每人一分钱，并再次解释他付不起更多的钱。当然了，一分钱不那么起作用，一些年轻人开始向裁缝抗议。

裁缝再次申明，他不可能付更多的钱，这些年轻人要么拿一分钱，要么就离开。于是，这群年轻人决定离开，临走前还冲着裁缝大叫："你只出一分钱，还想让我们叫你犹太人，真是疯了！"

资料来源：《社会动机案例》，http://course.zjnu.cn/fz66/elearning/resource/news_ view.asp?news-id=120，2009－10－13。

思考：

1. 该案例可以用管理学激励理论中的哪个来解释？
2. 年轻人行为前后变化的原因何在？给管理者什么启示？

四、胜任力

（一）胜任力的定义

胜任力（Competency）[①] 来自拉丁语 Competere，意为适当的。胜任力在管理领域的研究与应用最早可追溯到泰勒（Taylor）的“时间—动作研究”。[②] 1954 年 Flanagan 首先提出“关键事件”方法，根据公司管理者的工作分析，认定七个管理者工作要素，即生产监督、生产领导、员工监督、人际协调、与员工的接触和交往、工作的组织计划与准备以及劳资关系。[③] 1973 年哈佛大学教授戴维·麦克利兰（David McClelland）正式提出“胜任力”这一概念。随后，Boyatzis 将胜任力应用于管理工作[④]，使之迅速普及；Raven 将胜任力带入从业者领域，不再仅限于理论界[⑤]。

我们认为，胜任力是驱动个体产生优秀工作绩效的各种个性特征的集合，反映的是可以通过不同方式表现出来的个体人的知识、技能、个性和内驱力等。[⑥] 即能将某一工作中有卓越成就者与普通者区分开来的个人的深层次特征，它可以是动机、特质、自我形象、态度或价值观、某领域知识、认知或行为技能等任何可以被可靠测量或计数的，并且能显著区分优秀与一般绩效的个体特征。

（二）胜任力的内容

Spencer 等人经过近二十年对胜任力的研究和应用，提出了冰山模型（The Iceberg Model）、洋葱模型（The Onion Model）和胜任力辞典（如图 5－3、图 5－4 和表 5－9 所示）。

---

① 国内对 Competency 的翻译各异，如有“能力素质”、“能力特征”、“胜任特征”、“能力”和“胜任力”等。

② （美）F. W. 泰罗著：《科学管理原理》，胡隆祖等译，中国社会科学出版社 1984 年版，第 163—165 页。

③ J. C. Flanagan. The Critical Incidents Technique. *Psychological Bulletin*, 1954, 51: 327－358.

④ R. E. Boyatzis. *The Competent Management: A Model for Effective Performance*. New York: John Wliey, 1982.

⑤ （美）约翰·瑞文著：《现代社会胜任工作的能力——能力的鉴别、发展和发挥》，钱兰英等译，厦门大学出版社 1995 年版，第 3—5 页。

⑥ 方少华、方泓亮：《胜任力咨询》，机械工业出版社 2007 年版，第 8 页。

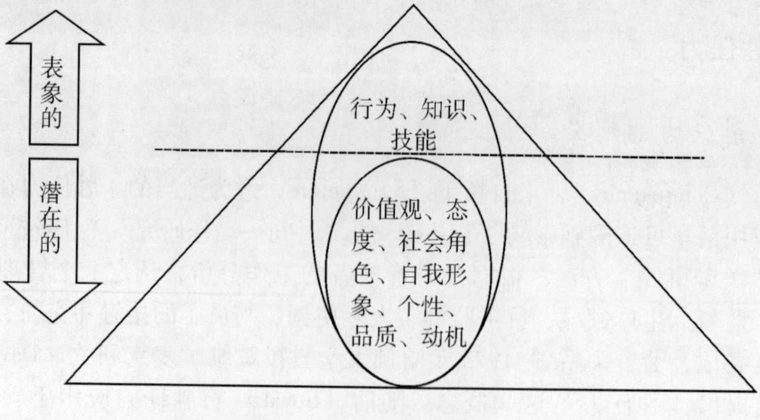

图 5-3　胜任力冰山模型

资料来源：方少华、方泓亮：《胜任力咨询》，机械工业出版社 2007 年版，第 8 页。

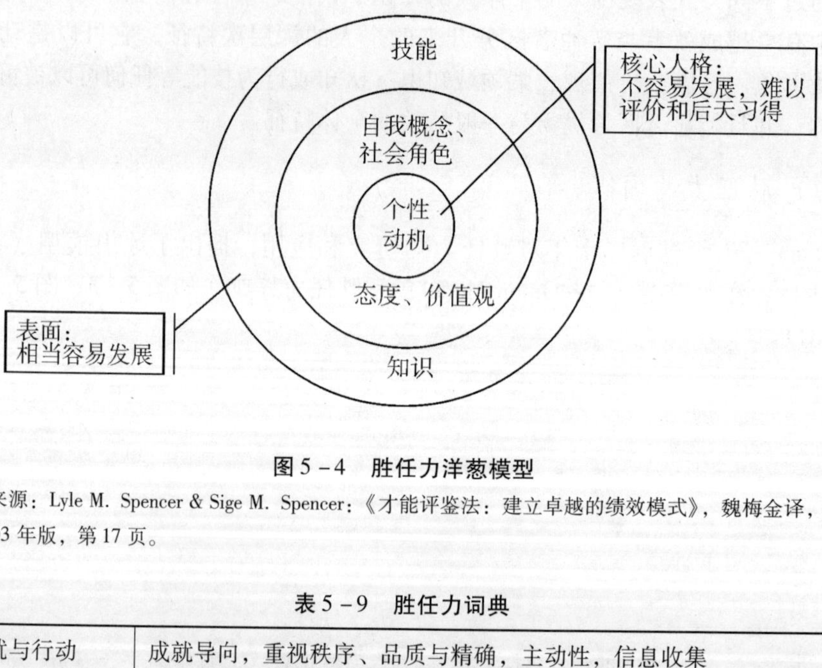

图 5-4　胜任力洋葱模型

资料来源：Lyle M. Spencer & Sige M. Spencer：《才能评鉴法：建立卓越的绩效模式》，魏梅金译，汕头大学出版社 2003 年版，第 17 页。

表 5-9　胜任力词典

成就与行动	成就导向，重视秩序、品质与精确，主动性，信息收集
协助与服务	人际理解，顾客服务导向
冲击与影响	冲击与影响，组织知觉力，关系建立
管理	培养他人，命令：果断与职位权力的运用，团队合作，团队领导
认知	分析式思考，概念式思考，技术/专业/管理的专业知识
个人效能	自我控制，自信心，灵活性，组织承诺

续上表

其他个人特色与能力	职业偏好，准确的自我评估，喜欢与人相处，写作技巧，远见，与上级沟通的能力，扎实的学习与沟通方式，恐惧被拒绝的程度较低，工作上的完整性；法律意识，安全意识，与独立伙伴/配偶/朋友保持稳定关系，幽默感，尊重个人资料的机密性；等等

（三）胜任力对管理实践的启示

胜任力对企业的作用主要体现在战略目标的实现上，即员工潜力的发挥对企业的长远发展有重要作用。企业通过建立基于其战略发展需求的胜任力模型，可以有效提高组织的人力资源管理效率。

1. 胜任力与职位分析

传统的职位分析注重外显的员工特征，即知识和技能。而基于胜任力的职位分析是对员工进行全面的，从外显到内隐特征的分析，以胜任特征分析为目的，建立胜任特征模型。胜任特征模型不仅仅是对员工进行综合评价，更重要的是说明此职位的员工应具有的各项胜任特征结构，进而实现岗位—人员—组织的匹配和人力资源的合理配置。

2. 胜任力与招聘和甄选

传统的人才招聘通常局限于工作任务完成这一狭窄的方面，没有考虑有效绩效所需的其他胜任力。而基于胜任特征模型的招聘和甄选则要求除必要的技能和知识测评外，应聘者还需具备有效承担并完成工作所需的胜任特征。基于胜任特征模型中的指标内容设计出相应的考核题目，并结合现代测评手段，如心理测评和评价中心技术等，来进行科学的测评，以保证挑选出具有成功潜力的人才，真正实现人职匹配。

3. 胜任力与培训

传统的培训一直在关注良好的工作绩效所需的技能和知识，大多为问题导向。而以胜任特征模型为基础的培训和开发，一方面将对绩效有影响的培训项目同那些与员工工作重心无多大关系的培训项目区别开来；另一方面可以确定谁需要何种技能，以及在其职业生涯的哪个阶段需要这些技能，使其在需要时获得相应的培训与开发，从而增加相关技能通过工作经历被应用和强化的可能性，并达到激励员工的目的。

4. 胜任力与绩效管理

把胜任力模型作为培训与开发需求评估及培训内容、形式设计的依据，有助于设计出更为关键的指标。胜任力模型提供了客观的优秀绩效的行为标准，建立了对优秀绩效的期望，为任务的具体范围和要求提供了共同的理解，为对目标进行沟通提供了一种共同的语言。以胜任力为基础的绩效管理方法一改传统绩效评估只注重组织目标达成的做法，将员工的胜任力表现作为绩效而纳入评估体系，确保了在完成任务和怎样完成之间的平衡。总之，以胜任力为基础的绩效管理可以更好地评价员工。

5. 胜任力与薪酬管理

基于胜任力的薪酬管理是以员工所具备的知识、技能和对企业价值的认同程度来确定其薪酬水平的。这种薪酬管理体系有利于个体和企业核心能力的形成，有助于吸引和保留高素质的人才，有利于增强员工对企业的归属感。

6. 胜任力与职业生涯规划

通过胜任特征模型，对人才的胜任力潜能进行全面的评价，帮助他们了解个人特质与工作行为特点及发展需要，指导他们设计符合个人特征及企业要求的职业发展规划，并在实施发展计划过程中对其提供支持和辅导。这样不仅能帮助人才实现自身的发展目标及职业潜能，也能促使他们努力开发有助于提高组织绩效的关键技能和行为，实现个人目标与组织经营战略之间的协同，达到员工和企业的共同成长与发展。

综上所述，胜任特征模型只有融入职位分析、招聘甄选、培训、绩效管理、薪酬管理以及职业生涯规划等工作，其价值才能得到体现。由于胜任力在理论和实践界中尚未成熟，企业在运用时仍需注意其适用范围和局限性。

【案例】

一位国外服务的新闻官员的真实故事

我是在北非工作的一位文化事务官员。有一天我收到从华盛顿传来的指示，要求我必须播放一部影片。但是我了解这部影片中影射的一位美国政治人物，为当地人士所不甚欢迎。我知道若是我真的照做，那么，过一天这个地方将被500位以上愤怒的左翼学生所烧毁。华盛顿当局认为这部影片非常棒，但是本地的人却会深觉这是一种侮辱。因此我必须想出到底应该如何播放这部影片，让我们的大使可以向华盛顿当局汇报，我们已经照指示播出来了，而且没有在这个国家触怒任何人的情感。后来，我想出一个两全其美的解决方案，就是在没有人可以出来活动的复活节当天播放。

资料来源：莱尔·史班瑟博士（Lyle M. Spencer, Jr., PhD）、莘那·史班瑟（Signe M. Spencer）著：《绩效考核：美国军方才能评鉴法》，魏梅金译，汕头大学出版社2005年版，第10—11页。

思考：

1. 在处理这件棘手的事情时，这位外交官的表现令人满意吗？
2. 优秀与表现平平的两组驻外新闻官员身上的才能差异表现在哪里？

杰出外交官与一般外交官

外交官 A

虽然这群学生领导人和我有摩擦，但我还是很喜欢他们，也很尊重他们。他们当时渐渐意识到自己的爱国心，在国家不断改变的情况下，他们很有可能在未来成为国家的领导人。我可以了解，他们必然起而对抗我们，甚至把我们赶出去，他们甚至还想把我们的图书馆烧掉。我跟他们说可以利用我们的图书馆场地召开会议。现在我跟某些学生领导人有不错的关系，而且大使馆也还没有被烧掉。

外交官 B

我最后的结论是 X 国的人民简直愚蠢、不明事理。我尽力安排英文课，让这些孩子可以学点英文，以后好到美国念书，他们一直以来都有这个梦想。但是上课的人却愈来愈少，最后我干脆把课程取消算了，因为对付这些人你会有什么办法呢？

资料来源：莱尔·史班瑟博士（Lyle M. Spencer，Jr.，PhD）、莘那·史班瑟（Signe M. Spencer）著：《绩效考核：美国军方才能评鉴法》，魏梅金译，汕头大学出版社 2005 年版，第 127—128 页。

思考：

以上为杰出外交官与一般外交官针对同一事情所下的评论，差异非常明显。你认为他们的差异主要表现在哪里？

本章小结

激励理论最大的贡献是将员工分类，为我们认识及解决管理实践中存在的问题提供了基本的指导；而其最引人诟病的也是将员工分类，因为世界从来是多彩的，这个世界没有完全相同的两片树叶，也没有完全相同的两个人。落到具体的管理实际中，还是需要了解员工的个体差异，以便为我们量身定做员工的激励计划提供依据。

了解员工的个体差异需要从人性假设开始。在生吞活剥西方管理理论的时代，很多教科书言必称西方的人性假设。其实，我国古代关于人性的探讨同样浩如烟海。既有孟子的“性本善”、荀子的“性本恶”，又有告子的“性无善无恶”，以及王充的“性有善有恶”假设。我国关于人性的假设与西方的理性经济人假设、社会人假设、自我实现假设以及复杂人性假设等既有相同之处，又在许多方面存在差异。主要原因是，两者产生的社会文化背景不同，理论需要的背景不同，理论作用也不同。

个体认知是产生个体差异非常重要的原因。认知包括知觉和学习。其中，知觉对组织的影响主要表现为组织层次和员工个人层次。在组织层次，可以通过检查知觉，防止和克服知觉错误，使得组织聚焦于关键活动。在个人层次，知觉会造成员工与管理者之间的认知差异。而了解“学习”的重要意义则在于组织可以通过奖励，管理员工学习，同时，管理者应以身作则，成为员工的学习榜样，作为鞭策员工快速前进的动力和压力。

个体差异还表现在个性心理特征和个性倾向性两方面。个性心理特征是人的多种心理特征的一种独特组合，集中反映了一个人精神面貌的稳定的类型特征，主要包括能力、气质和性格。个性倾向性决定着人对周围世界认识和态度的选择和趋向，决定人追求什么，主要表现在价值观、态度、动机以及胜任力方面。了解员工的个性心理特征和个性倾向性，有利于企业招聘选拔合适的员工，合理安排工作岗位和任务，制订合适的绩效考核方案，有针对性地制订相应的激励措施，进而提高管理效率。

本章思考题

1. 你所在的公司在对待员工时持有何种人性假设？马克思对人性的探讨对你有何启发？

2. 个体之间存在的差异对如何激励员工有什么帮助？

3. 你所在的公司采取了那些措施来激励员工？这些措施的效果如何？你认为怎样才能充分发挥激励措施的积极作用？

4. 本章对你有何启发？在实践中，你如何使激励措施发挥应有的效果？

本章案例

“搬运工也需要理解！”

如果你沿着新奥尔良海岸，走过越洋公司（Transocean Sedco Forex）的一架钻井时，会看到一些可能令你颇感困惑的事情。很多工人的硬质工作帽上贴有3个标签。一个上面写着“开始理解我”，另两个则是彩色的圆点。这都是什么意思？在这里，彩色圆点是在告诉他的同事，帽子下面的这个人的性格特点。公司相信，如果人们知道与自己打交道的人有着什么样的人格特点，那么人们可以更好地彼此理解和相处。

越洋公司从外部聘请了一家顾问公司对全球8300名员工进行了人格评估。他们给员工28个题目，每个题目中，4个词汇为一组。让工人选择一个最准确描述自己和一个最不准确描述自己的词汇。例如，其中一个题目是：挑剔的、顺从的、固执的、好玩的。然后，员工在指导下对自己的测验计分，并找到两种主要的颜色。例如，黄色是情绪化的、多言多语的、喜欢与人打交道的；绿色是谨慎而严肃的；红色是意志坚定而行动果断的；蓝色不喜欢变化并有一点犹豫不决。钻井工人在帽子上画上这些圆点，地面员工则把它们贴在办公室的门上。公司并不要求每个人必须显示自己的颜色，而且也有一些人认为这种做法涉及隐私。越洋公司负责操作安全的顾问提姆·考莱斯（Tim Callais）说，那些质疑该项目可信度的人“可能就是蓝色的人”。

很多员工似乎发现这些圆点很有帮助。托姆·基顿（Thom Keeton）是一位“红+绿”的钻井经理，他始终在办公桌的玻璃下压着一张颜色对比表，以便快速查询。汤姆·沃特金斯（Tom Watkins）是一位钻井船上的资深钻探手，也是“红+绿”，他认为这两种颜色准确反映了他的人格特点：坦率鲁莽、直来直去，不喜欢过多交谈。戴维·格雷（David Gray）是“绿+黄”，他说这些彩色圆点帮助他与那些非常容易兴奋的“红+绿”者打交道，他指出，那不过是更为直截了当而已。

这种方案并不仅仅在越洋公司一家使用。不少有着大量蓝领工人的地方，都使用类似的基于人格的编码系统。肯德基的装配线工人就使用这一系统，此外还有堪萨斯的警察、德克萨斯的电工、佛罗里达的建筑工人以及纽约市的木工和水管工人。

资料来源：（美）斯蒂芬·P. 罗宾斯著：《组织行为学》（第10版），孙建敏、李原等译，中国人民大学出版社1997年版，第127页。

思考：

1. 你对钻井工人会接受这种方案感到吃惊吗？
2. 你认为对你的人格评估采用颜色编码这种做法的有效性如何？
3. 你是否认为让员工“在帽子上戴着自己的人格特点”这种做法是一种个人侵犯？是否不够道德？
4. 越洋公司的首席执行官支持这一方案，并说：“我可以成为任何我想成为的颜色。”你是否赞同他的说法？请解释你的理由。

第六章　激励艺术与实务

在奖惩之间，有一个无形的东西，它既不是原则，也不是规律，它看不见，也摸不着，只可意会，不能言传。有人称它是平衡如何奖励与如何惩罚的杠杆，我称它为度，无论是奖励还是惩罚，你都要掌握一个度。

——（美）彼得·帕利

引例

到底什么样的方法有效?

在变革之前，American Cyanamid 公司具有一个评估系统，将员工分为三个等级（这三个等级还可以细分）：每一个经理都要将其下属中的20%归为最高级别，另外各有40%的下属分到另外两个级别。这让人感觉有些武断和不公平，因为在一个小型的团队中，如果拥有一个非常出色的员工，其他优秀员工就很难有机会跻身最高级别。这种固定百分比配额破坏了员工之间的和睦关系，而将他们置于根本对立的境地。针对员工的抱怨与不满，公司决定改变现有的评估模式，采用一种三级评估系统：几乎每个人都被置于中间级，出色的员工可以被置于最高级，而那些急需改进的员工被置于最低级；对于每一种级别没有固定的配额，两端级别的人数比较少，分别以负责此工作的经理的评估为绝对标准。改革后，从百分比定额的武断中脱离出来的员工对此反应良好。

恰恰相反，默克公司拥有一个评估系统，该系统将绩效分为许多不同的水平（共13个），员工最终将被分到这些等级中去。评估的工作以督导的评价作为绝对标准。绝大多数的员工（73%）落在三个“中上”水平中，若以薪水为标准来说，这三个水平是不存在区别的。由于经理们不愿意进行进一步细分，几乎所有的人都堆在一起，而且当其中一个员工的评估等级低于其周围的同事时，会造成很大的不愉快。雇员们抱怨这一方法使他们失去了工作的动力。默克决定尝试一个新的系统，共分为四个等级，每个等级有固定的百分比。尽管也存在着一些抱怨，雇员和管理层对这一改变还是相当满意，认为此做法迫使经理们对员工的绩效进行区分，这样优秀者最终会获得奖励。

资料来源：（美）马歇尔·W. 迈耶（Marshall W. Meyer）著：《绩效测量反思：超越平衡计分卡》，姜文波译，机械工业出版社2005年版。

正如引例说明的，管理者不应拘泥于从前及其他公司成功的模式，而是应该积极思考组织成员的需求，进行有理有度的激励。激励是现代企业管理的重要方式，是领导者充分调动员工积极性和创造性的重要方法和技巧。正确运用激励艺术，掌握现代激励方式，是激发员工工作积极性和潜能的关键。本章将介绍激励的艺术、激励的方法、[1] 激励的反思以及激励机制。

第一节　个体与团队的激励艺术

激励是一门科学，有很多理论支持，激励也是一门艺术，在针对具体的人与事时，运用之妙存于一心。激励的理论是指导，是基础，艺术是在充分掌握理论的基础上的灵活运用。需要注意的是，真诚是一切激励艺术的前提与基础，如果离开这一点，激励艺术就变成耍手段弄权术，最终聪明反被聪明误。诚如曾国藩所言，唯天下之至诚能胜天下之至伪，唯天下之至拙能胜天下之至巧。

一、员工个体的激励艺术

（一）激励的普遍原则与技巧

原中国惠普公司人力资源经理汪宁红有言："艺术要有创造性，激励的艺术是激励的执行者用一般的科学方法和原理，用最优化的，最有创造性的，最及时的，根据组织文化和个人情况实施的一种方法，希望能够达到激励的目的。"[2] 以下介绍一些激励的技巧。

1. 明暗要分开

激励可公开或暗中进行。不论采取何种方式，都应以正当合理为原则。如表6－1所示，凡是大家看法想法一致、普遍性的、单位或团体荣誉以及有关苦劳的奖赏等，可公开激励，以获得众多人的响应，扩大影响；而见仁见智、特殊性的、个人荣誉以及个体间相差较大的功劳的奖赏等，宜采用暗中激励，以减少误解，消除不满，

---

① 激励艺术与激励方法既有区别又有联系，激励方法是怎样激励的问题，激励艺术是如何有效激励的问题。激励艺术更多的是一种灵活运用激励手段的策略，激励方法是激励艺术的具体体现。

② 汪宁红：《激励的艺术》，http://finance.sina.com.cn/roll/20051208/11402182881.shtml，2011－03－18。

或维护员工的面子。例如，员工因维护公司信誉而与外人打架，应该私下感谢，以防群起仿效。

表 6－1 公开激励和暗中激励

公 开 激 励	暗 中 激 励
看法一致	见仁见智
普遍性的	特殊性的
单位或团体荣誉	个人荣誉
苦劳，个体间难分伯仲	功劳，个体之间相差较大

资料来源：根据胡文进：《激励的艺术》，http://www.boraid.com/darticle3/list1.asp?id＝41414&pid＝1180，2011－03－18 整理。

2. 公私要分明

公私分明即公家和私人的情况分得很清楚，公私不分的激励，到头来必然公私两蒙其害。公私不分包括两个方面，一是假公济私，以私害公；一是垫私钱办公事。拿着公家的金钱做自己的人情是一种明得暗失的算盘，因为这种私相授受的激励不可能持久，不仅造成激励的不公平，而且上行下效无异于给组织埋下长期隐患。同样，垫私钱办公事也是公私不明，会影响组织成员的热情与绩效。孔子与子贡的故事可以说明这一道理：

春秋时期，鲁国推行一则法律：如有鲁国人在外国见到同胞被卖为奴隶，可出钱赎回，国家将给予补偿。这道法令执行了很多年，许多流落国外的鲁国人因此得救重返故国。

孔子的弟子子贡是一个很有钱的商人，从国外赎回了很多国人，却拒绝国家补偿，他认为自己不需要这钱，情愿为国负累！当时众人称颂！

孔子知道后却大骂子贡，其理由很简单，如果不要补偿是高尚的，要补偿的显然就有问题了。那么今后谁还会赎回流落在异国他乡的鲁国奴隶呢？

3. 顺逆要分清

古语道“请将不如激将”，顺逆作为激励员工的两种方法，虽然形式各异，但目的相同。顺，即鼓励和劝说；逆，则是采用激将法，利用别人的自尊心和逆反心理积极的一面，以“刺激”的方式，激起不服输情绪，将其潜能发挥出来，从而得到不同寻常的说服效果。但激将法在使用时要看清楚对象、环境及条件，不能滥用。激将法只能用在最了解的员工身上，而且要反复推敲方法，如把问题说得十分困难，暗示非他能力所能胜任，激他毅然自告奋勇。对于老于世故的员工，便要顺着激励，先说明他的长处，以引起知遇之感，再表示借重他的才华，请他不必顾虑太多，以使其朝气勃发，鼎力相助。管理者在激励员工的过程中，如果能以自己的优势来攻破对方的弱点，则顺逆皆有所宜。

4. 刚柔要并济

刚柔并济，自古就是管理之法，指刚强的和柔和的互相补充，使恰到好处。一个组织需要制定刚性的制度以管理员工，下达刚性的命令以督促和激励员工，但是也需要了解员工的需求，增进员工间以及员工与组织间的情谊，因此需要刚性激励和柔性激励。刚性激励是根据公司制度对员工的行为采取的激励方法，具有强制性、威严性和不可抗拒性；柔性激励是根据员工需求的多样性、层次性、变动性等特点，采取灵活多变的激励方法，发挥情感作用，调动和强化员工自觉实现组织目标的一系列行为，具有灵活性、情感性。① 用刚硬的方式来激励，多半建立在利害的基础上；以柔软的方式来激励，则偏重于情谊。刚柔并济，所重不在惩罚，而在教化。

5. 大小要并重

大小并重是指在激励的过程中，不因职位大小、功劳大小等而有所偏倚，以克服“罚遇亲贵，很容易造成枉法；赏遇微贱，也常常流于刻薄”的问题。大小兼顾，才能够赏罚平衡，做到赏当其功、罚当其罪。具体的做法有：罚要向上追究，不论地位如何，有过失就不能掩饰或开脱；赏应普遍及基层，地位再低，有功就不能忽视或遗漏。大功劳要隆重，以示礼遇；小功劳也要重视，否则小问题无人关注，势必酿成大祸害。大事应予特别奖励；小事也要合理奖赏。职位高的，固然要礼待；职位低的，更不宜轻视。同理，激励众人，要大场面，大家一起接受激励；少数人或单独个人，也应视实际情况，或公开或暗中给予激励。只有大小并重，赏罚明快，才具有激励效果。②

6. 不能只顾及圈内人

华人组织有很强的“人治主义”倾向，即允许个人因素影响组织决策，这使得领导者的仁慈并非雨露均沾、一视同仁地分散到所有的部属身上，而是因人而异。③因此作为领导，一定要注意自己是组织所有员工的领导，而不仅仅是某一个小圈子的领导。这要求领导做事立意高，决策顾及全局，否则，就会沦落成“小山头”的领导，只能靠职位权力管理下属，而无法获得下属的尊重与认同，只是管理者，而无法达到领导的境界。

---

① 赵亚东、赵希男：《论刚柔并济的激励体系构建》，《现代管理科学》，2005 年第 11 期，第 20—22 页。

② 胡文进：《激励的艺术》，http://www.boraid.com/darticle3/list1.asp?id=41414&pid=1180，2011-03-18。

③ Redding G, Wong G. Y. Y. The psychology of Chinese organizational behavior. In Bond M. H. ed. *The psychology of Chinese people*, Hong Kong: Oxford University Press, 1986: 267-295.

7. 因人要有异

不同的员工有不同的需求，相应地，管理者也应该采取不同的激励手段。如壳牌针对员工的个性需求，与咨询公司合作，推出了员工发展计划，为员工提供专业服务。员工可以根据自身的需要，享受专业个人咨询、绩效管理咨询、退休人士咨询及健康人生工作坊等服务，而费用由公司全数支付。此外，员工如有需要，还可透过电话预约方式，与辅导顾问见面，抒发不方便向上司直陈的心中抑郁。

8. 激励要随时随地①

学者指出，西方人的需求比较固定，比较容易满足，而中国人的需要，非但变动得很快，而且十分不易满足。刚刚获得激励，大多能心存感激，但不久之后，记忆模糊，甚至因看不到上司关爱的眼神而觉得自己已经被遗忘而辗转难眠。所以中国式的激励，必须随时随地，管理者还需要善用眼神、脸色等非言语的激励手段，不必花费任何物质，便能达到激励的目的。需要注意的是，脸色的暗示，一定不能明言，以便顾全员工的面子。

9. 随机应变②

中国式管理的变动性很大，配合中国人喜欢变来变去的性格，形成相当不一定的状态。凡事看情况、论关系、套交情，产生很多的变化，于是被很多人误认为中国人缺乏原则、没有制度、不守法。事实上，中国式的管理既不完全制度化，也不是毫无章法，而是依理应变。因此，激励需要根据员工的需要而变，根据员工的阶层而变，根据员工的类型而变，根据时间而变，根据情境而变。

10. 注意非正式组织的作用

非正式组织最早由美国管理学家梅奥通过“霍桑实验”提出，是人们在共同的工作过程中自然形成的以感情、喜好等情绪为基础的松散的、没有正式规定的群体。它以成员的相互情感为纽带，一方面对其内部成员起保护作用，满足成员的情感需要，使他们具有安全感和归属感；另一方面又与正式组织相互依存，并通过影响员工的工作态度来影响企业的生产效率和绩效目标的实现。因此，管理者在日常工作中需要注意非正式组织的作用，尤其要重视与非正式组织核心人物的交流，以便及时了解非正式组织的动向，以及基层成员对于管理层决策的反馈，疏通信息自上而下的沟通渠道，便于管理层及时地对政策进行修改补充。

11. 情理法的结合

情理法是一个具有结构性的完整系统，不容许分割，也不应该分开来看。其中，法居于末端为基础，即管理必须制度化，有了制度才能有所依据地衡情论理；情居于开端，表示管理者需要从情入手，充分考虑对方的面子；而理则居中为关键所在，情

---

① 曾仕强：《中国式管理》，中国社会科学出版社2003年版，第289—293页。

② 同上书，第312—316页。

与法均围绕理展开。中国人很少单独说合情或合法，大多把理拉在一起，称为合情合理或合理合法。因此，管理者应该以法为依据，从情入手，充分顾虑对方的面子，在情面上获得沟通，彼此情感交流良好，自然易于达成合理的共识。[①]

此外，在激励的过程中，还应注意以下几点：

原则性与灵活性相结合，在把握大原则的基础上，根据实际情况确定具体的解决方式。

顾及颜面，宣布惩罚的方式与场合要有所选择，应使被罚者自尊心的损伤减到最小，特别是应尊重其隐私权，不要使用侮辱性的语言。

就事论事，抱着客观的态度指出员工哪一件事情做得不好，而不是否定个人本身。避免使用“你这个人”的言语，以免引起其防御心理，不仅不利其改正不足，而且易造成冲突。

法不责众，打击面不可过大。对于涉及较多员工的违纪违法事件，应采取“杀一儆百”的方法，尽量缩小打击面，扩大教育面。

不要全盘否定，把成绩与不足分开，不要用错误否定其一切成绩，否则会让员工感觉一无是处，破罐破摔。应该看到其优点，积极地予以肯定，促使其向好的方向转化。

不能不教而诛，对在规章制度出台前的各种行为抱着既往不咎的态度；对于犯错的员工秉着说服教育在前、惩罚在后，即惩前毖后、治病救人的原则。

不可以罚代管，不能用惩罚推动工作，树立权威，更不应以惩罚代替全面的管理。

不可凌驾于制度之上，由领导的好恶决定奖惩以及奖惩的程度是典型的以言代法，不仅造成有法不依、执法不严的局面，而且使得制度丧失了理性权威，最终成为一纸空文。

（二）激励的特殊原则与技巧

关于员工之间的差异，我们在第一章有详细的论述，作为管理者，有必要认识差异、尊重差异。合理的管理基于差异。为了方便而进行大众式的管理，只能使企业产生更多问题。更重要的是要“假人以长以补其短”，应该以扬长避短为准则，正如盖洛普咨询公司所遵循的管理哲学：“人是不会改变的，不要为填补空缺而枉费心机，而应多多发挥现有优势，做到这一点已经不容易了。”[②]

针对不同类型的员工，领导者应该分析其类型特点，采取不同的激励技巧，才能取得良好的激励效果。关于员工的分类，可以采取不同的方法。本小节将企业内的员

① 曾仕强：《中国式管理》，中国社会科学出版社 2003 年版，第 273—277。

② 曾仕强：《中国式管理》，中国社会科学出版社 2003 年版，中文版序，第 14—15 页。

工分为指挥型、关系型、智力型和工兵型等四种类型。①

1. 指挥型激励技巧

指挥型的员工喜欢命令别人去做事情。面对这一层次的员工，领导者在选取激励方式和方法时应该注意以下几点：

（1）支持他们的目标，赞扬他们的效率；

（2）在能力上胜过他们，使他们服气；

（3）帮助他们通融人际关系；

（4）让他们在工作中弥补自己的不足，而不要指责他们；

（5）避免让效率低和优柔寡断的人与他们合作；

（6）容忍他们不请自来的帮忙；

（7）巧妙地安排他们的工作，使他们觉得是自己安排了自己的工作；

（8）别试图告诉他们怎么做；

（9）当他们抱怨别人不能干的时候，问他们的想法。

2. 关系型激励技巧

关系型的员工关注的对象不是目标，而是人的因素，他们的工作目标就是打通人际关系线。对于这种类型的员工，领导者应该考虑采取以下激励技巧：

（1）对他们的私人生活表示兴趣，与他们谈话时注意沟通技巧，使他们感到受尊重；

（2）由于他们比较缺乏责任心，应承诺为他们负一定责任；

（3）给他们安全感；

（4）给他们机会充分地和他人分享感受；

（5）别让他们感觉受到了拒绝，他们会因此而不安；

（6）把关系视为团体的利益来建设，将受到他们的欢迎；

（7）安排工作时，强调工作的重要性，指明不完成工作对他人的影响，他们会因此为关系而努力地拼搏。

3. 智力型激励技巧

智力型的员工擅长思考，分析能力一般很强，常常有自己的想法。这类员工喜欢事实，喜欢用数字说话。领导者在激励这类员工时，应该注意到：

（1）肯定他们的思考能力，对他们的分析表示兴趣；

（2）提醒他们完成工作目标，别过高追求完美；

（3）避免直接批评他们，而是给他们一个思路，让他们觉得是自己发现了错误；

---

① David Jacobs. Toward a Theory of Mobility and Behavior in Organizations：An Inquiry into the Consequences of some Relationships between Individual Performance and Organizational Success，*American Journal of Sociology* 87，1981，9：684 – 707.

（4）不要以突袭的方法打扰他们，他们不喜欢惊奇；

（5）诚意比运用沟通技巧更重要，他们能够立即分析出别人诚意的水平；

（6）必须懂得和他们一样多的事实和数据；

（7）别指望说服他们，除非他们的想法与你一样；

（8）赞美他们的一些发现，因为这是他们努力思考得到的结论，并不希望别人泼冷水。

4. 工兵型激励技巧

工兵型员工的主要特征是喜欢埋头苦干。这类员工做事谨慎细致，处理程序性的工作表现得尤为出色。对于这样的员工，领导者要采用的激励技巧有以下几点：

（1）支持他们的工作，因为他们谨慎小心，一定不会出大错；

（2）给他们相当的报酬，奖励他们的勤勉，保持管理的规范性；

（3）多给他们出主意、想办法。

二、项目团队的激励艺术

激发团队成员工作的积极性与创造性，勉励其向着所期望的目标与方向而努力，是项目人力资源管理的重要内容。研究与实践表明，人的行为或工作动机产生于某种欲望或期望，这也是人的能动性源泉。大多数人都把自己的努力工作过程看做获取某种报酬的手段，预期报酬与自己的努力成正比。如果项目结束时，努力的团队成员能得到合理而公平的报酬，满意程度自然会增加，这就有利于强化和巩固这种努力，从而形成良性循环。整个激励过程是一个项目人员需要、欲望或期望及其在工作中的行为表现来回持续往返的过程。项目团队的激励管理可采用物质激励、精神激励、榜样激励、综合激励、成就激励以及挫折激励等多种方式。具体到一个项目，管理者需根据人员类型、地点时间以及员工需求的不同而选择相应的奖励方式，这样才能达到激励的真正目的。[①] 激励员工要遵循一定的原则，在实施项目团队的激励时要注意以下几点。[②]

（一）在人员配备时就为激励奠定基础

项目团队中的成员一般从组织不同部门中抽调而来，这会出现两种情况：有时，项目组可以抽调到各部门的精英人才；但更多的情况是，项目团队往往成为各部门“甩包袱”的大好时机，即部门将自己不需要的、冗余的或是头疼的员工分给项目小组。因此，在组建和管理项目团队时，尤其要注意人员的挑选和任用，做好项目团队

---

① 郑秋颖：《试论项目管理中的项目团队建设》，《项目管理者文库》2010 年版，第 2 页。

② 需要说明的一点是：人力资源管理中的激励原则同样适用于项目团队。但是在项目团队的激励管理中，需要结合项目的特点，灵活应用。

成员的激励工作，尤其不能让成员感觉到自己是因为在原部门不受欢迎才被调到项目中去，否则将大大打击团队成员的积极性。

（二）充分考虑项目成员的需求

激励的核心在于对员工内在需求的把握和满足。项目团队成员与传统组织中的员工有不同的需求；在不同的项目团队中，成员工作自主性的需求、被尊重的需求、沟通的需求以及公平发展的需求也会有所不同。因此，项目团队激励需要充分了解成员的需求，掌握需求的变化规律，才能激发他们的工作积极性。

（三）建立奖励和表彰体系

奖励和表彰体系是正式的管理措施，用来鼓励和促进符合项目需要的行为。为了达到效果，这种体系必须在绩效和奖励之间建立一种清晰、明确和易于接受的联系，如一个因达到项目成本目标而受奖励的项目经理应当具有相当的控制人员过度配置和聘用的决策水平。由于组织的奖励和表彰体系可能并不适用于具体项目，因此各项目必须有适合自身的奖励和表彰体系，如为了达到积极有效的进度目标而加班的意愿应当得到奖励或表彰，但因为计划不当而需要加班工作的就不应得到奖励。奖励和表彰体系还必须考虑文化差异，如在一个崇尚个人主义的文化背景中，建立一个适当的集体奖励体系可能会十分困难。

（四）以物质激励为基础，结合精神激励

以物质激励为基础，注重情感激励、声誉激励、关怀激励等精神需求。任何一个团队成员都要为生计而工作，因此物质需求的满足是实现激励的最基本因素。此外，在精神方面，团队成员对学习、能力锻炼、社交及成就等的需求因人而异，因此要根据实际情况综合考虑。

（五）注重长期激励与短期激励的平衡

在传统组织中，员工的职位、任务在一段较长的时间内不变，因此，当员工决定自己的行为时，会考虑到该行为对将来收益的影响，这时组织与员工之间是一种长期的反复博弈关系。也就是说，企业对员工存在长期的激励，员工的表现会受到企业多次行为的影响。但对于项目团队而言，其临时性、目的性、动态性以及双重领导性等特点，决定了其成员在项目组中是临时的、短期的和动态的，所以成员在决定其行为时较少考虑长期的、整体的因素，很可能出现短视和委托代理问题。这就要求管理者善于引导员工，使其将项目成果与个人职业生涯发展联系起来，达到短期与长期激励的平衡。

（六）根据项目所处生命周期灵活运用激励方法

项目团队具有明显的生命周期，处于不同阶段的项目团队具有不同的特点。因此，必须有针对性地结合项目团队在不同生命周期阶段的具体特点，并采取恰当的激励方式，才能对其进行有效的激励，从而最大限度地发挥团队成员积极性，提高团队的整体绩效。①

1. 团队形成阶段的激励

项目团队形成期的显著特征是个体成员转变为团队成员。此阶段主要采用预期激励、信息激励和参与激励三种方式。预期激励是通过描绘项目远景和目标，激发成员为美好的预期目标而努力。信息激励是通过充分公布相关信息，使成员对项目有充分的了解，明确行动方向。参与激励是通过让成员充分参与到角色确定、目标分解和计划制订中，因为成员愿意为自己亲自参与制订的目标而努力工作。

2. 团队振荡阶段的激励

在振荡期，项目团队开始呈现冲突和不和谐的特点，团队成员之间因为各方面的差异而产生冲突，与外界环境也会产生各种矛盾。此阶段主要采取参与激励、责任激励和信息激励等方式。参与激励是通过让团队成员正视工作出现的问题，一起讨论并建立规则，规范团队的合作方式，同时参与解决问题，充分听取意见和建议，共同决策，增强团队成员的归属感。责任激励是领导进一步明确成员的职责，制订相应的激励机制以增强责任意识。信息激励是通过加强与团队成员间的沟通，共同分析问题产生的原因，增加信息透明度，创造一个理解和支持的环境。

3. 团队规范和执行阶段的激励

这两个阶段的特点是项目团队适应工作环境，团队逐渐规范化，凝聚力提高，团队成员间信任互助。此阶段主要采取自我激励、知识激励、目标激励和危机激励等方式。自我激励是给予团队成员更多的支持和指导性意见，充分授权，引导成员进行自我激励，促进“自我管理、自我控制”氛围的形成。知识激励是营造良好的团队学习氛围，聘请专家讲解新技术或成立攻关小组，促进团队学习。目标激励是要为项目成员设立有较高价值的目标，并将其与团队成员的需求有机结合，同时通过沟通协调好团队目标与个人目标的关系，让成员意识到他们将获得职业上的发展。危机激励是引导成员加强危机意识，对项目内外部环境进行分析，有效识别风险并加以防范。

4. 团队解散阶段的激励

在项目收尾阶段，项目团队面临解散，成员或回到原来的岗位，或重新分配工作，员工的心理受到较大的冲击，工作积极性会明显下滑。本阶段应采取信息激励和

---

① 以下内容根据丁荣贵、孙涛：《项目组织与人力资源管理》，电子工业出版社 2009 年版，第 249—252 页；高萍：《项目管理中的人力资源管理》，《项目管理技术》2009 年 S1，第 127—130 页整理。

责任激励等方式。信息激励即项目经理要充分公布项目有关信息，如完工验收的指标、时间和项目绩效评价等，使成员对项目的成功充满信心；同时，让团队成员与领导有沟通的机会，缓解成员对于项目结束后职业生涯的焦虑。责任激励是通过进一步明确每个成员的工作职责，鼓励大家善始善终，将项目最后的环节做好。

（七）注意社会网络对激励的影响①

员工对激励机制作何反应不仅取决于激励的方式、激励的强度，还取决于他们之间的社会网络。换言之，如果员工间存在较为密切的关系，便会显著减弱组织试图激发员工相互竞争的激励效果。这就是所谓的社会激励。其实，关于非正式组织或者称之为“朋友圈子”对团队激励效果的影响，早在霍桑试验时就广为人知了，在霍桑试验中，焊接点试验之所以失败的主要原因就在社会激励的影响。

【案例】

如何激励项目组成员？

已经是晚上九点多了，永安汽车集团公司的信息部依然亮着灯，公司的CIO陈新还没有走。近来，他有些心烦，为着公司的ERP项目。

永安汽车集团是一家生产公交用车的中型制造厂，公司在当地也算是小有名气，各方面都走在行业的前列。信息技术的应用自然也不例外，从办公自动化、财务软件的应用，到技术开发部的“甩图板”工程，一直都是市里的信息化示范企业。公司老总算是接受新生事物比较快的领导，对IT部门的重视也是有目共睹。看到一个个项目的成功应用，尝到甜头的他在去年年底的年度规划会议中，提出了要在公司范围内全面推行计算机管理，提高公司的整体管理水平，要求信息部在今年一定要完成ERP项目的实施工作。

在信息部打拼了三年多的陈新，早已成为信息部的技术骨干。刚好前任有新的任命，陈新就顺理成章地成为新任CIO。刚上任的他，自然想在新的岗位上有所建树。对于公司老总交予的如此重大的项目，他充满了激情，也投入了自己全部的精力。

从项目的调研，到软件与实施咨询商的选择，他都亲力亲为。他不但自学了很多

---

① 最近有一项由三位英美著名学府的经济学家联名发表的颇有影响的研究（Q. Bandiera，I. Barankey & I. Rasul. Social Incentives in the Workplace. *Review of Economic Studies*，2010，77：417－458），他们以英国一家农场为研究对象，发现与员工之间相互没有社会关系的情况相比，一名员工如果能与能力更强的朋友一起工作，他的生产率显著提高，而与能力不如自己的朋友一起工作时，他的生产率显著下降。当员工被支付基于个人生产率的计件工资时，比朋友们更能干的员工愿意放弃大约10%的收入，以使得他的朋友不会处境太差。如果员工至少有一个朋友比他自己能干，那么他愿意付出的努力和相应的生产率会增长10%。

ERP 方面的知识，还到其他兄弟单位去考察。但情况并不很乐观，几乎所有的公司都遇上了这样那样的问题，陈新暗暗下决心，一定要把这个项目做好，在行业内树立一个典型。

功夫不负有心人，公司的 ERP 项目在 5 月份终于正式启动。陈新作为项目负责人，和实施咨询商的项目经理一起，组建了项目实施小组。项目小组除了实施方派出的咨询专家，主要由各相关部门抽出的技术骨干、对部门流程熟悉的人员组成。当然，信息部的所有 IT 人员也加入了这个实施小组。

一切都还顺利，项目按照进度紧张而有序地进行着。转眼到了项目原型的最终确认、基础数据的准备和转换阶段，离计划 11 月份系统试运行还有两个月的时间。这时候，陈新才发现，数据准备小组的情况不容乐观。数据量大，基础数据混乱，而且系统对数据的准确性、完整性要求都很高，需要花费大量的人力去整理。如果没有数据，系统如何运行得起来?

为了不影响项目进度，陈新决定让项目小组中其他模块的实施人员、IT 技术人员都加入数据准备组，临时又从其他部门抽调了一些人员。这下，项目小组从起初的 12 人增加到 20 人，并且制订了详细的工作目标，当天的任务必须当天完成。这样持续了 2 周，项目小组都处于满负荷的工作状态，加班加点成了每天的习惯。早则晚上七八点，晚的时候甚至过了十二点。小组成员开始怨声载道，特别是那些年轻的技术人员，每天面对这样枯燥的工作，既不是他们的兴趣所在，还学不到什么新的知识，哪里受得了？倒是那些后加入项目组的，学习兴趣浓郁，工作积极认真，特别是有几个负责仓库数据的员工，年龄偏大，知识层次低，但虚心好学，每天加班都没有怨言。

陈新为激励项目组成员，也算是绞尽脑汁。他明白要调动起每个人的积极性，让他们主动去做好自己的工作，承担起职责来，才能事半功倍。为此，他专门向老总申请了专项经费，用于支付加班费以及提供餐点、饮料等，还在定期的项目小组会议上，向大家许诺项目成功后，会依照每个人的工作业绩进行奖励，这多少起了些作用。可是时间一长，面对各种各样的困难和压力，有些人的情绪又有波动，这种情绪会很快传染到项目组的其他成员身上。

比如今晚，其实工作还没有完成，但陈新看着一张张无精打采的脸，索性早早地就让他们回家了。他觉得，他们需要放松一下，他自己也需要好好地休整一下。这一段，总是忙于救火，解决突然冒出的各种问题，他很久没有静下来想一想了。

是啊，所有的管理中，人的管理是最难的；最重要的，是人心很难揣测，而且也是多变的。想了解每一个人的需求，谈何容易呵！想要激励他们，就要在了解的基础上，尽力去提供他们想要的。如果工作能满足他们的愿望，他们就一定会主动地去做好每一件事。可是，他们到底想要什么呢？是要物质的激励还是精神的奖励？是经济收入？是安全感？是职位？是未来的发展？还是自我价值的实现？陈新困惑了……

资料来源：李丽：《如何激励项目组成员》，http://news.ccidnet.com/art/1032/20070523/1088001_1.html，2011 -04 -11。

思考：

1. 分析案例中对IT项目组成员的激励存在哪些问题？

2. 该IT项目组在团队形成期没有明确的激励方案，直到出现问题才进行激励。如果你是CIO，在不同阶段如何实施激励？

第二节 激励方法

在企业实践活动中，激励员工的方式多种多样，看问题的角度不同，激励的分类也不同。有正向的奖励也有负向的约束，有物质激励也有精神激励，还有因应当代员工的需求而产生的激励方式。不同方式的激励效果各不相同，而即使同样的激励方式应用于不同员工，甚至在不同的时间应用于同一员工，所起的作用也不尽相同。本节主要介绍激励的两大方式：奖励和约束，以及当代激励方式。了解不同的激励方式，有助于我们在应用中因时因地因人而异。

一、经典的激励方法

（一）物质奖励

在所有的激励方式中，物质激励无疑是最直接、最有效的方法。尽管最近几年出现薪酬的激励作用逐渐降低的趋势，但是对于大多数人，钱可以起到很好的激励作用。无论何时，人们始终离不开物质的需要，物质不但可以满足人们基本的生存和安全需要，同时也体现了组织对员工价值的评价，如员工以自己的薪水等为尺度来体现自己在组织中的地位和重要性。这里物质激励主要指诸如工资、奖金、福利等以物质形式表现的激励方式。

1. 基本工资

企业给予员工工资的高低会影响员工的积极性从而影响企业的绩效。一份较高的工资可以吸引更多的求职者，使企业拥有更多选择优秀员工的机会，同时，较高的薪水传达了一种信息——企业非常看重其员工，也可降低员工尤其是风险规避型的员工跳槽的可能性。从表面上看，较高的工资意味着较高的成本，不过一个优秀员工可以为企业带来的潜在效益以及过高的员工流动率所带来的机会成本足以抵消之。然而，基本工资往往是员工收入中相对固定的一部分，一般与个人业绩和公司业绩不挂钩。换句话说，不论绩效如何，员工的基本工资在一段时间内是不变的，这多少影响了工资对员工的激励效果。

2. 绩效工资

绩效工资根据公司或员工个人绩效水平有所浮动，把工资与绩效联系起来，使得员工的收入依赖于贡献的大小，通常通过奖金、利润分成等形式来体现。一方面可以激励员工为个人的利益努力工作，另一方面将企业一部分固定的劳动成本转化为可变成本，确保企业的盈利水平。绩效工资对提高激励水平和生产力水平的效果是毋庸置疑的，但它同时也带来诸多副作用。例如，现在被大部分销售公司普遍使用的业务提成制使得销售人员只注重短期业绩，这无疑会损害组织的长期绩效，不仅如此，在此制度下，销售人员经常会站在公司的对立面与公司谈判甚至要挟公司；同时，由于过度注重个人业绩，员工之间勾心斗角，破坏了企业的团队精神，从而最终影响到企业的整体效益。

3. 员工持股

员工持股是将股权交给员工，使之既是资本的拥有者，又是劳动者，从而将员工利益与企业利益联系起来，减少劳资冲突。对于上市企业，员工持股使员工更有可能从企业的长远规划来看待它的战略和投资政策，从而不太可能去支持敌意收购等不利于本企业的金融操纵。但在我国现有改制的国有企业中存在着一个非常严重的问题，即改制方案往往由改制前的企业经理层一手策划，他们更多地从自己利益的角度来分配股权，使得企业的控制权依然牢牢地掌握在原来的管理层中，普通员工的股权形同虚设，根本起不到多大的激励作用。员工可能因分配不公而产生不满，甚至于产生敌对心理。

4. 股票期权

期权是现代企业用于激励经理的常用方式，由于期权的行权一般在约定的数年之后，它能促使经理从长远发展来考虑公司的经营和管理，激励经理在实现自己利益最大化的同时，也实现公司利益最大化；同时，期权在避免人才流失方面也有很大作用。但当会计监管等制度不完善时，在股票期权利益驱动下的公司经理会不择手段地抬高股价，包括做假账、虚报利润等，此时其负面效应可能会超过正面作用而产生破坏性影响。

5. 福利

企业较多采用固定福利，如医疗保险、带薪休假和住房津贴等。对企业而言，它同工资一样是一种固定支出；对员工而言，福利与工资相比更体现了一种人文关怀，福利的好坏会影响员工对公司的情感。同基本工资一样，由于福利的相对固定，它的激励效果是有限的。同时，每个人的需求不同，同样的福利在不同员工身上得到的效用也不尽相同。采取灵活福利可以把福利的消费变为激励因素。

【案例】

大量的福利为什么不被理解和使用?

Velma公司设计并制造高科技沟通设备。作为一个世界级的供应商，它的三个最大的客户都是《财富》排名前50的公司。在过去的5年中，公司的销售额增长到原来的三倍，面对的最大挑战是雇佣和留住技术型员工。其中一类是设计人员，负责开发比当前市场上的产品更有效且更有价格优势的新产品；另一类是制造设备的员工。

为了吸引和留住优秀的设计人员，Velma有非常吸引人的福利组合。员工的所有医疗保险都包括了，公司拿出年收入的10%投入一个退休项目，这项资金将在24个月内给予员工。因此，一个年薪75000美元的新产品设计人员将由公司往退休基金里放入7500美元，而且个人可以自己往里面放入另外的钱。所有的设计人员每年可以得到公司股票的100股以及购买另外100股的特权（特权最长持续10年，只要员工还为公司服务）。

对于制造设备的员工，在一个绩效奖金计划中，每个制造业工作生产每个单位产品将获得7美元，一个平均水平的工人每小时可生产3个单位。公司安排周末工作提供给那些周末想工作的人，每单位薪酬比例不变，此外还为所有制造业员工提供免费健康保险和医疗费用。

这家公司去年的辞职率是9%，希望今年能降到6%以下。建议采用的策略是进一步加强福利组合，使其吸引人的程度达到没有人愿意离开公司。然而，高层管理者考虑到公司为员工提供的福利已经够多，而且有这样一个事实：对去年离开的设计人员的离职面谈指出，他们很多人都不清楚所得到的福利。例如，大多数设计人员表明，他们被提供的股票所吸引，但没有使用购买另外股份的特权，因为他们不确定什么样的经济福利是针对他们的。离职的制造工人表示，每单位7美元可以接受，但更高的比率会使他们留下。

这两个群体似乎满意公司在退休项目上的投入，但是没有人往他们的退休基金中放入另外的个人资金，原因是他们大多数不知道可以在税前的基础上这样做。最后，所有离开的人都说他们喜欢公司的日托福利，尽管他们当中大多数没有孩子，健身中心也是一个好主意，但他们承认他们的工作如此繁忙，以致从来没使用过这些设施。

资料来源：（美）弗雷德·鲁森斯著：《组织行为学》（第9版），王垒等译，人民邮电出版社2008年版。

思考：

1. 离职的员工最理解和喜欢哪类福利？

2. 哪些福利是该公司员工感到疑惑或认为没什么价值的？为什么员工会有这些想法？

3. 你认为该公司的福利计划为什么会产生问题？如何更好地使用福利来激励员工？

（二）精神奖励

有些组织只注重于现金奖励，但是研究结论显示，非现金奖励即使不比现金奖励好，至少可以起到与现金奖励一样的作用。[①]

> 在项目管理专家科兹纳的案例研究涉及的组织中，很多都采用非现金奖励，因为这种奖励具有持久的功效。每个人都喜欢钱，但是随着时间的推移，金钱可能失去其激励作用。而非现金奖励具有的纪念意义功能持久，因为每当看到纪念杯，都使你回想起你和你的团队为赢得奖项所做的一切。每个激励计划都提供了人们向往的奖励，因此很有纪念意义。
>
> 如果你问员工他们想要什么，他们总是会说钱。但是因为预算有限，可能很难提供金钱奖励，激励计划涉及的金额也仅只是适度的。如果一年发多次奖金，再扣除税金，净值可能看起来非常少，甚至是极廉价的。非物质奖励更多地代表象征意义，而不是其金钱价值。
>
> 非物质奖励可以有很多形式：一句简单的“谢谢你！”、一封感谢信、带薪假、奖品、公司的产品、奖杯、礼品券、特别服务、双人晚餐、免费午餐、公司发放的当地商店的购物券、特别的产品、在多种商品中的选择权、可带家人的商务出差或休假、股权计划等。除了建立计划的人的创造力和想象力外，没有什么能限制不同奖励的可能性。

物质激励不是万能的，组织需要在此基础上进行适当的精神激励。

1. 认可和赞赏

给予员工尊重和认可或授予荣誉等一直是一种重要的精神激励手段，有时它比金钱更具激励作用。出于“尊重和自我实现”高层次的需要，人们普遍注重声誉，希望自己的能力和成就被社会承认，因而给予优秀员工必要的荣誉，可以激发员工的自豪感和成就感，使其更加努力敬业，进而影响他人，调动一切积极性。在注重面子文化的中国，认可和奖赏的作用更是不容忽视。但在激励中要注意：过多过滥的评奖会降低荣誉的含金量，弱化激励效果，因此需要保证奖励的稀缺性、难得性及非终身性。

---

① （美）哈罗德·科兹纳著：《项目管理最佳实践方法》，杨慧敏、徐龙译，电子工业出版社2007年版，第367—368页。

稀缺性是指要控制奖励的人数；难度性是指员工必须付出相当的努力水平才能获得奖励；非终身性是指任何奖励均不是一劳永逸的，而是随绩效的变动而变动，这样既鼓励获奖者继续努力，也给其他员工努力的希望，同时也有利于保证奖励的稀缺性。

在Colin服务系统纽约White Plains的一家保安公司，一同工作的人投票选出他们认为应该得到"最能给予帮助"和"最优秀"称号的员工，由管理者颁发这些奖项。在加州Montclair的地下铁机车公司，"每月优秀员工"的姓名被放在电子公告牌上。安利公司，在工作任务轻的日子里，一个部门的员工在另一个部门帮忙，在累积了8个小时这种工作时间以后，便可从员工项目和服务经理那里得到一张个人的感谢便条。①

2. 给员工培训和个人发展的机会

是否可以得到培训和个人发展的机会是很多年轻人及学历较高的员工的择业标准，然而许多企业却不愿意提供这种机会。除了想省钱外，认为给员工培训机会即是给其更多跳槽机会的想法也是原因之一。其实，接受培训的员工在素质提高的同时也给企业创造了更多的产值。此外，部分管理者害怕下属的能力超过自己也会处处阻碍其发展。事实上，管理者应该通过培训和提供发展机会，例如，更多的个人责任、参与决策、个人成长、职位晋升、委以重任的机会，更有吸引力的工作岗位及多样化的工作活动、信息分享，等等，激励员工将附着于他们个人身上的经验、技能、判断等知识奉献出来，转化为产品和服务，从而为组织带来效益。

西门子的培训，员工心中有数

西门子为每位员工都提供了一流的培训和个人发展机会。西门子深信员工的知识、技能和对工作的胜任能力是公司最宝贵的资源，也是公司成功的基础。为了配合公司在中国的业务发展，使本地员工获得现代化、高质量的培训与教育，西门子公司于1997年10月在北京成立了西门子管理学院。该学院的培训涵盖了高级管理培训教程、业务和管理研讨会、职业和商务等几大领域，旨在提高公司中层管理人员的管理能力，加速管理人员本地化并在不同的领域培养员工的各种能力。西门子管理学院不断地改进和拓展培训项目，为员工未来的发展做准备。在公司内部的网站上，每个阶段都明确公布出下一步的人才需求倾向和培训方向。有志于在新岗位上锻炼的员工，可以根据自己的情况决定参加哪种培训，真正做到心中有数。

---

① （美）弗雷德·鲁森斯著：《组织行为学》（第11版），王垒等译，人民邮电出版社2009年版，第115页。

微软的培训，重视技术

微软很重视对员工进行技术培训。新员工进入公司之后，除了进行语言、礼仪等方面的培训之外，技术培训也是必不可少的。微软内部实行"终身师傅制"，新员工一进门就会有一个师傅来带。此外，新员工还可以享受三个月的集中培训。平时，微软也会给每位员工提供许多充电的机会：表现优异的员工可以去参加美国一年一度的技术大会，每月都有高级专家讲课。公司每星期都会安排内部技术交流会。在这里，除了技术培训，微软还提供诸如如何做演讲、如何管理时间、沟通技巧等各种职业培训。①

3. 授权与员工参与

鼓励决策权的下放、授权员工控制自己的工作流程，采取更广泛的员工参与，不仅能提高员工的满意度，还能提高生产率从而改善企业绩效。② 通过授权增加员工在工作中成长的机会及责任感，与员工参与一样可以为员工提供内在激励。同时，员工参与有利于管理者和员工之间的信息沟通有利于提高员工的积极性，但员工参与会受到自身能力（如智力、技术和沟通技巧）的限制。需要注意的是：员工参与不能流于形式，否则会挫伤其积极性。

哪种方法更有效？③

有一家工作效率很差的服装公司，尽管公司采用的是计件工资制，可是产量就是上不去，经理非常恼火，尝试用威胁、强迫的方式要求员工，但是仍然无济于事。经理无可奈何之下聘请一名管理专家进行诊断。专家到公司后，将员工分成两组，告诉第一组，如果他们的产量达不到要求会被开除；告诉第二组，他们的工作方式有问题，他要求每个人帮忙找出问题在哪里。

结果，第一组的产量不断下降，压力加大时，有的员工干脆辞职不干了。第二组员工的士气却很高昂，他们依照自己的方式去做，负起增加产量的全部责任。由于齐心协力，经常有创见，单单第一个月的产量就提高了20%。

强迫没有能够使员工提高业绩，参与则有效地激励了员工。

---

① 洪石荣：《世界名企培训员工的方法》，http://info.ceo.hc360.com/2010/08/030009117998.shtml，2010-08-03。

② （英）罗恩·约翰逊、大卫·雷德蒙：《授权的艺术》，机械工业出版社2000年版，第二章。

③ 洁岛编著：《管理的禅境》，（台北）大力文化有限公司2006年版，第126页。

4. 榜样激励

我们常说榜样的力量是无穷的，榜样是一面旗帜，使人学有方向、赶有目标，能起到巨大的激励作用。榜样激励，是指领导者选择在实现目标中做法先进、成绩突出的个人或集体，加以肯定和表扬，树立成榜样，让其他员工向他们学习。这样能够充分满足他们自我实现的需要，同时赋予其责任感，激励其更加积极地工作。此种激励方法的要点是：组织所树立的榜样一定是具有魅力的，健康的，很好地平衡工作与生活的，而不是不食人间烟火的令人望而生畏的榜样。

千金市骨

古之君人有以千金求千里马者，三年不能得。涓人言于君曰："请求之。"君遣之，三月得千里马。马已死，买其骨五百金，反以报君。君大怒曰："所求者生马，安事死马？而捐五百金？"涓人对曰："死马且市之五百金，况生马乎？天下必以王为能市马，马今至矣！"于是，不能期年，千里之马至者三。(《战国策·燕策一》)

5. 领导行为激励

有关研究表明，一个人在报酬引诱及社会压力下工作，其能力仅能发挥60%，其余的40%有赖于领导者去激发。由于企业领导者处于员工有目共睹的特殊地位，其一言一行自然就成为关注的焦点，因而在企业中，没有什么比最高层领导亲自过问某事或采取某项行为更能说明此事的重要性了。领导者身先士卒，不是在危难之时才表示出来，而是在平时小事上也要身先士卒，起到表率作用。

6. 声誉激励

法马（Fama）的研究表明，在竞争性经理市场上，经理人员的市场价值取决于其"声誉"，即过去的经营业绩。从长期看，经理人员必须对自己的行为完全负责，即使没有现行的激励机制，他们也会积极工作，因为这样做可以改进其在经理市场上的"声誉"从而提高未来的收入。"声誉"好者，人们对他们的预期就好，其内部提升或者被其他企业重用的机率就大；相反，"声誉"差者，人们对他的预期就差，其内部提升或被其他企业重用的机率就小。在管理学中，声誉激励被认为是一种重要的激励手段，也代表着一种新的管理思潮。对于作为开拓创新的管理者的企业家而言，声誉对其行为的影响尤为重要，甚至可以替代报酬之类的显性激励因素。追求良好的声誉，是企业家成就发展的需要，或者说是尊重和自我实现的需要。现代企业职业企业家努力经营，并非仅为了得到更多的报酬，而是更期望得到高度评价和尊重，期望有所成就，通过企业的发展证实自己的价值，达到自我实现。

在知识经济时代，声誉激励不仅仅限于经理人，还扩展到知识工作者。

（三）物质激励和精神激励的异同

在实际工作中，一些人总以为有钱才会有干劲，有实惠才能有热情；一些人则只讲贡献不讲需要，只讲觉悟不讲利益。事实上，物质激励与精神激励作为奖励的两个方面，相辅相成，缺一不可，两者既有区别，又相互联系。一方面，物质激励是精神激励的基础，否则精神激励会变成空中楼阁；另一方面，精神激励对物质的需要进行调节控制。在管理实践中，要全面对待和辩证运用，精神激励不要脱离物质激励而独立存在；物质激励到一定程度时，必须运用精神激励。只有将两者同步实施，才能取得更好、更持久的激励效果。

人们的物质需求和精神需求在层次与程度上受多种因素的制约，并随主客观条件的发展而不断变化。物质激励的作用是表层的，激励深度是有限的。物质激励是基础，精神激励才是根本。从社会角度来看，社会经济文化发展水平越低，人们的物质需求越高；而社会经济文化发展水平越高，人们的精神需求越高。从个人角度来看，一个人受教育程度、所从事的工作性质及其自身的道德修养也会对其需求产生很大的影响。所以，从我国人力资源的现状来看，从个人发展以及社会发展角度来看，精神激励将逐渐占据主导地位，人的追求将被引向更高的精神境界。

二、约束

约束主要是通过剥夺人们一部分物质和精神需求的满足程度，来强制员工的行为从非组织期望转向组织期望的方向，这种方式在一定程度上是必不可少的。

1. 社会心理约束

指运用教育、社会舆论、道德与价值观等手段，对员工的行为进行约束。研究表明，道德舆论能对个人、团体乃至政府产生一定的制约与监督作用、指导与鼓动作用。管理者应该善于利用道德的作用，使企业形成一股强大的精神力量，影响人们的思想、行为，起到抑恶扬善、调整人与人之间关系的作用。但这种作用是积极的还是消极的、进步的还是反动的，还取决于它所依据的道德标准及其发挥作用的基础和条件。

2. 监控

通过监督等外部控制手段来决定内部员工的兴趣所在，在一定程度上能提高企业的绩效，但是这种方式无法使员工的潜力全部得以发挥，它的负面效应也是相当明显的，将造成组织和员工之间的不信任和疏远，刺激欺骗活动的产生。监控传递给员工的另一个信息是：组织只对控制和绩效感兴趣，而不是对所监控的人负责，这会降低员工对个人自我表现的责任感，进而降低员工的努力程度，削弱其关心组织利益的主动性和工作的积极性。

3. 利益约束

既要以物质利益为手段，对运行过程施加影响，又要对运行过程中的利益因素加以约束。例如，当企业要限制某种行为，或控制其在一定的限度以内时，可采用罚款这一最基本的物质利益约束方式；而当企业强调合作，避免员工之间勾心斗角时，也可使员工与员工之间的利益挂钩，进行相互约束。

4. 降职或调职

当员工不能胜任所在岗位的工作，或在工作中犯重大错误时，可采取降职或调职的手段，以激励员工保持积极上进的工作态度，因为自己随时可能被别人替代。

5. 解聘或解雇

这是最严厉的一种惩罚型激励。对由于惰性所致业绩不佳的员工来说，正面的奖励性激励对其的效果可能没有给予解聘或解雇等惩罚性激励来得明显，因为得过且过的结果是将失去工作至少是失去一份较高的薪水的工作，其威胁是真实和有效的。

第三节　变革局势下的激励方式

富士康员工 13 跳引发的激励问题

从 2010 年初开始，富士康噩耗不断，引起社会各界人士的广泛关注，更引发了管理者对于企业模式和员工激励的思考：到底是谁下的死亡魔咒？是富士康公司的企业管理模式问题，还是人力资源管理问题，抑或是员工的心理素质问题？

郎咸平在《我们的日子为什么这么难》一书中从企业模式角度剖析了富士康惨剧的幕后黑手。作为代工企业的富士康，在苹果公司的压榨下利润空间极其微薄，对生产流程和产品质量的严格控制不得不实行军事化管理，这些都是酿成悲剧的因素。然而，更重要的原因还是在于人的激励问题上。

如何激励 80 后、90 后员工？

富士康 13 跳，揭开了企业家和人力资源（HR）经理们关于新生代员工在人力资源管理领域的长期无奈。

出生于 20 世纪 80—90 年代的员工社会化程度高，人际关系多元化。他们不再像上辈人那样安于“三点一线”的工作，其社会关系也不仅仅是同事，还包括同学、老乡和网友等。他们比 50—70 年代出生的管理者所能想象和经历的生活复杂得多，除了工作压力和成长压力，还有感情压力、家庭压力、人际关系压力以及社会压力等。

80 后、90 后员工是追求梦想，却又被现实重重摔下的一个群体。新一代的打工者相对上辈人而言，接受了更多的现代教育，渴望繁荣都市中的白领生活，有自己的理想。但走上工作岗位后却处于企业的底层，这种落差何其大？他们对在工作中自我实现的期望很大，进入企业后却失去人身自由、机械地重复着枯燥的动作，这种差距又让他们何其失落？再加上他们的心态比较浮躁，期待短期内解决问题，心理承受力比较弱，不会处理个人生活和工作之间的问题，因此容易走极端。

80后、90后的打工者不再一心勤勤恳恳赚钱养家糊口，他们的工作目的多元，动机多变，工作价值观也发生了很大的改变。有调查表明，85后员工对工作价值观6个维度的重视程度由高到低依次为：自我发展、组织安全、威望尊严、人际关系、安定休闲和贡献利他。对于这样一个群体，如何有效地激励他们，是企业管理者面临的共同问题。

企业文化生病了？

“富士康现象”所影射的，不仅仅是个别企业员工的心理问题，不仅仅是80后、90后的压力问题，也不仅仅是个人价值观和人生观问题，更多的应是企业的“文化问题”。在富士康公司的同一个员工宿舍中，相互之间竟然不知道姓名，可见员工已经到了怎样的“境地”！

如果基层员工仅仅是一个没有思想、没有感情的机器，那么企业就会成为一个冰冷的厂房；如果企业只注重利润而不注重员工，企业内部就不会拥有通畅的沟通渠道、不会拥有和谐的工作氛围。一次次的悲剧将富士康病态的企业文化暴露无遗。对于富士康来说，一个良好的文化氛围才是治本的妙方。

在现代企业中，员工的精神需求不断增长，物质激励的作用越来越有限，传统的激励思路也出现了种种问题，这就激发人们在激励方式上不断创新，与时俱进。

处于信息时代的现代企业，面临着复杂的内部环境和快速变化的外部环境。在动态环境中，激励方法要因人、因事、因时而变，因此实践管理中逐渐出现一些新的激励方式。本节主要介绍远程办公、弹性工作时间、职业生涯管理、职业生涯设计的思路、冲突激励、文化激励等方法。

一、远程办公

远程工作是一种工作安排，它能让员工享有灵活的工作时间和地点。换句话说，就是每天到工作地点通勤被通讯联系所取代。许多人在家工作，也有一些人使用移动通信技术在咖啡店或其他地点办公，这些人被称作“游牧工作者”或“网络通勤者”。远程办公是一个比较广义的词，指用远程通信来代替工作相关的旅行，因此消除了远程工作的距离限制。一个成功的远程工作程序需要一个基于结果的管理风格，而不是密切关注员工个体的管理风格。这被称为目标管理而不是过程管理。

远程办公的灵活性对于员工是一个值得拥有的额外赏赐。对于IT专业人员来说，远程办公往往被视为最棒的工作方式之一。这种方式不仅为员工提供了足够的灵活性和安静的工作环境，还为老板节省了经费，扩大了雇佣员工的选择范围。

尽管如此，在家办公却并非一件简单的事情。对于远程工作者来说，他们既要有足够的自我激励能力，还要有必要的技术支持（例如因特网连接和VPN网络），同时还需要有可以在远程完成的、定义明确的工作任务。很多时候，IT主管并没有意识到那些会影响生产力和团队士气的关键问题。管理者往往会犯下痛苦、昂贵甚至致命的错误。因此，如果你正处于远程办公状态的话，你就需要一群具有良好工作效率、团结合作精神的独立技术专家；否则，可能会出现意见不合、不信任和工作混乱的情况。

二、弹性工作时间

弹性工作时间是指在完成规定的工作任务或固定的工作时间长度的前提下，员工可以自由选择工作的具体时间安排，以代替统一固定的上下班时间的制度。弹性工作制是20世纪60年代由德国的经济学家提出的，当时主要是为了解决员工上下班交通拥挤的问题。

目前弹性工作时间制有多种形式：

（1）核心时间与弹性时间结合制。一天的工作时间由核心工作时间（一般为5—6个小时）和核心工作时间两头的弹性工作时间所组成。

（2）成果中心制。公司对员工的考核仅仅是其工作成果，不规定具体时间，只要在所要求的期限内按质量完成任务就照付薪酬。

（3）紧缩工作时间制。员工可以将一个星期内的工作压缩在两三天内完成，剩余时间由自己处理。

弹性工作时间的优点主要体现在：可以减少缺勤率、迟到率和员工的流失；由于员工感到个人的权益得到了尊重，满足了社交和尊重等高层次的需要因而产生了责任感，提高了工作满意度和士气。

但弹性工作时间也有缺点。首先，它会给管理者对下属员工的工作指导造成困难，特别是在弹性工作时间内，并导致工作轮班发生混乱。其次，当某些具有特殊技能或知识的员工不在现场时，还可能造成问题难以解决，或延缓进度，同时使管理人员的计划和控制工作更加复杂，花费也更大。

并不是每个企业或每个岗位都适合实施弹性工作制。有许多工作不宜使用这种方法，如百货商店的营业员、办公室接待员以及装配线上的操作工等。需要根据行业特点以及企业的自身情况而定。首先要看行业，一般来讲，弹性工作制更适合于非制造行业，尤其是高智力密集型的行业，如艺术类行业等。原因在于，在这类行业中，能进行精确的个体工作绩效（质量、数量）的考核；生产工艺流程和技术规范允许该工作实行弹性时间，上班时间不固定对工作影响不大；在这类行业中工作的员工需要一个轻松自由的工作环境。其次要看企业自身的情况，因为实现弹性工作制必须要有相应的规章制度进行控制，并且各级企业管理人员（包括基层管理人员）均需具有较高的管理水平，且支持这一变革措施。

三、职业生涯管理

职业生涯管理作为一种相对长久的、包括物质和精神利益的激励措施，是企业吸引人才、激励人才、留住人才的重要手段，受到越来越多的重视。

职业生涯管理是指组织根据自身的发展目标，结合员工的能力、兴趣、价值观等，确定双方都能接受的职业生涯目标，并通过培训、工作轮换、丰富工作经验等一系列措施，逐步实现员工职业生涯目标的过程。职业生涯管理是组织和员工互动的过程，包含组织职业生涯管理和个人职业生涯管理两重含义，前者是组织针对个人和组织发展需要所实施的职业生涯管理，后者是个人为自己的职业生涯发展而实施的管理。

作为组织需要给个人提供自我评估工具和机会，并充分考虑到内外环境因素的影响，帮助员工依据组织需要和个人情况制订发展目标，并找出达到目标的措施。具体表现为帮助员工制订、执行和修订个人生涯规划等。此外，组织还要为员工设置和疏通职业通道。

增强员工可雇佣能力。职业生涯发展已不再局限于沿传统晋升阶梯向上，而是更有挑战性和发展性。形式主要包括工作扩大化、工作丰富化、方法创新等。因此，组织职业生涯开发的新趋势是强调员工在当前岗位上发展和学习的观念，同时，通过探索其他领域来保持工作的挑战性，增强员工可雇佣能力。这样可以激励大量有才干的员工。

四、职业生涯设计的思路

员工的职业生涯设计的思路可用“纵向发展”、“横向发展”和“双通道”等来概括，为不同的员工设计不同的职业发展道路，让员工感到有上升的空间和努力的动力。

1．纵向发展

在企业的职业发展体系中，传统的晋升道路是沿纵向的层级层层向上的。纵向发展是最普遍的方式，激励员工积极向上，因为职级上升的同时也伴随薪酬的增加和地位的上升。如工作丰富化通过垂直地增加工作内容，使员工承担更多重的任务、更大的责任，员工也有更大的自主权和更高程度的自我管理，还有对工作绩效的反馈。

企业出现职位空缺，可首先考虑内部招聘，在一定程度上执行竞争上岗制度。内部提升对员工兼有物质和精神两种激励效果：一方面意味着对成绩的认可、地位的提高、权力的扩张；另一方面，提升往往伴随着薪水的增加，以及竞争高一层工作的机会。因此，提升对于员工的激励是不言而喻的，甚至可能是最有吸引力的激励手段。对企业而言，内部提升的人员熟悉业务和下属员工，便于沟通和管理。然而，将提升作为一种对有价值员工的激励措施有较大的局限性：一是会导致管理层次的增加；二是提升的适用性问题，即并不是每位优秀的员工都会成为优秀的管理者；三是提升的公平性问题，曾是平级的下属可能因为妒忌等原因而产生抵触情绪。随着组织扁平化成为大势所趋，纵向发展的激励作用日益衰弱。

2. 横向发展

横向发展包括工作扩大化和工作轮换等。工作扩大化是指工作范围的扩大或工作多样性，从而给员工增加了工作种类和工作强度，使员工有更多的工作可做，锻炼了更多方面的技能。工作轮换是指在组织的不同部门或在某一部门内部调动员工的工作，目的在于让员工积累更多的工作经验。它有利于促进员工对组织不同部门的了解，从而对整个组织的运作形成一个完整的概念；有利于提高员工的解决问题能力和决策能力，帮助他们选择更合适的工作；有利于部门之间的了解和合作；能够满足员工的职业选择倾向和职业生涯发展的需要，通过尝试不同的工作，员工能找到更适合自己的工作。

3. 双通道

双通道晋升一般是为专业技术人员设计的生涯道路，向技术人员提供与管理人员平等的职业发展机会，包括管理通道和技术通道两种平等结构。此设计可让技术员工感到被重视，提高其忠诚度，同时可激励他们的工作积极性。

此外，组织还应为员工提供相应的教育和培训机会。在现代社会，科技日新月异，知识和技能的更新速度非常快，员工在一个企业工作，不仅希望获得物质回报，更希望自己能可持续发展。因此，首先需要对员工的业绩、素质、技能等进行评价，进而建立以员工为本、持久有效的培训体系，包括建立健全员工教育培训个人档案，给员工更大的自主选择权利，让员工学以致用、学有所用。美国微软公司人力资源部制定有“职业阶梯”文件，详细列出了员工从进入公司开始逐级向上发展的所有可选择职务，以及不同职务须具备的能力和经验。

五、冲突激励①

冲突是一种过程，当一方感觉到另一方对自己关心的事情产生不利影响或将要产生不利影响时，这种过程就开始了。而冲突激励则鼓励管理者要充分了解冲突的过程，将组织中的冲突维持在一种最佳水平，从而使群体保持旺盛的生命力，激励员工

① （美）斯蒂芬·P. 罗宾逊等著：《管理学》（第7版），毛蕴诗主译，机械工业出版社2010年版，第338—341页。

在自我批评中不断推陈出新。当冲突达到最佳水平时，它可以避免迟滞，减少紧张，激发创造力，推动变革。那么，管理者应该如何恰当地运用冲突激励呢？

首先，管理者必须清楚，并非所有的冲突都对组织绩效有利，支持组织目标的冲突属于有建设意义的良性冲突，阻碍组织目标实现的冲突则属于破坏性的恶性冲突。研究显示：关系冲突（集中在人际关系方面的冲突）几乎总是恶性的，因为人与人之间的敌意会增加个性冲突并减少相互理解，导致任务难以完成；低程度的过程冲突（涉及工作如何完成的冲突）和中低程度的任务冲突（与工作内容和目标相关的冲突）是良性的。要想过程冲突具有较高的生产率，那么冲突就应该最小。否则，谁应该做什么的激烈争论将使冲突变成恶性，因为它会导致任务分配的不确定性，增加完成任务的时间，并使员工达到多种目标。保持中低程度的任务冲突则可以对群体绩效产生积极影响，因为它可以激发员工讨论各种想法，从而使群体更富有创新性。究竟组织中的冲突属于良性还是恶性至今还没有精密的测量工具，仍需要管理者予以明智的判断。以下问题可以帮助我们判断是否需要激发冲突：

（1）你是否被“点头哈腰之人”所包围？

（2）你的下属害怕向你承认自己的无知与不确定吗？

（3）决策者是否为了达成折衷方案过于专心，以致忽略了价值观、长远目标或组织福利？

（4）管理者是否认为，他们的最大兴趣是不惜代价维持组织中的和平与合作效果？

（5）决策者过于注重伤害他人的感受吗？

（6）管理者认为在“酬报”方面，“受欢迎”比“有能力”和“高绩效”更为重要吗？

（7）管理者是否过分注重获得决策意见的一致性？

（8）员工是否对变革表现出强烈的抵制？

（9）是否缺乏新思想？

其次，激发良性冲突的第一步是，管理者应向员工传递这样的信息：冲突有其合法性，并辅以行动支持。这一步可能要求改变组织文化，给那些敢于向现状挑战、倡导新观念、提出不同看法和独创精神的员工以实际的回报或正面鼓励。

（1）运用沟通手段激发冲突。早在富兰克林·罗斯福执政时期，甚至可能更早，白宫就一直运用此方法。高级官员把可能的决策通过臭名昭著的“可靠信息源”渠道透露给媒体。例如，把高级法院可能任命的首席大法官的名字“泄露出去”。如果该候选人能够经得起公众的挑剔，则由总统宣布任命其为首席大法官。但是，如果发现该候选人缺乏媒体和公众的关注，总统的新闻秘书或其他高级官员不久后将发表诸如“此人从未在考虑之列”的正式讲话。易于逃脱的特点使得这种方法更受欢迎。如果冲突的水平过高，则可以否决或消除信息源。

（2）引进“鲶鱼”。即通过从外界招聘或内部调动的方式引进背景、价值观、态度或管理风格与当前群体成员不相同的外部人员，以改变组织或单位的停滞状态。

利用结构变量。管理者把结构作为冲突激励的方法：使决策集中化、重新组合工作团体、提高规范性和增加单位之间的相互依赖都是打破现状并提高冲突水平的结构手段。

（3）任命异类分子。异类分子是指那些有意与大多数人的观点或现今做法背道而驰的人，他（她）扮演着批评家的角色，即使对那些自己实际上赞同的做法也会提出反对意见。一方面，异类分子作为一个检查员可以阻止团体思维和“我们这里从来都是如此”这一类辩护。如果其他人能认真倾听，异类分子可以提高团体决策的质量。另一方面，团体中的其他人常常把异类分子看做浪费时间者，因为对此人的任命几乎必然拖延任何决策过程。

（4）模棱两可或具有威胁性的信息同样可以促成冲突。有关工厂可能会倒闭、部门可能被取消或裁员不可避免等危急信息会减少漠然视之的态度，激发新思想，促进重新评估，而所有积极结果都源于冲突增加。这一冲突人们也称之为危机激励，也是较为广泛运用的方法。

例如，任正非警告华为的员工：“华为的冬天很快就要来临！”惠普公司原董事长兼首席执行官普拉特说：“过去的辉煌只属于过去而非将来。”比尔·盖茨告诫他的微软，要时刻怀有“距离破产只有18个月”的危机感。企业高层们对危机的感受是深刻的，但一般员工并不一定能感受到这种压力和紧迫感，特别是不在市场一线工作的员工。很多人都容易滋生享乐思想，认为自己收入稳定、高枕无忧，工作热情也日渐衰退。因此，企业管理者有必要向员工灌输危机观念，树立危机意识，重燃员工的工作激情。同时，这也有助于员工理解和支持企业管理者采取的一些无奈之举。

一般来说，冲突激励只适用于员工与组织有良好相互信任基础的大企业。因为没有信任作为前提，员工会误认为企业将面临重大的灾难，从而选择离职或者跳槽，企业将得不偿失。

【案例】

日立公司的危机激励

世界上最大的电器制造企业之一的日立公司在一帆风顺中，仍然人为制造逆境来保持企业的危机感。自20世纪60年代以来，日立公司的产品销量一直保持持续增长的势头，但公司的决策者敏锐地感到，许多员工和管理人员在顺境中可能失去开创企业时的那种进取精神和合作精神，于是采取了一系列“危机”措施使员工保持“危机感”。1974年，该公司宣布因“经营状况不好”，有22000多名员工需要减薪，

20%的员工回家待业一个月，发给97%—98%的工资。这样做对公司来说，虽然节约不了多少经费，但它使员工有了一种危机压力。1975年1月，又对其4000多名管理人员实行创业后的第一次全面减薪，以加深管理人员的危机感。1975年4月，又将新录用的近1000名员工的报到日期推迟20天，使新员工一开始就产生紧迫感。这些危机激励措施，将员工投于险境，使员工在逆境中最大限度地发挥各自的作用，因而在“危机时期”日立公司的产品销量增长不但没有下降，而且由于产品创新，增长速度遥遥领先于对手东芝、松下电器器材公司。

六、文化激励

企业文化是企业成员共有的价值和信念体系，它使组织独具特色，与其他组织不同，并且在很大程度上决定了组织成员的行为方式。企业文化对于理顺员工情绪，凝聚员工力量，实现组织目标有重要作用。在一种“人人受重视、个个被尊敬”的企业文化气氛下，员工们的贡献能及时得到肯定、赞赏和奖励，会产生极大的满足感、荣誉感和责任心，因而会以极大的热情自觉地、全身心地投入工作。

可以通过建设企业文化氛围来达到文化激励的效果。良好的工作环境能使员工身心愉悦从而提高工作效率，而一个良好的企业文化氛围更可以激发员工对工作的内在兴趣，提高工作的积极性和满意度。① 文化氛围是企业的价值观、企业精神、伦理道德规范与企业的制度行为文化相互作用的产物，是企业的文化环境，是一种无形的东西。企业要创造一种沟通、信任、公平的文化氛围，需要管理者通过一定的方法深入了解被管理者的情绪与情感，深入他们的内心世界，理解他们的喜怒哀乐，真正关爱他们、帮助他们，进而充分调动其工作的责任心和积极性，发挥其最大的主观能动性。它既不以物质利益为诱导，也不以精神理想为刺激，而是通过管理者对员工无微不至的关怀、尊重和信任，满足员工的情感需求，在企业中营造出人性化的、以人为本的环境与氛围来激励员工。

文化激励的表现之一是在企业中无阻碍的思想沟通、交往娱乐，企业内部人员相互支持、相互信任、团结融洽等。

伊利董事长潘刚便是个善于激励员工的高级管理者。有一次，潘刚到驻外员工刘瑞玖的家中看望他的家属。一进门，潘刚就像熟门熟路的亲戚一样往椅子上一坐，与刘瑞玖的妻子亲切地聊起了家常。不过聊着聊着就聊到了刘瑞玖，潘刚不免有点动情：“他长年在外，家中里里外外都由你一个人照顾，肯定会遇到一些困难，还请你多理解多支持啊。刘瑞玖的山西市场做得

① （美）杰夫里·普费弗：《求势于人——释放员工能量实现竞争优势》，中国人民大学出版社2000年版，第85页。

很好啊，一年内8次获奖，市场占有率4年第一，他的工作得到了事业部和公司的认可，他能取得今天的成绩离不开你的关心和支持，军功章可有你的一大半呀。我代表集团公司和经营班子对你表示感谢啊！”①

需要说明的一点是，运用此种方式要适时适度，才能发挥应有的效果。首先要因人而异；其次要适度，管理者要谨防滥用情感，否则会被员工误认为是别有居心；最后管理者要注重其内容和实效，不要停留于表面的形式，而是要以真情实感为基础。

【案例】

凤凰企业文化

凤凰卫视从1996年在香港开播，至今已经走过15周年了，在全球华人中拥有较大的影响力。从小到大、从无到有、从边缘到主流、从轻起动巧操作到占据了华语媒体的主战场，凤凰卫视为什么能够取得如此大的成就呢？

凤凰卫视董事局主席兼行政总裁刘长乐先生认为：“独特的企业文化是凤凰成功的保证，这种企业文化熏陶着每一个凤凰人，激发出一种叫做‘精神’的东西，这绝非什么背景，什么上层公关，什么股票炒作所能奏效的。”

凤凰的企业文化重点体现在产业文化化、职业事业化、强调凝聚力、踏实认真的媒体经营态度、对员工的激励导向、创新精神、拔尖精神以及拼搏精神等方面……例如，“9·11事件”时连续36小时现场直播的创新精神，伊拉克战争中闾丘露薇多次出没战火硝烟的拼搏精神，以及在《有报天天读》、《时事开讲》、《鲁豫有约》等栏目中表现出的拔尖精神，都体现出了凤凰卫视文化的精髓。

在接受《南方都市报》的专访中，当被问到他是如何带领凤凰卫视面向市场的，他回答：“作为凤凰人，我们崇尚凤凰精神，这是一种拔尖儿的精神，要做最好的，与你们的口号不谋而合。凤，是百鸟之王，所以才有百鸟朝凤。当然，我们并不是自认为老大，而是在精神上希望能做到中国乃至华语媒体中最好的。这种孜孜不倦的追求支配着我们在过去13年间不断超越自己，而这也正是凤凰涅槃的理念。”

在谈到企业的核心竞争力时，刘长乐提出那就是企业文化中所强调的顶天立地的心态。香港传媒受英国殖民思想影响比较深，一般情况下惟命是从，当然也很敬业。但仅仅是这种心态，这种媒体不可能在华语圈中脱颖而出。在凤凰卫视，最重要的是“立长志”，而非“常立志”。立下远大理想很重要，不仅凤凰卫视要出类拔萃，而且

---

① 李文武：《解读伊利集团的生存之道》，http://www.boraid.com/darticle3/list.asp?id=121739，2009-10-29。

要冲出华语世界，在世界上发出自己的声音，这就是我们的初衷。

据刘长乐先生讲，他曾给凤凰卫视各部门的负责人上过一堂“凤凰考”的课，收集了古今中外有关凤凰的传说、考证和诗赋，归纳总结凤凰的特征，最后得出：凤凰是一个志在云天的信念，一对翱翔天际的翅膀，一对目光高远的眼睛，一个永远出类拔萃的象征，拼搏进取、永不言败的榜样，一只浴火重生的不死鸟……并以此激励所有凤凰卫视的员工。

资料来源：根据金久皓《企业文化的激励功能到底是什么?》，http://www.chinahrd.net/knowledge/info/82253，2006-08-15；《南方都市报》专访刘长乐：“对文化的坚守，是因为我们有所缺失”，http://nf.nfdaily.cn/nfdsb/content/2009-11/10/content_6267256.htm，2009-11-10 整理。

第四节　激励的反思

最有效并且持续不断的控制不是强制，而是触发个人内在的自发控制。

——（日）横山宁夫

管理者在运用激励时，一定要注意可能带来的负面作用，同时，要认识到激励并非包治百病的灵丹妙药，更不是目的，只是调动员工积极性的手段。如果管理者仅仅出于功利的目的运用激励手段，过于强调与追求员工在工作上的付出与高绩效，过于追求外在的激励，无疑会降低员工的内在动机，使其丧失对工作的兴趣。同时，管理者应意识到，不仅要关注员工的工作，还应关注其工作、家庭与生活等各方面的平衡，及其全面协调发展，在思想上真正地把员工当成值得尊重的个体，本着以人为起点，将激励纳入整个管理系统综合考虑与运用。

一、工作家庭关系：从冲突、平衡到促进

工作和家庭是员工生活的两大基本主题。随着时代的变迁、社会的发展和雇佣关系的改变，人们的家庭结构发生了巨大的变化，传统的“男主外，女主内”的家庭生活模式已经越来越少，无论男女都要面对工作和家庭两大问题。再加上科技和人口的变化，使得工作和家庭的平衡问题越来越成为企业所面临的一个实际问题。工作—家庭关系的探索是现代人力资源管理研究的重要主题之一。学者们对工作—家庭关系的研究，经历了从消极到积极的历史嬗变过程，[1] 也是企业对员工从局部关怀到广泛关怀，再到全面关怀的不断摸索的过程。

---

① 李永鑫、赵娜：《冲突、平衡与促进：工作—家庭关系研究的历史考察》，《心理科学》2008 年第 6 期，第 1468—1470 页。

工作—家庭冲突是角色间冲突的一种形式，有两个不同的方向：工作导致家庭冲突和家庭导致工作冲突。一般而言，工作家庭冲突有基于时间的冲突、基于压力的冲突和基于行为的冲突①。

企业过于追求员工的高绩效往往会导致员工为追求高绩效而使工作和家庭发生冲突。高绩效员工一方面受到所在企业绩效目标的驱使，另一方面是自己有着较强的成就欲。他们在为社会和组织创造巨大财富的同时承受着越来越沉重的工作压力，而过于追求高绩效则会使其投入家庭中的时间和精力减少，无法花费足够的时间陪伴家人，极少与家人沟通交流或承担照顾老人小孩的责任和繁杂的家务。如果其将工作中的紧张、焦虑、易怒、冷漠等不良情绪带回家，家庭成员之间就会爆发矛盾冲突，使得员工在工作中出现心理不安、满意度下降和倦怠等现象，进而直接导致员工的绩效下滑，而绩效下滑又会增加员工工作压力，从而造成绩效—工作压力—家庭三者之间的恶性循环。

由于工作—家庭角色冲突会给员工身心、绩效乃至组织绩效造成很大的伤害，如何平衡员工的工作家庭冲突成为理论与管理实践关注的问题。所谓工作家庭平衡，是指工作和家庭功能良好，个体得到满意的心理状态，使角色冲突最小化，能平等地参与工作和家庭角色活动，并能获得同样的满足。② 它包括三个部分，即时间平衡——花在家庭中和工作中的时间相等，投入平衡——对工作和家庭中的心理投入相等，满意平衡——对自己工作的角色和家庭中的角色的满意度相等。当这三个部分都处于较高水平时，称为积极平衡，反之，当它们处于较低水平时则称为消极平衡。③

仅仅保持工作家庭的平衡是不够的，两种角色如何相互促进，让员工享受工作与家庭生活的快乐是员工与组织共同追求的目标。工作—家庭促进是指个体在一个角色中的经历会提高他在另一个角色的表现。这包括两方面的内容，一是个体在工作中的角色对他在家庭中角色有积极影响；二是个体在家庭中的角色对工作角色的积极影响。工作—家庭促进说明同时投入工作和家庭角色中会带来积极的结果，同时，从事多个角色有利于精神和身体的健康，有利于人际关系的发展。④ 研究表明，工作—家

---

① J. H. Greenhaus & N. J. Beutell. Sources of conflict between work and family roles. *Academy of Management Review*, 1985, 10 (1): 76-88. 基于时间的冲突是指将时间投入满足工作领域的需求会减少投入家庭领域的时间，可以是身体上或心理上的占据；基于压力的冲突是指扮演一个角色所产生的不满意、紧张、焦虑、疲倦等角色紧迫症状影响到另一个角色的扮演；基于行为的冲突是指家庭和工作领域的行为模式是不同的，如果个体无法根据角色要求调整行为模式就会产生行为冲突。

② S. R. Marks & S. M. MacDermid. Multiple roles and the self: A theory of role balance. *Journal of marriage and the family*, 1996, 58 (2): 417-432.

③ J. H. Greenhaus, K. M. Collins & J. D. Shaw. The relation between work-family balance and quality of life. *Journal of Vocational Behavior*, 2003, 63 (3): 510-531.

④ P. Voydanoff. Implications of work and community demands and resources for work-to-family conflict and facilitation. *Journal of Occupational Health Psychology*, 2004, 9(4): 275-285.

庭促进与工作满意度、组织承诺、组织公民为呈正相关，与离职意向呈负相关。

在全球范围内，日本企业对促进员工工作—家庭关系起到了很好的榜样作用。每逢员工遇到婚娶、寿生之类的喜事，日本企业往往会有所表示，一般采用“设标贺喜”的方式：在厂前贴出大幅标语以示祝贺，或者专门送上一些别具一格的贺礼。企业的这种做法深得人心，使广大员工对企业感激涕零。除此之外，日本企业成功的三大法宝中的终身雇佣制和年功序列制也起到了积极的作用。随着年龄的增加、工作经验的丰富，一方面员工对企业的贡献越来越大，另一方面其家庭负担也越来越重，工资和职务与年龄同步提高使得员工没有后顾之忧，充分地调动了员工的积极性。终身雇佣制和年功序列制保障了员工的工作和收入，间接减少了家庭里的冲突。而且由于日本企业对员工这种责无旁贷的责任，员工才如此效忠企业，其家庭才会对员工工作更加支持。

鉴于激励背后总是存在着一定的消极假设（如员工是利己的，而非利他和利公的），研究者们开始不提倡使用“激励”这一名词；交换理论的提出使组织和员工角色得以对等；而工作家庭冲突、平衡、促进的研究则是反映出组织对员工全面的人性关怀。

【案例】

正确对待员工

今天，组织都明白福利是满足许多员工需要的有效办法。除了采用传统的福利办法，如假期和医疗保险，公司正在寻找具有想象力的方式来加强员工的生活质量，通过诸如灵活的工作时间和健身计划的福利。“我们研究如何来为我们的员工提供一个真正不错的环境并保持对他们的激励。”范例娱乐公司（Paradigm Entertainment）（一家软件开发公司）的首席执行官总裁大卫·盖奇（David Gatchel）说。“人们能够像他们的着装那样放松自己。工作时间非常灵活。我们提供免费的软饮料和快餐。当员工需要休息时，我们还为他们提供一些娱乐活动——橄榄球，台球或篮球——员工们可以通过这些活动进一步放松自己——然后重新集中精力并回到工作岗位上。”贝思·哈巴（Beth Haba）是雅虎公司的人力资源部经理，她介绍了作为互联网门户和搜索引擎的雅虎公司对灵活的工作环境的关注。“这的确是一个灵活的环境，因为人们能够在8：00—12：00之间的任何时候到公司上班。一些人选择晚工作一小时，因为那样他们会更加具有创造力。”

许多公司开始提供儿童看护和老人看护服务，帮助员工满足家庭成员的需要。如田纳西州第一银行（First Tennessee Bank）针对每年因为儿童看护问题而损失1500个工作日的问题成立了生病儿童看护中心，使得员工缺勤率大幅下降；艾迪·保尔

(Eddie Baner) 公司的资源和推荐计划帮助员工们解决家庭的一些问题，同时还聘请一些顾问负责对老人看护设施的评估并解答有关老龄化阶段、家庭看护和其他方面的一些问题，并提供有关老年人方面的一些录像、文章和书籍。

资料来源：（美）理查德·L. 达夫特、雷蒙德·A. 诺伊著：《组织行为学》，杨宇、于维佳译，机械工业出版社2004年版，第131页、第166页。

思考：

1. 为何公司热衷于为员工提供平衡生活与工作需要的福利措施？
2. 案例中提到的福利措施在实施过程中有什么限制条件？
3. 在我国背景下，员工希望公司提供什么样的福利？公司实际提供了哪些福利？这些福利是否起到了激励作用？你有什么好的建议？

二、走出高绩效与加班加点的陷阱

日本近代有两位剑术的大师，一位是宫本武藏，另一位是柳生又寿郎。二十多岁的柳生又寿郎由于剑术没有进步，身为名剑师的父亲和他断绝了关系。他跑到二荒山宫本武藏那儿拜师。他问宫本武藏："老师，您看以我的根基多少年可以成为一流的剑术大师？"宫本武藏说："十年应该可以了。"柳生觉得十年太长了，于是他又问："那我除了睡觉之外每天都勤奋练剑，几年可以成功？"宫本武藏说："二十年。"柳生又寿郎非常不甘心，他又问："那如果我不睡觉夜以继日地练剑，多少年可以成功？"宫本武藏说："那样你必死无疑。"柳生又寿郎感到非常难以理解，他最后又好奇地问老师："为什么我越努力练剑却离成功越远？"宫本武藏看了他很久，缓缓地说道："要想领悟绝世的剑术，你必须留一只眼睛看自己。"

人需要全面协调总体发展，工作并非人生的全部。当工作占用了员工过多的时间时，员工所受到的工作以外的刺激就会减少。缺乏适度的多面性的刺激，很难激发起员工的事业心、责任感和毅力，不仅职业倦怠与职业枯竭将随之而来，而且会造成员工健康的恶化，更遑论可持续发展了。加拿大麦克吉尔大学的心理学家进行的感觉剥夺实验从心理学的角度也说明了这一问题。

1954年，心理学家贝克斯顿等付给大学生每天20美元的报酬招募实验参与者，应试者需要待在缺乏刺激的环境中①。当时很多大学生跃跃欲试，因为大学生打工一小时只有50美分，而参与该实验，既可以得到不错的报酬，还可以好好睡一觉，或者考虑论文、课程计划等。但是没过几天，参与实验的学生纷纷要求退出。原因是在实验进行几个小时后，他们开始感到恐慌难受，根本不能进行清晰地思考。更可怕的

① 具体而言，就是给应试者戴上半透明的护目镜，使其难以产生视觉；用空气调节器发出的单调声音限制其听觉；手臂戴上直筒袖套和手套，腿脚用夹板固定，限制其触觉。

是，50%的应试者出现幻觉。在过后的几天里，应试者出现双手发抖、不能笔直走路、应答迟缓以及对疼痛敏感等症状。这些应试者全部活动严重失调，而且智力测验的结果也很不理想。实验结束数日后才恢复正常。该实验表明：人的身心正常工作需要不断地从外界获得新的刺激。人的成长成熟是建立在与外界环境广泛接触的基础之上的。只有通过社会化的接触，更多地感受到和外界的接触，人才可能更多地拥有力量，更好地发展。

一些企业为了追求组织利润，鼓励员工加班加点，使员工缺乏多样性的外界刺激，最终导致其工作热情退化，身心俱疲，既不利于员工的可持续发展，也有损于组织的长期利益，甚至导致一系列社会问题，如华为年轻工程师的"过劳死"、科技精英不堪压力而自杀、企业高管集体跳槽等。其实，压力太大，反而不利于工作绩效的提高，无助于困难任务的解决。耶基斯—多德森定律非常好地解释了这一问题：[①] 在解决有难度的问题时，动机水平与解决问题的效率呈倒 U 型关系。即解决中等难度的问题时，维持中等程度的动机水平最有利于问题的解决；当需解决的问题比较简单时，中等偏高的动机水平更有利于激发人的积极性，使人又快又好地解决问题；当问题难度较大时，中等偏低的动机水平可以让人更加冷静、镇定，思维更加流畅，更利于攻克难题。这也解释了现实中常常出现越想得到的东西越容易失去的现象。

由此可见，任何事情都是"过犹不及"，需要掌握好"度"。企业应当采取措施避免高绩效陷阱的发生，例如，建立合理的绩效考核机制，和员工一起订立工作目标，建立积极良好的人际关系，提供相应的培训，建立张弛有度的企业和工作文化，等等。企业作为社会公民，在提高绩效的同时关注员工的发展，归根结底也是有利于企业自身的长远发展的。

三、奖励的惩罚[②]

埃尔菲·艾恩在其著作《奖励的惩罚》中指出，我们大声抱怨公司生产力疲软，学校危机重重，以及孩子们的价值观反常，等等，但恰恰与我们用于解决这些问题的策略有关，即将激励计划、分数和糖果之类的奖励在人们面前晃悠，是造成我们身处困境的部分原因。

激励机制失败的最不可等闲视之的原因是：外在动机不仅不如内在动机有效，而

---

① R. M. Yerkes & J. D. Dodson. The Relation of Strength of Stimulus to Rapidity of Habit-Formation. *Classics in the History of Psychology*, 1908, 18: 459－482.

② 本部分内容根据（美）埃尔菲·艾恩著：《奖励的惩罚》，程寅、艾菲译，上海三联书店 2006 年版整理。

且还会降低内在动机。[①] 管理人员越是让员工去考虑工作完成得好能赢得什么，他们对工作越没有兴趣。此外，当外在动机赶走了内在驱动力，我们的自我意识，即把自己看成有能力、有价值、能对种种决定人生的事件产生影响的人，便处于危险之中。

为什么奖励会降低内在动机呢？有两种解释，其一是如果把某件事定为另一件事的先决条件，即作为达到另一个目的的手段，那它势必被视为不太可取。“做此就能得到彼”自动降低“此”的价值，得到奖励者认为，“如果他们得贿赂我干这件事，这件事一定是我不想做的”。其二是奖励通常使人感觉受控，而我们在自主权减少的情况下往往会畏缩不前。我们需要对自己的命运保持一定的控制，对发生在我们身上的事情有一定的选择。内在动机是自觉权的原型，而奖励通常显出某种程度的控制意义，因此普遍存在着有损内在动机的危险。

除了受到奖励的影响，管理实践中的众多措施也会损害人的内在动力：①受到威胁。事情没有做好会有不好的后果，这种警告会使这项活动的吸引力大大减少，如“今天工作不努力，明天努力找工作”。②受到监视。如果我们从事一项任务时被严密监控或观察，且这种行为被认为是一种控制而非出于好奇时，我们往往会失去兴趣。③预期要接受评估。当人们认为他们将要接受评估时，即使评估的结果是肯定的，他们的表现也会下降，内在动机受到损害。④被迫赶在截止期前完工。强制性的时间压力，使得人们总是等到最后一刻才开始动手做，且越来越依赖外部强加的作用力，结果兴趣减少。⑤被呼来唤去。当试图对人们施压去做某些事情，他们对此任务的兴趣不如那些能够以自己的速度工作的人。⑥与别人竞争。当人为地造成奖励稀缺，当成功被变成获胜，成果只能归属于一个人或一个队，其结果就包含了兴趣的急剧减少。

由此可见，提供有用的反馈，满足其自决权和社会支持的需要是优秀管理的根本，即当管理者能使员工对工作的内在动机充分激发出来时，也就无需费力地把奖金在员工面前晃来晃去，然后等着结果自己产生。

四、从全面关怀到以人为起点

越来越多的实业家和管理专家意识到，组织是由单个员工构成的，员工个人的充

---

① 作者认为奖励失败有五大原因。一是奖励的惩罚，即奖励和惩罚在本质上是相同的。二是奖励破坏人际关系。表现在两个方面：同等级别员工之间的横向关系成为争夺奖励的牺牲品；上下级之间的纵向关系在激励机制的重压下崩溃。三是奖励忽视理由，没能应对造成公司停滞不前、员工得不到发展的关键问题。四是奖励阻止冒险。受奖励所驱使时，人们就只做得到奖励所必需的事情，它是“探索的敌人”。五是奖励损害兴趣，降低人的内在动机。也有观点认为，完全强调外在动力仅仅对某几类工人合适，尤其是那些从事创造性工作的人。与此观点相反，调查表明，不管职业类型和受教育程度如何，所有打工谋生者“在评价工作时，都深受所从事的工作能提供的内在驱动力的影响。只有在那些内在奖励相对缺乏的工人中，外在奖赏才成为总体上判断工作满意度与否的决定性因素”。那些必须从事无趣工作的人，仅有少得可怜的自主权，最不需要的就是进一步的控制，而奖励正给人这种受控制的感觉。

分发展对企业追求卓越的目标至为重要。作为管理者，需要的结果不是 1 + 1 = 2，而是 1 + 1 > 2。日本京都陶瓷的创办人兼社长稻盛和夫说："无论研发、公司管理，或者任何企业活动，活力的来源是'人'。"① 美国汉诺瓦保险公司的总经理欧白恩也指出："员工个人的充分发展，对于我们企业追求卓越的目标至为重要。"② 彼得·圣吉在《第五项修炼——学习型组织的艺术与实务》中提出了自我超越的概念：一个学习型组织要注重员工个人成长的学习修炼，管理者必须放弃规划和控制的旧信条，人的自我发展与财务的成功是同等重要的。生活的美德与事业的成功不仅可以相容，而且相得益彰。③

以上提法表面看来似乎违反了商业社会"在商言商"的铁律。但是更多专家学者却发现，高度自我超越的人永不停止学习，会敏锐地警觉自己的无知、力量不足和成长极限，但同时也具有高度的自信。从组织角度看，自我超越层次越高的人誓愿更高，且更为主动，工作上的责任感深而广，学习也更快，绩效也更高。从员工角度看，健全的发展成就个人的幸福，只追求工作外的满足，而忽视工作在生命中的重要性，将会限制我们成为快乐而完整的人的机会。因此，我们对于未来的愿景应该不仅仅包含对于工作的期许，还要超出个人，扩展到更宽广的生命范围。当人类所追求的愿景超出个人的利益，便会产生一股强大的力量，远非追求狭隘目标所能及。稻盛和夫说："任何一个曾经对社会有贡献的人，都一定体会过一股驱策其向前的精神力量，那是一种来自追求更远大的目标而唤醒了内心深处真正的愿望所产生的力量。"④

基于这样的逻辑，越来越多的企业意识到管理者的责任主要是"提供员工追求充实生活的工作环境"。在这种环境中，管理者尊重员工，发自内心关心员工的个人成长，员工感到满足和愉快，拥有崇高的愿景，自发的——而非仅仅出于绩效考核的压力——努力工作，并且愿意留下来。

【案例】

日本企业员工的忠诚度从何而来？

日本企业中员工的敬业精神闻名于世，其中重要原因之一在于企业的主要管理者常常要花费大量的精力做人的工作，注意调整员工内部关系，形成一种良好的人际关

① K. Inamori. *The Perfect Company*: *Goal for Productivity*. Speech given at Case Western Reserve University, 1985, 5.

② 转引自（美）彼得·圣吉著《第五项修炼——学习型组织的艺术与实务》，郭进隆译，上海三联书店 1996 年版，第 168 页。

③ 同上书，第 169—170 页。

④ 同上书，第 197 页。

系环境。他们强调有了“人和”，企业才能很好地发展。许多企业的车间里，都挂着写有“团结一致”、“以和为贵”的条幅。老板、经理常常宣传“劳资利益一致”，各公司还以自己的“社训”和发展史教育员工。企业管理者不仅把员工作为生产者，同时认为员工是本企业的“家庭成员”，注意从精神上、物质上关心员工，常常对员工进行家访，祝贺生日，联络感情。对企业员工的住房、食品供应，乃至午餐质量、红白喜事等都有许多关心和照顾的措施，从而进一步增强了员工对本企业的依附感，成为勤勤恳恳为企业奋斗的“工作狂”。有些企业管理者还组织花展和美术作品展，既美化工厂，又给热爱这方面生活的员工以表现自己的机会。日本企业的领导人对容易引起员工内部矛盾的事非常敏感，总是采取各种方法予以杜绝。例如，他们一年定期发两次奖金，从不搞员工之间的评奖活动，认为评奖容易引起员工之间的不和，“评奖评奖，越评越僵”。

资料来源：许芳：《组织行为学原理与实务》，清华大学出版社2007年版，第189—190页。

第五节　激励机制

掌握了管理学和经济学激励理论，了解了成员个体间的差异之后，组织就需要着手建立适合于自身的激励机制。本节主要介绍激励机制的定义和作用、建立原则、内容以及诊断。

一、激励机制的定义和作用

（一）激励机制的定义

激励机制的研究，始于经济学家对企业内部管理效率的探讨。传统的新古典经济学将企业看做以利润最大化为单一目标的“生产函数”，忽略了企业内部的激励问题。① 20世纪30年代，经济学家开始关注和研究被传统理论所忽视的方面，激励问题成为其关注的中心。

激励是以人本理论为基础，以人为中心的管理活动，它追求管理活动的人性化。机制则是以制度为导向，追求管理活动的制度化。机制一词来源于希腊语中的mēchanē，意指机器运转过程中的各个零部件之间的相互联系、互为因果的连接关系及运转方式。将这一概念引用于经济与管理研究时，是指一个经济或管理系统内各子系统、各构成要素之间相互联系、相互制约、相互作用的关系及其整体功能。激励是管理的手段，手段发挥作用的载体是机制。拥有手段并不等于手段的运用，如何根据事物的特点与发展规律，合理运用手段去完成所要实现的目标，正是机制的功能

① Hai Zhuge. A knowledge Flow Model for Peer-to-Peer Team Knowledge Sharing and Management. *Expert Systems with Applications*, 2002, 23 (1): 23 - 30.

所在。

何谓激励机制？不同学者有不同的看法，刘正周认为，激励机制是在组织系统中，激励主体与激励客体之间通过激励因素相互作用的方式。① 侯光明认为管理激励与约束机制是根据组织目标对管理激励与约束进行系统的优化，并使优化结果相对固定地确定下来，然后辅之以“硬化”的实施、执行制度和必要的监控手段，从而形成能长期作用、影响于人们思想行为的系统的管理激励与约束目标、标准、程序等。② 程国平认为激励机制指在组织系统中，激励主体运用多种激励手段并使之规范化和相对固定化，而与激励客体相互作用、相互制约的结构、方式、关系及演变规律的总和。③

关于激励机制的定义虽然有所差异，但本质是一致的，都注重激励主体与激励客体以及两者之间相互作用、相互影响的结构、关系、方式及规律等方面。事实上，激励机制包括对企业所有者、经理人和员工的激励。对所有者的激励，主要指企业在公平竞争中的优胜劣汰，竞争失败，就要破产被淘汰，这是对所有者（企业）最重要的约束。对于典型的现代公司制企业，由于所有权和经营权分离，经理人作为代理人经营管理企业。为防止经理人的行为同所有者（委托人）的目标不一致所产生的道德风险和逆向选择等问题，就需要着重建立对经理人的激励机制。对员工的激励，主要靠企业内部制度，如良好的绩效考评系统、合理的职位晋升制度、奖惩分配制度等。本书基本上不涉及对企业所有者的激励，主要探讨对员工的激励，部分涉及对经理人与项目团队的激励。

我们可以把激励机制定义为：在组织系统中，激励主体与激励客体系统之间及各构成要素之间相互联系、相互制约、相互作用的关系、方式及其整体功能。

（二）激励机制的作用

企业应该用系统和权变的观点去建立适合自身的激励机制。激励机制一旦形成，就会内在地作用于组织系统本身，使组织机能处于一定的状态，并进一步影响着组织的生存和发展。激励机制对组织的作用具有两种性质，即助长性和致弱性，也就是说，激励机制对组织具有助长作用和致弱作用。④

1. 激励机制的助长作用

激励机制的助长作用是指一定的激励机制对员工的某种符合组织期望的行为具有反复强化、不断增强的作用。在这样的激励机制作用下，组织不断发展，不断成长。

---

① 刘正周：《管理激励》，上海财经出版社 1998 年版，第六章：激励机制。

② 侯光明：《管理激励与约束》，北京理工大学出版社 1999 年版，第三章：管理激励与约束机制。

③ 程国平：《经营者激励——理论、方案与机制》，经济管理出版社 2002 年版，第 45—49 页。

④ 刘正周：《管理激励》，上海财经出版社 1998 年版，第 95—97 页。

我们称其为良好的激励机制。当然，在良好的激励机制之中，肯定有负强化和惩罚措施对员工不符合组织期望的行为起约束作用。激励机制对员工行为的助长作用给管理者的启示是：管理者应能准确把握员工的真正需要，并将满足员工需要的措施与组织目标的实现有效地结合起来。

2. 激励机制的致弱作用

激励机制的致弱作用表现在：由于激励机制中存在去激励因素（指那些抑制或削减人们工作积极性的因素），组织对员工所期望的行为并没有表现出来。尽管激励机制设计者的初衷是希望通过激励机制的运行，有效地调动员工的积极性以实现组织的目标，但是无论是激励机制本身不健全，还是激励机制不具有可行性，都会对一部分员工的工作积极性起抑制和削弱作用，这就是激励机制的致弱作用。在一个组织当中，当对员工工作积极性起致弱作用的因素长期起主导作用时，组织的发展就会受到限制，走向衰败。因此，对于存在致弱作用的激励机制，必须将其中的去激励因素根除，代之以有效的激励因素。

二、激励机制建立的原则

建立起有效激励机制组织的一个非常重要的标志是员工处于“卓越的工作环境”① 中，其工作积极性、主动性及潜能得到充分的发挥，组织目标能够高效率地达成。基于此，企业在建立激励机制时要考虑以下原则。

1. 人本原则

正如 Unisys 的 CEO 温白克所说，喜欢人的人才能成为一个优秀的管理者。组织只要对员工付出真爱，便能得到员工的拳拳回报。激励是手段，不是目的。激励的目的是在实现组织目标的同时，也实现员工的个人目标。在知识经济时代，组织必须实行“以人为本”的管理，必须承认并满足员工的需要，尊重并容纳员工的个性，重视并实现其价值，开发并利用其潜能，营造并改善员工所处的环境。

2. 公平原则

公平是影响员工士气与热情的关键，因此，组织在甄选、绩效考核及人事决策过程中，必须从组织目标，而非领导者个人或小团体目标出发进行奖惩，切忌把激励当做排除异己、打击报复、压制民主的手段；应该注意程序公平、人际公平及结果公

---

① 此概念为盖洛普公司提出，白金汉与考夫曼在《首先，打破一切常规》中所描述，可用 12 个问题进行测量：①我是否知道对我的工作期望是什么？②我是否拥有恰当的工作所需的材料和设备？③在工作中我每天是否有机会做我最擅长的事？④在过去的 7 天里，我是否因良好的工作得到赏识或表扬？⑤我的上级或工作中的其他人看上去是否在意我这个人？⑥工作中是否有人鼓励我的发展？⑦在工作中，我的观点是否受到重视？⑧我所在公司的使命或目标是否使我感到自己的工作很重要？⑨我的同事是否在努力实现高质量的工作？⑩我在各种中是否有一个最好的朋友？⑪在过去的 6 个月中，我是否向什么人谈论过我的成就？⑫在工作中，我是否拥有机会学习和成长？

平，建立科学公正的酬报制度与绩效考核体系，而非凭借管理者的主观偏见、个人好恶判断员工的绩效与能力。做到“诚有功，则虽疏贱必赏”，“诚有过，则虽近爱必诛”。组织很难做到绝对的公平，因此，组织一方面要注意疏导员工的公平心理，引导员工树立正确的公平观，使员工明白绝对的公平是不存在的，不应盲目攀比，不应按酬付劳，造成恶性循环；另一方面在制度规章的执行中应尽量做到相对公平。

3. 内外结合的原则

物质激励是各种激励的基础，也是现有国内企业最普遍运用的激励模式。物质收入的多寡不仅决定员工生活水平的高低，也在一定程度上决定了员工所处社会地位的高低，是员工加入组织所需要得到的最基本的满足，是其从事一切社会活动的基本动因。人除了物质需求之外，还有获得尊重、追求自我价值实现等更高层次的需求，满足员工高层次需要的精神激励可以有效地调动员工的内在动机，充分发挥其主动性与积极性。尤其对于知识型员工，精神激励更为重要。因此，管理者应尽量增加物质奖励的精神含量，使获奖者在物质上得到实惠，在精神上受到鼓励，激励其荣誉感、光荣感、成就感和自豪感，从而使激励效果倍增。

4. 区别对待的原则

激励的过程，就是满足员工不同需求的过程。不同的员工需求不同，因此相同的激励政策所起的激励效果也会不同；即便是同一员工，在不同的时间和环境下也会有不同的需求；不仅如此，已经满足了的需求不会再有激励作用，所以激励就要区分情况，因人而异，因具体的环境而异，因时而异，灵活对待。否则，激励的效用就会下降甚至消失。因此，管理者在制订政策时要清楚地掌握员工的真正需求，从而有针对性地建立相应的激励政策，帮助员工满足这些需要。

5. 适时适度原则①

激励适时是指奖惩及时，如果积极行为没有得到及时的肯定，即便后来给予足够的奖励，常常只能起到安抚员工纠结于心的不满与期待之效，很难收到应有的激励效果；同样，如果消极行为没有得到及时的惩罚予以弱化，那么就等于鼓励不良行为的重复出现。

激励适度是指奖惩需足够但不过度。正如李世民所说：“赏当其劳，无功者自退；罚当其罪，为恶者咸惧。”如果小功大奖，远远超过其贡献，会走向反面，使员工感觉不公平，助长受奖者的侥幸心理；反之，大功小奖，不仅起不到应有的激励效果，还会成为变相的惩罚；大小功劳不分，奖励效价差过小，就会流于平均主义，失去激励作用。同理，小过重罚，会加重挫折行为，员工会失去对公司的认同；大过轻罚，则不足以纠正非期望行为，员工就会蔑视公司的规章制度、轻视领导的权威，消极行为就会在组织中不断重复发生乃至蔓延。

---

① 张德：《人力资源管理》（第2版），清华大学出版社2001年版，第238—239页。

激励适度的另一含义是把握压力和动力的平衡。适当的压力是员工努力的动力，但管理者要清楚，一个人的承受能力是有限的，如果压力太大，无疑会导致过度激励的恶果。

6. 奖惩兼备，以奖为主原则

组织的激励机制是打击组织非期望的行为、鼓励组织期望的行为的最有效的手段。奖励与惩罚扮演了上述两种不同类型却又相互联系的激励方案。但鉴于惩罚的负面影响，在管理实践中应将其作为奖励的补充。

企业的激励机制应该善用奖励和惩罚，多用萝卜而少用大棒。奖励的负面影响较少，是调动员工积极性的比较理想的手段。惩罚是打击组织非期望行为的一种手段，此种方法是有效的、不可缺少的，但其局限性较大，不可避免地导致受罚者的挫折心理和挫折行为，甚至影响管理者与员工以及员工之间的人际关系，致使人际关系矛盾激化。即便要惩罚，也要遵循以下原则有效地降低惩罚的副作用：事前告知；适时惩戒；公平公正；顾及颜面；适可而止。

此外，还需要说明的一点是：奖惩不是目的。如果把奖惩当做目的来追求，必然走偏方向，即变成为奖励而奖励，为惩罚而惩罚。对任何一个组织而言，奖励与惩罚只是推动工作的手段，如果奖惩最终造成员工的积极性下降、离心力增大、人际关系恶化，那么奖惩的有效性就令人质疑。所以，激励机制需要不断根据激励主体与激励客体之间的互动进行有效地调整，使其始终服务于组织的战略目标。

三、激励机制的内容

根据定义，激励机制包含以下八个方面的内容。①

1. 整合诱导因素：把握员工需求的多样性与变动性

诱导因素是指用于调动员工积极性的各种奖惩资源。对诱导因素的提取必须建立在对员工个人需要进行定期调查、分析和预测的基础上，然后根据组织所拥有奖惩资源的实际情况设计各种奖惩形式，包括各种外在性奖惩和内在性奖惩（通过工作设计来达到）。诱导因素的提取讲究时效性，要定期进行，不可能一劳永逸。需要理论可用于指导对诱导因素的提取。

2. 行为导向制度：奖励什么就会得到什么

行为导向制度是组织对成员所期望的努力方向、行为方式和应遵循的价值观的规定。在组织中，由诱导因素诱发的个体行为可能会朝向各个方向，但不一定都是指向组织目标。个人的价值观也不一定与组织的价值观相一致，尤其需要把握与控制非正式组织与组织目标的离心力，这就要求组织在员工中培养领导性的主导价值观，驾驭

① 张德：《人力资源管理》（第2版），清华大学出版社2001年版，第93—95页；刘正周：《管理激励》，上海财经出版社1998年版。

好非正式组织的"情绪领袖"，争取理解、认同和支持，至少可以消除不必要的误解和对立。行为导向一般强调全局观念、长远观念和集体观念，这些观念都是为实现组织的各种目标服务的。

管理学博士勒波夫（M. Leboeuf）曾经指出，世界上最伟大的原则是"受到奖励的事，会做得更好"①。在有利可图的情况下，每个人都会干得更漂亮。他还列出了企业应该奖励的10种行为方式：①奖励彻底解决问题的，而不是仅仅采取应急措施；②奖励冒险，而不是躲避风险；③奖励实用可行的创新，而不是盲目跟从；④奖励果断的行动，而不是无用的分析；⑤奖励出色的工作，而不是忙忙碌碌的行为；⑥奖励简单化，反对不必要的复杂化；⑦奖励默默无声的有效行动，反对哗众取宠；⑧奖励高质量的工作，而不是草率的行动；⑨奖励忠诚，反对背叛；⑩奖励合作，反对内讧。

勒波夫所列举的这些应该奖励的行为方式，对很多企业来说，都可作为员工的行为导向。

3. 行为幅度制度：虚实兼顾

行为幅度制度是指对由诱导因素所激发的行为在强度方面的控制规则。弗鲁姆的期望理论显示，对个人行为幅度的控制是通过改变一定的奖惩与一定的绩效之间的关联性以及奖惩本身的价值来实现的。斯金纳的强化理论表明，按固定的比率和变化的比率来确定奖惩与绩效之间的关联性，会对员工行为产生不同的影响。前者会带来迅速的、非常高而且稳定的绩效，并呈现中等速度的行为消退趋势；后者将带来非常高的绩效，并呈现非常慢的行为消退趋势。通过行为幅度制度，可以把个人的努力水平调整在一定范围之内，以防止一定奖惩对员工激励作用的快速下降。另外，不可忽视的是，组织对员工贡献的赞赏与评价、对员工幸福的关心与帮助以及有关的政策、程序及决策都会影响员工感知组织支持的程度，进而会影响员工的工作投入与绩效。因此，组织的激励机制不仅要包括物质奖励制度，也不应忽视关心员工、尊重员工、参与决策等制度策略对员工行为幅度的影响。

4. 行为时空制度：系统与权变的思考

行为时空制度是指奖惩制度在时间和空间方面的规定。这方面的规定包括特定的外在奖惩和特定的与绩效相关联的时间限制。对员工的绩效采取工资还是奖金进行激励，对其行为的激励时效是不同的；员工对某一工作的适应是相对的，随着自身的变化以及工作本身的变化而变化的；同时，员工的有效行为也有一定空间范围，不同场合需要不同的行为准则；员工的某一行为是否值得奖励与组织的不同战略目标有关，也与具体的工作内容相关，更与组织所处的环境有关。行为时空制度能够保证员工行

---

① （美）勒波夫著：《神奇的管理——奖励，世界上最伟大的管理原则》，孙爱民译，军事科学出版社1990年版，第6页。

为的持续性，并在一定的时间和空间范围内发生。

5. 行为归化制度：文化的魅力

行为归化是指对成员进行组织同化和对违反行为规范或达不到要求的行为的处罚和教育。组织同化（Organizational Socialization）是指把新成员带入组织的一个系统的过程，与控制理论中的宗族式控制（Clan Control）基本类似，它包括对新成员在人生观、价值观、工作态度、合乎规范的行为方式、工作关系、特定的工作机能等方面的教育，[①] 使他们成为符合组织风格和习惯的成员，从而具有一个合格的成员身份。在组织同化中，不仅可以通过观念层，即组织目标、哲学、精神、风气、道德及宗旨等组织文化的主体对组织成员进行影响、凝聚与同化，也可通过制度层约束员工的行为，维持组织活动的正常次序，还可以通过器物层即物质层这一群体价值观的载体教化员工。

6. 行为的平衡制度：防止激励过度与激励不足

激励机制强调激励主体与客体之间的相互作用，讲究员工与企业之间的互动，以及员工和组织绩效长期的、可持续的关系；追求对员工的全面关怀，即不仅仅关心员工的工作行为及绩效，而且关心员工工作以外的有关个人家庭、生活的方方面面。在此指导思想下，组织的激励机制不鼓励员工超出自身能力与极限的努力行为，不鼓励忘我工作、舍弃个人身体健康与家庭幸福的行为，力图促使员工减少工作—家庭冲突，保持其工作家庭生活平衡，以达到工作家庭生活的相互促进。这也就是现在很多白领奉行的所谓的“八分”工作，即对工作的投入要适度，不要刻意追求百分之百的投入，只要百分之八十就好了。激励不足的问题主要源于组织不了解员工需求或者忽视员工的需求，一般比较容易解决；激励过度或者不重视员工的工作家庭生活平衡的情况则比较普遍。同时，一般组织总是比较倾向于要求员工“奉献”，尤其难以抵御员工主动献身这一“诱惑”。

7. 行为制度的相互性：基于社会交换的理念

组织支持理论与组织支持感的概念[②]是基于社会交换理论和组织拟人化思想[③]而提出的。该理论认为，雇佣关系的建立就是员工以个人努力工作和忠诚来换取物质利益和社会报酬。组织对员工的关心和重视是导致员工愿意留在组织内部为组织做出贡献的重要原因，即先有组织对员工的承诺，然后再要求员工对组织的承诺。较高的组

① H. S. Baum. *Organizational Membership*. Albany, New York: State University of New York Press, 1990.

② Eisenberger R., Huntington R., Hutchison S. & Sowa D. Perceived organizational support, *Journal of Psychology*, 1986, 71: 500-507.

③ 组织拟人化思想指的是员工并不是把组织看做一个没有生命的物质机构，而往往会把人类的特征投射到组织身上，然后与自己心目中具有人类特点的组织发生联系，而不是仅仅归因于组织代理人的个人动机。员工会将组织通过代理人对他们采取的支持性或非支持性的措施，作为评判组织是否重视他们所做出的贡献和是否关心他们福利的表现。

织支持感会使员工产生较强的情感承诺和对组织的义务感，感受到较低组织支持的员工更可能离开组织。组织支持感满足了员工的社会情感需求，如果员工感受到组织愿意而且能够对他们的工作进行回报，他们会为组织的利益付出更多的努力。员工如果得到重要的价值资源（如工资增长、晋升和培训机会），他们就会产生义务感，按照互惠的原则，通过增加角色内和角色外绩效、减少旷工来帮助组织达成目标。[①] 组织或组织的代表对员工的积极和有益的行动，会建立起高质量的交换关系，使员工产生义务感，从而以积极和有益的方式来报答组织。

8. 激励机制的灵活性与稳定性：变与不变

激励机制是在顺应组织内外部环境的基础上建立的，不管是外部环境、组织内部环境还是员工需求，一旦产生变化，激励机制都要做出相应的调整。不仅组织的酬报制度会影响员工的公平感，竞争对手的激励机制也会影响激励制度的有效性。例如，在外资企业中越来越重视家庭友好计划，这对中国企业的激励机制是非常强烈的挑战，中国的民企与国企要吸引与留住优秀人才就必须改变现有的激励政策。在保持企业激励机制稳定性的同时，为了提高其灵活性以应对瞬息万变的环境，激励机制应该设有应对变化的反应或应变机制。当然，组织关于奖惩何种行为这类有关组织价值观的内容是不可以轻易改变的，至于具体的奖惩方式和手段又要经常变动，以保持对员工行为较为有效的长期激励。

以上八个方面的制度和规定都是激励机制的构成要素，激励机制是这些构成要素的总和。其中，诱导因素起到激发行为的作用，其他方面的内容则起导向、规范、制约、平衡及稳定行为的作用。一个健全的激励机制应完整地包括以上八个方面，包括物质激励和精神激励两种性质的制度。只有这样，才能步入员工与组织间的良性运行状态。

【案例】

国外企业人力资源激励的基本状况

世界各国对员工的激励没有统一的模式，它们之间的差别也很大，在此仅对最具代表性的美国、德国和日本三个国家的员工激励作简要介绍。

---

① L. M. Shore, &, S. J. Wayne. Commitment and employee behavior: Comparison of affective commitment and continuance commitment with perceived organizational support, *Journal of Applied Psychology*, 1993, 78: 774 - 780; R. Eisenberger, F. Stinglhamber, C. Vandenberghe, I. Sucharski & L. Rhoades. Perceived supervisor support: Contributions to perceived organizational support and employee retention, *Journal of Applied Psychology*, 2002, 87 (3): 565 - 573.

一、美国

实行弹性、激励性的薪酬制度。美国没有统一的薪酬制度，劳资关系为对立型，薪酬主要通过雇主和工会组织集体议价谈判商定。薪酬的主要形式有职务薪酬制、职能薪酬制、提成薪酬制、计件薪酬制等。近几年，许多企业为了压低人力费用和提高经济效益，采取了更为灵活的薪酬形式，如按知识付酬计划、职工持股计划、利润分享计划、生产率利益分享制等，激励效果非常明显。

股票期权激励是美国公司激励的重要内容。过去，美国公司主要采用津贴提升、职务提升和任期圆满作为激励，现在，股票期权是应用最广泛的一种前瞻性的激励，股票期权或认股权、购买公司股票和股份奖励都是美国公司利用股票调动员工积极性的方式。如英特尔是一家成功地运用股票期权作为激励的公司，所有员工都拥有公司的股票期权。

在薪酬制度方面偏重于以个人为中心，强调个人的价值，注重个人激励。在美国，薪酬制订的基础是职务分工，表现出强烈的刚性。美国企业偏重于对员工的个人激励，表现在薪酬制度上就是注重个人表现而不是论资排辈。企业中优秀员工和落后员工之间的工资差别非常大，公司高层管理人员所拥有的股票与期权价值已超过1亿美元，是普通员工收入的几十、几百到上千倍。

在员工使用上，注重能力，建立了内外一视同仁和快速提拔的晋升激励。

在美国，特别重视能力，不重资历，在安排上实行多元化管理，对外来人才具有亲和性和非歧视性。管理层的提拔，既可内部提拔，也可从外部招聘，公平竞争，不论资排辈，拓宽了人才选择面，增强了对外的吸引力，强化了竞争机制，这种重能力的晋升机制极大地调动了员工的积极性。

美国企业在对员工使用及报酬等方面往往做单方决定，员工没有多大的发言权，员工归属感不强，会在一定程度上影响员工积极性的发挥。

二、德国

注重员工参与激励。德国企业主要运用“职工参与制度”即通过大量职工代表直接进入企业监事会，并参与企业重大经营决策来实现职工与管理的有机统一，在监事会中职工代表的数量达到了1/3或1/2。实行职工参与制度后，缓和了劳资关系，避免了有损于企业的重大争执和纠纷，对于提高经济效益、改进企业经济管理、增强企业竞争力，起了一定作用。这种“参与激励”极大地调动了员工参与企业生产经营管理的积极性。

德国企业倾向于长期的激励方式，长期而稳健的人才激励计划是很多德国企业得以运转百年的润滑剂。德国企业不会轻易裁员，特别注重对员工的长期激励，正如西门子中国公司人力资源总监谢克海所说：“西门子人力资源体系中绝非末位淘汰或者是物质奖励那么简单，公司人力资源战略与公司的长期业务计划密切相连。”新员工一旦被招聘，将与上层主管就各方面充分沟通，并被纳入“综合员工发展计划”，员工被授予了更多权利，参与到企业管理和发展中，促使西门子这样的企业更加稳健地增长。

德国企业非常重视各层次员工的绩效考核工作，充分发挥绩效考核的激励作用。德国企业把员工的绩效考核工作作为企业管理及人力资源开发的一项基础工作，这为德国企业创造更好的用人环境、建立激励、规范内部员工的行为，起到了积极作用。

合理运用弹性工作时间，以此来激发员工的积极性。这是“放权激励”的一种方式，弹性工作时间允许员工在一定限度内选择自己的工作时间段。20 世纪 60 年代，德国首先引进这一制度，此后传遍欧洲和美国。弹性工作时间把个人需求与工作需求之间的矛盾减少到最小，让员工不必在上班时间分心考虑其他要做的事，从而专心工作。员工可以灵活地调整工作时间，提高工作效率。

德国企业在员工使用和报酬等方面，一般通过协议来决定，使得劳资关系缓和，员工的工作比较稳定，员工的积极性也很高。正如德国前总理施奈特所说：劳资之间长期的“妥协气氛”是创造“经济奇迹”的重要因素。

三、日本

薪酬制度实行年功序列制，福利优厚。年功序列工资制的主要内容是职工的基本工资随本人的年龄和企业工龄的增长逐年增加，而且增加工资有一定的序列，按各企业自行规定的年功工资表循序增加。近几年日本企业开始实行职务职能工资制，日本企业一般每隔半年根据绩效情况，给工人发相当于 5—6 个月薪资的红利。日本企业的福利非常优厚，许多企业都为员工提供单身宿舍、带薪休假、定期体验、运动场馆和俱乐部等措施，这些都有利于吸引和留住人才。

在员工使用上，实行内部晋升激励。日本企业的中高层领导大多来自企业内部，与技术、业务能力相比较，企业更看重个人对企业的忠诚度。当有员工需求时，一是从学校吸收，二是尽可能的通过内部调节来满足员工需求。这样的员工使用和内部晋升机制无疑会激发员工的积极性，提高工作效率。注重集体决策、员工参与，提高员工归属感，有利于员工积极性的发挥。

员工一般通过劳资协议会参与企业管理，形成了日本企业独特的员工参与制，在日本，强调的是员工的主动参与权，而不是决定权。劳资关系为合作型，用工制度采用终身雇佣制，极其重视团队精神。为了维护团队的凝聚力，经营者的收入不可能比其他人高出很多。强调主人翁意识，把员工与企业的命运紧紧联系在一起，从而迫使和激发了员工参与企业管理的积极性，增强了员工对企业的归属感。

在激励方式的选用上，少强调物质激励，多强调精神激励。员工的工资福利近乎平均，员工之间差距不大，管理层与员工相差也不是很大，较少采用物质激励方式，更多使用内部激励，如努力营造一个友好、和谐和愉快的工作环境等。同时，他们特别重视精神激励的作用，精神激励是激励的重要内容。

实行员工持股制度，重视对员工的长期激励。日本允许员工以低于股票交易的价格购买少量企业股份，持有者有权出席股东大会并参与企业的分红。对那些有特殊贡献的员工，公司往往以股票作为激励。采用员工持股的目的是为了增加员工对企业的依附感和责任心，激发他们关心企业的经营状况，更好地为企业效力，同时也有利于企业解决资金周转的困难，度过经营难关。例如，1978 年，日本最大的百货商店之一高岛屋，因资金周转不灵面临股票被大量收购的危险，于是实施员工持股购买了公司 5.70k 的股票，才使企业控制权免遭外落。

资料来源：John M. Ivancevich、赵曙明编著：《人力资源管理》第三章企业人力资源管理与开发的国际比较研究，机械工业出版社 2005 年版。

企业不同发展阶段的激励机制

——以可口可乐中国公司为例

企业生命周期理论把企业从创业到衰退的整个过程分为四个阶段。由于企业在每个时期所面对的矛盾和特点都有所不同，因此，企业要根据自身所处的不同发展阶段，设计适合企业本阶段发展并能够有效支撑其企业战略的长期激励模式。[①]

一、初创期

处于初创期的企业一般正急于为其有限的产品打开市场，常会出现现金流问题，收入和利润都较低，任何不确定的风险因素都会直接或间接地增加资金的负担，主要业务流程及组织架构尚不稳定，职位职责尚不明确，常存在一人多职或职责交叉的现象，主导员工的往往是创业热情，而不是名誉和正式的地位。

因此，在激励机制的物质激励方面，应满足以下要求：薪酬设计的重点应放在薪酬的外部竞争性上，淡化薪酬的内部公平性。总体薪酬刚性应当小一些，即基本工资和福利所占的比重要小，而绩效奖金所占的比重要大。此外，用股权、未来收益或未来职务等长期激励的形式代替当前的高薪，来解决企业急需专业技术人才、管理人才和市场营销人才的加盟，又迫于财务压力的问题。在精神激励方面，应注重给予员工认可和赞赏，增进沟通，充分信任员工，加大感情投入，提高员工的忠诚度，并适当授权激发其创业热情。

例如，可口可乐公司进入中国后，为了有效发挥薪酬的激励功能，其薪酬制度随着外界环境和公司战略的变化而变化。进入中国之初，公司采用的是强调外部竞争性的高薪政策。因为中国刚开始改革开放，人们生活水平较低。可口可乐中国公司针对当时中国物质不丰富、员工收入水平低的状况，采用高薪政策以吸引和激励人才。当时可口可乐中国公司的薪酬结构由基本工资、奖金、津贴和福利构成。公司提供给员工的基本工资是当时国内饮料行业的两至三倍（尽管可口可乐中国公司在中国处于

---

① 王凡：《基于企业生命周期的激励机制研究》，http://www.lunwentianxia.com/product.free.1896891.1，2007－11－21。

初创期，但是母公司资本雄厚，不存在流动资金紧张的情况，因而薪酬中基本工资部分很高）。薪酬政策同时强调内部均衡，管理人员和工人的工资差距较小，薪酬具有很强的平均色彩。奖金是公司根据员工绩效，经考核后，在月底和年底向员工发放。由于采取极具竞争力的高薪政策，可口可乐中国公司在当时吸引了中国大批人才加盟其中，并且员工的离职率很低，有力地促进了公司战略目标的实现。

二、快速成长期

在快速成长期，由于企业规模的扩大，企业开始重视规章制度的建设，主要业务流程及组织架构也日趋稳定，企业逐渐进入规范化管理阶段。因此，建立以职位为基础的薪酬体系在客观上成为可能。企业对优秀人才的需求量大大增加，企业受外部人力资源条件的制约进一步凸显，同时现金存量较为宽裕。

激励机制设计的物质激励应为：一方面开始适当提高基本工资和增加福利；另一方面，鼓励个人贡献，并按个人绩效计发的绩效奖金占很大的比重。由于在这一时期许多企业的投资也进一步加大，因此，现金存量往往不多。为了吸引高级人才的加盟，企业还应强调长期激励的重要性。在精神激励方面，应注重授权让员工有更大的施展平台，促进企业的发展。

当可口可乐中国公司处于快速成长时期，为了增强对人才资源的竞争优势，公司于1995年根据劳动力市场薪酬调查报告，做出每年给员工多发三个半月的基本工资的决定，以提高工资总量，保持公司总体薪酬水平处于美商在华企业平均薪酬的3/4水平上。在福利方面，除了按政府的规定为员工支付基本养老金、住房公积金、失业保证金外，还根据公司情况增加补充养老保险金，以及向员工提供普通团体意外险和住房贷款计划，等等。另外，在强化佣金、奖金等短期激励措施的同时，开始注重采用股票期权等长期激励手段。通过改变后的薪酬制度对外更具竞争力，对内更具激励性和导向性。

三、成熟稳定期

处于成熟阶段的企业，内部管理更加规范，内部已拥有大量的人力资源，建立以职位为基础的薪酬体系更为容易。企业对优秀人才的获取开始从外部劳动力市场转向企业的内部劳动力市场，企业要做的是如何去发现和培养人才，从内部提升从而产生强大的激励效果。这时，企业支付给员工的基本工资很高，福利也最多，绩效奖金则相对较少。另外，因市场的进一步扩大，靠员工个人的力量难度加大，需要依靠团队作战，这时候企业必须强调组织效率和团队协作。

因此，激励机制的物质激励方面要特别重视体现团队贡献的团队薪酬。精神激励要重视对员工的正确定位、内部提升、员工的培训与个人发展，注重沟通与员工参与，同时创造良好的工作环境和氛围，提高员工的归属感。

例如，从1999年起，可口可乐中国公司在中国投资扩张的速度开始放缓，大规模办厂也告一段落，公司开始进入稳定发展阶段。当时与可口可乐竞争的企业不仅有百事可乐，还有国内的健力宝、汇源、娃哈哈、露露、统一、康师傅等企业。产品的市场竞争以及由此带来的人才的市场竞争，加上内部不尽完善的薪酬制度导致了可口可乐中国公司人员辞职率上升、员工绩效下降的现象。为了扭转这种局面，2000年，可口可乐中国公司首先进行了重大的组织结构改革，然后对所有的职位进行全面的职位分析和职位评价。并在此基础上对薪酬制度做了重大调整，开始推行全面薪酬制度，将经济性和非经济性的薪酬真正融为一体，把薪酬范畴扩展到包括基本工资、绩效奖金、福利、股权、培训计划、职业生涯开发、员工沟通与参与、员工满意度提高等各个方面，同时还为本地员工向国际化人才发展并进行国际间人才交流创造了条件。

四、衰退期

在衰退期，企业通常表现为市场销售额急剧下跌、市场占有率和利润大幅度下降，财务状况开始恶化，负债增加，等等。与此同时，会出现员工离职率增加、士气低落、组织承诺下降、员工不公平感提高等现象。这时，激励措施需满足以下特点：首先，为了开拓新的业务领域而招聘该领域的人才，同时也留住内部原有的优秀员工，薪酬必须具有较强的市场竞争性；其次，企业通常采取收缩战略，因此强调个人的绩效奖金和长期薪酬意义不大，较高的基本工资和较高的福利将是明智的选择。

四、激励机制的诊断

组织行为学有一个著名的公式：绩效 = F（能力 × 激励），意为绩效是能力和激励的合成量，两个能力相同的人，其绩效高低取决于激励水平。激励效应的最大化应该是人的各种需要的一种最佳组合，过分强调某一种需要都会导致激励措施不能发挥出应有的作用，甚至导致激励机制完全失灵。

很多组织都存在激励失灵的问题，主要可概括为激励不足和激励过度两个方面。激励不足是指因各种原因导致激励措施不足以激发员工的动机，员工对管理层苦心制定的激励措施难以产生心理共鸣，导致员工心情不舒畅或积极性不高，影响工作效率；更有甚者，一些公司尽管待遇优厚，但仍无法留住骨干员工，这就是激励过度。这两者是激励失灵的主要方面。另一方面，从经济学的角度看，任何事物都会随着时间的推移出现收益递减现象，最终甚至出现负收益。资本、劳动、技术等生产要素的投入如此，作为制度的激励措施的运用也是如此。一个人的承受能力是有限的，在激励过强的情况下，必然出现动机过强的情况，导致员工压力加大，最终与人的体力和精神极限发生冲突，导致工作效率不升反降。尽管这种情况不是激励失灵的主要表现，但在当前的社会环境下，应该对此类现象予以充分关注。

我们可以从企业和员工两个方面，发现组织激励机制存在的问题：

（1）企业方面。包括企业的成本、效率、收益等方面的财务数据，以及员工的流失率、招聘率，等等。如果用高成本来维持企业的激励机制，却没有换来生产效率的提高，员工也纷纷选择跳槽或离职，那么企业应该对整个激励机制重新进行审视。

（2）员工方面。包括员工的工作效率、工作满意度、工作忠诚度以及日常的行为等。员工的消极行为最能说明企业的激励机制存在问题。消极行为一般包括怠工行为和退出行为。前者是指那些损害组织利益的活动，如偷窃、暴力等；后者则是个体用来逃避不满意的工作而采取的心理或身体行为，[①] 包括心理退出和身体退出。员工的消极行为带给组织的危害是不言而喻的，许多组织已经采取一些行动来减少员工的消极行为，消除其不良影响。例如，美国邮政服务部门训练管理人员和邮政官员识别那些不正常的威胁或者攻击行为；有些公司向员工提供发泄愤怒的途径，改变导致员工工作不满意和员工流动的工作条件；等等。我们可以利用相关的研究量表来对员工的态度或者行为进行诊断，当激励措施发挥出应有的作用时，员工的工作积极性将提高，对企业的认同以及归属感也将加深。

【案例】

日本松下电气公司认为倾听员工的抱怨申诉，让员工的情绪有发泄机会，有助于减轻或消除挫折感，因此专门设置“精神健康室（human control room）”，里面的情形如下：

在第一室内，迎面是一排普通的镜子，让员工看到此刻自己的印象。

在第二室内，迎面是一排各种各样的“哈哈镜”，上面写着：“请看与你本人形象有何不同?”让员工领会到因镜子不平会使人变形。

在第三室内，列着模拟经理和老板的橡皮塑像，还有打人的棍子，员工可以对最讨厌的那个塑像打个痛快，发泄自己的怨气。

最后一室为恳谈室，内设茶点、咖啡，陈列着企业的发展简史等，满面笑容的心理学家会热情地同员工谈心，询问个人的困难和不满以及对企业的意见。

资料来源：许芳：《组织行为学原理与实务》，清华大学出版社2007年版，第206页。

值得注意的一点是，当员工的工作效率很高时，并不意味着企业的激励机制没有问题。激励不足固然会造成员工士气低下，但激励过度同样会造成即使员工效率较高，但企业长远利益却受到损害的后果。

管理者必须清楚“过犹不及”的深刻含义。

---

① J. Rosse & T. Noel. Leaving the organization. In K. Murphy (ed.). *Individual Differences and Behavior in Organizations*. San Francisco: Jossey-Bass, 1996: 451 – 504.

【案例】

联邦快递：士为知己者死[①]

联邦快递公司从创业之初就一直注重培养员工的感情，并努力提高员工的素质，增强企业内部的凝聚力。而联邦快递公司员工的那种以全局为重，不计较私利，与公司同甘共苦、荣辱与共的精神在美国公司中同样十分罕见。公司领导人弗雷德·史密斯是一个永不服输的人，为了实现自己的目标，不惜付出任何代价。这种精神深深吸引着联邦快递公司的每一个员工。弗雷德是一位激励大师，非常关注员工的价值。联邦快递公司的一位部门主管曾经这样讲："如果弗雷德·史密斯让公司一万多名员工全体列队站在大桥上，并说：跳，他们中有99%的人会毫不犹豫地跳下去。"弗雷德将联邦快递公司的成功归功于他的企业哲学："部属—服务—利润"。

在联邦快递公司，"人"始终是全公司最重要的因素。人有七情六欲，而且又是形形色色，什么样的性格都有。怎样把这些个性不同、资质有别的人放到同样速度的运输带旁，并要求他们工作效率一致呢？这显然是件十分复杂的工作。弗雷德十分关心属下，他经常问一些重要的问题，例如，食堂的伙食怎样？如果不满意，还应准备哪些食物？洗手间够吗？那么多人如何解决如厕问题？他把善待下属作为公司成功的首要因素，在联邦快递公司成立二十多年间，弗雷德从来没有解雇过一名员工。弗雷德认为对待下属不仅仅只是关心他们的生活，让他们分得更多的利润，更重要的是不断提高他们的素质，使他们能够保持创新精神。

弗雷德把属下作为企业哲学中最重要的因素后，说明了这种管理思想的理由。他认为："有了良好的员工，自然会有良好的服务和工作效率，有了良好的服务和工作效率才能有无限强大的后继发展能力，才能得到赖以生存的利润。"他反复对员工强调，联邦快递公司在生死存亡的危急时刻，就是靠上下一心、同舟共济的精神渡过难关的。全体同仁无论职位高低，彼此感情十分密切，这是任何一家公司所没有的现象，也是很多公司所积极追求的理想境界。在联邦快递公司，员工所得、福利和归属感与企业的发展紧密相连。员工对企业怀有深厚的感情与道义，因此他们的潜力能够发挥得淋漓尽致。

弗雷德保持的不裁员的政策也是激励员工士气，鼓舞员工自励自爱精神的重要方法之一。在联邦快递公司，弗雷德实行内部提升制度，员工只要工作做得好、有能力，就可以从普通员工的岗位晋升为主管。为了激发员工的潜力和向心力，联邦快递公司还推行了一套公平的按股分红的办法，使公司成员经过努力就可以得到公司股

---

① 洁岛编著：《管理的禅境》，（台北）大力文化有限公司2006年版，第132—135页。

份，参加分红。弗雷德对主管同样提出严格的要求，他要求所有主管人员的办公室的大门全天敞开，属下可以随时找上司沟通。员工可以把自己的不满写在意见书上，并有权要求更高管理人员解决问题。公司还成立了申诉委员会，专门负责解决员工在工作中的不满和主管领导在工作中的矛盾冲突，并解决员工在工作中遇到的各种问题和麻烦。申诉委员会定期对公司出现的各种问题进行公平处理，一旦发现问题就及时解决。弗雷德要求各部门主管必须做出激励属下工作热情和一个时期的具体计划，在计划中还要找出每个部门潜在的问题。他还组织公司人事部在全体员工中进行民意测验，调查掌握属下对主管的意见和要求。

弗雷德让主管部门印了几百枚如邮票大小的“B”或“Z”字样的贴纸，凡有特殊表现或出色完全艰巨任务的员工都可以获得这样一枚贴纸，他们把贴纸贴在胸前的衣服上，就像立功将士的勋章。联邦快递公司始终将“如何对待属下”作为首要工作，对于员工的工作采取了各种各样的管理方法，进而形成了联邦快递公司特有的内部激励制度，这一机制使公司永葆勃勃生机与活力。在很多美国人心目中，能在联邦快递公司工作是一种荣誉，有人将联邦快递公司列为美国工作条件最佳的十家公司之一，并称赞它是一家典型的“现代公司”，而且是一家“人民公司”。

思考：

1. 为了激励员工更好地为企业服务，联邦快递采取了哪些激励措施？
2. 联邦快递公司的激励机制起到了怎样的作用？为企业带来什么价值？

本章小结

激励是一门艺术，是领导艺术的核心，有效运用激励艺术已经成为衡量领导水平的重要方面。掌握这门艺术，并非可以一蹴而就，而是需要长期的培养和积累。从理论上了解激励的艺术对于实践具有指导作用，认识到不同类型员工要采取不同的激励方式有利于在工作中“因材施教”。管理者对激励的认识和理解不能局限于奖励，而要认识到激励是奖励与约束的一体两面。既要懂得运用各种激励手段从正面激励员工，坚持物质激励与精神激励相结合的方针，因人因时因地而异；也要利用必要的约束手段来强制员工朝着组织期望的方向行动。辨证地运用奖励和约束能够最大限度地发挥激励的作用。

瞬息万变的市场环境使得企业要不断适应环境的变化，企业员工的世界观、价值观也在不断变化，一般的激励方式在运用过程中难免遭遇失灵之情况，这就要求管理者以创新面对千变万化的环境。了解新兴的激励方法，包括远程办公、弹性工作时间、职业生涯管理、职业生涯设计、冲突激励、文化激励等，为管理者实施激励提供了创新的案例，使之认识并将其运用到实际工作中去。

同时，激励的作用也要引起管理者的反思。管理者要意识到在运用激励时可能带来的负面影响，激励并不是包医百病的灵丹妙药，只是调动员工积极性的手段。管理者要以“以人为本”的思想为指导，真正从员工的需要出发，关注员工作为多种角色的人的整体性，重视员工工作、家庭、生活各方面的平衡，帮助员工全面发展，使其在工作中获得乐趣和找到工作中的自我，从而激发强烈的内在动机。

其实，激励并不只是管理者的事情，而是管理者、环境及激励对象共同作用的系统。因此，激励是一个机制，是根据组织的实际情况对奖励与约束进行系统的优化，并使得激励主体与客体的相互作用方式固定下来的机制。管理者要深刻认识激励机制的重要作用和建立原则，了解激励机制的内容，才能在面对企业中激励失灵问题时，客观、科学地诊断激励机制，从而建立起完善的激励机制。

本章思考题

1. 您所在的公司对员工采用哪些激励方式？这些激励方式的效果如何？
2. 在激励员工时，需要注意哪些问题？
3. 您是如何理解“激励既是一门科学，也是一门艺术”的？
4. 简要介绍您所在公司的激励机制。它存在什么不足？如何进一步完善激励机制？

本章案例

联想集团的激励机制

“人类失去联想，世界将会怎样”；“联想空间，创造无限”；……这些耳熟能详的广告语，相信只要媒体所能及的地方人们都会知道。人们不仅记住了这些富有创意的广告词，而且关注着我国十多年来高新技术企业界崛起的一颗耀眼新星——联想集团。

20万元对一个普通的中国人来说，是一个天文数字，但是把这20万元用来创办一个公司，特别是一个竞争十分激烈的高新技术企业，却是杯水车薪。就是这20万元，一帮知识分子凭着自己拥有的知识能变成财富的信念和忧国忧民之情怀，在十多年的时间里，证明了自己的价值，让世界几大计算机高新技术公司，如IBM、英特尔、微软等刮目相看。

这是一个奇迹，一个神话。为什么？

多跑道、多层次激励机制的建立和实施，不能不说是联想创造奇迹的一个秘方。

第一代联想人创办公司时的年龄都在40—50岁之间。他们和同龄的中国知识分子一样，富有学识但自觉得不到施展，一面是看着国家落后，一面是自己不能为国家多做一点事。因此，他们事业要求极高，集体荣誉感很强，物质要求却不高。针对这些特点，联想集团在这一时期实施的激励体制也体现了事业目标激励、集体主义精神培养、物质分配的基本满足等特点。

自 20 世纪 90 年代开始，联想集团从高校、社会吸收了大量人才，形成了新一代联想人。有一点他们与老一代联想人是完全一致的，那就是他们的事业心、事业目标，都希望用知识创造财富，把联想集团办成一个世界知名的企业。但是，他们在物质上的要求却比老一代联想人更为强烈，“从一而终”的职业观念开始动摇，自我意识更加突现。联想集团的决策层没有忽视这些特点，而是从这些特点出发，制定、实施了合理、有效的激励方案。

创业时期的一些联想人早在 1993 年之前就不担任职务了，但他们的工资收入并不比领导他们的年轻的总经理低。公司用类似年功序列的做法保证他们的收入。销售部门里，优秀的销售人员的收入可以是他们的上司的一倍甚至更多。这就使得许多有一技之长的人才完全可以在他得心应手的领域去安心发展、大胆创新，获得自己的成就，而无需非要在管理岗位上有表现。一个岗位就是一条跑道，如果只激励一条跑道而忽略了其他跑道，那么这条跑道一定会拥挤不堪。

在联想，30 多岁的人便能运作几个亿的资金经营着十几个亿营业额的市场；经常代表联想集团领导接待政府领导、与外商谈判的年轻人，在各种场合都可以感受到别人投来的羡慕目光；实行事业部体制以后，超额完成的利润部分 50% 上缴集团公司，另外 50% 由事业部自行处理用于奖励或者本部门福利。年轻人更乐于接受这种制度，因为这一切充分展现了他们的主观能动性，他们为了公司多挣利润和自己增加收入，学习经营，学习资金运作，努力压缩成本增加产出。30 岁出头的公司骨干绝大多数享有三室一厅的住房，这在北京足以令人羡慕。员工每年还可以有 10 天的带薪休假。

“榜样的力量是无穷的”，联想认为树立榜样是效果更好的激励。技术人员和行政管理人员更为需要的是激励和培养集体主义精神，否则企业就会成为一盘散沙。高科技的企业要求它的科技开发只能以市场需求为目标，只能在选定几个项目为突破口之后把所有人力、物力集中投向这几个项目。承担开发项目的科研人员不能为了成果归属权而要求独立工作。

1991 年，联想集团有三位不满 30 岁的年轻人被破格晋升为副研究员，理由是他们在联想汉卡、联想微机的开发过程中功勋卓越。这件事在企业内部，甚至在中国科学院管辖系统内部都十分轰动。

联想集团清楚地看到中国企业的体制与国外企业不同，外企对人才能够做到的事情我们未必能够做到，企业实力也有较大的差距。这些问题使我们在人才竞争上处于下风。如果我们一定坚持不这样看，事实上也只能自欺欺人。最好的办法是把我们自己的激励措施搞好，多一些跑道，多一些空间，多一些办法，才能真正把人才吸引来，把人才留住。

这就是联想集团激励机制中的一些片段。

资料来源：《联想集团的激励机制》，http://wenku.baidu.com/view/1eb200d4360cba1aa811dac0.html，2011－07－31。

思考：

运用本章所学的知识，谈谈联想的激励机制有什么特点。

附录 A　项目人员配置

1. 项目经理的选择

应坚持三个基本点：首先是选择方式，必须有利于选聘合适的人；其次是选拔程序合理，要择优录用；最后是必须进行评估。对学历、水平、经历、能力、业绩等进行定性分析和对能力、专业、兴趣和个性等进行定量考核和评估（如附图 1 所示）。

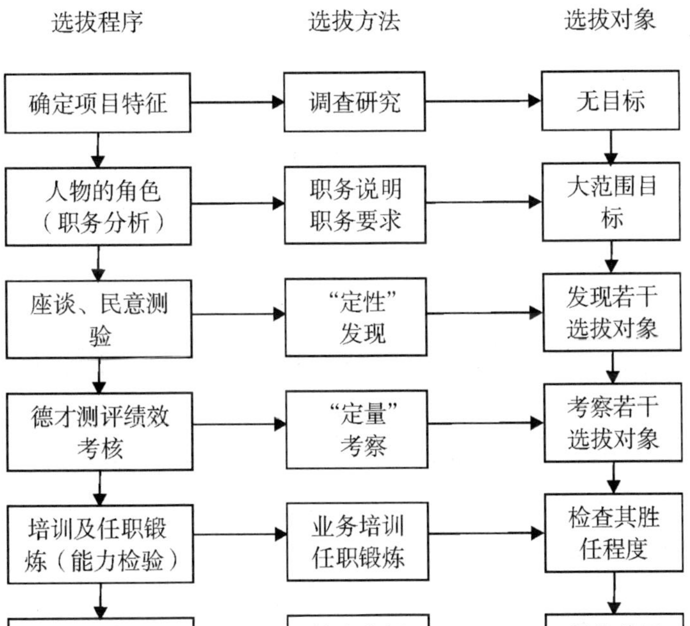

附图 1　选拔项目经理的程序、方法、对象相关图

资料来源：刘新梅、赵西萍、孙卫编著：《项目人力资源与沟通管理》，清华大学出版社 1996 年版，第 62—70 页。

2. 项目经理的培养

首先是现代项目管理知识，重点学习项目管理的规律、思想、组织机构、程序以及谈判、合同、控制等理论知识；其次是项目管理技术，重点是网络技术与进度管理、预算及成本控制、合同管理、采购管理、组织理论、协调技术、行为科学、系统工程、价值工程以及项目管理信息系统。美国项目经理的选拔与培训系统图如附图 2 所示。①

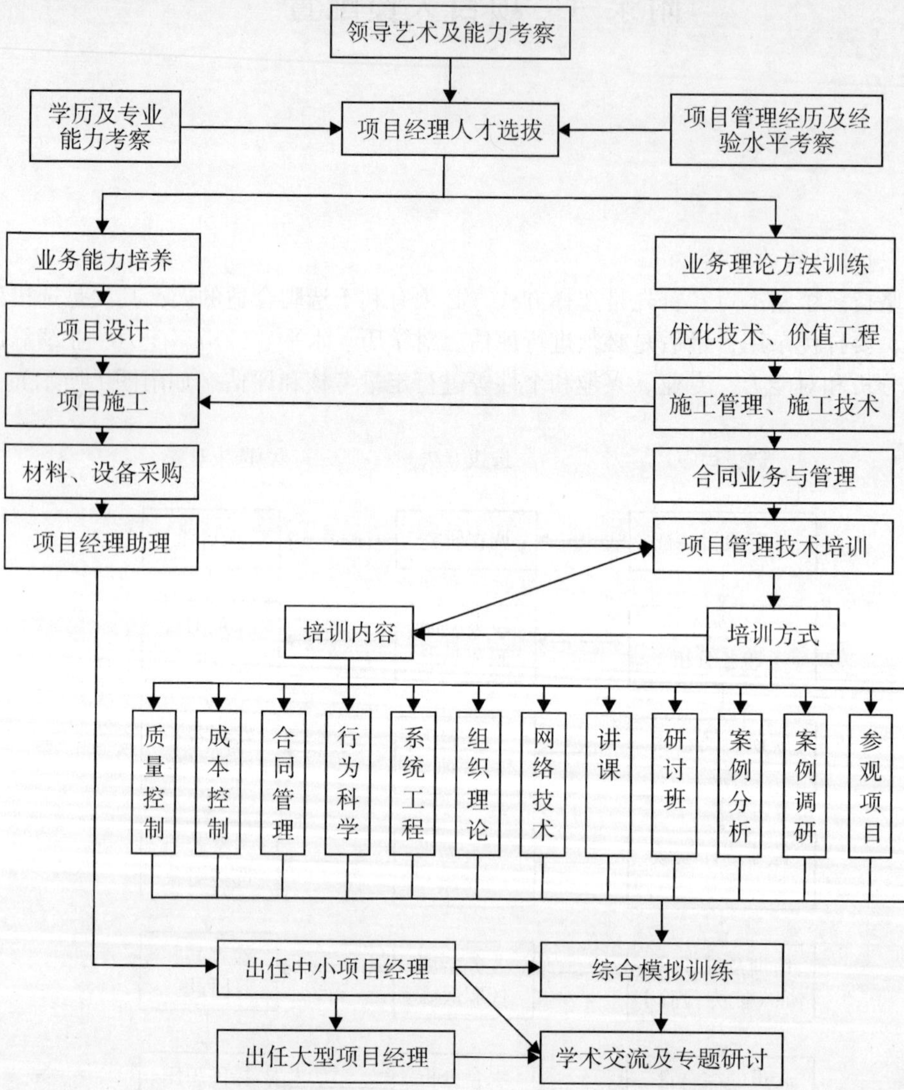

附图 2 美国项目经理的选拔与培训系统示意图

① 刘新梅、赵西萍、孙卫编著：《项目人力资源与沟通管理》，清华大学出版社 1996 年版，第 62—70 页。

3. 项目团队人员的选拔

项目团队成员的选拔主要包括以下几个步骤：首先，是根据工作分析结果预选项目团队成员。其次，进行人员匹配分析，除了知识、技能的互补外，项目团队成员间和谐的人际关系对于项目的成功也是至关重要的。再次，根据前两步初步确定项目团队成员。复次，进行人员与客户的匹配分析。最后，确定项目团队成员。项目团队人员的选拔过程如附图 3 所示。

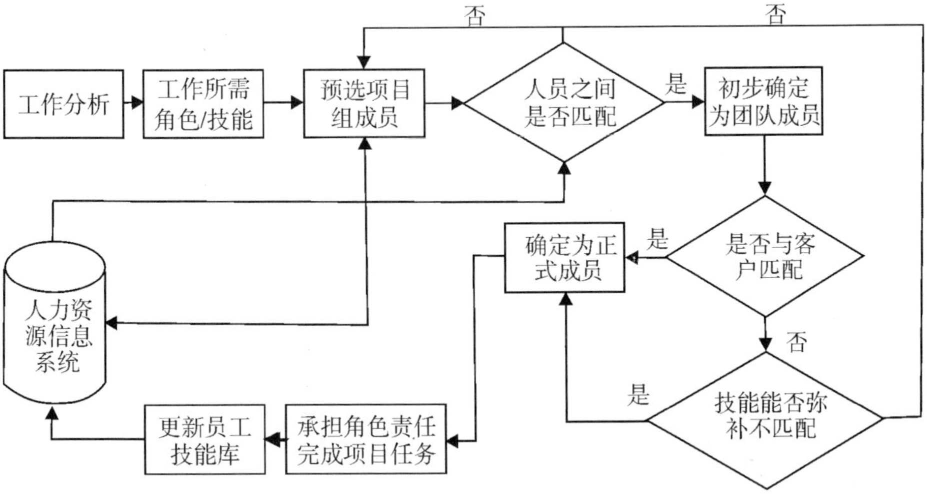

附图 3 项目人员选拔过程

资料来源：丁荣贵、孙涛主编：《项目组织与人力资源管理》，电子工业出版社 2009 年版，第 80 页。

4. 基于知识的项目管理标准、评估过程和相应资格认证

APM 和 IPMA 规定了一套四个级别的程序。这种认证程序的入门级别 D 级是一套基于 ICB 或国家能力基准（在英国为 APM 知识体系）的知识测验。

PMI 规定了一个级别级项目管理专业人员（PMP）的认证，包括知识考试（多项选择题）和项目管理经验。

ENAA 规定了一套三个级别的认证程序，包括面试、短文测试和项目管理经验。由 2002 年 4 月成立的项目管理专业人员认证中心（PMCC）授予资格。附表 1 列出了项目管理标准，评估过程和相应资格认证。

附表 1　基于知识的项目管理标准、评估过程和相应资格认证

标准或指南（制定机构）	级别	描　述	评 价 形 式
PMBOK 指南（PMI）	PMP	项目管理专业人员	多项选择题测验
			经验记录
			教育记录
	CAQ	附加资格证书	必须持有当前的 PMP 认证
			行业特有经验记录
			显示行业特有知识和技能的考试
ICB：IPMA 能力基准（国际项目管理协会及其成员国项目管理协会，如 APM）	A 级	项目群或项目主管	自我评估，项目建议
			项目报告
			面试
	B 级	项目经理	自我评估，项目建议
			项目报告
			面试
	C 级	项目管理专业人员	经验证明，自我评估
			以直接提问和智力作业方式进行的正式考试
			面试
	D 级	项目管理从业者	正式考试，直接提问和开放式短文
P2M（ENAA，JPMF）	PMA	项目群管理规划师	面试和短文测验
			需要至少三个项目的经验
	PMR	注册项目经理	面试和短文测验
			需要至少一个项目的经验
	PMS	项目管理专业人员	笔试

资料来源：J. Rodney Turner 主编：《项目的组织与人员管理》，戚安邦、冯海等译，南开大学出版社 2005 年版，第 17 页。

5. 澳大利亚项目管理专业人员和政府认可的资格

澳大利亚项目管理协会有一套专业的注册程序，这套程序是以澳大利亚国家项目管理能力标准和澳大利亚资格认证框架为基准的。等价的项目管理角色和专业人员以及政府认可的资格如附表 2 所示。

附表 2　澳大利亚项目管理专业人员和政府认可的资格

项目管理角色	澳大利亚国家培训局资格	澳大利亚项目管理协会	
		授予头衔	缩　写
项目团队成员	证书 IV	项目专业人员	QPP
项目经理	文凭	注册项目经理	RegPM
项目主管/项目群经理	高级文凭	项目主管	MPD

资料来源：J. Rodney Turner 主编：《项目的组织与人员管理》，戚安邦、冯海等译，南开大学出版社 2005 年版，第 18 页。

附录B　卡特尔的16种人格特质

1．乐群性的特点

低乐群性的特征：低乐群性表现为缄默、孤独、冷漠、固执，对人冷漠，喜欢吹毛求疵，不善于与人合作，做事对事不对人，不轻易放弃自己的主见，为人做事的标准常常很高，对自己要求比较严格。

高乐群性的特征：高乐群性表现为外向、热情、乐群、和蔼可亲，善于与人打交道和处理人际关系，与人相处、合作的能力强，善于与陌生人接触，适应环境的能力较强。喜欢和别人共同工作、参加或组织各种社会活动，很少为小事斤斤计较，容易接受别人的批评意见和建议。

2．聪慧性的特点

低聪慧性的特征：低聪慧性主要表现为思维迟钝，学识浅薄，抽象思考能力差，处理一般性问题的能力低。低聪慧性主要是缺乏对知识基础的深入掌握，缺乏灵活处理问题的能力，也可能与心理状态不稳定、身体状态不好、缺乏实践能力等因素有关，并可以通过自己的努力学习不断提高自己的聪慧性。

高聪慧性的特征：高聪慧性主要表现为聪明、富有才识，善于抽象思考问题和解决问题，高聪慧性的人往往学习能力比较强，思考敏捷，变通能力较强，处理问题能做到举一反三。受教育程度高、健康的身心状态、广博的知识基础和丰富的实践阅历是高聪慧性的前提保证。

3．稳定性的特点

低稳定性的特征：低稳定性表现为情绪容易激动，易生烦恼，缺乏随遇而安的能力，不能很好地应付生活挫折和困境，容易受周围环境的影响，处事容易动摇不定。由于心理状态不稳定，不能很好地面对现实处理问题，并容易引起身心疲乏、失眠等心理不健康的表现，对身心健康产生不利的影响。

高稳定性的特征：高稳定性表现为心理稳定，具有较好的心理素质，能很好地面对现实，并处理遇到的问题。高稳定性的人通常能够以沉着、冷静的态度应付各种挫折与困境，行动坚决果断，能够调动和维持团体积极性和主动性，有时可能在生活的细节问题上表现出缺乏经验和能力。

4. 恃强性的特点

低恃强性的特征：低恃强性主要表现为谦逊、顺从、通融、容易和睦相处，为人处事通常行为温顺，并倾向于迎合别人的意见。这种性格特点的人即使处在十全十美的境地，也常有不满足的感觉，他们不愿意与人竞争。

高恃强性的特征：高恃强性主要表现为争强好胜，固执己见，独立性高，具有较强的积极性和主动性。高恃强性通常处事自以为是，有时可能非常武断，当驾驭能力不及他人时，会表现出强烈的反抗力量。

5. 兴奋性的特点

低兴奋性的特征：低兴奋性主要表现为为人严肃、谨慎、冷静、寡言少语、安静，行动拘谨，不喜欢运动。他们善于思考和反省自己，低兴奋性者有时表现得较为消沉、焦虑、紧张和忧郁。这类性格的人通常非常保守，认真、负责，做事情能够专心致志。

高兴奋性的特征：高兴奋性主要表现为轻松兴奋，随遇而安，活泼愉快，健谈，善于与人交往，对人对事热心，富有感情，容易接近。但是，高兴奋性的人有时也可能容易激动或冲动，因此，行为可能会显得变化莫测。

6. 有恒性的特点

低有恒性的特征：低有恒性主要表现为做事缺乏恒心和毅力，缺乏秉公办事的准则，没有一个较高的理想和目标，做事情只看眼前，缺少长远的目光，对周围的人和事缺乏责任感，有时甚至为达到某一目的不择手段。这类性格的人做事常常效率较高，能够有效地解决各种实际问题，但是，有时考虑可能欠周到，并影响处理问题的质量。

高有恒性的特征：高有恒性主要表现为做事持久、耐心、有持久的恒心和毅力，做事尽职尽责，细心周到，有始有终。他们具有明确的责任感和道德感，是非善恶分明，对人对事认真负责，为人努力肯干，结交的朋友多系努力、能干的人，不十分欣赏诙谐有趣、敷衍行事的场合。

7. 敢为性的特点

低敢为性的特征：低敢为性主要表现为为人处事胆怯退缩，缺乏自信心，通常在众多人中表现出羞怯、紧张和不自然的姿态，并有强烈的自卑感。这类人不善言辞，不愿与陌生人交谈，不善于与人交往，遇到事情常常先采取观望的态度，缺少主动参与的精神。有时由于过分关注自己，而常常忽视了环境中的重要事物或活动。

高敢为性的特征：高敢为性主要表现为敢于冒险，做事少有顾忌，通常不加掩饰，从不或很少退缩，具有敢做敢当的精神，这类人通常经历艰苦的拼搏仍能够保持坚强的毅力。有时，高敢为性的人可能表现出过于粗心大意，而忽视为人处事的细节，并因此给自己带来无谓的烦恼和挫折，他们做事具有强烈的积极性和主动性。

8. 敏感性的特点

低敏感性的特征：低敏感性者做事理智，重事实，他们能够以客观的态度处理遇到的问题，做事具有独立性，重视自己的文化修养，不喜欢主观和感情用事的做法，低敏感性者有时可能会表现出过分骄傲和冷酷无情。

高敏感性的特征：高敏感性主要表现为对周围事物敏感，容易感情用事，易受周围的人和事的感动，这类性格的人通常倾向于女性化，有一定的艺术天赋，喜欢幻想，有时想法甚至不切合实际，缺乏耐性与恒心，不喜欢接近粗俗的人，不愿意从事繁重的工作。在团体活动中，由于这类性格的人有一些不着实际的想法和行为，因此可能会影响团体的工作效率。

9. 怀疑性的特点

低怀疑性的特征：低怀疑性的人表现为容易得到别人的信任，为人处事随和，容易与人相处，对周围的人和事从不或很少猜疑，不与人勾心斗角、争权夺利，善于与人合作，关心和体贴他人。

高怀疑性的特征：高怀疑性的人表现为对人对事疑心重重，刚愎自用，固执己见，不信任别人，因此也不容易得到别人的信任，与人相处可能常常因为小事斤斤计较，很少考虑别人的利益。

10. 幻想性的特点

低幻想性的特征：低幻想性的人表现为对人对事比较现实，按常规做事，并力求妥善合理、符合实际情况。他们做事比较谨慎，通常先要斟酌现实条件，然后决定取舍，很少或从不鲁莽从事。在关键时刻，能够保持冷静，此类人由于过分重视现实，有时可能缺乏情趣。

高幻想性的特征：高幻想性的人表现为喜欢幻想，思维具有跳跃性，他们常常忽视生活的细节，做事更多的是以当时的兴趣、冲动等主动因素为出发点，因此表现出一定的创造力，具有丰富的想象力，但有时也过分不务实，近乎冲动，容易引起别人的误解，甚至影响处理问题的效率。

11. 世故性的特点

低世故性的特征：低世故性的人表现为人坦白、天真、直率，他们思想简单，有时感情用事。为人处事与世无争，容易自我满足。但有时为人处事显得过于天真、幼稚，缺乏灵活性。

高世故性的特征：高世故性的人表现为精明能干，为人处事世故圆滑。高世故性者通常处世老练，言谈举止得体。遇事能冷静的分析与思考，并做出得当的处理。这类性格的人对于事物的观察和处理十分理智、客观，很少受感性因素的影响。

12. 忧虑性的特点

低忧虑性的特征：低忧虑性的人表现为安静、沉着、冷静、有自信心，做事坚决，很少犹豫不决或轻易动摇，他们相信自己处理问题的能力。这类性格的人容易获得安全感，能随遇而安，有时可能因为过于理智和冷静而缺乏同情心。

高忧虑性的特征：高忧虑性的人表现为忧虑、抑郁、容易烦恼，常常为一些微不足道的小事患得患失。高忧虑性的人常常会有世事艰难之感，并因此产生沮丧悲观的情绪，容易产生自卑情绪，缺乏与人交往的信心和勇气。

13. 实验性的特点

低实验性的特征：低实验性的人表现为保守、尊重传统观念与道德标准，无条件地接受社会中许多相沿已久而有权威性的见解，缺乏创新的能力，不愿尝试探求或学习新的事物，有时表现为墨守成规，赶不上世界的新潮流，因此，对新事物的适应能力要差一些。

高实验性的特征：高实验性的人表现为自由、民主、激进、不拘泥于现实，具有批判性，他们喜欢对现有理论、事实等进行新的评价，一般不轻易判断是非曲直，接纳新事物的能力较强，并主动学习和了解先进的思想、技术和潮流，学识广博，在实践中不断丰富自己的知识和经验。

14. 独立性的特点

低独立性的特征：低独立性的特征表现为高依赖性，缺乏独立性和独立判断能力，为人处事随和，经常顺从他人的意见，因此愿意与人合作，宁愿听从别人的领导和安排而不愿独立行事。这种性格的弱点是他们放弃自己的主见，人云亦云，在主动性和创造性等方面也受到一定的限制。

高独立性的特征：高独立性的特征表现为自立自强，做事果断，喜欢独立行事，能够自作主张，独立完成自己的工作计划，不依赖或很少依赖人，也不容易受周围环境和社会舆论的影响，他们也无意控制或支配别人，独立判断能力和处理问题的能力使这类性格的人能够排除各种环境因素的干扰，提高做事的效率。

15. 自律性的特点

低自律性的特征：低自律性的人在为人处事方面容易产生各种矛盾冲突，他们常常不顾大体，缺乏自我控制能力，忽视传统的习俗或伦理道德规范以及社会上的各种制度和规范等，很少考虑别人的需要，内心充满矛盾，却无法解决，生活适应能力差。

高自律性的特征：高自律性的人为人处事知己知彼，自律严谨，严以律己，宽以待人，言行一致，能够合理的支配自己的感情和行为，总能保持自己的自尊心、赢得别人的尊重，有时可能表现得过于固执己见。

16. 紧张性的特点

低紧张性的特征：低紧张性的人为人处事心平气和，宁静安详，知足常乐，能够保持内心的平衡和健康的心理状态，但是有时可能因此而过于懒散，缺乏上进心和主动精神。

高紧张性的特征：高紧张性的人遇事容易紧张，兴奋、激动，缺乏耐心，常心神不安，并因此经常导致身心疲惫，长期为此困扰，缺少安全感，心理素质也可能因此而受到影响。

附录C 工程建筑类项目的激励问题

本书前面的章节已经为大家详细地介绍了项目激励的基本内容，但是在实际的工作中，我们遇到的问题往往更加复杂。例如，我们的激励对象并不局限于项目团队、项目经理和项目成员。因此在附录部分，我们将从三个方面为大家补充介绍项目激励的其他内容。第一，如何设计激励合同；第二，如何激励项目中的其他对象，如设计方、监理方等；第三，项目管理中应注意的问题。这三方面的内容涉及经济学和数学方面的知识，比较复杂，将不作为课堂学习内容，仅供大家课后参考。

第一节 激励合同的构建问题

一、项目激励合同的意义

在当前的项目管理过程中，由于项目的投资方、承包方的相互独立，造成项目实施过程中不可避免地存在信息的非对称性、信息的不完全性、主体的有限理性等，决定了项目合同无法准确地确定合同当事人之间的权利和义务关系。另外，由于道德风险正处于法律制裁的灰色地带，再加之违规责任的难以确认，合同当事人的某一方有可能产生机会主义行为，不愿有效地履行合同，使另一方的合法利益受损，项目合同的有效履行经常得不到保障。[1] 例如，与承包方私下串通，承包方偷懒造成项目损失的现象经常出现。此外，合同三方都有规避风险的倾向，但风险转移通常都在三方内部进行，一方规避风险，就有可能把风险转移到另一方身上。这些问题不解决，项目管理就不会发挥它应有的特长，甚至会葬送项目管理这种模式。所以，如何有效构建项目激励合同，合理地选择激励约束函数，控制和防范道德风险便成为发展和完善项

① 张维迎：《企业家与职业经理人：如何建立信任》，《北京大学学报（哲学社会科学版）》2003年第5期。

目管理模式的一个重要问题。

二、项目合同中激励的经济学分析

（一）模型的建立

假设承包方与监理方都可以采取三种策略：①

策略1：串通，指承包方与监理方私下串通，达成有损于投资方利益的行为；

策略2：偷懒，指承包方或监理方并非有意损害投资方的利益，只是由于努力工作对个人会产生较大的负效用而没能完全从投资方利益出发，选择偷懒行为；

策略3：尽责，指承包方或监理方从投资方利益出发，恪尽职守，尽职尽责；

假定双方都知道彼此采取这三种策略时自己的得益，则该博弈就是完全信息静态博弈（见附表3承包方与监理方的得益矩阵）。

附表3 承包方与监理方的得益矩阵

		监理方		
		串通	偷懒	尽责
承包方	串通	a_{11}，b_{11}	a_{12}，b_{12}	a_{13}，b_{13}
	偷懒	a_{21}，b_{21}	a_{22}，b_{22}	a_{23}，b_{23}
	尽责	a_{31}，b_{31}	a_{32}，b_{32}	a_{33}，b_{33}

其中，a_{ij}指承包方选择策略i，监理方选择策略j时，承包方的得益；b_{ij}指承包方选择策略i，监理方选择策略j时，监理方的得益。显然，作为投资方当然希望能够使监理方与承包方都选择为其尽责工作行为的策略3。

而对于监理方和承包方而言，在他们都为理性“经济人”假设的前提下，他们的选择取决于他们的最终得益a_{ij}，b_{ij}。我们把承包方与监理方的得益（a_{ij}，b_{ij}）分成三部分，投资方对承包方和监理方所支付的报酬（W_{ij}，W'_{ij}），承包方或监理方违规得益（R_{ij}，R'_{ij}）和承包方或监理方工作所付出的负效用（U_{ij}，U'_{ij}）。

把投资方所支付的报酬分成固定报酬（如项目合同中规定的一些支付金额）和奖惩报酬（如项目合同中利润分成）两类，我们可以引入管理学中赫茨伯格的“双因素”理论和马斯洛的“需求层次理论”解释这两部分报酬。正常报酬对承包方（或监理方）而言是保健因素的一部分，即：有适当的工资和收入保障。通过提供这些因素消除不满，也可以说，固定报酬是指满足马斯洛的“需求层次理论”中生理

① 张一结、付强、苏征等：《航天项目风险控制的博弈分析》，《哈尔滨商业大学学报（自然科学版）》2004年第1期。

需要和安全需要的报酬。固定报酬对承包方（或监理方）来说，无论他在项目执行过程中选择怎样的策略，投资方都会按合同按期支付这部分报酬，也就是说这相当于沉默收益，不会影响承包方（或监理方）的选择。① 而奖惩报酬对承包方（或监理方）来说属于激励因素，是满足自我实现需要、自尊需要、归属感需要的收益。而在博弈论原理中奖惩报酬属于“激励相容约束”。②

违规的得益是指由于没能完全遵守合约而使投资方蒙受损失的行为。如果监理方选择策略3，对投资方完全尽责，就不存在违规问题，也就是说 $R'_{i3} = 0$。违规得益可以分成违规收入和违规成本两部分。

违规收入是指监管方在没有完全为投资方工作的情况下可能会得到一部分非正常收入。通常我们认为只有在串通的情况下，通过两方私下合谋，监理方会有非正常收入。而对于偷懒行为，只是不愿多付出劳动，而不是主观上使投资方遭受损失，他也不能够从投资方遭受损失的事实中获利，所以偷懒的违规收入为0。

违规成本主要分为两个方面：一是违规行为被发现将付出的代价。违规行为被发现后，监管方可能会遭受声誉的损失、违规赔偿的支付，甚至承担刑事责任。声誉这种无形资产具有极高的价值，无论对于监理方还是承包方，声誉是立足之本，一旦失去，很难积累。二是违规行为被发现的可能性。违规被发现的可能性越大，违规成本越大。如果违规一定被发现，那么就不会违规，而如果违规被发现的概率很小，那么就会选择串通。只要工作就要付出一定的负效用，而且会随着努力程度递增。最终的得益因素分析如附图4所示。

- 最终得益
  - 投资方所支付的报酬
    - 固定报酬
    - 奖惩报酬
  - 监理方违规的得益
    - 违规收入
    - 违规成本
      - 违规被发现将付出的代价
      - 违规行为被发现的可能
  - 监理方工作所付出的负效果

附图4　最终得益分析

（二）投资方与监理方之间的博弈分析

不同主体对于违规成本的承受能力是不一样的，这主要取决于对风险的规避程

① 周键临：《管理学教程》，上海财经大学出版社2001年版。

② 谢识予：《经济博弈论》（第2版），复旦大学出版社2002年版。

度，这也不受投资方控制。[①] 投资方能做的，只是在选定后通过已有的关于违规得益和工作负效用信息调整奖惩报酬影响的决策。由上文可知得益函数为：

$$b_{ij} = W'_{ij} + R'_{ij} - U'_{ij}$$

作为理性的目标是效用最大化，要使监理方选择策略3，投资方就必须选择适当的支付函数 W'_{ij}，使得 $b_{i3} \geqslant b_{i2}$，$b_{i3} \geqslant b_{i1}$，即：

$$W'_{i3} + R'_{i3} - U'_{i3} \geqslant W'_{i2} + R'_{i2} - U'_{i2} \quad (1)$$

$$W'_{i3} + R'_{i3} - U'_{i3} \geqslant W'_{i1} + R'_{i1} - U'_{i1} \quad (2)$$

由上述分析可知：

$$W'_{ij} = c' + f'_{ij} \quad (3)$$

$$R'_{ij} = \pi'_{ij} - p'_{ij} \times m'_{ij} \quad (4)$$

其中，设在选择策略 j 时，c' 为投资方支付报酬中的固定收入；f'_{ij} 为投资方设定的奖惩函数；π'_{ij} 为违规所得到的违规收入；p'_{ij}，m'_{ij} 分别为承包方选择策略 i，监理方选择策略 j 时违规被发现的概率和违规行为被发现将付出的代价。

将（3）、（4）代入（1）、（2）：

$$c' + f'_{i3} + \pi'_{i3} - p'_{i3} \times m_{i3} - U'_{i3} \geqslant c' + f'_{i2} + \pi' i2 - p'_{i2} \times m_{i2} - U'_{i2}$$

$$c' + f'_{i3} + \pi'_{i3} - p'_{i3} \times m_{i3} - U'_{i3} \geqslant c' + f'_{i1} + \pi'_{i1} - p'_{i1} \times m_{i1} - U'_{i1}$$

由上节的分析可知 $R'i3 = 0$，偷懒的违规收入为0，进一步简化为：

$$f'_{i3} - U'_{i3} \geqslant f'_{i2} + \pi'_{i2} - p'_{i2} \times m_{i2} - U'_{i2}$$

$$f'_{i3} - U'_{i3} \geqslant f'_{i1} + \pi'_{i1} - p'_{i1} \times m_{i1} - U'_{i1}$$

又一次证明博弈结果与固定收入 c' 没有关系，而主要取决于其他几个因素。其中作为投资方对违规收入（如收取贿赂）很难具体观测。所以我们通过观察所表现的行为假定违规行为发生的违规收入为常数金额 g。再一次化简为：

$$f'_{i3} \geqslant f'_{i2} - p'_{i2} \times m_{i2} + U'_{i3} - U'_{i2} \quad (5)$$

$$f'_{i3} \geqslant f'_{i1} - p'_{i1} \times m_{i1} + U'_{i3} - U'_{i1} + g \quad (6)$$

运用经济学原理解释（5）、（6），选择完全尽责的条件是：无论承包方选择何种策略 i，监理方选择策略3完全与投资方合作时，投资方所支付的报酬足以弥补放弃策略1串通和策略2偷懒的机会成本，或者说投资方所支付的报酬不小于选择策略1串通或策略2偷懒时投资方支付的报酬，两种不同策略时工作所支付效用的差额与违规得益三者之和。

（三）投资方与承包方之间的博弈分析

作为承包方，能够通过所掌握的信息推测到监理方选择策略3合作，那么承包方的行为变为可监督，也因为监理方尽责，投资方与承包方的博弈信息变得完全。理性

① 王蔚松：《不完全信息的项目管理：一种实物期权方法》，《同济大学学报（社会科学版）》2003年第5期。

的监理方会选择尽责，所以承包方会在监理方与投资方尽责的前提下决定他的策略选择，也就是通过比较 a_{13}，a_{23}，a_{33} 之间的得益，选择策略。而且理性的承包方知道监理方不会选择串通后，也不会试图串通（如行贿可能被揭发，增加违规被发现的风险），所以 a_{13} 成为几个策略间的“严格下策”。理性的承包方只会在策略2与策略3之间选择，只会比较得益 a_{23}，a_{33}。由上面的分析可知，承包方选择偷懒或尽责时与监理方有着类似的得益函数，同理可知承包方选择尽责工作的条件是：

$$W_{33} + R_{33} - U_{33} \geqslant W_{23} + R_{23} - U_{23}$$

其中，W，R，U 分别指投资方支付承包方的报酬函数，承包方的违规收益和承包方工作的负效用。监理方尽责的条件下，承包方的违规得益为0，即 $R_{33}=0$，偷懒的违规收入为0，进一步简化：

$$f_{33} - U_{33} \geqslant f_{23} - q_{23} \times n_{23} - U_{23}$$

$$\text{或} f_{33} - f_{23} \geqslant U_{33} - q_{23} \times n_{23} - U_{23}$$

其中，f，q_{23}，n_{23} 分别为投资方对承包方的奖惩函数，承包方选项策略2而监理方选择策略3时，承包方违规被发现的概率和违规被发现将付出的代价。所以，承包方选择为投资方尽责的条件是：在承包方选择策略3尽责时，投资方所支付的报酬足以弥补承包方放弃策略2偷懒的机会成本，或者说投资方所支付的报酬不小于承包方选择策略2偷懒时投资方支付的报酬，两种不同策略时工作所支付效用的差额与违规得益三者之和。

例如，投资方通过掌握的资料测算，承包方在尽责工作条件下，付出的负效用 $U_{33}=10$，偷懒付出的负效用 $U_{23}=5$，偷懒被发现的概率 $q_{23}=0.8$，违规付出的代价 $n_{23}=6$，那么要想使承包方尽责工作，投资方对承包方设定的奖惩函数应满足：

$$f_{33} - f_{23} \geqslant U_{33} - q_{23} \times n_{23} - U_{23} = 10 - 0.8 \times 6 - 5 = 0.2$$

即投资方对承包方尽责工作与偷懒工作时所支付的差额不小于效用0.2的经济价值。

由上述分析可知，从投资方角度来看，要想使承包方与监理方都尽责工作，设定的奖惩函数必须满足以下条件：

$$f_{33} - f_{23} \geqslant U_{23} - q_{23} \times n_{23} - U_{23}$$

$$f'_{i3} \geqslant f'_{i2} - p'_{i2} \times m_{i2} + U'_{i3} - U'_{i2}$$

$$f'_{i3} \geqslant f'_{i1} - p'_{i1} \times m_{i1} + U'_{i3} - U'_{i1} + g$$

项目合同中激励的经济学分析通过具体数值的设定与调整，寻求最优纳什均衡解的方法。从经济成本的角度，通过对投资方、承包方和监理方三者之间策略选择及其影响因素分析；从投资方角度出发，为投资方对其他两者奖惩函数的设定提供具体的解决方法，实现监理方和承包方都能完全尽责的目的。如何构建一个可行且有效的项目激励合同，可运用具体的计算方法，寻求最优的激励方案。

【案例】

项目管理承包模式下激励合同的构建[①]

一、PMC（Project Management Contract）合同模式的选择

工程建设项目的合同模式有很多种，选择合同模式时，需要考虑的因素主要有业主对双方各自应承担风险程度的理解、合同管理交易费用和对承包商的激励。在业主确定了基本的项目风险分担原则之后，主要的方面是要考虑不同合同模式下对合同双方，尤其是对承包商一方的激励因素。

二、PMC 项目的激励合同模式

工程建设项目合同模式选择的最大意义在于在业主和承包商之间实现目标协调，以减少业主或承包商投机行为发生的可能性和由此带来的不正当收益。合同的真正目的应该是创建一个合作的项目组织，通过激励承包商，使其拥有和业主一致的行动目标。激励合同的建立能够很好地达到上述目的。在 PMC 项目中，业主与项目管理承包商可选用成本加成合同中带有激励性质的成本加激励酬金合同模式（Cost Plus Incentive Fee，CPIF）。[②] 从对承包商的激励角度考虑，CPIF 合同模式能最大限度地鼓励项目管理承包商，最重要的是使合同双方之间的目标达到高度一致，在此基础上双方共担项目风险，共享项目成功的收益。CPIF 合同模式下业主和项目管理承包商在项目定义阶段结束前，根据项目的基础工程设计要确定一个项目目标费用。业主需对项目管理承包商用于项目的实际费用予以实报实销，再向承包商支付被称为酬金的费用，包括承包商的上级管理费和利润等。酬金一般可分为固定部分和激励部分。固定部分不随实际项目费用的增减而变动，激励部分则要视项目实际完成情况而定，一般是在质量目标和进度目标等达到的前提下，将激励部分酬金与项目实际费用挂钩，按照事先合同中约定的分享比例，业主和承包商分享项目实际节约费用（当项目实际费用低于项目目标费用时），同时也共同分担项目实际费用超出项目目标费用的部分。合同中也可以设置一个对承包商酬金奖励的封顶值，即当项目节约费用超过一定数额时，承包商所能获得的奖励的最高限额。一般同时规定当项目实际费用超过项目目标费用达到一定额度时，对承包商惩罚的最高限额。为了更清楚地说明 CPIF 合同的原理，在此给出相应的计算公式为：

---

① 陈勇强、汪智慧、高明：《项目管理承包模式下激励合同的构建》，《天津大学学报（社会科学版）》2006 年第 7 期。

② T. C. Berends. Cost plus incentive fee contracting: Experiences and structuring. *International Journal of Project Management*.

$$F = c + F(c) \tag{1}$$

F为业主支付的项目总费用；c为项目实际费用；F（c）为承包商所应获得的酬金总额。

在CPIF合同模式下，承包商可以获得固定酬金和奖金，其计算公式为:[①]

$$F(c) = b + pc(cl - c) \tag{2}$$

$$F(c) = \begin{cases} b + pc1(cl - c) & cmin < c \leqslant c1 \\ b + pc2(cl - c) & c1 < c \leqslant c2 \\ b + pc3(cl - c) & c2 < c \leqslant cmax \\ b + pc3(cl - cmax) & c > cmax \end{cases} \tag{3}$$

式中：

b为固定酬金；

pc为承包商分享的项目费用节约百分比，$0 \leqslant pc \leqslant 1$，$pc = 1 - p0$，p0是业主分享的费用节约百分比；

cl为项目目标费用。

假设将整个区间分为三个不同的奖励区间段，承包商分享的项目费用节约比例分别为pc1，pc2，pc3，计算公式可归纳为：

$$b + pc1(cl - cmin) \quad c \leqslant cmin$$

式中：

cmin为对承包商奖励的项目费用下限；

cmax为对承包商处罚的项目费用下限；

c1为对承包商奖励第一区域的费用数额终点；

c2为对承包商奖励第二区域的费用数额终点。

对于固定酬金部分，只要项目管理承包商满足业主设定的一些进度要求，便可以获得。为了简化讨论，暂不考虑固定酬金的影响，而仅考虑项目实际费用和奖金。因为每个项目都有其不同的特点和具体情况，业主对项目费用控制的期望也有所不同。所以，一般情况下，业主会根据项目的实际情况，将项目实际费用划分为若干区段；对于不同的区段，业主和项目管理承包商分享和承担的比例有所不同。[②]

为实现项目的多目标集成，采用CPIF合同模式还可以将激励分为：项目时间激励，一般使用误期损害赔偿费和提前竣工奖的方式；进行项目质量/绩效激励，一般没有固定的激励算法，但有明确的技术要求；进行项目费用激励，需设立目标费用，

① 陈勇强：《基于现代信息技术的超大型工程建设项目集成管理研究》，《天津大学管理学院论文集》，2004年版，第12—15页。

② 陈勇强、汪智慧、高明：《项目管理承包模式下激励合同的构建》，《天津大学学报（社会科学版）》2006年第7期。

增加固定和可变的激励酬金计划，但费用激励获得的前提条件是质量、进度和HSE（healthy safety environment，HSE）等其他目标达到合同要求；多目标综合激励，必须实现项目各目标之间的权衡。

三、结语

业主和项目管理承包商之间签订CPIF合同之后，项目管理承包商将有机会根据其在项目费用、进度、装置性能及实用性等方面做出的杰出表现赢得酬金和奖励。这种合同形式还把业主和项目管理承包商融为一体，双方共同承担项目风险，真正把项目管理承包商的收益建立在业主成功的基础之上。

第二节　对设计方的激励

一、设计方的作用和影响

项目管理的第一个关键过程就是制订一个良好的项目设计方案，以便指导项目的范围、进度、费用、质量、人力资源、沟通、采购等方方面面的管理。此设计方案很大程度上决定了工程项目的可靠性、适用性、经济性以及项目建成投产后的投资收益。

但现在普遍存在的现象是，业主对项目设计的重视程度不够。在项目管理实践中，业主通常设置的激励机制是单边的，即只考虑项目延期完成的惩罚而不考虑提前完成的奖励。而在设计方方面存在的主要问题，不是设计方责任心不强，设计质量不高，设计图纸中错误、遗漏以及相关专业设计文件衔接不清，不按规定协调配合，而是设计过程中造价控制不力，设计过程保守，浪费现象严重。从管理的角度来看，问题的原因就在于现代项目管理一般采用委托代理制。在业主和设计方的契约关系中，设计方处于信息优势的代理人一方，业主则属于委托人的角色。追求利益最大化是业主的目标，但设计方则可能由于自身的利益驱动，其行为往往会偏离委托人的目标。但对于业主来说，他对于设计方的项目内容在大多情况下是不熟悉的，这就使得业主对于项目设计的质量及设计方的努力程度无法有效地制约监督。因此，为了使设计方采取业主期望的行动、最大化自身收益，业主就必须设计一套合理的激励机制。

二、如何激励设计方

（一）薪酬激励机制[①]

许多实证研究发现报酬与绩效的相关性不显著，而且敏感系数的变异范围广。对

① 敬嵩、雷良海：《构建激励约束机制：项目管理视角》，《财经科学》2006年第1期，第72—78页。

于实证检验的不支持，可以从经典的激励报酬模型上去找现行报酬决定的源头。Weitman提出了委托代理契约中采用线性合同的合理性，Holmsltron和Milgrmn证明了线性合同能够达到最优。这种经典的模型当然没有错，问题在于在管理实践中运用这些经典理论时，往往只把本项目绩效作为唯一的激励变量去调整员工的报酬，而更为有效的激励思路则主要集中在实现设计方的报酬与项目长期发展的挂钩，将项目收益的剩余索取权进行二次分配，即业主将部分剩余索取权转让给设计方，使设计方的收益不仅来自于薪金，而且也与项目的经济效益相联系。

薪酬与设计进程的挂钩在于设计方的收入与项目进程的延续发展挂钩。其报酬形式为：

$$W = F + \beta \times \pi + \beta \times (S_1 - S_2)$$

其中，S_1表示本项目某类指标的成绩，S_2表示比较项目同类指标的成绩。通过这两个变量的设计，可以使设计方分摊自身无法控制的由环境不确定性引起的风险。W是设计方的总报酬，F为固定报酬，β是激励强度，π是项目绩效。随着整个项目的实施开展，项目的设计方案必定根据实际情况而不断调整改善。这里的项目绩效是指设计方案在实施中对于项目的范围、进度、费用、质量、人力资源、沟通、采购等方方面面的指导性与可行性的衡量。

一般来说，项目的进度是分阶段的，每个阶段都有它的成果表现形式，因此设计方设计的期间，业主可以考察项目设计进展、质量以及成果，与设计方谈判激励报酬。业主根据项目设计来进行谈判，可以对设计方的行为获悉，跟进设计方的工作进展；对于设计方来说，他知道要在设计的某一阶段进行报酬谈判，其自身必将尽最大的努力在报酬谈判阶段之前努力工作。作为项目的设计方，由于在这个阶段有一个阶段性的成果，这样他就有了与业主谈判和要价的条件。一般认为，代理人投入的是一种特殊的人力资本，如果此时不满足其合理报酬要求，代理人的退出将会对项目造成伤害。经过这样多次谈判直到项目设计的最终成果产生以后，业主跟设计方就可以确定W与β了。由于这是一种滚动性的谈判，并且在设计完工前，W与β均是尚未决定的，那么设计方就有了为实现自身利益最大化而努力工作的动力。随着设计方案的实施，设计方意识到项目的绩效π将会影响到最终所拿到的激励报酬，那么他在设计方案的时候也必将设计尽可能完善的方案而使得激励报酬最大化。通过这种形式的剩余索取权的分配，就可以达到对设计方的激励作用。

（二）声誉激励机制

良好的声誉会给人带来长期的收益（不仅是道德上或者心理上的满足）。为了获得长期收益，当事人要树立良好声誉，而要得到良好声誉需要当事人采取他人认可、赞赏的行为，虽然这些行为对当事人现阶段而言可能是一种负担，但当事人仍然会这样做，因为从长期来看，树立良好的声誉带来的长期收益之和大于“马虎了事”的收益之和。

设计方与业主的合作对于一个项目来说是临时性的，可能项目的结束就意味着他们之间委托代理关系的结束。但为了获得更多的项目、更多的收益，无论从一个“经济人”还是“理性人”的角度来看，都会驱使设计方对于设计整个过程付出努力。而且良好的声誉还可以满足设计方的尊重与自我实现需求。举例来说，业主可以通过给设计方颁发荣誉称号、优秀证书以及公开赞赏表扬等措施，使其产生社会认同感，激励设计方。

（三）其他非物质激励机制

由于设计方的工作是设计项目方案，整个设计的团队是属于知识型的团队。对于设计方来说，一个项目往往是全新的，没有过去的知识经验可以参照，那么在设计方执行设计工作的过程中，业主可以通过提供相关的知识以及项目培训，针对项目设计所需要的知识以及技能开展培训，客观上帮助他们在工作中完成自我的培训与发展，满足他们不断提升个人人力资本价值的需求，这对于知识型团队来说是十分重要的。

第三节 对乙方（承担项目建设方）激励

如果承担项目建设方在企业内部，其激励方法在前面的章节已经有很详细的叙述。因此我们这里针对的承担项目建设方是指在企业外部的团队。

在企业外部，当企业将某一个项目外包给另一个承包商，对于承担项目建设方的激励一般就由业主来实施。但业主如何设法解决承包商的败德行为，就要自己学习、掌握和运用工程项目的全部知识，这样做不仅代价昂贵，而且效率十分低。有效的办法是引入专业知识较强的第三方——项目管理公司加入工程项目管理，为业主提供服务，同时对承包商进行监督管理与激励。

这一类的激励是从宏观角度去实施的。工程项目建设在投入大量人力、物力、财力的情况下，更需要设计一种有效的激励约束机制来充分激励承包商的积极性，促使承包商在追求自身效用最大化的同时，最大限度地满足业主利益。

对承包商的激励要以实现建设方单位最关注的目标作为激励的手段。建设方最关注的目标是获取利润和取得良好的业界声誉，它们是建设方承包项目合同的目的所在。以其作为激励的手段，可以更好地达到激励的目的。

1．利润激励

例如，在建设方从投资、工期、质量、安全等指标符合业主的绩效目标的前提下，根据最终绩效评价情况设置一定额度的浮动奖金以充分激励。

2．声誉激励

由于建设方与业主的信息不对称，建设方可能只为达到自己的效益最大化，而违背了业主的利益，但是这种做法存在风险，一旦被发现，就会造成很大的名誉损失，那么以后将无法在行业中立足。相反，出色地完成一个项目可以为其增加声誉财富。业主要宣传该建设方的优秀表现，如将建设方的项目管理业绩发布在有关的项目管理网站上。良好的管理业绩将成为其今后获取项目任务的加分手段，反之则很难获得新的项目建设合同。

【案例】

激励机制在塔里木油田钻探项目管理中的应用①

激励机制作为项目管理的重要手段，对单井钻探项目同样有效。实践证明，建立激励机制是钻探生产经营管理的重要环节；是促进加快钻探进度、提高钻探质量、降低钻探成本的重要手段。塔里木钻探发展的历程，是钻探生产经营管理水平逐步发展与提高的过程，也是激励机制逐步建立和完善的过程。

1. 塔里木油田钻探项目及其成本控制特点

塔里木油田的勘探和开发对象是塔里木盆地，位于新疆南部，昆仑山和天山两大山系之间，勘探区域在世界第二大流动沙漠——塔克拉玛干沙漠腹地和边缘地区，腹地沙漠沙丘高差10—100米不等，最高可达250—300米，边缘为连接山地的砾石戈壁，有绿洲分布，山地沟壑纵横，地表复杂。气候变化大，冬季寒冷干燥，夏季炎热少雨，自然条件极其艰苦。塔里木盆地经过多期构造运动，多次油气运移聚集，是一个具有多套含油气层系、多个不整合面、多种油气藏类型的复合盆地，地下情况极其复杂，油藏埋藏深。塔里木油田钻探特点受塔里木勘探开发区域的地表、地下特点决定，历史资料显示塔里木油田钻探几乎集中了国内钻探界的所有难题如山前复杂地质构造钻井等，这些因素同时也在客观上决定了塔里木油田钻探成本高、区块成本差别大、风险大、成本控制难度大的特点。

2. 激励方式在钻探承包作业中的应用及取得的成果

塔里木石油会战伊始，就以文件的形式确定了钻探单项工程管理办法，实行新的钻探管理模式，以单井钻探工程项目为单位，成立单井钻探项目组，实现现场的工程管理、经营管理和施工组织。同时确立了单井项目激励机制：项目完成考核标准，按提前工期时间节约的钻探日费总额的10%提成给承包钻井公司，2%提成作为项目组奖励基金；未完成考核标准的，不予提成并扣罚生产奖，工期延误按照延误工期时间扣罚所付给钻井队日费中的管理费和利润及不可预见费之和的30%。这种激励机制

① 娄渊明、杨忠锋：《激励机制在塔里木油田钻探项目管理中的应用》，《西部探矿工程》2002年第4期，第136—137页。

的核心是提前建井周期，节约日费分成奖励，奖励的范围包括了单井钻探项目组成员、承包钻井公司（主要是钻井队）和其他服务配合单位。考核内容主要包括资料、质量、建井周期、成本和安全生产等方面。初步建立了钻探项目管理的激励机制，极大地调动了项目组成员和乙方服务队伍的积极性，促进了钻探速度和经济效益的提高。

由于“提前建井周期，节约日费分成奖励”办法一方面与总公司后来某些政策不符，另一方面惩罚力度不够，在钻探市场工作量不饱满的情况下（这也是钻探市场的经常状态），钻井队为追求自身经济效益的最大化，开始出现了消极怠工即“磨日费”的现象。为此塔里木油田从1993年开始不断完善钻探项目激励机制并取得了很好的效果，主要包括：通过钻探项目招议标，实行项目总承包制——钻井切块承包制；通过项目组费用承包完善单井钻探项目管理；实行时效或周期激励日费制；等等。

2.1 通过项目招议标，实行项目承包制，由乙方对钻井切块承包

从1993年始至今，塔里木油田的几乎所有钻井项目均实行了招议标，大部分钻井项目按照项目承包制——探井切块承包制进行组织，切块承包内容和范围根据形势不断进行调整。近两年探井切块承包井的数量占探井井数的82.69%，开发井钻探则全部实行了项目承包制。钻探切块承包制由乙方承包甲方确定的切块项目费用、工期和质量等，甲方仅派驻地质监督，项目节约乙方自留，亏损自补，甲方在项目完成后验收考核。这种激励方式适用于开发井和一些地质目的明确、地层资料清楚、工程风险不大的探井。

2.2 通过项目组费用承包，完善单井项目管理

塔里木油田从1995年塔中32井开始，对日费制井开始实行项目组费用承包，其主要内容是甲方内部自愿组合成单井项目组。单井项目组通过招标形式竞争上岗，钻探费用由项目组包干使用，节约按一定比例提成奖励。至2000年柯深101井钻探项目完成，四年共优质完成31个单井项目，节约项目组预算资金4025万元，给项目组兑现激励奖金99万元。以下为柯深101井钻探项目实施单井项目管理实例：

柯深101井采用单井项目管理，成立了柯深101井单井项目组。承钻单位为塔里木第二勘探公司7016队，项目组作为乙方同甲方勘探事业部签定了内部承包协议。项目组承包范围是从开钻至测完声幅并确认固井质量合格的整个钻探作业过程的管理和成本控制，成本控制目标为4812万元（钻探直接费用）。勘探事业部在赋予项目组技术决策权和费用审核权的情况下，确立了在设计工期360d完成地质目的，各项工程技术指标合格，承包费用未超。勘探事业部一次性奖励给项目组15万元的激励措施。

该井上部井眼实行切块承包制，下部采用日费制作业方式并对乙方服务单位采取如下激励措施：泥浆日费上调50%；乙方在270d内完成，节约工期按时效钻井日费

的90%奖励钻井公司。

该井实际完成周期为338.42d，比承包周期360d节约21.58d。实际完成承包费用4120万元，比项目承包费用4787万元节约667万元。项目组也获得了一次性奖励10万元。

2.3 完善日费制钻井，实行时效或周期激励日费制

从塔里木油田近三年的统计数据看，日费制作业方式井和进尺占探井总数的20%—30%，其钻井成本却占到总钻井成本的50%—60%，加强日费制钻井的管理显得尤其重要。塔里木油田这两年大部分日费制井均实行了激励方式，如迪那2井、却勒1井实行了时效激励日费制，迪那22井、迪那201井、塔东2井等实行了周期激励日费制。时效激励日费制的主要内容是通过限定钻井队的机修、组停、辅助、起下钻等具体时效来进行，达到激励要求标准，则予以奖励一定比例标准的日费，其中一条达不到则扣罚一定比例标准的日费。周期激励日费制的主要内容是确定目标工期，根据实际工期与目标工期的差距分档次进行奖罚，从而达到激励目的。从实践来看，这两种方式均能促进乙方加大科技和设备投入，甲方最大限度地获得时间或成本效益。以下为克拉203井和克拉204井钻探项目实施激励管理实例：

克拉203井和克拉204井是克拉2号气田上的两口重点评价井，分别由塔里木第三和第四勘探公司承钻。为满足该气田上交探明储量的时间要求，需加快钻探速度，勘探事业部在这两口井的钻探项目上采用了以乙方钻探公司为激励对象的周期激励日费制方式，具体内容为：全井目标工期分切块承包目标工期（A）和日费目标工期（B）两部分，在全井目标工期内完成，给钻探公司按（全井目标工期－A）×时效日费×1.15结算；超过全井目标工期10天内完成，给钻探公司按（实钻工期－A）×时效日费+5天钻进日费结算；超过全井目标工期20天内完成，给钻探公司按（实钻工期－A）×时效日费×0.85结算；超过全井目标工期20天以上，给钻探公司按（实钻工期－A）×时效日费×0.80结算。

经考核，克拉203井用时58天完成切块承包任务，全井完井周期148.65天，比合同全井目标工期节约了1.35天。克拉204井用时77天完成切块承包任务，全井完井周期141.42天，比合同全井目标工期节约了4.58天。两口井机械钻速平均比上一轮探井克拉201井、克拉202井提高了46.69%，钻井周期减少了50.15%。单位进尺钻探直接成本由克拉201井、克拉202的8384元/米降为5776元/米，降幅为31.10%。同时乙方也分别得到了34.5万元和32.8万元的激励奖励。

3. 实施激励机制遇到的困惑

探井钻探项目激励方式总体上可按作业方式分成两类：一是项目承包制激励，激励主体是承钻乙方钻井公司，激励奖励从节约的钻井成本中直接进行合同结算。另一类是日费制激励，甲方成立项目组进行现场管理，激励对象主要是甲方项目组和承钻乙方公司，对承钻乙方钻井公司激励奖励来源同上，对甲方项目组激励奖励来源，实际上是从油田公司工资总额中开列。

油田公司工资总额与单个钻探项目控制的好坏无直接关系，客观上导致钻探项目后勤管理、支持等人员甚至包括考核与监督人员积极性偏低，因为从理论上讲，这些人员的工资与奖金也从工资总额中开列，存在此消彼长的关系。从这几年的实践结果，项目组奖金很难足额及时到位来看，这是当前钻探项目管理的最大弊端，也是单井钻探项目管理走向停顿的根本原因。单井钻探项目管理走向停顿的另一主要原因是项目预算的确定程序及认可问题，由于探井钻探风险大，技术性强，日费井都是一些难度大、地层资料少、参考资料少的所谓“野猫子”井，预算确定难度很大，客观上要求那些对钻井成本、钻井技术非常熟悉的人员才能确定和审定，而现实很难达到这个要求，从而导致预算确定程序不够规范明确，这也是奖励兑现有难度、有争议的主要原因。

一个钻探项目未达到项目管理的要求，通常有许多客观原因，如地质原因、技术支持原因、决策支持原因，甚至可能是预算问题等，这些原因的确定都需要权威部门确认，这就给项目考核增加了难度，也给惩罚的确定增加了难度和不确定性，并导致奖罚难以对等，这也是单井钻探项目管理遇到的一个困惑。

总之，塔里木油田单井钻探项目管理目前取得了很大发展，还有许多问题困绕着项目管理的进行，需要我们不断进行研究和完善。

4. 钻探项目管理激励机制发展思索

继续提倡和实践“双赢”，做到甲乙双方互惠互利，并不断加大激励力度，充分调动甲乙双方的积极性、能动性，需要甲方管理人员的充分认识和理解，甲方要与主要的乙方单位建立长期合作伙伴关系，在市场、资金、技术、管理和人才方面做到优势叠加互补，促使乙方加大科技和设备投入，从而达到甲方缩短勘探周期、减少勘探投资、提高勘探效益，获得最佳的整体勘探效果，并最大限度地降低交易成本，获得长期的经济效益。

根据单井钻探项目的实际地质和工程特点及特殊目的要求，结合市场情况，组合使用不同的激励方式——机会激励或目标激励，把激励机制贯穿于整个项目。对于评价井或地质情况较明晰的预探井，可采用钻探项目总包制进行激励，并加大激励力度。在甲方资金宽裕的情况下，考虑长远利益，把预算资金做足。对于那些地质情况不清楚的预探井，要采用周期或时效激励日费制对乙方进行激励，科学确定项目周期。考核既要严格，又要考虑奖罚对称或不对称问题。

在国有企业现行体制下，如何对钻探项目甲方项目组进行激励始终是我们的一个重点和难点。目前，塔里木钻探工程项目组由工程项目管理部统一优选和派驻，公司可以考虑给予项目管理部特殊政策：在充分考虑项目组激励奖励的前提下进行工资总额切块承包，由勘探事业部总工程师和总会计师牵头组成单井项目预算和考核组，成员由勘探事业部和项目管理部钻探和经营专业人员组成，预算和考核组负责项目考核并对项目组兑现奖罚，项目管理部工资总额切块承包由油田公司考核。另一种方式是把激励奖励看成激励成本而不是奖金，钻井成本财务核算时按照钻探工程其他费用进行核算。激励行为是一种管理行为，是有成本代价的，单井钻探项目是一种短期的经常性的项目，激励成本具有重复性，在项目管理成本中核算激励成本是符合激励理论的。配合激励机制，钻探项目管理还要建立和完善风险机制，项目管理者承担的风险应包括两方面的内容：经济上的风险和职业上的风险。只有奖励没有风险，项目管理者才可能会为得到奖励而使项目冒较高的风险，从而增加企业的风险。所以一种好的激励制度，要有相应的风险机制配合，达到既调动人的积极性，又尽可能防范风险的目的。

第四节　对监理方的激励

一、问题分析

我国的建筑市场经历了集业主、承包商和监理于一体的计划经济模式，业主和承包商的二元模式，业主、监理、承包商的三元模式三个转变。监理的引进，使得我国建筑市场逐步形成了“项目法人制、招标投标制、工程监理制、合同管理制”的管理体制。

在工程监理制度下，工程建设参与主体——工程项目业主（业主）与承包商、业主与工程项目监理（工程监理）之间的关系是典型的委托—代理关系。当业主通过一定方式将工程项目委托给承包商代为实施时，业主与承包商之间在合同关系上便形成了第一个委托—代理关系。但在工程项目实施过程中，由于业主与承包商之间的信息不对称和目标函数的非一致性，将会导致承包商利用自己拥有的关于工程建设方面的信息优势，在追求个人利益的过程中损害业主的利益，产生诸如偷工减料、以次充好甚至相互勾结等道德风险。在这种情况下，业主为了更有效地控制由于信息不对称等引起的道德风险，最有效的办法就是引入专业知识较强的第三方即工程监理，对承包商行为进行监督和管理。当业主委托工程监理代为行使其对承包商的监督和管理职能时，业主与工程监理之间的委托—代理关系便产生了。由于工程监理的监督行为直接决定业主工程投资、进度和质量目标的实现程度，故此时业主的利益与工程监理的行为密切相关。① 实践证明，工程监理制度对确保工程建设的质量、保证工程按期完工、提高工程建设的水平、充分发挥项目投资效益等方面发挥了重要的作用。

然而，作为代理人的工程监理和承包商一样也是独立的市场主体和理性的“经济人”，在实际运行过程中，委托代理问题也就相应地产生。首先，业主可能由于不

① 秦旋：《工程监理制度下的委托代理博弈分析》，《中国软科学》2004 年第 4 期，第 142—146 页。

了解各监理公司的实际情况，而选择了资质差的监理。其次，在工程项目建设中，由于监理工程师的专业信息远比业主多，业主无法洞察监理工程师所做的一切。由于业主与监理之间存在信息不对称，监理可能利用自身的信息优势欺骗业主，以减少工作投入甚至与承包商勾结损害业主利益。最后，工程项目建设中存在的不确定性。不同项目都有其特殊环境下不可预见的干扰因素，业主难以对监理工程师在项目管理上的绩效做出准确的评价，也就是说，监理在选择自己的努力水平上有很大的回旋空间，因此不确定性在建设项目管理中体现得十分明显。

二、委托代理模型分析

由以上内容得知，业主面临的主要问题就是如何设计一个最优激励合同，以诱导工程监理从自身利益最大化出发，减少对业主的不良影响，从而选择对实现业主目标最有利的行动。而如何设计一个最优的激励合同，我们将在后面详细介绍，本节我们可以从委托代理模型出发进行分析。

首先，从简单委托代理来看。根据代理人仅从事单一工作、努力变量选择是一维的假设证明，如果委托人不能观测代理人的努力但可以观测到与努力相关的变量，那么为使代理人积极并努力工作，根据观测到的变量支付代理人报酬的激励合同明显优于固定工资合同。

其次，从多任务委托代理分析。在实际操作中我们可得知，在工程监理制度下，作为代理人的工程监理在代理业主行使监督职能时，承担着对工程投资、进度和质量等目标进行控制和监督的任务，具有明显的多任务委托的特征。霍姆斯特姆和米尔格罗姆（1991）建立的委托—代理多任务模型说明，在代理人从事两种以上的任务，且不同任务之间具有替代性的情况下，如果某些任务及其成果具有可观察性，而其他任务不可观察，那么固定工资制要优于基于客观业绩评价的显性激励契约。因为如果实行显性激励，那么代理人就会把更多的精力用于具有可观察性的任务上，而那些不具观察性的任务就会被代理人忽视或冷落。[①] Williamson（1985）也指出，代理人从事任务的多维性正是企业组织不能像市场一样实行高能激励的主要原因。现实也证明，工程监理的报酬并没有采用激励合同，而是采用固定报酬契约的形式，即按工程预算的一定比例收取监理费，其实质仍然相当于工程监理的报酬为一个给定值。也就是说，在多任务委托代理情况下，从简单的委托—代理模型得出的结论可能是不适用的。因此，如何根据工程监理多任务委托代理特征，设计工程监理的激励报酬契约，就成为有效发挥工程监理作用的关键。

为简化分析，我们根据任务被观测度量的难易程度，把工程监理承担的任务简化

---

① Bengt Holmstrom & Milgrom Pard. Multi-Task Principal - Agent Analyses: Incentive Contracts, Asset Ownership and Job Design. *Journal of Law*, *Economics and Organization*, 1991, 7.

为两项，即易于观测度量的工程投资和进度以及不易观测度量的工程质量。随着监理人员对工程质量监督的效果被观测的不确定性的提高，由于工程监理承担任务间的可替代性，对工程质量监督活动的激励强度系数将越来越小。特别是当工程质量监督效果完全不可观测时，对工程质量监督任务的激励强度系数趋于零。也就是说，在多任务委托代理情况下，业主对工程监理实施的报酬机制的激励效能被弱化了。弱化的原因可直观解释为：在多任务环境中，如果任务间努力具有可替代性，那么代理人增加某一任务的努力程度会提高其他任务的边际机会成本，从而使得代理人往往将努力集中投入容易被评价的任务中（以牺牲另外任务的努力为代价），导致激励机制的激励效能弱化。因此，解决激励机制效能弱化的一个有效途径就是使任务的替代关系转化为互补关系。①

三、多任务委托工程监理激励机制的设计

首先，激励机制的设计应考虑工程监理的特质。

工程监理的特质决定其本身的能力水平、绝对风险规避度和努力成本系数。其中，工程监理的能力（可用学历、经验等来鉴别）越强，水平就越高；个性特征越富于“冒险”（可以理解为有魄力、勇于承担责任等），绝对风险规避度就越小；越有创业精神（即不计较个人得失），努力成本系数也越小。因此，在这种意义上，业主如何选择一个在素质上适合自己工程特点的人承担工程监理将是激励机制发挥其应有效率的前提。一般地，为充分发挥激励机制效率，业主应选择具有一定学历、经验丰富、敢于承担风险以及具有一定创业精神的工程监理。

其次，多任务委托下工程监理委托—代理分析表明，由于工程监理工程质量监督效果的不可观测性和承担任务间努力成本的替代性，强调对工程投资和进度任务努力的激励将会诱使工程监理对其投入过多的努力而忽视工程质量监督活动的努力，从而导致激励机制激励效能的弱化。也就是说，多任务环境下，导致激励机制、激励效能弱化的主要原因在于承担任务间努力成本的替代性。因此，解决激励效能弱化问题的一个有效办法就是克服多任务间努力的替代性，使任务间努力的替代关系转化为互补关系。为克服多任务间努力的替代性，激励代理人的贡献进一步优化，Desgagne（1999）从监视的角度提出了解决的思路：② 假设代理人有 A 和 B 两项任务，委托人对任务 A 的努力业绩定期监视，而对任务 B 的努力业绩实施不定时的审核，但只有当任务 A 的努力被认为高时，委托人才对 B 任务进行核查；若对 B 任务进行核查时，认为 B 业绩没有达到规定的要求，那么代理人事后收入将低于 B 任务不被核查时之

① 殷红春、黄宜平：《多任务委托工程监理激励机制设计》，《现代财经》2006 年第 9 期，第 26 页。

② Bernard Sinclair Desgagne. How to Restore Higher-Powered Incentives in Multitask Agencies. *The Journal of Low*, *Economy and Organization*, 1999, 15.

所得。在这个思路下，代理人会对A任务努力工作，以期望B任务被核查；同时由于B任务业绩不好时，代理人的效用会降低，于是代理人也会努力对待B任务。这样，具有替代关系的两种任务，经过委托人的激励制度设计，转化为具有互补关系的两种任务，从而激励代理人。我们对委托—代理模型进行分析，得出：在多任务环境中，当存在不易观测业绩的任务时，基于业绩的报酬机制（客观绩效评价），由于任务间的替代关系，极易导致激励效率低下。因此，为实现委托人效用的帕累托最优，在基于客观业绩评价的显性激励中，辅以一定的主观业绩评价指标能够有效地缓解因单纯采用客观业绩评价指标而可能导致的激励扭曲，从而可以更好地发挥显性激励的作用。

四、具体激励方案

（1）监理报酬应由两部分组成，包括固定报酬和奖励报酬。固定报酬可以按照行业内通行价格进行确定，必须为监理方通过正常努力即可以达到的水平。同时为防止监理方选择低于自己正常努力的水平，我们要同时设立奖励报酬（随监理的努力程度和业主的激励程度而变化），通常可以根据项目的质量情况、是否按时完工、成本造价情况等是否符合合同要求等作为评价的依据。

（2）根据委托代理模型的分析和结论，我们将对易于观测度量的工程投资和进度进行定期的监视及评价，而只有当工程投资及进度一定程度上优于原定计划时，我们才对不易观测度量的工程质量进行审核，同时结合审核的情况，确定监理方的激励报酬。

（3）风险分担，剩余收益索取权分享。[①] 一个成功的激励方案，必须同时具备正激励和反激励。于是，为了对监理方进行一定的约束，我们应该过渡部分风险，同时为监理方所承担的这一部分风险进行补偿，即使其分享剩余收益索取权。风险的承担，在一定意义上可以理解为，当承包商侵害了业主权利的同时，监理方并没有及时进行阻止同时反映给业主，致使业主权益受到更为严重的侵害时，监理方有责任共担业主损失（可以从激励报酬中扣除）。相反，在由于监理方付出了高于正常水平的努力，而使得业主获得了更大收益的情况下，业主应该与监理方共享部分收益，从而更大地激发监理方的努力水平。

【案例】

福州某房地产开发投资公司分别于2002年及2004年分两期连续投资开发某生态

---

① 项勇、任宏：《非对称信息下工程监理管理绩效理论分析》，《重庆建筑大学学报》2006年第1期，第28页。

小区，两期投资额均在7600万元左右，项目一期、二期分别由甲、乙两家甲级监理公司承担监理任务。一期工程的监理报酬按照固定报酬模式，在一期的监理过程中，由于业主不满意甲监理公司的监理服务，2004年项目二期开发时监理更换为另一家同样资质等级的乙监理公司。二期工程的监理报酬由两部分组成，包括固定报酬和奖励报酬，奖励报酬主要是根据项目的质量情况、按时完工情况、成本造价情况、是否符合合同要求等进行评价作为进行奖励的依据。由于两期投资额相差不大，给予两家监理公司的固定报酬部分实际上相差也不大，但是实际的监理效果却大相径庭。实践证明，由于房地产开发公司在二期开发过程中采取了激励措施，乙监理公司工作努力，监理绩效明显提高，不仅使二期工程工期提前，而且房屋质量相对较高。

案例结论：设计并采取一定的激励措施，将激发监理单位付出较高的努力水平，进而获得较好的监理效果，从而实现了业主的目标。

第五节 业主如何进行项目建设与监理激励

一、问题分析

所谓激励，就是管理者遵循人的行为规律，运用多种有效的方法和手段，最大限度地激发被管理者的积极性、主动性和创造性，以保证目标的实现。关于激励问题的探讨很多，但大多侧重于对结果的激励，从过程的角度进行激励的则所见甚少。然而，对过程的忽视往往直接导致了结果的失败。

当业主将工程项目委托给承包商代为实施，同时又委托专业性强的工程监理方对承包方的工程建设进行监理时，业主同时与承包商以及工程监理方形成了委托—代理关系。而委托代理所产生的问题，则要求业主在项目建设中同时对承包商以及工程监理方进行监督、考评以及激励，从而尽量规避由于信息不对称等产生的道德风险。

我们已经就如何对承包商以及工程监理进行激励进行了论述。但是，实际操作过程中，由于工程项目的复杂性以及持续性，仅依据结果的考核、评价进行激励，会致使对工程建设及监理过程的忽视。如果忽视对过程的控制，则无法将可能发生以及即将发生的问题扼杀在摇篮之中，从而增加了工程后期问题解决的困难复杂程度，增加了投入，而且无法更好地保证工程质量以及工期的按时完成。所以，除却对结果的激励，业主应同时重视对过程的激励。

二、过程激励

作为一个管理者，工作的最终目标就是最大化地调动被管理者的积极性、主动性和创造性，进而实现组织目标。因而，在管理过程中要强调以人为本。对于被管理者而言，薪酬除了满足其生理生活上的需求外，还在一定程度上肯定了其辛勤劳作。而自身价值得到别人赏识、尊重、关心、重视和高度评价的欲望是内容激励代替不了的过程激励的效果。过程激励的重要性表现在以下两个方面。[①]

（1）有助于管理者树立人性化薪酬理念。目前普遍的薪酬方式是结果激励，它的弊端显而易见。管理者要想被管理者更好地为企业服务，只有在方方面面树立人性化的管理理念，为被管理者创造最适合作为经济人和作为社会人生存的环境。薪酬领域也不例外，薪酬设计不仅要考虑被管理者的生理需要还要考虑被管理者的心理需要。

（2）有助于薪酬激励的公开性、透明性。管理者支付报酬的公正与否，只有在支付过程公开的情况下才是最彻底的公正。

三、激励方法

业主，作为管理的一方，同时承担着对承包方以及监理方的管理和激励。如何通过对这两者的激励从而很好地控制工程建设过程，达到业主利益最优化是业主亟须解决的问题。

（一）引导承包方以及监理方认可并接受目标

激励并非起始于具体任务的实施，在实施之前双方必须确立一个共同的目标，以明确合作的条件和内容。这种确立不仅是工作过程的起点，还将对双方的合作、利益分配及其行为起到规范和引导作用，因而必然是激励所涉及的对象。由于目标所包含的因素与执行者密切相关，执行者会从多角度展开思考，以确定目标是否可以接受，而这种接受无论是对目标的确立，还是对目标的实施都是非常必要的。[②]

首先，从目标难度与个人能力的比较来看，只有当努力者认为根据个人的实力有把握去实现时，才能对目标给予积极的认可。鉴于目标蕴涵着努力者与组织双方的利益，必然体现一定的难度。双方所希冀的利益愈多，目标的难度就可能越大。而难度过大又会使执行者望而却步，因而存在着在力求体现高收益、使目标更具引力的前提下，如何解决好目标难度与可接受性矛盾的问题。

其次，由于目标是一种预期的行为目的，它所标明的不是现在而是将来。努力者不可能对其进行实际的分析得出一个详实而准确的认知，只能依据以往的经验做出判断，在这种判断中其主观性和利己性倾向是非常明显的，他会引导判断者夸大目标的难度和个人的投入。同时，由于努力者倾向于获取最大的收益，面对预期性也就存在着某种担心，怀疑个人所得并不是自己可能获取的全部，主观上会产生被剥夺的认知倾向而影响到个人的付出。

---

① 杨家勇：《薪酬支付的过程激励》，《经济与社会发展》2003 年第 6 期，第 57—59 页。
② 杨家勇：《薪酬支付的过程激励》，《经济与社会发展》2003 年第 6 期，第 57—59 页。

最后，组织中人的需求是多样的，努力者期盼目标所能带来的收益不仅仅局限在经济的领域，还有着广泛的社会需求及心理需求。努力者既希望借助于目标的实现过程来发现自己，力求看到一个满意的自我，又希望在双方的长期合作中，在满足当前利益的同时，兼顾个人的长远收益，需求的多样性对目标提出了更高的要求。

努力者对目标要求的多样性是其利益的集中体现。如果这些需求不能满足，努力者就不可能接受目标，那么高于目标的组织的利益也就不可能实现。就目标难度和可接受性这一矛盾来讲，由于目标难度是双方利益的体现，可接受性是实现目标的前提，两者必须兼顾。就努力者来讲，他们虽然能看到满足程度与目标难度之间关联性的存在，但对目标难度却存在着强烈的排斥心理。

现实中只有收益高且易实现的目标才能产生足够的引力，促成努力者对目标的有效接受。因此，这种矛盾的解决不可能通过降低目标的难度来实现，只能通过对目标的良好设计来解决。其基本思路是：[①]

首先，目标必须体现出看似容易，做起来难，易接受而不易实现的特点。既能有效地涵盖双方的利益，又有助于执行者接受。所谓看似容易，是要在认知上降低执行者对目标难度的判断，鉴于对目标是否可以接受的判断先于实际操作，本质上是一种主观预期，存在着模糊性和可变性，因而也就具备了调节的可能。当努力者感到环境条件具备，实现目标的途径具有新颖性和挑战性，且个人自恃过高时，他们对目标难度的感知就会相对降低，从而提高其可接受性。所谓做起来难，是由于目标的实际难度并没有降低，仍需要努力者付出一定的代价，做出一定的努力。只是这种难度在一定时段上让位于执行者对目标的接受，在以后的过程中选择恰当的时机予以体现而已。由于对目标的接受与具体实现过程在时间上存在差异，因而借助于一定的方式引导员工接受目标是完全可以实现的。这样既保证了目标的可接受性，也保证了双方利益的实现。

其次，目标判断中的预期性所带来的疑惑是一种客观存在。它主要是由于执行者对目标的理解不足、把握程度不够、对目标确立过程的参与程度低等因素所带来的认知模糊和不可操控等因素造成的。针对这一点，管理者要通过主动吸收执行者参与目标制订等方式，帮助其了解目标特点，明确目标规范和实现过程。通过对目标的理解以及过程的有效把握来增强其信心，提高其预期水平。

最后，面对努力者需求多样性的特点，领导者必须对目标进行良好的设计，既要努力丰富目标的内涵，又要合理筹划其实现过程，使目标在标明经济交换要素的同时，还能够给努力者提供更多的表现机会和相互比较成分，使实现过程更吻合努力者的特点。要力争在过程结构上更有利于成就的获取，在所选择的方法上更具有吸引力，在目标难度的设置上更具有挑战性，在具体的操作中更显自主性，多角度、多层

① 杨家勇：《薪酬支付的过程激励》，《经济与社会发展》2003年第6期，第57—59页。

次满足努力者对目标判断的需求。

（二）激励方法

1. 公平看待承包方以及监理方

作为工程项目的承包者以及监理者，同时对工程的进度、造价、质量等承担责任。如果仅对承包商以及工程监理中任何一方进行激励，会导致两者的矛盾加深，不利于工程的顺利进行。

2. 尊重与信任

承包方以及监理方作为团队而言，根据马斯洛需求层次理论，同样具有被尊重与信任的需求。只有当被管理者觉得受尊重、被信任，才可能更好地为业主服务。当然，尊重与信任不是绝对的。正是由于业主与承包商之间存在的信息不对称问题才导致了对第三方监督，即工程监理的需求。而同样由于业主与工程监理之间的信息不对称，才出现了需要通过激励尽可能规避道德风险。尊重与信任意味着业主无需事必躬亲，对工程的全部事务进行盘查。管理者与被管理者之间的相互理解和信任是一种强大的精神力量。首先业主应该放下不信任的态度，摘掉监视的眼镜，做到平等待人，尊重承包商以及监理方的劳动、职权和意见，让其感受到业主非常相信他们的能力，相信他们是最优秀的员工，相信他们可以创造出优质的工程。

针对承包商，应该相信其提出的有利于工程建设的建议，并给予其一定的决定权，例如，对于如何施工，如何选材的问题，因为与业主相比建设方总是具有更专业的知识。针对工程监理，应该尊重其对承包商做出的客观评价，或是提出的改善方案。

3. 授权

授权首先表现为领导对于被雇佣者目前工作能力和业绩的一种认可，其次又对被雇佣者未来工作提出了更高的挑战和要求。因此，一方面是对被雇佣者的一种非正式的晋升，另一方面也可以激励其尽快成长。

例如，针对承包商，应该给予施工问题上绝大多数的决定权，使其在一些琐碎的问题上不需要时常向业主进行汇报、请求才可以得到实施，从而可以减少为此贻误的工程进度。针对监理方，则应赋予其对承包商工程实施过程的监督实权，对于承包商在工程实施中出现问题的情况，可以及时要求停止并整改。

4. 及时激励

激励的及时性是指激励措施实现的快慢。“机不可失，时不再来。”现代心理学研究表明，及时激励的有效率可达到80%，而延迟激励的有效率仅为7%。主要的改善方法是员工一旦出色地完成工作，就马上给予实质性的奖励；一旦犯下错误，也马上进行相应的惩罚。当然，这里的及时并不单指时间上的迅速，主要还是体现为一种不拖泥带水，遇事果断、雷厉风行的工作作风，那种认为什么事都放到年终算账或是工程完结后的想法和做法完全是贻误和浪费时机。

所以，针对工程承包方，在项目建设中，如果出现施工上的失误等，应该及时给予惩罚；同时，如果因为承包方施工建设上的创新或其他措施，加快了工程进度，减少工程投资或者提高工程质量，就应该及时对其进行奖励。作为一种正强化，会更大程度地激发承包方努力进行提高。针对工程监理，如果由于其疏于职守，没有及时反映承包方对工程的懈怠，导致了工程进度延迟、造价升高、质量下降等，给业主带来损失，应该及时给予惩戒；同时，如果由于监理对承包商的监督作用，促使工程按时完工，减少资金投入，提升工程质量，或是监理在实施职能的过程中，发现并制止了承包商所做的不利于业主利益的行为，减少了业主利益的损失，此时也应及时对其进行奖励，鼓励这种有利于业主利益的行为。

第六节 项目质量的控制和激励

一、项目质量管理激励的分析

质量管理在项目管理中占有重要地位，项目质量管理在确保项目满足项目组织、向项目当事人承诺的需要的所有过程中都有体现。根据2000版ISO 9000的阐述，质量管理有八大原则：以顾客为中心、领导作用、全员参与、过程方法、系统管理、基于事实的决策方法、持续改进、与供方的互利关系。

从上述原则我们可以看出，相对于日常管理中的激励而言，项目质量管理的激励有其独具的特点：

（1）项目团队资源的有限性。项目团队不具备一个完整的层级与权力，在一个项目活动中，其所能支配的资源是有限的，受到客观环境的资源制约。

（2）项目质量管理激励需要处理好两方面的关系，既要以整体团队绩效作为主要目标，又要对团队成员的贡献做出奖励和肯定，协调以上两个因素是项目团队质量管理的主要特点。

（3）项目团队的激励是一个短期行为而不是一个长期行为。因为项目管理相对于日常管理活动而言，不具有可延续性，随着项目目标的结束，项目团队也随之终结。

（4）项目质量管理的激励是以结果为导向的激励。不同于日常管理中的过程激励，项目团队有一个明确的项目目标，团队因为项目目标的出现而存在，随着目标完成而解散，一切以目标为导向。

二、项目质量激励的实施

（一）质量激励机制

对于项目团队的质量管理，应当就其特殊情况，根据激励理论做出合适的激励机制，进而进行激励实施。附图5为项目质量激励机制的运行模式：

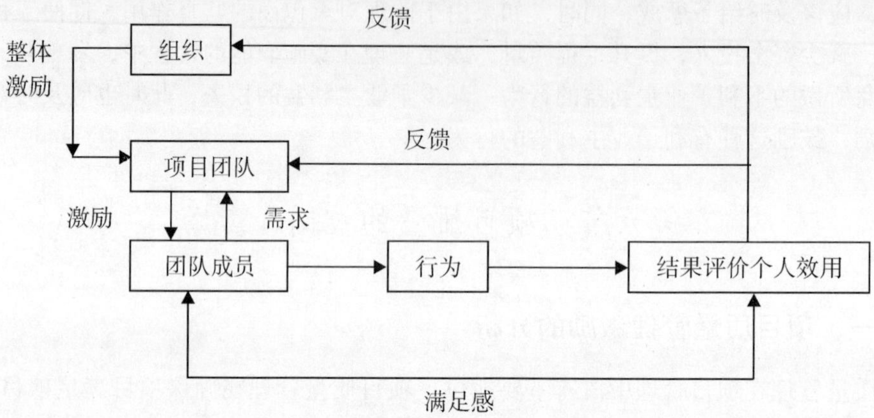

附图5 项目质量激励机制的运行模式

该模式贯穿于项目质量管理的全过程。通过激励主体与激励客体的双向作用，不断激励—反馈，进而调整再激励，达到项目质量的激励作用。

（二）质量激励决策

通过上述项目质量激励的分析及机制，我们得出项目质量激励的决策：

（1）通过培训与教育手段进行激励。由于项目质量激励是以目标为导向的激励，因而质量的结果是至关重要的，以培训与教育为手段进行激励，能够在保证激励效果的同时，提高员工的素质，进而达到质量目标。

（2）项目质量管理激励应将整体团队绩效作为主要目标，同时对团队成员的贡献做出奖励和肯定。通过协调，将两者有机结合起来，达到激励目标。

（3）项目质量管理激励应以物质激励为主，因为项目质量管理激励是一个短期的激励，通过物质激励，能够在短期内发挥激励的最大作用。

（4）项目质量管理激励应以技术作为激励标准。由于质量与技术存在密切关系，因而在激励方式上，应根据不同层次的人，给予不同的重点激励，而不是大一统。对待高技术、高水平的成员，应更多地从物质激励的角度进行考虑，而对其他成员应更多地从责任、发展与自我价值实现来进行激励。

（5）创造一种开放和自信的气氛，使全体团队成员有统一感和使命感，鼓励项目成员形成沟通协作的文化。良好的文化可以增强团队凝聚力、提升个人成就感，提高项目成员抵御挫折的能力。

第七节 项目成本管理中的激励和监督问题

随着现代企业的不断发展，项目成本管理不仅仅是一个财务生产方面的问题，更是一个牵涉到企业全面发展的战略问题。① 因此，项目成本管理的好坏在一定程度上决定了一个项目的成败，甚至一个企业的成败。如此看来，做好项目成本管理的激励和监督也就十分关键了。

一、项目成本管理简介

（一）项目成本的分类

微观来说，项目成本主要指的是项目的建设成本；宏观来说，项目成本主要包括以下几个方面：项目成本 = 常规的项目建设成本 + 项目激励成本 + 项目监督成本。

1. 常规的项目建设成本

常规的项目建设成本是指在项目建设过程中出现的原材料、人力、物力等成本，这类成本可以通过优化流程来达到节约成本、优化资源的目的。

2. 项目激励成本

激励成本是一种可增值成本，也就是说，这样的成本付出是具有潜在价值的。通过对员工的激励，可以达到项目流程的优化、员工工作效率的提高，这样的成本付出是极具价值的。良好的激励体制可以为企业带来丰厚的回报，因而，项目激励成本的付出是极具战略价值的。

3. 项目监督成本

监督成本是一种风险成本，这部分成本是企业的额外成本，增值性不大，不过可以有效的约束员工，减少企业的损失。这是一个企业员工博弈的成本问题，此成本的付出应该追求简单有效的原则，并尽量和激励机制结合起来，增加其价值。

（二）项目成本管理的定义

项目成本管理是指为保障项目实际发生的成本不超过项目预算，使项目在批准的预算内按时、按质、经济高效地完成既定目标而开展的项目成本管理活动。

---

① 孙保恩：《浅析成本管理在项目管理中的地位和作用》，《科技情报开发与经济》2007年，第14期，第242—243页。

（三）项目成本管理过程

美国《项目管理知识体系指南》将项目成本管理过程定义为项目资源规划、项目成本估算、项目成本预算、项目成本控制等过程。项目资源规划指确定为完成项目诸工序，需用何种资源（人、设备、材料）以及每种资源的需要量；项目成本估算是指编制为完成项目各工序所需的资源的近似估算总费用；项目成本预算指将总费用精确估算并分配到各单项工作上的过程；项目成本控制指控制项目预算变更的过程。

（四）项目成本管理的原则

项目成本管理的效果如何，将直接影响到项目的绩效，因此，成本管理要坚持全生命周期成本最低原则、全面成本管理原则、成本五分制原则、成本管理有效化原则和成本管理科学化原则。

（五）项目成本管理的目标

项目成本管理的目标是在保证质量的前提下，寻找进度和成本的最优解决方案，并确保对成本、进度进行有效的控制，最终实现项目成本的最小化、效益的最大化。

根据上面的简介，我们对于项目成本已经有了一个大致的认识，对于项目建设成本来说，我们可以根据每个流程进行详细的优化整合，这个问题本书暂时不做详细的阐述，现在我们就项目成本里面的交易性成本即激励成本和监督成本的问题展开深入的探讨。

二、项目成本管理的激励问题

项目成本管理的最终目的是追求利润的最大化，它需要扎实的管理基础和全体员工的共同努力。利用激励机制对各部门和责任人实施责任成本考核，奖优罚劣，这是十分必要的。

（一）建立项目成本激励机制的原则

在一定的制度框架之下建立项目成本激励体制时，应遵循以下六大原则。

1. 成本责任制

所谓成本责任制是公司要对项目部设定总的成本控制目标，然后项目部将分项目标以分级、分工、分人的成本责任制作保证，以责任制的形式落实到相应的部门与班组。它的关键在于明确责任人和奖罚办法，并与奖惩制度挂钩。[1]

---

① 陆芳、魏炜：《项目管理的考核与激励》，《经济师》2002 年第 12 期，第 144—145 页。

2. 管理目标责任合同制

把项目工期、质量、安全、上交款、经费开支等指标以合同的形式写进责任书，并将项目总体目标分解为年度指标。

3. 项目资源配置评审制

为了解决项目资源优化配置问题，每项工程中标后，依据合同条款、施工条件等，按照“五个到位”（即管理人员责任到位、生产要素配置到位、工程任务分割到位、项目管理目标到位、资金保障到位）和“四个适应”（即管理水平与工程需要相适应、技术力量与工程需要相适应、机械设备与工程需要相适应、资金保障与工程需要相适应），对参加施工单位的各项资源配置方案进行评审。

4. 成本管理定期分析报告制

项目部定期和不定期地召开成本分析会议，把成本分析贯穿于施工过程，使定期专门分析与日常分析相结合。定期与项目部责任成本目标进行比较、分析、考评，总结成本节超原因，及时调整偏差，防止成本失控，以保证责任成本总目标的实现。

5. 工资分配模拟股份制

为进一步调动项目部人员的积极性，将项目管理的好坏与项目部的整体利益、各类人员的责任大小、个人收入切实挂起钩来，努力形成对项目管理强有力的激励、约束机制和项目部人员利益共享、风险共担的目标责任体系。

6. 计价拨款集体研究决策制

每月进行验工计价时，由项目部主管牵头，组织施工、计财、质检、物资等部门人员，核实完成的实物工程量，依据确定的目标责任成本和工序承包单价计算工程价款。坚持验工看现场，计价不验工，拨款凭计价，留足质保金，多方共签认，拨款集体定，出了问题追究责任的原则。

（二）项目成本管理的激励

对于项目成本管理的激励成本，更多的体现为对于项目成本管理成员的一种人力资本，因此，将项目成本管理的人群分成两类，并根据他们的特点建立成本收益最大化的激励体制。

1. 对项目成本管理的负责人的激励

经营项目是为了达到预期利润，实现预期利润不仅与项目所处环境有关，而且取决于以项目经理为核心的项目管理人员的努力。项目经理是企业管理层对所属项目的全权代理人，其知识结构、经验水平、组织协调能力、领导艺术，尤其是工作的责任心、努力程度和开拓精神是决定项目盈亏的关键性因素。多年实践经验表明，只要有一个好的项目经理及合适的激励水平，即使面对不利的经营环境也往往能扭亏为盈、反败为胜。从博弈论的角度，由于公司管理层与项目管理层在时间和空间上均存在着距离，特别是工程总承包企业的工程项目更是如此。这就存在信息不对称，导致利益相关方的逆反选择。对决策方来说，在无法得到真实的信息进行决策，又无法充分观测和监督从属单位执行计划的努力程度时，行之有效的办法是采用适当的激励以得到真实的信息，并引发适当的行为。

激励机制的设置和运行是有一定成本的。首先反映在公司管理层经营项目时，对项目经理选聘的搜索成本和谈判成本，即根据项目的特点和拟选项目经理的业绩及经济能力，对项目经理等一干人的选择。随着项目管理公司的运营和执业建造师制度的实行，这种选择可扩大到企业外部。其次是公司管理层的监督成本，主要是建立完整的组织机构和信息反馈系统，对项目进行全方位的跟踪、监督。最后是为满足对公司的承诺，项目经理及有关人员所投入的精力花费的成本。这种投入成本的大小与激励的方法、方式有关。

衡量激励机制运行是否有效的标准是其边际运行成本与其从项目中所获得的边际效益的比较。不可否认，激励机制的成效最终落实在公司与项目经理之间达成的工程项目管理目标责任书中。公司根据项目经理及有关人员提供的智力、才能和精力以及贡献大小给予报酬。由于所投入的精力和智力的不可观测性，就需要和某一指标，如成本或利润挂起钩来，使监督条款有意义。此外，还要考虑到项目经理的投入与达到的指标可能并不能保持一致。如果其报酬与有风险的指标联系起来，项目经理就增加了风险。因此，要密切关注考核指标的不确定因素，给予风险因素适当的权重，减少非关联风险承担的成本。这样可以避免在不可控风险发生时，激励机制下项目经理的努力付之东流的情况。要使项目经理承担风险，就得补偿其遭受风险而受到的损失，风险越大，报酬就越大。

公司利益和项目经理的利益既对立又统一。只有两者之间建立起合理的利益分配分享和风险分担的机制才能实现统一。因此，对于已建立现代企业制度、资本密集、管理密集的公司，对优秀的项目成本管理人员可尝试采用期权的方式，使其能与公司分享成本节约的额外利润，减少短期行为来保持与公司的长期合作。对于智力密集型的项目管理公司，公司的价值主要表现在商誉和人力资本上，探求采用与优秀项目管理人员合伙经营的方式，使其与公司同舟共济、共谋发展。

实行项目经理竞聘上岗，给所有具有资格担任项目经理的人员公平竞争的机会。通过竞争使好的管理方法、手段及有利的优势得到充分挖掘，将工程成本的可靠性落到实处。发挥公司管理层集约化优势，采用人力资源归属权与使用权分离的人力资源矩阵制和管理模式，赋予项目经理“组阁权”，由项目经理在通过竞聘上岗的人员中组成项目体，并根据项目规模和项目执行的各个不同阶段的管理幅度和复杂程度，聘用人员，实施人员动态组合，减少项目管理人员的凝固、刚性化，促使项目人员向精简、高效方向发展，降低项目管理成本。同时，对项目中主要责任人按照个人承担责任及风险大小，交纳数额不等的风险基金，使项目管理最终的结果只与项目经济责任人挂钩，避免责任泛化。在项目管理人员分配上，扩大项目骨干与普通管理人员的分配幅度，能者多劳多酬。通过利益趋动机制，激发项目责任人的责任感，提高其积极性。①

2. 对项目成本管理的普通员工的激励

采用节约成本分享的制度，让项目成本管理的员工都能享受到他们的劳动成果。我们可以将节约的成本作为一种奖金来对员工进行奖励，激发他们的热情。此外，由于我们会有详细的成本责任分工，因此可以对这些员工进行绩效考核，将他们的薪酬福利、绩效考核同项目成本管理挂钩，致力于提高员工的财务成本控制力，赋予员工更多的自主权利，为他们提供一个更加广阔的发展平台。加强员工之间的沟通，使之自动自发地形成一种团结的氛围；组建成为一支强有力的团队，树立起团队成本控制观念，使之能团队作战，达到项目成本的预期目标。或者将一个项目成本管理分成几大模块，适当的将权利下放、人员分组，形成一定的竞争机制，激发项目成本管理员工的积极性和责任感，并相应的与团队绩效和个人绩效相联系。

三、项目成本管理的监督问题

对于项目的监督成本，我们更多的是寻求一种信息化、体系化的系统，以达到节约成本、高效监督的目的。可以分成以下几点来建立成本管理的监督机制。

（一）整合资源，建立完整的、系统的成本监督体系

项目成本管理是根据企业的总体目标和项目的具体要求，在项目实施过程中，对项目成本进行有效的组织，实施控制、跟踪、分析和考核等管理活动，以达到强化经营管理、完善成本管理制度、提高成本核算水平、降低工程成本、实现目标利润、创造良好的经济效益的目标。对项目成本进行全方位的考核和实时监督是当前成本管理的迫切需要。当前市场竞争激烈，巨大的生存压力促使企业需要整合自己的资源，系统管理成本。企业可以根据自己的实际情况，如资金、人力资源、设备装置及市场环境，依照自己的技术特长、优势来确定生产制造成本，进而确定产品的价格。这种经营方式不仅可以从项目自身来控制成本，而且可以保证项目的效益。

监督体系的另外一个重点就是对公司人力资源的监督。项目经理对于公司成本的控制应该受到一定的公司制度监督，项目经理需要及时向高级管理层反馈信息。而一旦项目经理遇到问题，管理层应该就公司的实际状况进行政策人员调整，提供人、财、物的支持，保证项目成本处在可控状态。

（二）完善激励监督机制，适应形势的发展和需求

充分认识到控制项目成本是获得经济效益的关键。企业管理层改善信息通道，完

① 高华君：《工程项目成本管理中的激励和监督》，《绍兴文理学院学报》2004年第7期，第101—104页。

善激励机制和监督机制，使项目管理适应形势的发展和需求。实行公司授权下的项目经理责任成本管理制度，建立和完善项目经理的管理模式，理顺公司各职能部门与项目经理部的关系。公司管理层要贴近项目施工地区进行管理指导，通过“项目管理目标责任书”，公司委托项目经理在其授权范围内充分行使职权，建立业绩评估网络，除质量、安全、工期等外还要重点监测、控制项目责任成本的激励和约束机制的效果，从而达到降低项目成本的目的。因此在进行项目成本管理应注意以下几点：

1. 完善项目目标责任书

合理核定承包基数。经济目标责任基数应建立在科学的预测和严格的管理制度的基础上，目标过高、过低都会失去执行项目责任成本制度的初衷。因此，结合工程量清单计价模式的特点、责任目标应以实物量施工预算为主，并综合考虑市场、合同条件，最大幅度地调动承包方参与项目的积极性，消除让利等诸方面因素，系统地将项目工期、质量、安全等对成本的影响纳入管理范围，提出相应的要求，提高承包方对项目的积极性。

明确双方职责。明确项目经理部应承担的成本责任和风险，公司应为成本控制创造优化配置生产要素和实施动态管理的条件和环境。例如，规定超过一定数额的材料采购和分包工程，必须与公司经理负责下的工程、材料和财务部门一道同分包和材料供应商签订，这样既强化了公司的服务和控制功能，也调动了项目经理的积极性，防止因其权力过大，造成失控。

奖惩办法。奖惩办法具有科学性和可操作性，因此必须明确奖惩办法，其中，奖惩的依据要数量化，具有可观测性，利于评价和考核。激励机制是奖与惩的结合。在奖励方面，可实行年薪制和提拔任用重要岗位或奖励新的项目。惩罚方面，实行经济处罚或限定其在一定的时间段不能担任新的项目经理。为维护合同的严肃性，体现制度的严肃性，奖惩一定要兑现。

总之，建立这样的机制既要确保公司的预期效益，又要使项目经理既有压力又有动力，既有风险又有利益，使其尽力采取各种措施，最大限度地控制成本支出。

2. 完善项目成本监控系统

针对项目施工工期长、影响成本的因素多、成本处于动态变化中等特点，必须建立和完善成本监控系统。①以项目为单位单独列账。以项目为单位成立内部独立核算单位，所有收支均应通过公司统一账户，并单独列账，以防止人为调账转账，影响项目成本的真实性。②做好项目成本计划，根据内部承包合同确定的目标成本、施工方案和生产要素配置情况，按施工进度计划，确定项目的月、季成本计划和项目总成本计划，作为控制生产成本的依据。③加强成本核算和分析，建立完整的成本核算账务体系。④正确收集实际成本数据，分析分项成本计划的执行结果，查明成本节约和超支的原因，寻求降低成本的途径和方法，编写成本分析和盈亏预测报告。这样，就可采取有效措施，防止成本溢出。⑤及时做好竣工总成本结算，防止因人员调动造成成本资料的流失，并根据结果评价项目的成本管理工作，总结得失，及时对项目经理及有关人员进行奖惩。

3. 信息化监督，零距离控制

激励约束机制的产生很大程度上是由于信息流通障碍，造成管理成本的增加。随着计算机信息技术在工程管理中的应用得到改善，工程总承包企业和工程项目管理企业将实现集约化管理工程项目。在项目管理中，以物资流和数据库为基础，以资金流和工作流为核心，充分利用公司的技术和计算机资源，实现信息共享、异地办公、异地控制。通过建立公司网络，将施工单位的微机直接连至局域网中，实现现场项目部与施工单位间的信息共享和通信。公司的管理职能不受时间、地域的限制，本部管理人员可随时了解现场情况，实现异地指挥和控制，减少人员，提高办事效率。

现在，有的公司采用的项目管理软件已能够将形象进度转化为可计量的工程量和施工费用，不仅能快速准确地确定施工费用的支出和计划的实际完成情况，也为安排施工计划提供了充分、准确的依据，提高了施工管理与项目控制的科学性，使项目执行效率的测量与评价更有说服力，使工程项目的管理方式发生了根本性的变革。

四、对于项目成本管理的建议

（一）改变企业管理的心智模式

所谓心智模式，是指人们长期从事某项工作而形成的较为固定的思维方式、价值观念和行为习惯等。这种心智模式形成后具有一定的凝固性，容易导致思维惯性。从企业角度上讲，管理上的思维惯性如果不加以改变，那么企业的改制就仅仅是名字的更换，而不会有实质性的改变。管理心智模式的改变往往带来新的思维方式、价值观念、行为习惯等。当然，新的未必一定是有用的，应结合企业自身的情况予以选择应用。

（二）结合企业特点改造企业组织结构模式

企业组织模式的选择由多个因素共同决定。一方面要考虑生产力发展水平和产品生产的结构性要求，另一方面也要考虑人的行为需要。

在以责任单位为核心的企业组织模式设置中，可以考虑以项目小组为基础的事业部制。一般而言，一个项目小组由一个项目经理、一个财务经理、一个市场经理、一个技术人员和若干位不同工种的工人组成，有时根据特殊需要还可以吸收其他人员加入。这个项目小组的作用主要在于综合考虑各利害关系方的意见，以使该项目能满足各方面不同的需要。项目小组结构模式克服了责权不清和双重领导所产生的弊端，更容易适应企业在目前竞争环境下灵活的生产方式，并且可以获得正向的协同效应并使分工效益大于分工成本。

整合工作流程，减少不必要的分工工作流程是企业的各项工作在分工条件下先后完成的活动次序，通常根据工作的性质、特点和目标进行安排，不同的任务要求不同的工作流程与之相适应。企业必须分析自身的竞争优势，确定企业的核心任务，撤销与此不相关的环节，减少不必要的层级。

另外，随着计算机等信息产业的发展，个人能力有日趋扩大的趋势。过去过细的分工正逐渐为社会所淘汰，企业应按照适度分工和跨度原则重新整合相近的工作环节和部门，做到减人增效，逐步形成高效的充满活力的现代化企业机制。基于基本职能活动的内部价值链分析的目的就在于寻找分工效益大于分工成本的最优结合点。

（三）充分利用现代信息技术，减少信息失真的现象

系统论、控制论、信息论等系统科学的蓬勃发展，为企业构建高效的信息渠道提供了有力的技术支持。企业可以以此为基础，科学地设计和建设企业的信息渠道，使其在到达必要的环节时减少不必要的停滞，保证信息传递的通畅和有效性，加强对信息反馈的控制。同时，还可利用现代信息技术，如企业办公局域网、电子商务等，减少企业管理层级和信息沟通传递时间，降低管理人员的人数，从而降低管理成本。

（四）充分利用激励机制，提高个人对组织的贡献率

企业的价值并不是由员工的能力和天赋所直接决定的。员工能力发挥在很大程度上取决于企业激励机制的完善程度，激励机制对员工能力的发挥有巨大的促进作用。通过建立公平合理的激励机制并充分利用这些机制可以充分挖掘人的潜能。良好的激励机制，将极大地调动员工的工作积极性，减少工作失误与差错，并能促使员工为企业和社会多作贡献。因此，企业应完善一些重要的激励制度，包括：完善薪酬福利分配制度，建立灵活的分配激励机制；实行人才动态管理，激活企业用人机制；建立科学的考核评价体系；完善对员工的后续培训体系；等等。但是任何一种激励政策，其有效性总是呈现递减趋势，所以企业应当随着环境的变化变更企业的激励政策，以保证这种刺激的长期性和有效性，从而充分调动员工的积极性。

（五）编制零基预算，提高管理费用支出的有效性

我国企业预算编制往往是在以往年份（基年）实际支出的基础上，根据预测年度主要影响因素的可能变化进行调整确定，以往年份（基年）实际支出的合理性和有效性是无法充分揭示的，从而导致预算的软约束和管理费用的单纯增长。编制零基预算时，所有预算支出计划均以零为起点，并从费用发生的本质上研究、分析和判断每项预算支出是否具有支出的必要性和支出数额的大小。零基预算要求对各个管理活动需要的人力、物力和财力逐个进行测算，在此基础上，按项目的轻重缓急性质，分配预算经费，确定各费用项目的预算数，进而编制费用预算。由于零基预算不受过去

管理费用发生情形的制约，能够充分调动各级管理人员的积极性和创造性，促进各级预算部门精打细算、量力而行，合理使用资金，提高经济效益。所以，管理费用预算应当按照零基预算的要求来编制，这样可以揭示管理费用支出的合理性和有效性，硬化预算控制，抑制管理费用的单纯增长。①

【案例】

广州市建筑集团在广州大学城多个校区（标段）建设工程②

项目概况

广州大学城工程是近年广东省和广州市的大型建设项目，具有规模大、工期紧、要求高的特点。广州市建筑集团下属企业在大学城一期工程激烈的市场角逐中，成功中标了中山大学、华南理工大学、广东工业大学、广州中医药大学等四所高校新校区的施工总承包工程，合计工作量占了整个一期工程的一半。为了体现集团一体化的促进作用，集团专门成立了集团领导亲自挂帅的指挥部，每个校区作为一个组团，集团指挥部统筹指挥四个组团的施工工作。为了加强管理力度，充分发挥控制与激励的作用，促进组团内每个单体都能共同按照建设方的要求，如期实现合同目标，集团指挥部决定建立一套组团内单体之间的综合竞赛机制，通过各项管理细化目标分别进行考核，形成一个对各单体的综合评价。单体之间通过比对，就能找出差距，迎头赶上。

一、建立机制的原则

这套竞赛机制要有可行性，并能真正发挥其控制与激励的作用，其制订和实施过程就必须遵守下面几个原则：

1. 共同制订，共同遵守

为了提高竞赛机制的可行性，它应该能适应各标段施工管理的特点。因此应该让最了解单体特点的项目部共同参与制订工作，从而让各单体项目部对机制有一个统一的理解认识，以便共同遵守。

2. 公平、公开、公正

政策机制要具有权威性，其制订和执行过程都必须遵守公平、公开、公正的原则。如果离开了这个原则，它必定会受到现实的挑战。

---

① 董淑芳：《企业内控制度设计中的管理成本控制问题》，《中国注册会计师》2005年第10期，第55—56页。

② 张建昭：《浅谈组团式建设工程项目施工管理的控制与激励机制》，《广州建筑》2007年第4期，第46—49页。

3. 奖优罚劣

一个好的机制，应该能体现奖优罚劣的精神。只有这样，才能真正调动人的积极性。

4. 精神奖励和物质奖励相结合

人类的需求包括了精神和物质两方面，也就决定了激励的方式也应该包括精神和物质两种，缺一不可。由于大学城工程本身的特殊性，集团认为，物质奖励与精神奖励应该以精神奖励为主。

5. 取之于单体，用之于单体

各个组团可以在总造价的措施费中提出一定比例，统一作为考核发放的奖金。考核成绩好的单体能获得超出本身提取部分的奖金，而考核成绩不好的单体获得的奖金则低于其本身提取部分。

6. 实事求是，突出重点

整个施工过程可以分为若干个阶段，每个阶段管理工作的侧重点都应该有所不同。因此，制订机制时应该突出每个阶段管理工作的重点，只有这样才能发挥它的强大作用，真正引导大家做好重点工作。

7. 求真务实，反对弄虚作假

施工管理是实践性很强的系统工程，有着客观的规律和特点，来不得半点虚假。工作上求真务实，反对弄虚作假，这是科学管理的实践要求。项目部必须深刻认识到这一点，同时指挥部在实施考评时也要认真辨别。一旦发现弄虚作假行为，必定严厉惩戒。

8. 抓“两头”，促整体

集团制定这个机制的主要目的并不是单纯为了奖励先进、惩罚落后，而是通过树立先进榜样，鞭策落后个体，以带动整体共同实现目标。因此，要加强信息通报，提高认识，实施过程中要注意方式方法，避免挫伤积极性。

二、竞赛机制内容及要求

（一）考评内容和形式

1. 以各组团（标段）的教学区、生活区、道路及市政配套工程为基本检评对象，以资源投入、工程进度、工程质量、工程资料、安全生产、成本管理、综合治理、文明施工等八个方面为主要内容进行竞赛。在建立机制时应该特别注意“工程进度”这一项。由于组团内的单体各有不同，不能简单地以形象进度来考核，否则不能体现公平原则。应该采用单体完成工作量占其总工作量的比例来作横向对比，找出差距。

2. 原则上以参照建设方大学城工程建设指挥部要求的阶段性节点为界（为留有余地，个别节点略有提前）。为体现公正原则，由集团指挥部属下四个职能部门以及集团总部相关职能部门人员，按方案组织定期及不定期的检查评比，减少人为因素的影响。以每阶段检查评出各标段在教学区、生活区、道路及市政配套工程分数的平均值作为各标段在本阶段的分值，即时打分，并即时公布，以体现公开原则。同时进行本阶段检评的总结分析，以利于促进提高。

（二）考评阶段划分根据施工进度要求，按照工程节点划分为六个阶段进行检评（详见下表）

各阶段对市政配套工程的形象进度要求，由各组团根据本组团进度统筹计划，提出明确的形象进度要求，报集团指挥部审批后作为考核依据。

检评阶段划分一览表

阶　段	时　间	房建工程节点形象进度	说　明
第一阶段	2003－10－25	全部单体开工打桩	个别单位受拆迁、高压线迁移等原因影响，须出示监理签认的证明文件
第二阶段	2003－11－25	桩承台基础全部完成	——
第三阶段	2004－01－28 2004－02－15	多层建筑单位结构封顶 小高层建筑单位结构封顶	——
第四阶段	2004－04－30	所有建筑外墙饰面完，外脚手架拆除完毕	——
第五阶段	2004－06－10	全部单位工程竣工，组织验收	建设方因素影响开工超过一个月的单位，以监理签认的工期计算
第六阶段	2004－08－15	所有区内配套及零星工程完成	——

（三）考评要素的权重

为了使整个竞赛机制更能体现大学城工程的特点，更能突出各个施工阶段管理工作的重点，集团指挥部对每个考评阶段中的资源投入、工程进度、工程质量、工程资料、安全生产、成本管理、综合治理、文明施工等八个方面要素的权重都作了相应的调整。例如，第一阶段属于施工准备阶段，应强调加大各种生产资源的投入，务求为工程开工创造更有利的条件，工程质量等要求可以相对弱化，因此可提高“资源投入”的权重，降低“工程质量”的权重；第五阶段属于后期装饰装修阶段，对实现工程“一次成优、创省市样，成为施工质量板”的目标起着决定性作用，因此可提高“工程质量”的权重，适当降低“工程进度”的权重。通过不同阶段实施不同权重的考评机制，可以及时为项目部明确工作重点，满足各个阶段的管理要求。

（四）考评办法

综合竞赛评比既重结果，又重过程。采用专用的检评表，检评分和平时分各占一半。分别计50%，算出资源投入、工程进度、工程质量、工程资料、安全生产、成本管理、综合治理、文明施工等八个项目的分数，再乘以各自权重后求和得出综合评分。

为鼓励和鞭策各组团积极参与建设方组织的劳动竞赛，争当排头兵，在大学城树立企业的良好形象，集团指挥部规定：在当期集团组织的检评过程中，对被建设方警告或未达到基准要求分数的组团，即取消当期集团检评的相应子目的全部得分，并在集团内即时予以通报批评，勒令整改。

（五）奖励办法

以精神奖励为主，物质奖励与精神奖励相结合。每阶段评出结果后，将评比结果刊登在集团的《广州建工》、《大学城工程快报》上，同时公布在四个组团的办公室，并通过召开检评小结会。小结对各组团的检评情况，以利于取长补短、学习先进、找出差距、共同提高。以“取之于单体，用之于单体”为原则，从各中标单位结算总价中抽取0.5%。各单位在收到业主的进度款之日起三天内，将以当期收款总额的以往来款划入集团指定账户。一至五名所占奖金比例分别为：35%、31%、27%、23%、19%。各组团获得的奖金要求直接奖励到组团内在当期竞赛中表现出色的单体工程及个人。

三、实施效果

综合竞赛在集团内部掀起一片争先创优的热潮，有效地调动起全体施工管理人员的积极性和创造力。集团属下四个标段均保质按期交付高校，如期开学，成功实现了共同履约的目标。使用综合竞赛检评时间设在建设方综合考评活动之前，以便提前发现问题、督促整改。其间，集团指挥部注重发掘先进的经验做法和失败教训，让其他标段进行借鉴学习和引以为戒。例如，广州中医药大学标段在前期创建文明工地的工作较为落后，集团指挥部指导其参考广东工业大学标段的经验做法，他们在博采众长的基础上不断创新，从而在文明施工管理中后来居上，稳居前列。

良性竞争创佳绩。在建设方组织的综合考评活动中，集团及下属企业均取得不错的成绩，六次综合考评中，广州中医药大学标段四次取得前三名，其中两次荣获第一名，还取得了质量“五连冠”、安全“三连冠”的佳绩；广东工业大学标段三次取得前三名，四次夺得文明施工单项奖，四个标段一共取得单项奖13个。2004年11月12日，集团被建设方授予一系列的奖项，其中，机施公司荣获房建施工单位金奖，集团一分公司荣获银奖，1人荣获功勋奖，4人荣获优秀建设者称号，36人荣获先进建设者称号。

广州市建筑集团在大学城工程建设中制定科学合理的综合竞赛机制，执行过程做到严格认真、实事求是，充分发挥了竞赛机制的宏观控制与激励作用，取得了丰硕的成果，实现了“以一流的工作，创一流的业绩，铸一流的品牌”的宏伟目标。

四、结语

从以上对大学城工程施工的管理中可以看出，采用综合竞赛、控制与激励机制所发挥的作用是巨大的。好的机制既能突出单体工程管理的有效性，又能体现整个组团管理的系统性、针对性，把组团里各个单体的施工管理工作和谐地统一起来，实现共同履约的目标。此项目的成功经验，值得广大建筑工程施工的管理者作进一步的研究。